跨学科教育的智慧　　跨学科学习的指南

跨学科教育原理

赵传栋　著

上海远东出版社

图书在版编目(CIP)数据

跨学科教育原理 / 赵传栋著. —上海：上海远东出版社，2022
ISBN 978-7-5476-1816-5

Ⅰ.①跨… Ⅱ.①赵… Ⅲ.①中小学教育—教育研究 Ⅳ.①G632.0

中国版本图书馆 CIP 数据核字(2022)第 118581 号

责任编辑　张君钦
封面设计　李　廉

跨学科教育原理

赵传栋　著

出　　版　**上海远東出版社**
　　　　　　(201101　上海市闵行区号景路 159 弄 C 座)
发　　行　上海人民出版社发行中心
印　　刷　上海信老印刷厂
开　　本　710×1000　　1/16
印　　张　21.25
插　　页　1
字　　数　381,000
版　　次　2022 年 11 月第 1 版
印　　次　2023 年 11 月第 2 次印刷
ISBN 978-7-5476-1816-5/G · 1140
定　　价　88.00 元

前　言
Preface

如今科学研究已经进入跨学科行动的大科学时代，跨学科行动是当今科学发展不可抗拒的潮流。当代任何重大的科学技术问题、经济问题、社会发展问题和环境问题等，都具有高度的综合性质。譬如，人类基因组序列图的绘制，人类蛋白质组计划的推进，对癌症、艾滋病的防治，寻找流行性疾病的病源，以及地震监测、原子弹的研制、登月工程的成功、核聚变反应堆的实现等，这些问题的解决，都不是任何一门单独的学科或技术所能完成的，只有在多种学科的高度综合和多种方法的联合运用中，才有可能得到圆满解决，这就必然导致跨学科研究成为普遍的模式。

在美国，STEM 教育作为教育改革的核心，已在美国教育界掀起旋风。STEM 从字义解释，是科学（Science）、科技（Technology）、工程（Engineering）、数学（Mathematics）的缩写。2006 年，时任美国总统布什在国情咨文中公布《美国竞争力计划》，提出培养具有 STEM 素养的人才，并称其为全球竞争力的关键。2015 年经时任美国总统奥巴马签署，STEM 教育法案正式生效。美国以国家的力量推广的 STEM 教育，强调打破学科界限，通过融合科学、技术、工程、数学知识打造科技创新的新时代，并提高国家未来的竞争力和创新能力。

传统分学科教育将反映丰富多彩的现实世界的知识系统人为地进行了条块分割。在教学过程中，政治课程讲述的是政治术语；语文注重的是词语解释、划分段落、主题思想；数学讲授的是抽象的定义、规则、定理和证明，如此等等，使学生的学习变得枯燥乏味，严重影响学生学习的兴趣和学习效果。

跨学科教育就是要打破这种各学科知识不相往来的陈规，使教学活动呈现出鲜明生动的特色，使学生获得优化的知识结构，能融会贯通、举一反三地解决遇到的实际问题，这就能极大地调动学生学习的积极性，全面培养国民的创新能力，整体提升国家未来的竞争力。

如今，跨学科教育已成为我国各级各类学校的重要任务。

教育部于 2011 年 10 月 8 日颁发的《教师教育课程标准（试行）》中，明确列有

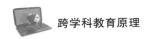

"小学跨学科教育"课程。

教育部于 2020 年 5 月 11 日颁发的《普通高中课程方案》(2017 年版 2020 年修订)中,要求开展以跨学科研究为主的研究性学习。

国务院学位委员会、教育部于 2020 年 12 月 30 日联合发布的《关于设置"交叉学科"门类、"集成电路科学与工程"和"国家安全学"一级学科的通知》中,规定在我国高校增设"交叉学科"门类(门类代码为"14")。

教育部于 2022 年颁发的《义务教育课程方案和课程标准(2022 年版)》中,也一再强调,要统筹各门课程跨学科主题学习,原则上各门课程设计跨学科主题学习不少于 10% 的课时,以加强学科间相互关联,强化跨学科实践。

所有这些,都旨在通过相关学科的综合,促进学生认识的整体性发展,并形成把握和解决问题的全面视野与方法。

学科交叉融合是当前科学技术发展的重大特征,是新学科产生的重要源泉,是培养创新型人才的有效路径,是经济社会发展的内在需求。我们要实现中华民族的伟大复兴,实现辉煌的强国之梦,就有必要开展跨学科教育。

为了满足跨学科教育的需要,笔者早在十年前便撰写了《跨学科教育原理》一书。该书系统介绍了跨学科教育的概念、类型、意义、基本原则与若干方法,广泛探寻了中小学各门课程之间错综复杂、千丝万缕的联系,全面研究了各门课程跨学科的具体方法。为满足我国学校开展跨学科研究性学习活动的需要,又增添了"跨学科研究性学习"内容,详细介绍了跨学科研究性学习的特征、意义、课题的选择、研究的方法、研究成果的表述与推广等内容。《跨学科教育原理》是一部全面、系统研究跨学科教育的专著,创立了跨学科教育的完整学科知识体系,对于在广大青少年中开展跨学科教育、跨学科研究性学习活动,倡导新的教育观、学习观,增强学生的创新能力,对于学生的全面发展,以及我国教育事业的发展和社会的发展,进一步提升对科技创新重大突破和重大理论创新的支撑能力,都具有重要的意义。

十年过去了,笔者始终没有忘记写作《跨学科教育原理》的初衷。十年的寒暑,十年的锤炼,十年的筚路蓝缕,十年的呕心沥血——

十年磨一剑,今日把示君。

希望本书能给读者朋友带来帮助。

目　录

Contents

上编　跨学科教育基础

中编　义务教育的学科跨越

下编　跨学科研究性学习

跨学科教育基础

第一章 绪 论

如今科学研究已经进入跨学科行动的大科学时代。社会的发展,使得当代任何重大的科学技术问题、经济问题、社会发展问题和环境问题等都具有高度的综合性质,这些问题的解决,不是单一学科和思维方法所能完成的,只有在多种学科的高度综合和多种方法的联合运用中,才有可能得到圆满解决,这要求人们必须进行跨学科研究。

第一节 跨学科,不可抗拒的时代潮流

跨学科行动是现代科学发展的必然趋势,是不可抗拒的时代潮流。

一、对象的多学科化需要跨学科行动

当代任何重大问题的解决,都需要多种学科的参与才有可能。

比如,面对席卷全球的新冠肺炎,就尤其需要学科的跨越。

新型冠状病毒肺炎(Corona Virus Disease 2019,COVID-19),简称"新冠肺炎",是新型冠状病毒感染导致的肺炎。要解决新冠肺炎的问题,就绝不是某个人、某门学科所能胜任的。新冠肺炎涉及病毒学、流行病学、病毒溯源、免疫学、基因科学,此外还对社会的工业、农业、交通运输、城市管理、教育、卫生等各行各业产生了广泛的影响。新冠病毒没有国界,是全世界、全人类的敌人,要应对新冠肺炎,必须全世界各国、各行业、各学科共同协作行动。

可以说,当代社会一切重大课题不通过跨学科研究都是不可能完成的,必须综合多学科、多方面社会力量开展集成性的研究。这种对象的多学科化趋势,势必要求开展跨学科研究。

二、学科的多对象化催生跨学科研究

科学的发展还表现为学科的多对象化。某一学科的理论、知识、技术往往可以在不同的学科领域得到应用,解决不同领域的问题,这就必然催生了跨学科研究。

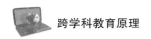

当代应用最为广泛的当属计算机科学与技术。

1946年2月14日,是计算机发展史上值得纪念的一个日子。这一天,一台名叫 ENIAC(埃尼阿克)的电子计算机在美国宾夕法尼亚大学诞生。这部电子计算机是一个庞然大物,共用了约18 000个电子管,占地约170平方米,重约30吨。它每秒钟可做5 000次加法或400次乘法运算,耗电量也很惊人,为每小时150千瓦。尽管它这样笨重,而且效率和精度都不够高,但它标志着电子计算机时代的到来,开辟了用机器代替人的脑力劳动的新时代。

如今,计算机的应用已渗透到人类社会生活的各个领域,以计算机为信息处理工具的工业自动化、农业自动化、交通运输自动化、医疗保健自动化、办公自动化、书报排印自动化等已产生巨大的社会效益,大大提高了社会生产力。尤其是计算机与现代通信技术的结合构成了计算机网络,使人类社会迈入了网络时代。大众使用的智能手机就是一台台电脑,一个手机的运算速度就是初代电脑的数百万倍。人类从此打破了传统的时空观念,人与人之间的时空距离骤然缩短,整个世界紧缩成一个"地球村"。

计算机几乎和当今所有领域、行业、专业、学科交叉在一起,实现了当今时代最为宽广的学科跨越。同时,计算机也只有在广泛的学科跨越中,才体现出它的巨大价值,否则,它就仅仅是一台机器。

当代社会与科学发展的这种学科多对象化和对象多学科化趋势,势必导致跨学科研究成为必然和普遍的模式。

三、跨学科行动,当代科学发展的强大推动力量

正因为有跨学科行动,才有当代科技的高速发展。

如今,伴随着5G技术的发展,人类正在稳步跨入激动人心的万物互联时代,万物互联更离不开跨学科行动。

什么是万物互联?

万物互联就是通过超级计算机和网络技术、感应器、云计算、卫星定位、激光扫描器等信息传感设备的结合,按照约定协议将包括人、机、物在内所有能够被独立标识的物端按需求连接起来,汇聚人类的智慧,赋予物以智能,实现对一切物品的智能化识别、定位、跟踪、监控与管理。借助"万物互联",我们将能随时随地获取任何我们想要了解的一切信息。比如:

家长打开手机就能看到孩子在幼儿园的情况。

你吞下一枚含有微型传感器的药丸,马上就能检测到身体的有关健康指标,并

通过手机加密网络将所有的信息传递给你的医生。医生随身携带的终端设备马上会显示相关信息,并能根据你的病情,开出一些处方药。

农民在家操作电脑或手机,可以实时查看大棚内蔬菜生长情况;可以完成果园的浇水、施肥等工作;还可以实时分析土壤数据,预警果园病虫害……

万物互联催生了智慧制造体系、智慧贸易体系、智慧物流体系、智慧能源应用体系、智慧公共服务体系、智慧社会管理体系、智慧交通体系、智慧健康保障体系、智慧安居服务体系、智慧文化服务体系……智能化浪潮席卷而来,正悄然改变着社会生活的各个方面。

万物互联离不开学科跨越。

要实现万物互联,绝不是仅凭某个人、某门学科或某项技术就能完成的,需要综合运用计算机技术、互联网技术、物联网技术、大数据技术、区域链技术、云计算技术、人工智能技术等,这一切又离不开数学、物理学、化学等基础学科的支撑,同时还需要涉及相关的工业制造、农业生产、城市管理、交通运输、公共安全、医疗健康、休闲旅游、清洁能源、教育教学等行业的知识……这一切,都离不开学科的跨越。也正是学科的跨越才使万物互联成为现实。

跨学科行动,正在创造层出不穷的人间奇迹。当代许多科研成就,从嫦娥探月工程到北斗导航系统,从 500 米口径的"中国天眼"到"奋斗者"号深潜器探海,每一件都离不开跨学科行动。跨学科行动,已经成为当代科技蓬勃发展的强大推动力。

第二节　跨学科的概念

学科间的严格分界曾被视为现代科学发展到较高水平的重要标志,然而,社会的发展却使得学科间严格的分界逐渐被打破,呈现出更多的流动性和渗透性,在传统学科版图之外的交叉学科不断出现,这就是跨学科的现象。

要明确跨学科的含义,首先必须明确以下几个概念。

一、科学

1. 什么是科学?

科学是一种知识形态,是以概念、范畴、原理、定律等理论形态来揭示客观规律的系统化的知识体系。科学的任务是揭示事物发展的客观规律性,并以这种规律

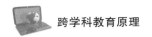

性的认识去指导人们的实践,去改造世界。

科学,既指自然科学,也指人文科学和社会科学。

不过在英语中,"科学"主要指自然科学,是一种反映自然界各种物质运动客观规律、经过实践检验和逻辑论证的理论知识体系。

2. 科学的分类

根据不同的标准,科学可分为不同的种类。

(1) 根据研究对象的不同,可分为自然科学、社会科学和思维科学。

社会科学是以人类社会为研究对象的科学,自然科学是以自然界为研究对象的科学,思维科学是以人类思维为研究对象的科学。

(2) 根据与实践的不同联系,可分为理论科学、应用科学等。

理论科学指偏重理论总结和理性概括,强调较高普遍性的理论认识而非直接实用意义的科学;应用科学是指研究的方向性强,目的性明确,与实践活动的关系密切,能直接应用于物质生产中的技术、工艺性质的科学。

(3) 根据成熟的程度,可分为显科学与潜科学。

已经成熟并被社会承认的科学称为显科学;尚未成熟,还处于幼芽阶段的科学则可称为潜科学。

(4) 借用计算机的硬件与软件来分类,科学可分为软科学和硬科学。

软科学指对科技、经济、社会发展战略和宏观控制进行研究,为决策提供科学依据的综合性科学,如科学学、未来学、管理学等;硬科学是自然科学与技术科学两大系统所属学科与其交叉学科的统称,其研究内容包括数学、物理学、化学、天文学、地理学、生物科学以及技术工程等。

下面我们主要讨论社会科学、自然科学、技术科学。

社会科学是用科学的方法,研究人类社会现象的科学。社会科学所涵盖的学科包括:经济学、政治学、法学、伦理学、历史学、社会学、心理学、教育学、管理学、人类学、民俗学、新闻学、传播学等。

自然科学是研究自然界的物质形态、结构、性质和运动规律的科学,是人类改造自然的实践经验,即生产斗争经验的总结。自然科学认识的对象是整个自然界,即自然界物质的各种类型、状态、属性及运动形式。自然科学认识的任务在于揭示自然界发生的现象以及自然现象发生过程的实质,进而把握这些现象和过程的规律性,以便解读它们,并预见新的现象和过程,为在社会实践中合理而有目的地利用自然界的规律开辟各种可能的途径。自然科学包括数学、物理学、化学、天文学、地学、生物学等基础科学。

技术科学是以技术客体为认识目标,研究各个技术门类的特殊规律的科学。什么是技术? 在汉语中,技术一词,具有技能、技艺、技巧等意思。一般说来,技术是指人们为解决生产和生活中实际问题,达到预期目的而根据客观规律所采用的各种物质手段和经验、技能、知识、方法、规则等要素所构成的有机系统。技术的要素,一般可分成主体要素和客体要素两部分。主体要素是指劳动者的经验、技能、知识等。客体要素是指工具、机器、设备等。因此,技术既包括物质形态,又包括知识形态。

二、学科

1. 什么是学科?

(1)学科是一种专门化与规范化的、相对独立的知识体系。

一个学科即是一个知识领域。如自然科学中的化学、生物学、物理学,社会科学中的法学、社会学等。

"学科"是科学知识领域内的一个组成部分,学科在科学范围内确定自己的研究领域和特长,迎合科学各方面的需要。每一个学科由于有自己特定的学科界限,有自建的学术用语、研究方法和理论,所以都是独立的。

学科是在科学研究和人才培养活动中对知识领域的一种人为划分,把科学知识划分为不同的学科和领域,有利于学者在各自的领域传承前代文明,培养下一代专业人才,形成本门学科的研究规范。

据统计,当今自然科学学科种类总计近万种。

(2)学科也指学校教学的科目。

如语文、数学、地理、生物等。学科是学校教学、科研等的功能单位,是对学校人才培养、教师教学、科研业务隶属范围的相对界定。世界上不存在没有学科的学校,学校的各种功能活动都是在学科中展开的,离开了学科,就不可能有人才培养,不可能有科学研究。

2. "学科"与"科学"的联系与区别

"学科"与"科学"是既有联系又有区别的两个概念。

(1)学科与科学的联系。

它们的联系在于,他们可以有共同的具体的研究内容,比如两者都有数学、物理、化学等。数学、物理、化学既是科学的门类,又是学科的种类。

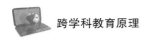

（2）学科与科学的区别。

它们的区别在于，两者的研究出发点、研究对象、研究目的有所不同。

科学的研究对象是客观世界。科学是为了解决认识世界、改造世界过程中遇到的问题。为了精细地研究，因而将科学分成数学、物理、化学等不同门类。

学科的研究对象是科学。研究者的研究出发点、研究目的是为了学习、传承科学知识。科学分成了数学、物理、化学等不同门类，学科也就随之分成数学、物理、化学等不同门类。

三、跨学科

跨学科就是对原有学科界限的超越，通过融合来自两个及两个以上学科或专门知识领域的信息、数据、技能、工具、观点、概念或理论，来解决那些单一学科或研究实践无法解决的问题，或形成新的知识系统的方法。

"跨学科"的特殊意义表现在其鲜明的动词形态上，"跨"意味着一种交流、对话和融通，意味着对某种既定的隔阂、差异和误解的消除；它没有设置特定的对象和内容，而是面对着人类以往创造的所有文化遗产和观念形态。

具体来说，跨学科可包括以下内容。

① 从实践主体数量多少来考察：跨学科可以是单独一个学者研究的问题涉及不同的学科领域，也可以是不同的学科的学者相互交流和协调，形成整体性、融合性的跨学科合作研究。

② 从解决问题涉及的学科数量来考察：跨学科指针某一问题的研究和解决，不同的学科学者进行合作和攻关。

③ 从学科的角度来考察：跨学科是通过不同学科知识体系的融合而形成新的学科，即交叉学科。

其实，天下的学问本是相互交叉、彼此渗透的。人们将学问机械地分为数学、物理学、化学、生物学、天文学、海洋学、地质学、经济学、哲学、法学、美学等，这只是人类漫长的文明发展史上某一特定时期的一种文化现象。随着人类社会的进步与文明的进一步发展，各学科间相互渗透、影响更趋广泛和深入，当今知识的日趋统一和学科朝各自专业化纵深进展，已成为人类文明发展的大趋势。

考察诺贝尔奖中精彩纷呈的自然科学研究成果，可以发现，20世纪以来自然科学愈来愈显示出学科交叉的发展趋势。现代科学技术的重大发现与发明，大多是学科交叉的成果。科学和技术上的重大突破，新的生长点和新学科的产生，往往是在不同学科彼此交叉和相互渗透的过程中形成的,从而彰显了交叉学科研究对于人们取得科学技术的原创性成果和突破性进展的重大意义。

四、跨学科研究

跨学科研究是指团队或个体,综合多个学科的知识和思维模式,用以提高人们对世界的基本认识或者解决某一学科或研究领域内所不能解决的问题。

这一定义包含以下几层含义。

① 研究者可以是个体,或者是团队。

② 涉及的学科必须是多个,而不是一个。

③ 研究问题的解决必须综合多个学科或领域的知识和思维模式。

科学问题产生于客观世界,而客观世界本身是不分学科的。学科作为一种研究的手段,是人为的假设,只是为获取科学知识服务的工具,具有方法论意义而非客观世界的本来面目。比如:

“公园里到处鲜花怒放,花香四溢……”

这句话是对公园景观风貌的描摹,而公园景观风貌这一事物对象本身是不分科的。因而不同学科可从其特有的视角,对这同一事物现象作出不同的理解:

花香,这是生物产生的一些代谢物,是化学现象;由于这些代谢物是生物产生的,这是生物学研究的对象;由于花香的分子在空气中运动,才能使我们闻到,这是物理学现象;人类能闻到花香,是因为有嗅觉,这是一种生理现象;人们闻到花香,感到愉悦,这是一种情感体验,属于心理学;然而,有的人一闻到花香就会呼吸困难,这是过敏反应,是医学要解决的问题;人类分析花香的分子结构,并人工加以合成,这是化学家的功劳;人工合成花香的分子结构,大量地生产香水,这是一门工业、一个行业……另外,公园里到处鲜花怒放,花香四溢,这是一种美的环境,属于环境科学内容;这种环境很美,属于美学的范围;为什么这里土地上的花长得好,又属于土壤学的研究范围;怎样使公园鲜花盛开,园艺学会加以研究……还有,“鲜花怒放,花香四溢”,这是汉语的词语,是语言学的内容;它们有一定读音,这是语音学的研究对象;它们有一定的笔画、笔顺、偏旁、部首,这是文字学的内容;它们都是主谓结构,这是词汇学构词法的一种……

科学研究的对象是客观世界,客观世界本身是不分学科的,“公园里到处鲜花怒放,花香四溢”这一自然景象本身也是不分科的;为了精确地对客观世界加以研究,因而分成了不同的学科;如果不对客观事物加以分科研究,那么对客观事物的认知就是朦胧的、混沌的;然而,人类如果仅仅停留在分科研究的阶段,那么对客观事物的认识就是片面的、支离破碎的,犹如盲人摸象;因为不同的学科都可以对同一个客观对象加以研究,这就为我们跨学科研究提供了可能。为了获得对于客观事物全面的、丰富的、生动的认知,我们就需要掌握跨学科研究的理论与方法。

事实上,关于"公园里到处鲜花怒放,花香四溢……"这一事物对象,只要有需要,我们可以将它和千千万万的学科联系起来,实现若干学科之间的交叉与跨越,比如说:

花卉需要阳光、空气、水分、肥料……因而有园艺学、花卉栽培学;花卉植物生长需要光合作用,将太阳能转变为化学能,而要揭示光合作用的机制,则需要量子理论,需要量子生物学;花卉植物有形状、色彩、种类、细胞、基因……因而可以有花卉图案学、花卉细胞繁殖学、花卉基因组学、花卉分子生物学……花卉植物有不同功用,因而可以有观赏花卉学、花卉礼仪学、药用花卉学、饮料花卉学、滋补花卉学、剧毒花卉学……花卉可和不同学科发生联系,比如语文、数学、物理、化学、历史、地理……因而可以有花卉文学、花卉数学、花卉物理学、花卉化学、花卉历史学、花卉地理学……花卉和不同季节、气候、时间有联系……因而有花信风、花历,例如一月梅花、二月兰花、三月桃花、四月杜鹃、五月石榴、六月荷花、七月栀子、八月丹桂、九月菊花、十月芙蓉、十一月水仙、十二月蜡梅……花卉和不同民族、国家有联系,因而有国花、市花、区花,比如荷兰的郁金香、印度的荷花、美国的玫瑰、澳大利亚的金合欢……花卉和文化相联系,因而可以有牡丹文化、荷花文化、兰花文化、桃花文化、茶花文化、蒲公英文化、彼岸花文化……

辩证唯物论认为,万事万物都是互相联系的,世界存在着无穷无尽的普遍联系之网。"鲜花怒放,花香四溢……"这一事物对象,同样也可以和世界不同领域、不同学科、不同事物联系起来,作出跨学科思考,因而,跨学科研究者的视界是无限宽广的。只要其跨学科成果具有新颖性、价值性,就能为社会作出贡献。比如,如果将花卉和基因科学结合,完成若干花卉的基因组测序,绝对是大功一件。青蒿也开花,虽观赏价值不高,但药用价值大,屠呦呦从青蒿中提取出青蒿素,挽救了成千上万人的生命,因而获得了诺贝尔奖。

跨学科研究不同于分科研究。跨学科研究可以打破分科研究的藩篱,从多角度、多方面、多层次、深刻地感知、认识、揭示丰富多彩的客观世界,跨学科的视界是无限宽广的,这就能极大地体现一个人的智慧与才能。

当今时代,由于交往的普遍化所带来的全球化运动,以及一些重大社会工程的出现,导致社会问题巨型化,使治理难度大大增加,向人类理智提出了前所未有的挑战。要应对这类挑战,就必须开展跨学科研究。

五、跨学科教育

跨学科教育,是培养学生综合运用多个学科知识、方法,来提高解决问题的能力的一种教育。

"跨学科教育"是相对于专业化的"分科教育"而言。一般的分科教育,为学生开设了语文、数学、物理、化学、历史、地理等各门课程。各门学科对于各自领域知识体系的完整性、系统性、逻辑性、权威性的追求,造成了学科之间森严的壁垒,使各门课程基本处于支离的状态,逐渐演变为丧失了灵活性从而不足以应对中国社会急剧转型期各方面需求的教育体系。为了培养能适应当代社会的创造型人才的需要,就必须使学生将各门学科知识进行交叉融合,形成一种完整、系统的知识结构,在遇到实际问题时,能综合运用各学科知识,融会贯通、举一反三地来解决,这就是跨学科教育。比如唐代诗人王维的《使至塞上》有这么两句:

大漠孤烟直,长河落日圆。

诗人为我们展示了一幅边陲大漠图景:但见天边一缕孤烟,落日低垂蜿蜒的河面,河水闪着粼粼的波光。

对此,我们可以从语文的角度去研究,分析诗句的平仄、对偶、意象、意境;可以从数学的角度去理解,一轮圆日正缓缓地向地平线移动,这里展示的是几何图形直线与圆的相离、相切、相交;可以从物理的视角去分析,落日,这是光的传播,狼烟直上,是空气的对流;从化学的视角去分析,狼烟是一种燃烧现象,是化学反应;从生物的视角去探寻,边塞烽火,燃烧的是狼粪还是杂草? 从美术的视角去审视,这俨然是一幅雄浑的风景画;从地理的角度去探索,这里描绘的是沙漠地貌;从历史角度去探究,烽火狼烟,当时正是唐军大破吐蕃之时;从气象学去理解,当时正值晴天无风天气,因为可看到圆圆的落日和直上云天的孤烟 还可以从美学的视角去欣赏,直线与圆之美……

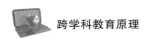

跨学科教育就是要求能够突破学科边界,学会运用多学科视角理解世界、解决问题。

当然,跨学科教育并不反对各类学科课程的学习。恰恰相反,唯有充分理解了有关学科的知识理论,才能在不同学科之间建立联系,创造性地分析与解决问题。

六、跨学科与创新

跨学科就是跨越原有学科的界限,通过融合来自两个及两个以上学科或专门知识领域的信息、技能、工具或理论,来解决那些单一学科或研究实践无法解决的问题,或形成新的知识系统的方法。

跨学科与创新紧密相关。

所谓创新,就是创造新的事物。

创新是人类伟大的实践活动,一部人类文明史,就是一部人类创新活动的历史。正是因为有了创新,人类才发明了劳动工具,脱离了动物界;是创新,使人类走出了茹毛饮血的原始蒙昧时代;是创新,使人类由原始人进化到现代人;在科学技术高速发展的今天,创新更加显示出不可估量的伟大作用,产生着层出不穷的神话般的奇迹,使人类生活在丰富多彩的物质文明和精神文明的世界中。

跨学科与创新是不同的概念,但它们之间却又有着密切的联系。

1. 跨学科的目的是为了实现创新

跨学科的目的是为了解决那些单一学科无法解决的问题,或为了形成新的知识、理论、交叉学科,而这本身就是一种创新。因而跨学科与创新紧密相关。

2. 创新需要学科的跨越

在当代,要实现重大的科技创新,就需要学科的跨越;而学科的跨越,目的往往是为了实现某种创新,而且这本身就是一种创新。创新与跨学科密不可分。

当代影响最为深远的科技创新当属计算机的发明,然而计算机的发明并不是某一单独学科所能完成的,而是物理学、数学、数理逻辑、电子学、信息论等不同学科协同作用的产物;DNA 双螺旋结构的发现开辟了分子生物学的新学科领域,为人类从分子水平认识生命过程的发生、遗传、发育、衰老、进化及生物体内部细胞和器官的结构、功能和运载模式奠定了坚实的基础,DNA 的发现则是生物学与物理学、物理技术的共同突破。

第三节　跨学科的特征

跨学科有其鲜明的特征,主要有以下几点。

一、跨越性

跨学科的特征首先体现在其跨越性,必须大胆突破原有学科的界限与壁垒,实现多种学科的理论、知识、技术、方法的交叉与汇流。

比如说,环境科学是研究人类生存的环境质量及其保护与改善的科学,对环境问题的系统研究,要运用地学、生物学、化学、物理学、医学、工程学、数学以及社会学、经济学、法学等多种学科的知识,这就需要突破这些学科的界限,实现这若干学科的理论、知识、方法的交叉与汇流,才有可能达到研究的目的。

二、综合性

跨学科具有综合性特征。这是因为:

第一,由于与传统研究所面临的问题在类型、规模和难度上都有巨大不同,在世界面临的这种新的复杂性面前,跨学科研究学科跨度加大、数目增加、方式日趋复杂,学科封闭越来越没有市场和发展空间,必须综合各学科的知识、工具和方法,因而跨学科研究必然具有综合性特征。

第二,从人类的认识进程来看,人们为了深入地认识客观世界,需要对客观世界的各个部分、各个侧面进行分门别类的研究,这种科学研究方法的主要特征是分析,因而诞生了不同学科,这在当时是必要的,而且起过很大作用。但是,客观事物本身是相互联系的整体,科学的发展要求人们揭示不同物质运动形式内在的共同属性与共同规律,这就要求人们必须跨越不同学科的界限,进行跨学科研究,由认识的分析阶段进而上升到认识的综合阶段。因而,处于认识的综合阶段的跨学科研究就必然具有综合性特征。

三、系统性

跨学科研究的系统性特征,是指跨学科研究需要使用系统论的方法,开拓出的成果能构成一种系统。

以往研究问题,一般是把事物分解成若干部分,抽象出最简单的因素来,然后

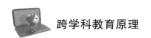

再以部分的性质去说明复杂事物。但是它不能如实地说明事物的整体性,不能反映事物之间的联系和相互作用,它只适应认识较为简单的事物,而不能胜任于对复杂问题的研究。在现代科学的整体化和高度综合化发展的趋势下,在人类面临许多规模巨大、关系复杂、参数众多的复杂问题面前,就显得无能为力了。因而,我们就有必要进行跨学科研究,系统论方法别开生面地为跨学科研究提供了有效的思维方式。

系统论的核心思想是系统的整体观念。系统论认为,任何系统都是一个有机的整体,它不是各个部分的机械组合或简单相加,系统的整体功能是各要素在孤立状态下所没有的性质。系统中各要素不是孤立地存在着,每个要素在系统中都处于一定的位置上,起着特定的作用。要素之间相互关联,构成了一个不可分割的整体。如果将要素从系统整体中割离出来,它将失去要素的作用。

系统论的出现,使人类的思维方式发生了深刻的变化。

在跨学科研究中,系统科学方法论的某些基本概念,比如信息、控制、反馈、系统、秩序、同构、同态、协调等,系统科学的基本原则,比如整体性、综合性、最优化、协调性、稳定性、有序性、定量化等,系统科学的基本方法,比如功能模拟、信息方法、反馈方法、系统方法、模型方法、符号学方法、形式化方法、最优化方法等,正在越来越深入地渗透到一切跨学科研究领域,同时与数学方法、理想化方法、比较方法、类比方法等,日益结合为一个统一的整体,形成以系统方法为核心的跨学科研究方法论体系,因而跨学科研究具有系统性。

同时,跨学科研究所开拓的新学科,是一种知识系统,形成以系统方法为核心的跨学科研究知识体系,因而跨学科研究具有系统性。

第四节　跨学科的理论基础与现实依据

当代科学技术发展的一个共同特点就是学科在继续分化的同时,正朝着高度综合化、整体化方向发展。在这种形势下倡导跨学科教育,有其深厚的理论基础与现实依据。

一、跨学科的理论基础

跨学科有其深厚的理论基础。

科学的研究对象是客观的世界。唯物主义认为,世界上的一切事物都是相互联系的。整个物质世界无限多样的事物、现象都不是孤立的存在,它总是处在一定的联系之中;同时,任何事物、现象、过程内部的各个部分、要素、环节也是相互联系、相互作用的,整个世界存在着无穷无尽的普遍联系之网。

普遍联系的学说具有重大的方法论意义。科学的真正任务在于揭示事物、现象间所固有的联系。把人们通常看来似乎没有联系的事物联系起来考察,发现其中的真实联系,往往会引起科学的突破,发现一门全新的科学。这种情况在科学史上是经常出现的。例如,在物理学上,把非连续性的粒子性与连续性的波动性联系起来考察,建立起了量子力学;把生物有机体与环境联系起来考察,建立了生态学。现代科学发展的一个重要特点是,在两门不同学科"接头"处建立起中间学科,或在多门不同学科之间建立起把它们联系起来的综合性学科,这体现了科学整体化的趋势。系统论、控制论、信息论就是这样一些研究事物的共同属性或普遍联系的全新学科。

唯物辩证法认为物质世界普遍联系的理论,是具有普遍指导意义的世界观和方法论,要求我们认识任何事物都必须坚持联系的观点,反对形而上学的孤立观点。只有坚持用普遍联系的观点观察问题,才能达到对事物真理性的认识,否则,就会陷入片面性。

唯物辩证法关于事物普遍联系的理论,是跨学科的本体论基础。提倡跨学科教育,就是在教育方面促进贯彻与实施唯物辩证法关于普遍联系观点的重要实践。

二、跨学科的现实依据

跨学科是时代的需要,有其充分的现实依据。

随着现代科学技术和社会经济文化的发展,人类社会所面临的许多重大问题的解决,越来越取决于多学科的协同攻关;同时,科学技术以高度综合为主要特征加速发展,随着大量新兴交叉学科、边缘学科的出现,原有学科间的界限正在不断淡化,这在客观上要求学校必须对学生进行跨学科教育,在教育教学中培养起学生的学科共通能力,打破学科壁垒,使学生的学习能力、思维能力更加适应今后学习、工作的需要。

教育部 2011 年颁布的义务教育课程标准中,一再强调学科之间的综合。教育部公布的普通高中课程方案(2017 年版 2020 年修订)中,要求开展以跨学科研究为主的研究性学习,完成 2 个课题研究或项目设计(6 学分)。这若干举措,旨在通过相关学科的综合,促进学生认识的整体性发展,并形成把握和解决问题的全面视野与方法。

教育部 2011 年颁布的《教师教育课程标准（试行）》明确要求，必须"了解学科整合在小学教育中的价值，了解与小学生学习内容相关的各种课程资源，学会设计综合性主题活动，创造跨学科的学习机会。"在课程设置中列有"小学跨学科教育"课程。

教育部于 2022 年颁发的《义务教育课程方案和课程标准（2022 年版）》中，也一再强调，要统筹各门课程跨学科主题学习，原则上各门课程设计跨学科主题学习不少于 10% 的课时，以加强学科间相互关联，强化跨学科实践。

要完成以上课程的教学，就必须在各级学校中开展跨学科教育。这是跨学科教育的政策依据。

第五节　跨学科的意义

今天，随着时代的发展，旧的学科体系逐渐被打破，各学科之间相互渗透的趋势日益明显：边缘学科、交叉学科、横断学科等迅速兴起。在这种形势下，我们就有必要加强跨学科研究，加强各学科间的相互渗透和融合。

跨学科研究与跨学科教育具有重要的意义。

一、有利于科学的发展

当代科学的发展迫切需要跨学科研究。

当今时代，由于交往的普遍化所带来的全球化运动，以及一些重大社会工程的出现，导致社会问题巨型化，使治理难度大大增加，向人类理智提出了前所未有的挑战。科技领域中的一些新发明、新发现，也往往是跨学科研究的成果。20 世纪百年间诺贝尔自然科学奖中就不乏这方面的范例。1953 年，DNA 双螺旋结构的重大发现就是生物学家詹姆斯·杜威·沃森、物理学家佛朗西斯·克里克和莫里斯·威尔金斯合作的结果，三人凭此获得 1962 年诺贝尔生理学或医学奖。又如超导微观理论，即从研究电子运动来阐明超导电性的量子理论（BCS 理论），就是由精通固体物理的巴丁和擅长量子场论、数学物理方法的库珀、施里弗亲密合作而创立，从而获得了 1972 年诺贝尔物理学奖。可以说，当代一切重大课题的解决，都不是任何单一学科或技术所能完成的，只有在多种学科的高度综合和多种方法的综合运用中，才有可能得到圆满的解决，这就使得跨学科研究成为历史发展的必然。

跨学科研究正在成为科学发展的主流，不仅活跃了研究者的思维，开阔了科学研究的视野，同时也大大推动着科学技术的发展，是科学发展的重要推动力量。

二、有利于教育的发展

跨学科有利于教育的发展。

STEM 教育作为美国教育改革的核心,已在美国教育界掀起旋风。STEM 从字义解释,是科学(Science)、科技(Technology)、工程(Engineering)、数学(Mathematics)的缩写。2006 年,美国时任总统布什在国情咨文中公布《美国竞争力计划》,提出培养具有 STEM 素养的人才,并称其为全球竞争力的关键。2015 年经美国时任总统奥巴马签署,STEM 教育法案正式生效。美国以国家的力量推广的STEM 教育,强调打破学科界限,从融合科学、技术、工程、数学的知识来打造科技创新的新时代,并提高国家未来的竞争力和创新能力。

在传统分学科教育中,各门学科知识条块分割,互不相干。在教学过程中,政治课程讲述的是政治术语;语文注重的词语解释、划分段落、主题思想;数学讲授的是抽象的定义、规则、定理和证明,如此等,将反映丰富多彩的现实世界的知识系统人为地进行条块分割,使学生的学习变得枯燥乏味,严重影响学生学习的兴趣和学习效果。

跨学科教育就是要打破这种各学科知识不相往来的陈规,使教学活动呈现出鲜明生动的特色,使学生获得优化的知识结构,能融会贯通-举一反三地解决遇到的实际问题,这就能极大地调动学生学习的积极性,推动教育事业的蓬勃发展。

三、有利于人的全面发展

跨学科教育是培养全面发展人才的需要,有利于人的全面发展。人的全面发展是指在天赋潜能、活动能力和道德品质等方面都获得充分统一的发展。

人的全面发展是马克思主义的基本原理之一,也是我国教育方针的理论基石,是现代教育的共同追求。人的综合素质的提高是人的全面发展的基础。人的综合素质,包括思想道德素质、科学文化素质以及身体心理健康素质等。

唯物史观认为,人类精神和物质劳动的社会分工导致大多数社会成员处于"片面发展"状态。恩格斯指出:"教育可使年轻人很快就能够熟悉整个生产系统,它可使他们根据社会的需要或他们自己的爱好,轮流从一个生产部门转到另一个生产部门。因此,教育就会使他们摆脱这种分工造成的片面性。"①

---

① ［德］马克思,恩格斯.马克思恩格斯全集:第 4 卷［M］.北京:人民出版社,1958:162.

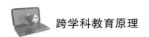

当今社会,无论在哪一个领域工作,"单打独斗"式的单一思维与技能都无法支撑未来人才的发展;要培养全面发展的人才,就必须实施跨学科教育,使学生获得优化的知识结构,增强其创新能力和适应能力,提高解决实际问题的能力,以适应当代社会发展的需要,开启未来美好的人生。

四、有利于社会的发展

社会的发展离不开科学技术的发展和创新。一百年来,跨学科研究为科学与技术的进步做出了突出贡献,比如 DNA 结构的发现、人类基因图谱的破译、核磁共振成像技术、激光技术、电子计算机科学技术等都提供了有力的证明。这些重大发现和发明,都需要团队合作解决问题,需要跨越各自学科的边界,才能产生学术上的突破。而科学技术的发展和创新,必然能强有力地推动社会的发展。

我们要实现中华民族的伟大复兴,实现辉煌的强国之梦,就有必要开展跨学科教育。

第二章　跨学科的基本原则

为了保证跨学科研究工作的顺利进行,使研究获得效为准确、客观的结果,跨学科研究必须遵循一定的原则。

第一节　目的性原则

目的通常是指行为主体根据自身的需要,借助意识、观念的中介作用,预先设想的行为目标和结果。人的实践活动以目的为依据,目的贯穿实践过程的始终。

每一个人的有意识活动都离不开一定的目的,确立明确的目的是跨学科研究的基本原则,也是跨学科研究活动的驱动力。

请看"口袋 B 超"的研发。

人们生病了,会迫切想知道疾病的起因。然而,在古代没有 B 超,因而人们借助幻想虚构出了能照见五脏六腑的仙人镜。据《述异记》载,日林国西南面有一面石镜,方数百里,晶莹璀璨,可以照出人的五脏六腑,这面镜子叫仙人镜。日林国的人如果有疾病,只要到镜子前面一照,就知道病在哪个部位了,立即对症下药进行治疗,疾病没有治不好的。当然这不过是人们的想象,然而在今天,人们凭借当代科技和聪明才智,研究出了 B 超、CT、核磁共振等检测手段,终于使得古人的幻想变为现实。

然而,尽管当代有 B 超,但全球仍有约 47 亿人因价格和专业知识的缺乏,无法获得这类医学成像检测服务,即使发达国家也面临同样的问题。为了使人们能便捷地用上 B 超,科学家们研发了全球首款全身通用的掌上超声成像系统——Butterfly iQ＋。2020 年 11 月 8 日,在进博会复星医药的展区,展示了全球首款全身通用的掌上超声成像系统——Butterfly iQ＋。这是一款和剃须刀一样大小的 B 超机器,可连接智能手机或平板电脑显示图像,是一款便捷的"口袋"版超声检查设备。其特点一是轻便,即插即用,可以随时截屏或录像,还具有远程会诊功能;二是性价比高,价格仅为传统超声的 1/5 至 1/10;三是通用性强,具有超快速清晰成像功能,可以用来检测颈动脉、心肺、腹部等多个部位,而传统 B 超检测不同部位要替

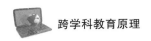

换不同的探头。"口袋B超"方便在家中使用或携带使用的特性,使其有广阔的市场前景。

科学家们在B超与移动终端之间作出的跨学科思考,通过B超与移动终端的综合,研发"口袋B超",目的便是为了使人们能便捷地用上B超。

再请看以色列专家在"臭鼬"与武器之间作出的跨学科研究。

臭鼬在生气或受到惊吓时,就会向袭击它的目标喷射出一种液体,其腐烂物般的恶臭气味足以让人窒息,而臭鼬会趁机逃跑。

以色列防卫武器科学家分析了臭鼬喷出液体的成分,然后人工合成了类似的液体,用于制造一种被称为"臭鼬弹"的武器。这种臭弹气味难闻,一旦沾在衣服上就难以消除,臭味可持续5年。发射者在发射时也要小心翼翼,而且要有一段适当的距离,以免不小心喷到自己身上。

以色列科学家在"臭鼬"与武器之间作出的跨学科思考,目的就是为了研制"臭鼬弹"这种武器,借以控制骚乱事件。

跨学科研究目的种类大致有:为了解决实际问题,为了开发新的产品,为了创立交叉学科。

贯彻跨学科研究目的性原则的要求是:

首先,必须确立跨学科研究的目的。

其次,跨学科研究的目的确立后,就要列出达到目的所涉及的领域、学科、知识与方法。

再次,组织协调相关学科的人员,开展合作攻关,最终达到目的。

第二节　科学性原则

跨学科研究必须遵循科学性原则,必须以唯物主义基本原理为指导,以科学实践反复证实的客观规律为基础,所依据的材料、数据必须真实可靠。如果违背科学性原则,就会陷入非科学或伪科学的歧途,使研究一无所获。

在科技史上,永动机的设计,就能很好地说明这个问题。许许多多的人幻想着通过设计某种机械来解决能源问题。这种机械不需要外界输入能量或者只需要一个初始能量就可以永远做功,这就是永动机。然而,永动机违反了能量守恒定律,能量守恒定律是自然界基本定律之一:能量既不会凭空产生,也不会凭空消失,它只会从一种形式转化为另一种形式,或者从一个物体转移到其他物体,而能量的总量保持不变。可是,关于永动机的设计方案还是时常出现,直到现代,还会不断出现永动机的设计方案,这就明显地违背了科学性原则。

在跨学科研究中必须自觉地坚持科学性原则;若违背了这一原则,其结果则必然是以失败告终。

杰出的经验主义创始人培根期盼人能"返老还童、改容换貌、脱胎换骨、呼风唤雨",他甚至开出了制造黄金和完成各种奇迹的方子,最终证明没有一个是可行的,根本原因就在于背离了科学性原则。

虽然跨学科研究必须具有创新精神,敢于大胆突破原有学科的藩篱,使各学科学术思想实现融合,但这并不意味着跨学科研究就可以盲目蛮干、胡乱拼凑、任意混杂或机械相加,而是应该在多学科交叉、互补、嫁接基础上,将多种学科变成一个有机共同体的系统过程,是彼此取长补短,互为依存,互为补益,从而实现各学科学术思想的有机融合的过程。要达到这一目的,跨学科研究就必须坚持科学性原则。

跨学科研究贯彻科学性原则的要求是:

① 必须全面、真实、系统地占有材料。跨学科研究过程就是一个占有材料、揭示本质、发现规律的过程,没有足够的事实材料为依据 就不能有效地进行研究。因此,应尽可能全面地占有反映研究问题情况的材料,为分析研究提供可靠的和充足的依据。所搜集的材料越全面、越真实、越系统,就越有代表性,越能反映问题的本质。零碎的、片面的材料是不能被用来进行科学的推断的。

② 要坚持科学的态度。在科学研究的过程中,要运用科学的方法和程序去研究客观现实,不应采取主观主义的态度去臆断、去猜测。对于研究成果,更要强调实事求是,无论自己的研究成果是成功的还是失败的,也不论对自己原先的假设是肯定的还是否定的,都应如实反映,绝不能因个人的利害得失而违反科学性原则。因为事物发展的规律只能从客观事物本身的运动、变化的事实中引申出来。只有严格地坚持科学态度,忠实地反映客观事实,才有可能获得科学的结论。同时研究的结论必须经过证实或实践检验,以保证其客观性、科学性。

第三节　创新性原则

创新性原则指的是跨学科研究要有新意,能发现别人没有发现的问题,探索出别人没有实践过的、富有创意的内容、方法、手段、措施等,也就是说要在原有认识的基础上有所发展和创造。

请看无创测血糖仪的研发。

糖尿病是一种常见的疾病,中国的糖尿病患者已经突破一亿,一旦发病便无法

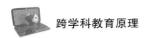

彻底治愈。测血糖是糖尿病患者控糖过程中必不可少的一环。药物须使用得当，既要能降血糖，还不能降得太低，否则会导致低血糖。但是目前家庭使用的指血监测血糖仪器需要通过刺破指尖采血来测量血糖。毕竟十指连心，刺破指尖会带来一定的疼痛感。所以人们想，能不能有一种不刺破手指的监测血糖仪，这样就方便了。

为此，以色列希诺嘉公司研发了无创测血糖仪。这款仪器利用光学反射原理，通过不同分子对光吸收和反射的变化反映出组织液里的血糖变化，不需要刺破手指，也不需要用试纸，只需要患者把手指放进仪器里，无须经历任何疼痛，几十秒钟后即可将血糖参数发送到手机上。患者在家里日常使用很方便，可以根据测量结果随时调整饮食结构，改善自己的生活方式。

原先测血糖是直接分析血液的血糖含量，而科学家却在医学的血糖含量与物理学光学反射原理之间作出跨学科思考，通过不同分子对光吸收和反射的变化反映出组织液里的血糖变化，研发出无创测血糖仪，这就体现了跨学科研究的创新性原则。

跨学科研究创新性原则要求研究者要解放思想，不迷信本本，不迷信权威，勇敢地冲破守旧势力和传统观念的束缚，在前人没有走过的道路上开拓前进。跨学科研究将某一学科已发展成熟的知识、方法和技术应用到另一学科的前沿，往往能够产生重大创新成果，是跨学科研究创新思想的主要来源之一。

当然，跨学科研究的创新是在原有学科基础上的创新，离不开原有的相关学科提供一些现成理论、方法、内容，这些材料多来自前人或他人的实践经验和认识成果。必须善于利用这些经验和成果，开辟新的认识领域，获得新发现，提出新观点，这是跨学科研究的必由之路。

跨学科研究是站在"巨人的肩膀"上，如果没有原有相关学科的知识与理论，跨学科研究就没有根基；如果没有创新，跨学科研究就没有价值。

第四节　价值性原则

跨学科的研究必须具有价值性。跨学科研究的价值性集中体现为跨学科的研究成果必须能满足人类的某种需要，能解决社会生活中需要解决的问题。

跨学科研究总是与一定的需要相联系的，任何一项跨学科研究都必须能够适应人们一定的需要，尤其是社会科学和自然科学相结合的跨学科研究，必须能适应科技、经济和社会综合发展需要，能卓有成效地解决现实发展中所提出的、已经或可能面临的综合性问题。这种研究，当然也包括对本身所需要的理论和方法论的研究，它的活力在于解决复杂的实际问题的能力。

请看比利时人威特金斯利用老鼠完成探雷工作的跨学科思考。

战争留给人类无数罪恶的伤疤，战后遗留的雷场就是其一。它们夺取人畜性命，导致土地荒芜。据联合国统计，目前全球大约有一亿颗地雷散布在热点地区，要清除它们需要花费 1 100 年的时间。所以，有没有成本低廉、快速高效的探雷方法呢？

比利时人威特金斯一直在思考这个问题。经过一番调查，他把驯化目标锁定在嗅觉能力超群的非洲巨鼠身上。非洲巨鼠，又名冈比亚鼠，性情温顺，有着与生俱来的灵敏嗅觉。同时它们体重轻，不太可能引爆地雷，具有探雷的先天优势。他和同事们遴选了 16 只非洲巨鼠，先让它们充分熟悉 TNT 炸药的气味，然后带它们到训练场，场地中预先埋设了炸药。老鼠们在地上走来走去，长尾巴左右摇摆，胡须颤动，鼻子不停地抽动着，嗅闻四周的空气。当它发现了埋设的炸药，那只巨鼠就可领取一根香蕉作为犒赏。长期训练之后，巨鼠形成条件反射，只要找到炸药就意味着有东西吃，继而乐此不疲。

经过 9 个多月的努力，16 只非洲巨鼠全部"学成出师"。在一片从未探测过的400 平方米的区域内，快速准确地找出了 20 枚地雷。经过人工复查，这片区域内的地雷被全部探出。人类使用金属探测器搜寻 200 平方米需要 5 天的时间，而老鼠只需要 20 分钟就可以完成，并且有着百分百的准确率。

此后这些非洲巨鼠出现在阿富汗、柬埔寨、安哥拉等国家的雷场上，并且以无一伤亡的骄人成绩成为名副其实的"探雷英雄"。

由人人喊打的老鼠成为造福人类的"英雄"，威特金斯赋予了非洲巨鼠的生命崭新的意义，因此他的研究具有巨大的科学价值。

如果跨学科研究不是为人们所需，不能为解决实际问题提供方案选择和决策性建议，不能提供解决问题的手段与方法，那么这种研究就不具有生命力，就是没有价值的。

比如说，原先的船只没有内燃机等动力，只能靠人力划桨或纤夫拉纤前进。人们为了节省体力，便在船上装上帆，靠风力推动。那么，能不能这样跨学科思考：像帆船那样，用风力来推动车辆前进？类似帆船那样由风驱动的运输车辆并不是制造不出来，但是如果真要使用这样一种风动车辆，就会产生许多麻烦，例如由于风的不稳定性，这样的车辆在狭窄的公路上行驶时就容易陷入时快时慢、时走时停的状态，会大大妨碍交通通畅，也很不安全。因而这种跨学科研究就是毫无价值的。

第三章　跨学科的类型

分类是根据一定的标准,将事物对象分成各个类别,从而捕捉、把握事物的相似性和差异性的一种科学方法。分类是对客观事物获得科学认识的起点,也是科学研究顺利进展的保障,没有分类就没有科学。

根据不同的标准,可将跨学科分为不同的种类。

第一节　实践主体的类型

从实践主体的数量特征来考察,跨学科研究可以有以下种类。

一、单个学者的研究

单个学者的研究,是指单独一个学者研究的问题涉及不同的学科领域,利用不同的学科领域的理论、知识、方法、技术来解决研究问题。

单个学者跨学科研究取得最突出成就的,当属美术家达·芬奇。

达·芬奇,意大利文艺复兴时期著名的美术家,同时又是工程师、建筑师、物理学家、生物学家。

1452 年 4 月 23 日,达·芬奇出生于意大利佛罗伦萨附近的芬奇镇安基亚诺村。他从小勤奋好学,兴趣广泛,多才多艺。他不但留下了价值连城的名画,而且在科学技术领域也有卓越的建树。

在建筑工程方面,达·芬奇留下了大量的建筑设计图样,从教堂、剧场,到桥梁、下水道,无不显示出他杰出的建筑艺术才华。令人惊叹的是他的城市规划设计,有许多地方竟与现代城市规划不谋而合。

在水利工程方面,他设计过水库、水闸、拦水坝、运河、灌溉等工程,在米兰他还主持过运河及灌溉工程的施工工作。

在机械学方面,他设计过擀毡机、剪毛机、纺织机、印刷机、抽水机、卷扬机、挖土机、起重机、冶金炉、钟表等。他还设计了内燃机、空调装置、计步器、自行车、里程表和湿度表。

在军事科学方面,他设计了机关枪、潜水艇、坦克车、圆锥形子弹、手榴弹,他还设计过野炮、臼炮、弩炮、散弹炮、战舰、军用轻便桥梁、云梯和攻城武器,他甚至还设计过包括直升机在内的各种飞行机械和降落伞。

在天文学方面,达·芬奇指出地球不是太阳系的中心,更不是宇宙的中心。他认为地球是一颗行星,它以一个椭圆形的轨道绕太阳运动,太阳本身是不动的。而哥白尼的"太阳中心说"则是在达·芬奇逝世后24年才发表的。

在物理学方面,他预示了惯性原理,开引力学说之先河。他研究了杠杆原理,并且认为杠杆是最基本的机械,其他机械都是杠杆的变化与复杂化的结果。他还丰富了阿基米德的液体压力概念,证明了连通器中液面有相同的高度,如以不同的液体装入两管之内,其高度将与液体的密度成反比。他曾十分生动而又形象地描述过原子能的威力。在光学方面,他设计过人造眼球、聚光镜、望远镜、幻灯机以及研究色彩的装置等。

在数学方面,研究家们公认首先在数学上使用加、减符号的是达·芬奇。他还发现了立体几何学中关于正六面体、球体和圆柱面积之间关系方面的规律。

作为画家和雕塑师,达·芬奇对人体构造进行了科学研究。他不顾教会传统的反对,对许多尸体进行解剖。他的解剖图不但精细正确,而且是真正的美术作品。要是仔细观察他的传世名作《蒙娜丽莎》,能看到血管旦的血液在流动。他研究过心脏的功能,画出了心脏瓣膜图,用水的运行来比喻血液循环的一般原理。他研究过眼睛的构造和功能,他已经能说明影像是如何呈现在视网膜上,抛弃了当时流行的见解:人所以能看到物体,是由于眼睛发出光线落到所能看到的物体上。

达·芬奇是一位伟大的美术家,他将自己的美术绘画才能与各门学科完美结合,完成了数不胜数的科学设计,达·芬奇因此而成为文艺复兴时期多才多艺、知识渊博的杰出代表人物。正如恩格斯所指出:"达·芬奇不仅是大画家,而且也是大数学家、力学家和工程师,他在物理学的各种不同部门中都有重要的发现。"[①]因而,达·芬奇被称为"巨人时代的巨人"。

二、多个学者的研究

多个学者的研究,是指两门以上学科的研究者合作进行研究的一种形式。针对研究的问题,由涉多个不同学科的学者相互交流和协调,形成整体性、融合性的跨学科合作研究。

---

① ［德］恩格斯.自然辩证法［M］.北京:人民出版社,1971:7.

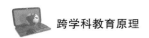

跨学科研究由于其跨学科性,研究者若独立地进行研究,就不得不花大量的时间补充所需要的知识,这无疑延长了科学创造前的知识准备时间,从而也延缓了科学的进程。尤其在现代科学飞速发展的今天,重大的科学问题和发现单靠独立的研究主体是无法想象的,实际上也是无法完成的,这就需要由涉多个不同学科的学者通过知识互补来合作研究。比如,某机构研发电子产品,往往需要软件工程师和硬件工程师的通力协作,才可能达到目的。

三、机构协同的研究

现代科学技术的发展使科学研究的形式和规模发生了巨大变化。随着人们对自然界认识的不断深化,科学探索的领域向着纵深和广度两方面发展,研究课题的难度愈来愈大。仅仅依靠个人的研究已经难以实现。此外,各门学科的相互渗透,使得许多科学研究涉及多种学科的知识,如人造卫星、航天飞机等已不再是简单的一两种技术就可以解决的课题。面对这种综合性的研究课题和高技术的要求,任何个人的劳动都无法胜任,只有通过群体的协作才有可能达到目的。

比如阿波罗登月工程。1969 年 7 月 16 日,美国阿波罗 11 号载人飞船升空,7 月 24 日登月成功返回。为了将人类第一次送上月球,美国政府组织了各个公司、大学和实验室的 42 万多名专家,花了近 300 亿美元,10 多年时间。阿波罗登月工程的成功,是因为有各门类学科知识的跨越、融合,有各类学科千千万万科学家的共同协作才能完成。

第二节　研究目的的类型

按跨学科研究主体追求目的的不同,可把跨学科研究分为解决实际问题、研发新的产品、创立交叉学科等三种类型。

一、为了解决实际问题的学科交叉

为了解决实际问题的学科交叉,又称为问题拉动型学科交叉,是指人们在社会生活中,遇到了单一学科门类无法解决的实际问题,必须通过不同学科的共同协作才能解决,因而展开的跨学科研究。

二、为了研发新的产品的学科交叉

为了开发新的产品的学科交叉,是指人们为了研发某种新产品,必须通过不同学科的协同攻关才能实现,因而展开的跨学科研究。

比如我国的北斗卫星导航系统,从 1994 年北斗一号系统工程立项,到 2020 年北斗三号全球卫星导航系统正式开通,用 26 年的时间,在全国范围内动员了 400 多个单位和 30 多万名不同学科、不同专业的科研人员,协作攻关,目的就是建成我们自己的卫星导航系统,这就是为了开发新的产品的跨学科研究活动。

三、为了创立交叉学科的学科交叉

为了创立交叉学科的学科交叉,是指人们在创立新的交叉学科的过程中,必须通过综合不同的相关学科知识理论才能实现,因而展开的跨学科研究。

比如说,为了创立"天体物理学"这一交叉学科,既要涉及天文学,又要涉及物理学,由此而展开跨学科研究,这就是为了创立交叉学科的学科交叉。

当今交叉学科门类众多,有关专家学者为创立相关交叉学科而展开的跨学科研究,都是为了创立交叉学科的学科交叉。

第三节　学科交叉的类型

按跨学科研究领域的性质和层次不同,可把跨学科研究分为学科内的交叉、学科间的交叉、领域间交叉和超领域交叉四种类型。

一、学科内的交叉

学科内交叉指的是自然科学和社会科学的一线学科,如数学、物理学、化学、天文学、法学、美学、经济学、政治学等,其下属学科的相互作用、相互结合。

笛卡尔关于解析几何的创立便是典型的学科内交叉。笛卡尔是法国 17 世纪著名的哲学家、数学家,1596 年 3 月 31 日,笛卡尔出生在法国北部一个富有家庭里。他身体虚弱,但天资聪颖。笛卡尔最大的贡献是创立解析几何学。

长期以来,几何学与代数学是分道扬镳的,两者互不相干。笛卡尔精心分析了几何学和代数学各自的优缺点,认为几何学虽然直观形象、推理严谨,但证明过于繁杂,往往需要高度的技巧;代数学虽然有较大的灵活性和普遍性,但演算过程缺乏条理性,影响思想的发挥。在 1637 年出版的《几何学》中,他提出了把代数学和几何学结合起来的方法。其基本思想是:在平面上建立直角坐标系,将平面上的点与实数一一对应起来;通过这种对应,直线和曲线就可以用方程来表示。这样一来,就可以用代数方法来研究和解决几何问题。

据说,笛卡尔解析几何的创立,还与一只不起眼的小蜘蛛有联系。有一次,笛卡尔生病了,遵照医生的嘱咐,躺在床上休息。这时笛卡尔仍然在思索着用代数方法来解决几何问题,但遇到了一个困难,那就是几何中的点与代数中的数怎样才能建立起联系。正当他苦苦思索之际,突然,笛卡尔眼中出现了光彩,原来正在天花板上爬来爬去的一只蜘蛛引起了他的注意。这只蜘蛛在常人眼中或许太平常了,它正忙着在天花板靠近墙角的地方结网,它忽儿沿着墙面爬上爬下,忽儿顺着吐丝的方向在空中缓缓移动。这只悬在半空中的蜘蛛令沉思中的笛卡尔豁然开朗:能不能用两面墙的交线及墙与天花板的交线,来确定它的空间位置呢?他一骨碌从床上爬起来,在纸上画了三条互相垂直的直线,分别表示两墙的交线和墙与天花板的交线,用一点来表示空间的蜘蛛,当然可以测出由这点到三条线的距离。这样,蜘蛛在空中的位置就可以准确地标出来了,一个点也就与一些数建立起了一种对应关系。后来,由这样三条互相垂直的线组成的坐标,就被叫作笛卡尔坐标。

笛卡尔的《几何学》篇幅并不长,总计117页,是作为《方法论》一书的附录发表的。它的问世,标志着解析几何学的诞生,使数学在思想方法上发生了一次根本性的变革。解析几何便是数学学科中的代数学与几何学交叉、融合的结果,它一改千百年来这两门学科彼此分离的局面,而且也为微积分的发明创造了条件。

学科内交叉是学科内分化综合。例如,数学中的代数几何学、几何数论、微分几何学等;物理学中的电磁学、电流体力学等;化学中的有机分析化学、无机分析化学等;生物学中的细胞生理学、植物生理学、微生物遗传学等,都是学科内交叉而形成的学科。

二、学科间的交叉

学科间的交叉,指的是在自然科学或社会科学中,不同的部门学科的相互作用、相互结合。学科间交叉是科学进一步分化和综合的产物,无论是自然科学还是社会科学,其内部的各一级学科之间几乎都发生了交叉渗透,并由此产生出联结各个一级学科的形式多样的交叉学科。就自然科学中的数学、物理学、化学、天文学、地学和生物学这几个基础学科而言,互相交叉生成的科学就有许许多多。比如,物理学与化学交叉融合,生成物理化学;物理学与天文学交叉融合,生成天体物理学;物理学与地质学交叉融合,生成地球物理学;数学与天文学交叉融合,生成天体测量学;化学与生物学交叉融合,生成生物化学……

三、领域间的交叉

领域间学科交叉是指自然科学和社会科学两大领域的不同学科的相互作用、

相互结合。如生命科学、环境科学等,便是自然科学和社会科学两大领域交叉的产物。

当代人类面临的许多重大课题,比如环境问题、地震灾难等,几乎都是传统的单一学科不能独立解决的,因而要求自然科学与社会科学的密切结合,需要进行有效的跨学科研究。随着自然科学和社会科学相互作用、相互渗透趋势的加强,领域间交叉学科的发展极为迅速,几乎自然科学的每一学科都与社会科学的各个学科发生过交叉渗透,使自然科学和社会科学的传统界限日趋模糊,自然科学和社会科学之间长期以来存在的鸿沟正在填平。

四、超领域的交叉

超领域交叉,不只是某一领域或某种物质的交叉,而是横向贯穿于众多领域甚至一切领域之中,比如,横断学科就是超领域的交叉的产物,如系统论、控制论、信息论、耗散结构理论、协同论等。

下面我们讨论协同论。

协同论又称协同学。协同论一词来源于希腊文,意思是协同作用的科学,是研究系统中各个子系统之间相互协同作用使系统从无序向有序转变的科学。

协同论是由斯图加特大学理论物理学教授哈肯创立,协同或者叫协作、协同作用,是协同论最基本的概念。协同现象广泛存在于自然和社会之中。没有协作,人类就不能生存,生产就不能发展,社会就不能前进。"一个和尚挑水吃,两个和尚抬水吃,三个和尚没水吃"的故事,正是对不协作现象的深刻讽刺。

协同导致有序,协同论用"序参量"的变化来刻画系统从无序向有序的转变。但是,一个系统的变量成千上万,怎样选择一个或几个序参量来描述系统有序的变化呢?哈肯发现,不同参量在系统演化过程中起着主次不同的作用。他把变化较快、起作用时间短的参量叫快变量。协同论正是在众多的因素中找出一个或几个主要因素,列出数学方程进行计算,解决复杂问题的。

由于协同论是在完全不同的系统之间深刻的相似的基础上,采用类比的方法建立起来的,协同论把不同学科中共同存在的协同现象抽取出来,作为自己的研究对象,并用共同的数学模型加以刻画,因此,称协同论为横断学科,是非常确切的。无论什么系统从无序向有序的演化,在协同论看来,都是大量子系统间相互作用而又协调一致的结果,正因为这样,协同论具有普遍的意义和广泛的用途。

协同论已经在自然科学和社会科学的许多领域,比如激光、流体力学、电子学、天文学、气象学、电气工程、机械工程、土木工程、化学、生物学以及社会学、经济学、

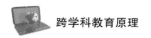
语言学、心理学和行为科学等方面得到广泛的应用,引起了世界上不同学科的学者的注意。

第四节　交叉要素的类型

根据理论、技术、方法、知识等要素的不同层次,学科交叉的类型可分为以下几类。

一、理论的交叉

科学理论是关于客观事物的本质及其规律性的系统化的认识,是经过逻辑论证和实践检验并由一系列概念、判断和推理表达出来的知识体系,比如生物进化论、相对论、概率论、大陆漂移学说、马斯洛需求层次理论等。理论的交叉就是发生在不同学科、领域之间理论的借用、融合。

比如说,生物进化论是生物学最基本的理论之一,是指生物在变异、遗传与自然选择作用下的演变发展、物种淘汰和物种产生的理论。人们将生物进化论用于社会学的研究,便产生了"社会进化论"。

达尔文的《物种起源》发表后,达尔文的表弟弗朗西斯·高尔顿便将生物进化论用到社会学研究。高尔顿针对不同人种的遗传特质进行了比较研究,指出不同人种的发展力是由于他们对其特定环境适应的结果。他把进化论中关于变异、选择和适应等基本原理应用于对人类个体和种族的研究中。他提醒人们,由于低能人大量繁殖和有天赋的人的相对减少将引起种族退化,同时他还指出,通过自身的能力可淘汰祖先留下来的劣性而选择优性遗传给后代。1883 年,高尔顿发表了《人类才能及其发展的研究》,在历史上第一次提出了一个以人类的自觉选择来代替自然选择的社会计划,为此他创立了"优生学"这个新词。人们就把这一年定为优生学正式诞生的年份,高尔顿被誉为"优生学之父"。

优生学是生物进化论与社会学理论交叉的产物。

社会进化论作为一种理论,当然有其自身的学术价值。指出人类社会之间存在着相互竞争,强调人类社会不进则退,也有其真理性的一面。但是,真理向前多跨出了一步,就会变成谬误。科学理论如果超出了它的适用范围,就不再是科学的了。

在达尔文的进化论问世之后,斯宾塞提出了"社会达尔文主义"。他根据自然界食物链现象提出"弱肉强食,物竞天择,适者生存"的观点,并以此解释社会现象。

根据自然界的生存竞争规律,主张国家之间、民族之间以及人与人之间"弱肉强食,优胜劣汰"。斯宾塞将以强凌弱的霸权主义宣称为"社会伦理",则是完全错误的。正是以社会达尔文主义作为"理论依据",早期的资本主义才得以"理直气壮"地在各国内部对广大民众施行压榨和掠夺,并进而在全球范围内对其他国家和民族发动殖民战争,实行殖民统治,进行殖民掠夺,以实现其资本的原始积累。至于纳粹德国自认为日耳曼民族是"最优秀的民族",日本军国主义自认为大和民族是"最优秀的民族",并进而对其他国家和民族实行疯狂的蹂躏和屠杀,则是社会达尔文主义所产出的最残暴的怪胎。

社会达尔文主义的最大错误,在于主张以动物界的"弱肉强食"现象来看待人类社会,把人类兽性化。而人类与动物的本质区别在于人类是有理性、有智慧的,是讲人性的。

二、技术的交叉

什么是技术?技术是指人们为解决生产和生活中实际问题、达到顶期目的而根据客观规律所采用的各种物质手段和经验、技能、知识、方法、规则等要素所构成的有机系统。技术的要素,一般可分成主体要素和客体要素两部分。主体要素是指劳动者的经验、技能、知识等。客体要素是指工具、机器、设备等。因此,技术既包括物质形态,又包括知识形态。

技术的交叉是指不同学科、领域中技术的借用、融合。比如,物理学中的"纳米技术"便被广泛运用于不同的科技领域之中。

纳米是一种尺度。假设一根头发丝的直径为 0.05 毫米,我们再把这根头发丝按直径平均剖为 5 万片,每片的直径就是 1 纳米。科学的表述是,1 纳米等于 10^{-9} 米,即十亿分之一米。纳米技术,也称毫微技术,是研究结构尺寸在 0.1 至 100 纳米范围内材料的性质和应用的一种技术,实质就是利用原子和分子结构及其性能的技术。

纳米技术是一门交叉性很强的综合学科,研究内容涉及现代科技的广阔领域,在日常生活的衣、食、住、行等方面都有广泛的应用。

① 衣。在纺织和化纤制品中添加纳米微粒,可以除味杀菌。化纤布虽然结实,但有烦人的静电现象,加入少量金属纳米微粒就可消除静电现象。

② 食。纳米材料可以抗菌。用纳米材料制成的纳米多功能塑料,具有抗菌、除味、防腐、抗老化、抗紫外线等作用,可用作电冰箱、空调外壳里的抗菌除味塑料。

③ 住。纳米技术可使墙面涂料的耐洗刷性提高 10 倍。玻璃和瓷砖表面涂上

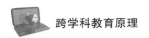

纳米薄层,可以制成自洁玻璃和自洁瓷砖。含有纳米微粒的建筑材料,还可以吸收对人体有害的紫外线。

④ 行。纳米材料可以提高和改进交通工具的性能指标。纳米陶瓷有望成为汽车、轮船、飞机等发动机部件的理想材料,能大大提高发动机效率、工作寿命和可靠性。

⑤ 医。利用纳米技术制成的微型药物输送器,可携带一定剂量的药物,在体外电磁信号的引导下准确到达病灶部位,有效地起到治疗作用,并减轻药物的不良反应。用纳米技术制造的微型机器人,其体积小于红细胞,通过向病人血管中注射这种微型机器人,能疏通脑血管的血栓,清除心脏动脉的脂肪和沉淀物,还可"嚼碎"泌尿系统的结石等。

⑥ 纳米技术在军事中也有重要的应用。将纳米涂料涂在飞机上可以制造出隐形飞机。现在不光有隐形飞机,还有隐形导弹、隐形坦克,隐形军舰等,纳米技术在高科技武器研制方面大有用武之地。

科学家认为,纳米技术有可能迅速改变物质产品生产方式从而导致社会发生巨大变革。人类正越来越向微观世界深入,人们认识、改造微观世界的水平提高到了前所未有的高度。纳米,是继互联网、基因之后人们关注的又一大热点。

三、方法的交叉

方法是指为获得某种东西或达到某种目的而采取的手段与行为方式。方法的交叉是指不同学科、领域中方法的借用、融合。

比如说,实验方法是自然科学领域常用的方法。实验是指人们根据研究的目的,利用科学仪器、设备,人为地控制或模拟自然现象,排除干扰,突出主要因素,以便在有利的条件下去研究自然规律的一种方法。

科学实验是自然科学研究活动中不可缺少的一种方法,比单纯的观察方法有明显的优点。观察只能在自然发生的条件下进行,受到自然条件的局限。自然界的事物和自然现象种类繁多,变化万千,它们之间相互联系,相互作用,互相影响,往往把事物的本质掩盖起来,单凭观察难以分辨和认识它们的规律性;通过科学实验,可以借助科学仪器、设备所提供的条件,排除自然过程中各种偶然的、次要的因素的干扰,人为地控制研究对象,使需要认识的对象以比较纯粹的形态呈现出来,能比较容易和精确地发现支配自然现象的规律。

科学实验是近代自然科学的精髓,在当代,任何从事自然科学研究的人都可能涉及这一重要的科学研究方法。

现在,科学实验方法不仅运用于自然科学领域,在社会科学领域也广泛使用。比如教育领域使用科学实验,便是教育实验法。教育实验法是研究者为了解决某一教育问题,根据一定的教育理论,在严格控制或特别创设的条件下,有目的、有计划地观察、记录、测定教育现象的变化,研究教育条件与教育现象之间的因果关系的研究方法。

科学实验方法由自然科学领域,移用到社会科学领域,这便是方法的交叉。

四、知识的交叉

知识的交叉是指不同学科、领域中知识的借用、融合。

江西有一农妇种了几亩西瓜,长势良好,丰收在望。可瓜尚未成熟,市场早已饱和,瓜价受挫,销路也不畅。丰收不增收,这是农民最大的痛苦。这位农妇想,好瓜好吃,那是吃过之后的感觉;好瓜要好卖,还得让买瓜人在买瓜之前先有一个好的印象。商店里的商品包装得非常漂亮,目的就是吸引人。但是,西瓜能包装吗?常规包装显然不好办,那就想办法搞特殊包装。

苦思之下,农妇有了创意。她让人写了"吉祥如意""清凉解暑""祝您平安"等字样,用白纸剪下来,然后贴到快成熟的西瓜皮上。几天后,因阳光的照射受到阻隔,纸一撕下来,绿绿的西瓜上就留下了金黄色的文字。当西瓜熟了,农妇采瓜上市,这些与众不同的西瓜格外吸引人,结果瓜好卖了,价格也高了,农妇的收入也增多了。

农妇将商店商品包装的知识、文化知识用到西瓜种植上,这就是知识的交叉。

五、文化的交融

文化的交融是不同学科所依托的文化背景之间的相互渗透与融合。比如,科学文化与人文文化融合、中、西医文化的融合等,就属于文化的交融。

中、西医都经历了长期发展,二者各有不同的文化背景,中医文化立足于人体的整体辨证论治,而西医文化着重于病变部位的微观研究,两者相互渗透与结合,创新出中西医结合的体系。临床证明,不少疾病采用中西医结合的治疗效果比单一治疗更好。

第五节　交叉学科的类型

交叉学科的类型是指通过跨学科研究而诞生的新的学科的类型。

跨学科研究逐渐形成一批交叉学科,如化学与物理学的交叉形成了物理化学

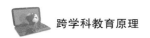

和化学物理学,化学与生物学的交叉形成了生物化学和化学生物学,物理学与生物学交叉形成了生物物理学等。这些交叉学科的不断发展大大地推动了科学进步。科学上的新理论、新发明的产生,新的工程技术的出现,经常是在学科的边缘或交叉点上,重视跨学科研究将使科学本身向着更深层次和更高水平发展,这是符合自然界存在的客观规律的。

交叉学科纷繁多样,已达数千门之多。我们要把握各种交叉学科的性质特征以及它们的区别与联系,就必须对交叉学科进行分类研究。

根据不同的标准,可将交叉学科分为不同的种类。

一是根据交叉学科的成熟程度,交叉学科可以分为探索性交叉学科、成长性交叉学科、成熟性交叉学科。

探索性交叉学科,这是交叉学科最活跃的部分,是根据社会生活和科学研究的需要,由研究者初步提出的新的交叉学科,这种交叉学科尚在探索过程中。

成长性交叉学科,是"探索性交叉学科"通过试验和评价以后,筛选、提炼而成的新兴交叉学科,该领域在一定范围内被认可,但尚不够成熟和完善,需要更多学者进行进一步研究,探索走向成熟和完善的途径、机制和方法。

成熟性交叉学科,是由"成长性交叉学科"通过试验和评价以后,凝练形成的相对成熟的领域,是发展相对完善、具有推广普及价值的新兴交叉学科。

二是根据交叉学科的特征、形态来分类,可分为比较学科、边缘学科、综合学科、横断学科、超学科、元学科。

下面我们主要讨论比较学科、边缘学科、综合学科、横断学科、元学科。

一、比较学科

比较学科是以比较方法作为主要研究方法,对具有可比性的两个或两个以上的不同系统进行研究,探索各系统运动发展的特殊规律及其共同一般规律的科学。比较学科的交叉性是通过跨时代、跨地域、跨民族、跨学科、跨领域的比较研究体现的。如古今比较、东方西方比较、不同民族比较、不同学科不同领域比较等。例如:比较文学、比较语言学、比较教育学、比较史学、比较心理学、比较政治学、比较经济学、比较法学、比较宗教学、比较神话学、比较美学、比较地质学、比较解剖学等。

比较文学是对两种或两种以上民族文学之间相互作用的过程,以及文学与其他艺术门类和其他意识形态的相互关系进行比较研究的文艺学分支。

比较语言学是把有关各种语言放在一起加以共时比较或把同一种语言的历史发展的各个不同阶段进行历时比较,以找出它们之间在语音、词汇、语法上的对应关系和异同的一门学科。利用这门学科可以研究相关语言之间结构上的亲缘关系，找出它们的共同母语，或者明白各种语言自身的特点。

比较教育学是用辩证唯物主义和历史唯物主义的观点和方法，综合利用有关的新科学和新技术，研究当前世界不同国家、民族和地区的教育；在探讨其各自的经济、政治、哲学和民族传统特点的基础上，研究教育的某些共同特点、发展规律及其总的趋势，并进行科学预测，以便根据本国的民族特点和其他的具体条件，取长补短发挥教育的最佳作用，为提高教育质量和人民的文化科学水平服务。

二、边缘学科

边缘学科主要是指两门或两门以上学科相互交叉、渗透而在学科间的边缘地带形成的学科。如物理学与化学结合产生了物理化学，与生物学结合产生了生物物理学。又如教育经济学、历史地理学、技术美学、地球化学等。

边缘学科的生成一般有两种情况。一种是某些重大的科研课题涉及两个或两个以上学科领域，研究过程中，便在这些相关领域的结合部产生了新兴学科，如物理化学、生物力学、技术经济等。另一种情况是运用某一学科的理论和方法去研究另一学科领域的问题，也会形成一些边缘学科，如射电天文学和元体物理学等。

三、综合学科

综合学科以特定问题或目标为研究对象，由于对象的复杂性，任何单一学科都不能独立完成任务，必须综合运用多种学科的理论、方法和技术，由此便产生了综合学科，如海洋学、环境学、材料学等。

综合学科的特点是，将多学科的理论与方法综合起来，对某一特定对象进行综合性研究。在综合学科中，有些新兴综合学科不仅涉及自然科学的诸多学科，还涉及社会学科的某些领域，甚至还必须采用人文学科的理论和方法进行综合研究。

四、横断学科

横断学科是在广泛跨学科研究基础上，以各种物质结构、层次、物质运动形式等的某些共同点为研究对象而形成的工具性、方法性较强的学科，如控制论、信息论、系统论、耗散结构论、协同论等。横断学科的研究对象，不只是某一领域或某种物质，而是横向贯穿于客观世界的众多领域甚至一切领域之中。如信息学科就是把机器系统、人类社会、生命现象和思维等领域里的具体对象及其运动形式，抽象为信息变换和信息流动。信息学科是现代科学方法论的一个重要内容，它开辟了

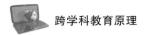

人们认识活动的新模式,揭示了客观世界的一个新的方面,改变了客观世界的科学图景。

五、元学科

元学科是超越一般学科层次,而在更高或更深的层次上总结事物(包括学科)一般规律的学科。如哲学,在古代是一切学科的母学科,在现代是概括自然和社会一般规律的学科。又如科学学,它是概括自然科学整体发展规律的学科。

"元"如果是与某一学科名相连所构成的名词,则是以该学科自身为研究对象的科学,意味着一种更高级的逻辑形式,以一种批判的态度来审视原来学科的性质、结构以及其他种种表现,比如元教育学、元伦理学、元数学等。元教育学是以教育学为研究对象的学科,即以元教育学理论来审视教育学理论。元伦理学是以伦理学为研究对象的学科,指以逻辑和语言学的方法来分析道德概念、判断的性质和意义,研究伦理词、句子的功能和用法的理论。元数学是一种将数学作为研究对象的学科,或者说,元数学是一种用来研究数学和数学哲学的数学。

以上我们从不同的角度研究了跨学科的类型。实践主体的类型,是从实践主体的数量特征来考察;学科交叉的类型,是从参与交叉融合的学科的类型来考察的,讨论的是哪些学科参与了交叉;交叉要素的类型,是从不同学科之间参与交叉的要素来考察的,讨论的是哪些要素参与了交叉;交叉学科的类型,是从学科交叉后所诞生的新的学科类型来考察的,讨论的是交叉研究后产生了哪些新的学科。分析的角度和标准不一样,得到的结果便会不同。

"学科交叉的类型"与"交叉学科的类型"两者有显著的区别。前者的主体是"交叉",指不同学科是怎样参与交叉的;后者的主体是"学科",指不同学科参与交叉后,产生了什么新的学科。

第四章　跨学科的素质

跨学科研究活动的主体是人,为了能顺利地完成研究活动,就必须具备一定的能力素质。能力素质是主体在生物遗传与文化遗传的基础上从事活动的功能与力量。出类拔萃的能力结构,是完成跨学科研究的重要条件。

第一节　合理的知识结构

知识是人们在认识世界、改造世界的实践过程中所取得的认识和经验的总结,它反映了客观世界各个领域里物质运动的规律性和内在联系,也是人类认识自然、改造世界的有力武器。知识是一切人才应具备的基本素质,也是跨学科研究人才的重要素质。

知识结构是指一个人所拥有的知识体系的构成情况与结合方式,即外在的知识体系经过求知者的输入、储存和加工,在头脑中形成的由智力因素联系起来的多要素、多系列、多层次的知识组合情况,其中包括各种知识的比例、相互间的联系、作用和协调以及由此而形成的具有一定功能的统一整体。

所谓合理的知识结构,就是既有精深的专门知识,又有广博的知识面,具有跨学科研究活动实际需要的最合理、最优化的知识体系。

要想卓有成效地开展跨学科研究活动,就必须具有合理的知识结构。

当今世界,各种知识浩如烟海,各门学科交叉渗透,科学技术的发展突飞猛进,一个人要想百事皆通,掌握各方面的知识是不可能的。知识无涯,人生有限。在科学技术迅速发展、知识量激增的新时代里,即使一个智力超群、勤奋非凡的人,也只能掌握全部知识中的一星半点。另外客观事实也提醒我们,一个人能否对社会作出巨大贡献,也并不完全取决于他所拥有知识的数量,而在于是否具有合理的知识结构。不同的知识只有处于一个合理的结构之中,才能使其静有其位,动有其规,各显其能,优势互补。因此,建构合理的知识结构,最大限度地发挥知识的整体效能,对于跨学科研究显得越来越重要。

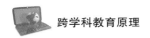

一、知识结构的常见模式

合理的知识结构,较有代表性的是以下三种模式。

1. 宝塔型知识结构

宝塔型知识结构又称金字塔型知识结构。这种知识结构组成成分的权重各不相同,其中基础理论知识要求宽厚扎实,构成宝塔的底部;然后从下到上,依次由专业基础知识、专业知识、学科前沿知识构成宝塔。塔顶是主攻的目标。

这种知识结构模式强调基础扎实和专业精深,比较容易把所具备的所有知识集中于宝塔顶部的专业知识上,把所具备的知识集中于主攻目标上,有利于迅速接近学科前沿和从事纯理论以及应用科学的研究工作。

2. 网络型知识结构

这种结构也称为复合型人才知识结构,是以所学的专业知识为中心,其他与该专业相近的、有着较大相互作用的知识为网络连接点,形成适应性较强、能够在较大空间发挥作用的知识结构。该结构能使专业知识处于网络中心,并重视与专业相关联的系统知识的辅助作用,是知识广度与深度的统一,既强调专业知识的中心作用,又强调与专业相关联的系统知识的辅助作用,更注重在运用知识的过程中充分发挥整体知识的协调作用。

3. 帐幕型知识结构

这种知识结构是指一个具体的社会组织对其组织成员在知识结构上有一个总的要求,而作为该组织的个体成员,将依其在组织中所处的层次,在知识结构上又存在一些差异。

二、知识结构的特征

上述三种知识结构虽各有不同,但每一种模式都表现出博而不杂、专而不偏、基础雄厚、适应性强的共同特征。具体讲,这些共同特征表现在以下几个方面。

1. 核心层次特征

作为合理的知识结构,应该有从低到高、从核心到外围几个不同的层次。从低到高是指由基础到专业乃至目标,要求知识的积累由浅入深,循序渐进;从核心到外围是指在确定目标的前提下,将那些对目标实现有决定意义的知识放在中心位置,一切相关的知识放在整体结构的相应的位置,主次有序、轻重分明。

核心决定知识结构的基本功能,然而仅有核心知识的知识结构不是完善的知识结构,还必须配合核心以外的其他层次知识,比如辅助性知识。辅助性知识是紧密围绕核心知识,与之配合发挥知识结构应有功能的知识。核心知识相对价值较高,应学精学透;辅助知识主要用于开阔视野,拓宽思路,也应努力掌握。

2. 整体相关特征

整体相关性体现的是知识内在的逻辑联系和必然性。知识的内在结构和体系,由浅入深,由表及里,由个别到一般,应当是彼此能够协调、相互适应的,是一个有机的整体。知识之间协调得好,则可能会在已有的知识之间,爆发出新的思想火花,使人产生独创性见解,这时,知识的积累就在整体知识的基础上又产生增值效应。如果知识的掌握不能从一种知识与另一种知识之间发现并灵活运用它们的相互关系,那么这种知识结构就是低效的。

跨学科研究不仅要求拥有知识的量和深度,而且要求其拥有的知识还必须是一个有机的整体,在应用的过程中能够进行重组,并发挥出最优化的功能。

3. 动态调整特征

动态调整特征追求的知识结构不应当处于僵化状态,知识结构是在求知的过程中,经过量的储存、积累而逐步形成的,不能期望建立一个一劳永逸的知识结构。所谓"活到老,学到老"就是对知识动态调整特征最通俗的注释。这是一个从无序到有序,从低级向高级不断变化的过程,是一个优化渐进、日趋合理的发展过程。特别是在科学发展日新月异的今天,要保持知识结构的最佳状态,就更应该体现知识结构的动态性和根据实际需要的可调整性。

调整知识结构一靠反馈,二靠预测。反馈指主体在学习、科研的过程中,经过实践,明确自己缺少什么知识,及时弥补。预测指通过分析现有资料和信息,把握社会发展大趋势,预测未来的各种可能性,做出如何调整自己知识结构的决定,以适应将来社会发展的需要。

第二节 浓厚的研究兴趣

所谓兴趣,是人们力求认识某种事物或爱好某种活动的倾向。这种倾向性表现为行为主体总是带有满意的情绪色彩和向往的心情,主动而积极地去认识事物,从事活动。

人的兴趣的种类多种多样,有人对饮食、衣着充满兴趣,有的人对科学、文化、艺术充满兴趣。一个跨学科研究人员要想有所成就,就必须对探索的问题有浓厚的兴趣,有高度的热情,只有这样,才能调动起自己的创造性思维,并获得成功。

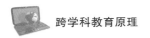

一、跨学科研究兴趣的特性

跨学科研究人员的兴趣必须具有以下特性。

1. 兴趣的广泛性

兴趣的广泛性是指兴趣范围的大小。兴趣的广泛对跨学科研究有很重要的意义,它可以使研究者获得多方面的知识与广泛的信息,为研究中的联想、想象、类比等思维活动提供有利的条件。兴趣广泛还可以使研究者在不同的领域做出贡献。历史上许多有突出成就的科学家都有着广泛的兴趣。

古希腊的亚里士多德便是这方面的典型。亚里士多德勤于思索,兴趣广泛,在哲学、政治学、美学、教育学、逻辑学、生物学、生理学、医学、天文学、化学、物理学等方面都有贡献。

现代科技发展高度综合性的特点要求跨学科研究者要有较广泛的兴趣,不应把自己封闭在狭窄的空间里,而应敞开胸怀,在不同的领域里呼吸新鲜空气。

2. 兴趣的中心性

跨学科研究者必须有广泛的兴趣,但这并不是说,每个方面都应该精通,而应该在广泛的兴趣上有一个中心的兴趣,即对某一方面的兴趣有相当的深度。

中心兴趣使人专心致志、深入钻研,获得更深远的知识,发展某个方面的特殊才能,在专业上取得成就。跨学科研究必须培养自己的中心兴趣。

我国汉代杰出的科学家张衡,兴趣极为广泛,包括天文、地理、数学、机械、文学及绘画等,他的文学作品在文学史上占有重要地位。他擅长绘画,是东汉六大画家之一。但他在年轻时,其中心兴趣是天文和地震学。

我国著名气象学家、地理学家竺可桢兴趣广泛,在气象学、地学、天文学、生物学、自然资源考察、科学史等方面都有所成就,但他中心兴趣是气象学,他对气象学的浓厚兴趣使他在气象学方面做出了卓越的贡献。

所以,只有正确地处理好广泛的兴趣与专一的中心兴趣的关系,才会使自己的才能有所发展。

3. 兴趣的稳定性

跨学科研究者的兴趣还必须具有稳定性的特点。

有的人兴趣多种多样,但不能持久,一种兴趣迅速地被另一种兴趣所代替,这种见异思迁的人是难以取得多大成就的。相反,在某些领域有所成就的科学家,大多都对某个研究课题具有稳定、专一、持久的兴趣。研究者只有具备稳定的兴趣,才能把注意力与热情指向某个研究领域,潜心研究,从而获得丰硕的成果。

稳定的兴趣来源于正确的世界观和远大的理想。古今中外有成就的科技工作者对科学研究的兴趣都具有稳定性,科学研究往往成为他们的终生兴趣。

4. 兴趣的效能

跨学科研究还必须重视兴趣效能的发挥。

所谓兴趣效能是指兴趣对实践活动能够产生效果的大小。有的人的兴趣只停留在期盼和等待的状态中,不去积极主动地努力满足这种兴趣,这种状态的兴趣对研究活动是缺乏推动力的,不能产生实际的效果。研究者只有有意识地重视兴趣效能的发挥,锲而不舍地为实现目标而奋斗,这样才能产生积极的研究成果。

二、跨学科研究兴趣的培养

无数事实证明,兴趣既是激发人们从事科研活动的诱发剂,又是人们从事科研活动的推动力之一。一个人如果对科学研究不感兴趣,要想取得什么研究成果是不可能的。那么,应该怎样培养自己对科学研究的兴趣呢?

1. 树立崇高理想和奋斗目标

科学研究只有与理想、目标一致,才能促进研究兴趣的不断深入发展。一个没有崇高理想和奋斗目标的人,只会凭一时的直接兴趣创造,或者从个人的得失、名誉、地位、金钱的兴趣出发去进行研究活动,这种兴趣是靠不住的。因此,应该根据社会需要培养自己的兴趣。

2. 发现其中特定的细微的美

科学技术本身都有其特有的内在美。真正发现并认识了这种细微的内在美,就自然会激起浓厚的兴趣。

首先,科学、大自然和科学研究本身都有其客观的内在美。大自然像一个永恒的谜,吸引着我们去研究。居里夫人说:"科学的探讨研究,其本身就含有至美。"比如,研究数学,可以使人折服于数学的严密性和条理性;涉足化学,可以使人赞叹化学的千变万化而又有规律可循;学习生物学,可以使人为生命的神秘而感慨万千……只要善于挖掘和欣赏科学特有的美,兴趣便自然会产生。

3. 熟悉的事物陌生化

对熟悉的东西陌生化处理是激发兴趣的好办法,人们对很多事物熟视无睹,发现不了其中的问题。教堂里的吊灯摆动,人们习以为常,哪里会想到这里面还存在"等时性"原理?苹果落地,人们也熟视无睹,有谁会想到其中包含了万有引力定律?科学研究者有必要转熟为生,带着陌生、好奇的眼光去审视世界,即使是非常熟悉的事物也不例外,这样就可以最大限度地激发自己对科学研究对象的兴趣。

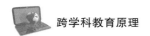

第三节　强烈的好奇心

好奇心是人遇到新奇的事物时产生的心态,常常表现为注视与探究的心理。

好奇心是科研人才的重要特征,是进行科学研究的驱动力,驱使人们去探究事物的规律。同样,要进行跨学科研究,也必须保持对事物强烈的好奇心。

好奇心可以引导人们走向成功,创造从未有过的奇迹。

18 世纪英国著名化学家兼物理学家道尔顿,在圣诞前夕给他妈妈买了一双棕灰色的袜子,作为圣诞节的礼物。可是当妈妈看到袜子时,感到袜子的颜色过于鲜艳,就对道尔顿说:"你买的这双樱桃红色的袜子,让我怎么穿呢?"道尔顿感到非常奇怪:袜子明明是棕灰色的,为什么妈妈说是樱桃红色的呢? 道尔顿对妈妈的话产生了极大的疑问,于是跑去问周边的人,发现除了弟弟与自己的看法相同外,其余的人都和妈妈一样,说是樱桃红色。他对此事的好奇心也越来越大。经过认真的分析与比较,发现弟弟和自己的色觉与别人不同,原来弟弟和自己都是色盲。经过综合分析,他完成了论文《论色盲》,成为世界上第一个提出色盲问题的人。

道尔顿虽然不是生物学家或医学家,但他却是第一个发现色盲的人,也是第一个被发现的色盲患者。后来,人们为了纪念他,把色盲症称为道尔顿症。

爱因斯坦 3 岁还不会说话,曾被认为是低能儿,还被人们嘲笑为"孤独的小老头"。然而,5 岁时,父亲送给他一份特别的礼物——指南针,这神奇的指南针让他彻底着了迷,因为不管他怎么摆弄翻转,指针都指向同一个方向,这根针的四周什么也没有,是什么力量推着它指向南边呢? 指针背后的神奇力量,激起了他对自然的强烈好奇心。对指南针的强烈好奇心,指引爱因斯坦踏上科学探索之路,成为一名伟大的科学家。

牛顿对苹果从树上坠落产生好奇,于是发现了万有引力规律;瓦特对烧水壶上冒出的蒸汽十分好奇,最后改良了蒸汽机;伽利略对教堂吊灯摆动的好奇,使他发现了单摆等时性原理,实现了人类计时史上的一次巨大飞跃。

居里夫人说:"好奇心是学者的第一美德。"科技工作者的好奇心是他们进行科技创造想象的驱动力。

第四节　深刻的洞察力

洞察力是人类在观察事物时,能透过表面现象精确把握事物本质的能力。

第一次世界大战时,交战的德法两军在一段时间内陷入了胶着僵持阶段。这期间,一名德军参谋每天用望远镜观察法军阵地上的情况。连续几天,他发现法军阵地后方的一个坟堆上,每到上午八九点钟总会有一只金丝猫在那儿晒太阳,这名参谋便向上级指挥官作了报告。德军指挥官听了下级的报告后,略加思索,很快便调集六个炮兵营对整个坟场进行地毯式轰击。事后查明,法军的一个高级指挥所全体官兵都在这次轰击中殒命。

德军指挥官如何知道坟场下有法军的高级指挥所呢?坟堆上总是在同一时间在相同地点出现金丝猫,金丝猫是一种名贵的宠物,它有不远离主人的习性。战场周围并没有村庄,而普通士兵和中下级军官在战争中是不允许饲养宠物并携带在军营中的,故此金丝猫的主人一定是个法军高级军官,且一定是在坟场下的掩蔽部里,于是这位德军指挥官命令炮兵轰击坟场,结果摧毁了法军一个旅的指挥所。

德军指挥官由一只金丝猫发现法军的高级指挥所,是因为有深刻的洞察力。

1. 洞察力与跨学科研究

深刻的洞察力对于跨学科研究的问题发现、观念形成、问题解决等环节都具有重要独特的意义。比如,青霉素的发现就是因为英国著名细菌学家亚历山大·弗莱明对一个偶然现象的深刻洞察。

千百年来,传染病是人类的大敌,一代又一代科学家在传染病的预防和治疗方面,做了不懈的努力,而青霉素的问世,则为人类战胜疾病增添了一件重要武器,为细菌感染引起的各种疾病开辟了应用抗生素的广阔道路。

弗莱明具有渊博的医学知识和经验。1928 年的一天,弗莱明在逐个检查培养皿时,突然发现了一个奇怪的现象,在一只接种有葡萄球菌的培养皿中竟长出了一团青绿色的霉毛。显然,这是某种天然霉菌落进去造成的。这使他感到懊丧,因为这只培养皿里的培养物没有用了。弗莱明正想把这发了霉的培养物倒掉,突然产生了一个念头:把它拿到显微镜下去看看。

"啊!"弗莱明一看显微镜,情绪马上激动起来了:在霉斑附近,葡萄球菌死了!弗莱明没有轻易放过这一现象。他想:为什么霉团周围的葡萄球菌会死亡?这种霉团产生了什么物质?于是,他小心翼翼地把这种霉菌接种到无菌的肉汤培养基里,经过培养,发现肉汤里这种霉菌生长很快,形成了一个又一个白中透绿和暗绿色的霉团。通过鉴定,确定这种霉菌属于青霉菌属的一种,他就把这经过过滤所得的霉菌的液体叫作"青霉素"。经过一系列的试验和研究,弗莱明认为青霉素能成为一种可以全身应用的抗菌药物。20 世纪 40 年代,人们成功地将青霉素用于医治人类疾病,发现这种新药果有奇效。1945 年,弗莱明和钱恩、弗劳雷共同获得了

诺贝尔生理学或医学奖。

二战结束时,青霉素的使用已遍及世界各地,青霉素能杀死多种病菌,可用于治疗梅毒、淋病、猩红热、白喉、气性坏疽,此外还可以治疗各种炎症,如关节炎、气管炎、脑膜炎、血毒症以及其他许多疾病,而且,它对人几乎没有毒性。这样,除了极少数对青霉素过敏的人,大多数患者都能够借助青霉素恢复健康,所以,青霉素成为了流行最广、应用最多的抗生素之一。

青霉素的发现是人类发展抗生素历史上的一块里程碑。

弗莱明在细菌学、药物学与传染病学的跨学科思考中,发现青霉素神奇的抗菌功效,离不开他深刻的洞察力。

2. 怎样培养敏锐的洞察能力

要培养科学研究敏锐的洞察能力,可从以下方面入手。

① 要培养观察的兴趣,只有对某一事物产生极大的兴趣,才能使你以积极主动的心情,愉快地去探研观察。

② 要多种感官综合运用,在观察中综合运用视觉、听觉、嗅觉、味觉和触觉,能提高大脑的兴奋度,提高观察的全面性与准确性。

③ 注意观察事物的偶然现象,它有可能反映客观事物的规律。

④ 养成精密细致观察的习惯,发现对象的细枝末节及其变化。

⑤ 注意那些稍纵即逝的事物,有的现象在相当长的时间才出现一次,持续时间也不长,因此必须注意那些稍纵即逝的现象的观察。

⑥ 勤于思考,善于分析、对比、联想、提出问题。

第五节　科学预见能力

所谓科学预见,是在综合事物的本质和规律的基础上,对事物的发展趋势或尚未出现的事物所作的探测性的主观印象。科学预见能提供认识事物发展进程、预见最近和未来发展前景的可能性,是人类改造世界的思想基础。

科学预见能力是跨学科研究不可缺少的能力,跨学科研究课题的选择、研究成果未来的价值等,都离不开科学预见。

一、科学预见的哲学基础

科学预见不同于算命先生的无端猜测,有其深厚的哲学基础。

辩证唯物主义认为,世界是物质的,物质是运动的,而运动是有规律的。列宁曾明确地指出："世界是物质的有规律的运动。"①世界上任何物质运动都具有其自身的客观规律，并受其客观规律支配。从整个宇宙，到宇宙的各个领域、各种物质运动形式，以至各种具体事物或现象，它们在任何时候、任何情况下，都无一例外。

整个宇宙具有支配整个宇宙的客观规律。例如，对立统一规律就是一条适用于整个宇宙，并支配其运动的客观规律。在宇宙的各个领域中，也有支配宇宙各个领域运动的客观规律。自然界具有支配自然界的客观规律。例如万有引力规律就是一条适用于宏观自然界，并支配宏观客体运动的客观规律。人类社会具有支配人类社会的客观规律。例如，生产关系一定要适应生产力发展水平的规律就是一条适用于整个人类社会，并支配人类社会运动的客观规律。可以说，从无限的宏观到无穷的微观，在不断运动、变化和发展着的丰富多彩的物质世界里，各种事物或现象都具有其自身的规律性。

因此，要认识和改造任何事物或现象都必须研究和掌握其固有的规律性。如果我们能掌握有关事物发展的规律性，我们自然可以对它们的未来作出科学的预测。

二、科学预见与跨学科研究

1. 跨学科研究目标的确立需要科学预见能力

跨学科研究活动是追求一定目标的行动，而科学预见则可以帮助跨学科研究活动确立相应的目标。

1983 董吉明"下海"，办起了养鸡场，靠着他的勤劳和智慧，养鸡场办得有声有色。然而，到 1992 年初，董吉明决定要跨学科、跨行业·搞光纤通信项目。认识董吉明的人听到这个消息后简直不敢相信自己的耳朵。要说从养鸡变为养鸭、养猪、养牛都是顺理成章，变成饲料加工、食品等轻工业也还可以理解，可董吉明要搞高科技产业，他有这个能力吗？

可是董吉明也有自己的考虑。首先，他在大学里学的就是通信专业，通信是他的本行。其次，他可以搞食品、纺织等轻工业，但是这种产业不会有大的发展。最重要的是我国的光纤通信在 20 世纪 80 年代初刚刚进入实用化阶段，以后肯定会大有发展；并且因为光纤的市场大，供应商少，也决定了制造光纤是一个高利润的行业。1992 年初，董吉明开始着手光纤实验，后来取得光纤通信的生产证。接着，他把鸡场的鸡全部卖掉，一只不剩，把养鸡设备全部处理，一件不留。鸡场变成了

①　［苏］列宁.列宁全集：第 14 卷［M］.北京：人民出版社，1957：72.

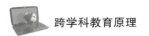

光缆厂。这就是中国第一家民营光纤通信企业。凭着董吉明的魄力和经营管理才能,1996 年度吉明光纤通信公司光缆厂的生产能力达到 1 万千米以上,产值超过亿元大关。

有远见卓识的人总是能站在高处,别人看到的,他们早就看到了;别人没有想到的,他们却早就思考过了。像下棋一样,常人只能事先看出一两步棋,而棋坛高手却早就看出了十几、二十几步棋,这里靠的就是卓越的预见能力。

深邃的科学眼光是科学家成就事业的基本特征,它可以深刻地洞察现状,准确地预见未来。

2. 科学预见与自然灾害的预防

自然灾害的预防需要跨学科研究,而预防自然灾害尤其需要科学预见能力。

自古以来,存在着水灾、旱灾、风灾、泥石流、地震、海啸等各种自然灾害。对于这些自然灾害如果不能及时预见,会对人类的生命财产造成巨大的威胁。请看发生在黑海地区的一次灾难。

1854 年,在欧洲东南部的黑海地区,英国、法国联合对俄国发动进攻。英法联军人虽不多,但装备精良,尤其是英法联合舰队,是用当时世界上最先进的螺旋桨推进式轮船和远射程大炮装备起来的,号称"无敌舰队"。所以很快英法联军便掌握了战场的主动权。

从 9 月份起,俄国的主力部队躲进了塞瓦斯托波尔,这是俄国在黑海沿岸最重要的港口城市。英法联军马上围了上来。在陆上,6 万大军在城郊团团扎下营寨;在海上,处于绝对优势的"无敌舰队"封锁了通向黑海的海峡。俄国军队被切断了与外界的一切联系,面临着弹尽粮绝、四面楚歌的局面。然而,情况忽然发生了变化。1854 年 11 月 14 日上午,天空突然乌云密布,狂风大作,暴风雨疯狂地扑向地面。驻在城外帐篷中的英法联军倒了大霉,只见帐篷漫天飞舞,仿佛秋风扫落叶似的,士兵和战马在风雨中满地乱滚。处境更糟的是海上的"无敌舰队"。茫茫大海像开了锅似的沸腾起来,浪连浪,涛涌涛,阵阵巨浪犹如高山倾覆。只见狂风裹着巨浪把军舰高高托了起来,又猛地向海岸、向礁石上抛去,就像把鸡蛋向石头上摔去一样,军舰被砸了个稀巴烂,连法国当时最大的主力舰"亨利四世号"也未能幸免。一会儿工夫,不可一世的"无敌舰队"便被大风大浪消灭得干干净净,连一艘船、一个人也没剩下。

虽然,英法两国最后还是打败了俄国,取得了胜利,可每提到黑海中这场可怕的大风暴,仍然心有余悸。

英法两国联军所以在黑海的这场风暴中遭受惨重的损失,究其原因是由于未能对这场风暴的出现作出及时的科学预见。

为了避免这类惨剧重演,法国皇帝拿破仑三世下了一道命令给巴黎天文台,让他们调查这场风暴是怎么形成的。刚就职不久的法国天文台台长勒威耶承担了这个任务。他搜集了欧洲许多地方在 11 月 14 日前后几天的气象资料,经过分析后发现:这场风暴最早出现在欧洲西部的大西洋上,此后从西北向东南运动,最后到了黑海,造成了这场大灾难。从这些气象资料可以很明显地看出这场风暴的来龙去脉。

于是,勒威耶写了一份调查报告给拿破仑三世,并且建议建立气象观测网,利用电报迅速传送各地的气象情报,经过汇集并分析加工,找出天气变化的规律和趋势,这样就可以向人们预报天气了。这个建议受到了重视,几年以后,法国、英国都开始了天气预报的工作。

当然,今天预报天气的方法更为先进,不仅使用各种仪器,而且随着人造卫星的问世,使得人们可以利用高远的位置,全球性、连续性、直观性地对地球进行监测,再加上电子计算机的运用,对暴风雨天气的分析预报和洪水预报等方面的作用日益明显。另外对火灾、虫灾的研究与预防也提供了新的手段。

自然灾害的预防需要科学预见,而科学预见又需要多学科、多部门、多系统的跨学科的研究。

第六节　优异的操作能力

操作能力是人们操纵自己的肢体以完成各种活动的能力,是人类改造自然、变革社会的一种重要因素。

一、操作能力与跨学科研究

跨学科研究不仅需要优秀的认知能力,还需要具有出色的操作能力。操作能力是跨学科研究者的智力转化为物质成果的凭借。研究者在研究课题方面的构思、设想等,都是观念形态的东西。要把观念形态的东西转化为实实在在的物质成果,必须通过操作能力来实现。

比如,看门工人列文虎克跨学科研究微生物世界的专奇经历。

列文虎克出身贫寒,16 岁就到首都阿姆斯特丹一家地毯铺里做学徒。因为地毯的质量好坏与线纹数有关,为了准确地评价它的质量,当时地毯商都手持放大镜来观察线纹数。列文虎克很快地就学会了这一套方法,并学会了如何磨制放大镜。后来他回到他的故乡达夫特,在市政府内做一名看门工人。列文虎克利用看门工人比较轻闲的条件,一有空就精心磨制镜片,终于磨制成两块十分理想的镜片,并且把它制成一个能放大近 300 倍的简易显微镜。列文虎克就是用这个显微镜,看到了许多令人惊讶的微小生物。

列文虎克用了一个新花盆,盛着雨水,过了 4 天,就发现水中有许多原生动物。如果在水里加上一点蔬菜汁,还可以看见更多的种类。1669 年,列文虎克将他的发现写成报告递送给英国皇家学会。接着,列文虎克又用他的显微镜观察到了细菌、水螅的发芽生殖,人类的血球等。他还从一个不刷牙的老头的口腔中,取出一点牙垢进行观察,发现牙垢中有许多各种形状的微生物,使人们大吃一惊。列文虎克说:"在一个人口腔的牙垢里生活的生物,比整个王国里的居民还要多。"他把他的发现都写成报告,陆续递送给了英国皇家学会。

显微镜的运用,为人类打开了微观世界的大门。而世界上第一个发现微生物秘密王国的,并不是什么科学院的院士,也不是哪个大学的教授,而是荷兰达夫特市政府的看门工人列文虎克。看门工人列文虎克能发明显微镜,跨学科研究微生物世界,离不开他卓越的操作能力。

又比如,莱特兄弟发明飞机的经历。

自古以来,人类看见鸟儿在空中自由飞翔,便梦想着自己能像鸟儿那样自由飞行,并进行过一次又一次的飞行尝试。直到 1903 年,美国莱特兄弟发明了飞机之后,人类飞行的梦想才真正变为现实。莱特兄弟飞机发明成功的原因是多方面的,然而很重要的一个方面是他们具有极强的操作能力。莱特兄弟在飞鸟与飞机的跨学科思考中,借助卓越的动手操作能力,研制了"飞行者号"飞机。这是人类航空史上的一个重要里程碑。从此,险峻的高山,一望无际的大洋再也不会让人望而生畏,飞机可以把不同种族、不同地区的人们紧密地联系起来。

事实上,早在欧洲文艺复兴时期著名画家达·芬奇就曾设计过飞机,但他没有通过操作能力将他的设计转化为物质产品;莱特兄弟不仅设计了飞机还通过动手操作将他们的设计变成了现实。所以人们将发明飞机的荣誉桂冠献给了莱特兄弟,而没有献给达·芬奇。

二、操作能力的品质

创造者的操作能力必须有以下品质。

① 操作能力的准确性。操作能力的准确性是保证科研产品的科学性与先进性的重要条件。

② 操作能力的协调性。科学研究的操作活动是由许多复杂的动作组成的,协

调性可使动作保持动态平衡,是保证活动有条不紊、井然有序的条件。

③ 操作能力的灵活性。操作能力的灵活性要求操作者能在准确性的基础上,根据不同的情况灵活地作出应变。

第七节　持之不懈的毅力

持之不懈就是指做事持之以恒,有恒心;所谓毅力就是指一个人活动的持续度。跨学科研究的目标确立以后,就要精力充沛、坚持不懈地克服一切困难与障碍,完成既定目标。

科学研究是一种艰苦的劳动,在研究的过程中挫折与失败经常发生,只有具备持之不懈毅力的人才能在挫折与失败中不断进取,从而把失败引向成功。

所谓挫折,是人在某种动机的推动下,在实现目标的活动中,遇到了无法克服的障碍和干扰,使其需要不能获得满足时,所产生的心理紧张状态和消极的情绪反应。挫折给人带来的不只是灾难、失意和无情打击,它也能引导人不断提高认识能力,增长才干。"失败是成功之母",一次失败即是一次经验的积累,认识到没有失败就不会有成功,失败里面就包含着成功,这就是挫折的两重性。

请看"光纤之父"高锟实现光纤通信的曲折历程。

1966 年,高锟发表了一篇题为《光频率介质纤维表面波导》的论文,开创性地提出光导纤维在通信上应用的基本原理,描述了长程及高信息量光通信所需绝缘性纤维的结构和材料特性。简单地说,只要解决好玻璃纯度和成分等问题,就能够利用玻璃制作光学纤维,从而高效传输信息。

然而,高锟的这一理论遭到了许多人的怀疑,有媒体嘲笑他"痴人说梦",甚至有不少人认为高锟精神有问题,他们的理由很充分:光如何能导电?

在种种嘲讽和讥笑中,只有一个人一直在鼓励他不要打退堂鼓,鼓励他不要放弃自己的信念,自己走自己的路,好好研究光导纤维的可行性,这个人就是高锟的妻子黄美芸。终于,在黄美芸的鼓励下,高锟坚持着自己的实验,不久,他得出一个结论:只要能够找到一种"没有杂质的纯净玻璃",他的设想就能成真!

为此他像传道士一样到处推销他的信念,不惜远赴日本、德国以及美国的贝尔实验室。在高锟锲而不舍的努力下,终于找到一种在制造过程中利用高温让杂质离子气化的极低杂质石英玻璃。

1977 年,美国在芝加哥两个相距7 000米的电话局之间,成功地进行了首次光纤通信试验。实验现场两根和头发丝差不多粗细的玻璃丝(直径0.1毫米左右),竟

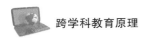

然能同时开通8 000路电话。

光纤通信,彻底改变了人类通讯的模式。如今,遍布世界的光缆,成为互联网大容量、高速度进行远距离信息传递的基础,世界因此拉近了距离。被誉为"光纤之父"的华人科学家高锟,由于他在光纤领域的特殊贡献,获得巴伦坦奖章、利布曼奖、光电子学奖等。2009年10月6日,瑞典皇家科学院向高锟颁授诺贝尔物理学奖。12月10日,高锟在诺贝尔典礼上获特别安排,免除走到台中领奖、鞠躬三次的礼仪,瑞典国王卡尔十六世·古斯塔夫破例走到他面前为其颁奖。

如今,高清视频、AR/VR(现实增强技术/虚拟现实)、车联网等应用对网络容量和时延需求越来越高,光纤通信正承载着人类迈进万物互联的5G时代。

光纤通信技术需要综合多学科技术,比如光学、电学、光电转换技术、通信技术、玻璃制造提纯技术、激光技术、光孤子通信技术等,是跨学科研究。科学研究不会是一帆风顺的,如果高锟在遇到挫折与失败时,面对人们的讥讽与嘲笑时缺乏持之不懈的顽强毅力,灰心丧气、一蹶不振,那么他就不可能获得成功。

要成就一番大事业,就必须具备持之以恒的可贵品质。

在科学研究的过程中,不仅要经历失败的痛苦,有时还要受到死神的威胁,这时能否坚持不懈、继续奋斗,更是对一个研究者的严峻考验。

德国年轻的气象学家魏格纳提出了大陆漂移说,轰动一时。他为了从气象学、冰川学、古气候学等方面进一步证明自己的假说,曾四次探险格陵兰。1930年,他第四次到达冰封雪盖的极地世界时,正是他50岁生日。他在严酷的条件下,从事气象观察和冰盖厚度测量,不幸在返回基地的途中被暴风雪吞没。魏格纳逝世后,他的弟弟库特又接替了哥哥的探险事业。

马克思说:"在科学的入口处,正像在地狱的入口处一样,必须提出这样的要求:'这里必须根绝一切犹豫;这里任何怯懦都无济于事!'"①有志向科学进军的人们,在科学的入口处,必须下定决心,以无畏的勇气、艰苦的劳动、开启科学的大门,随时准备为科学而献身。

第八节　群体协作的能力

现代科学技术的发展使科学研究的形式和规模发生了巨大变化。

首先研究对象发生了巨大的变化。随着人们对自然界认识的不断深化,科学

---

① ［德］马克思,恩格斯.马克思恩格斯全集:第13卷［M］.北京:人民出版社,1962:11.

探索的领域向着纵深和广度两方面发展,在宏观、微观和宇观领域齐头并进,对不同的层次、不同的角度,以不同的方法进行研究,研究课题的难度愈来愈大。其次,自然科学的发展在高度分化的基础上日趋高度综合化。高度分化使科研部类越分越细,越分越多,这是科学认识深入发展的必然结果。高度综合又使科研部类之间相互交叉,彼此渗透,呈现了综合化、整体化的趋势。这些特点使得科学技术工作者在许多领域以个体形式存在已成为不可能,有力地促进了跨科学研究的进程。

尤其是在现代高科技领域中的重大课题研究,仅仅依靠个人的能力已经难以实现。如人造卫星、航天飞机等已不再是简单的一两种技术就可以解决的问题。面对这种综合性的科研课题和高技术的要求,只有通过群体的协作才有可能达到目的。为了适应现代高科技研究的群体性的需要,除了具备科学研究的能力之外,还必须具备一定的群体协作的能力,具备集体主义精神。

原子弹的威力是巨大的,要研制这种威力巨大的武器,绝不是仅凭某个人的能力所能完成。就拿"曼哈顿工程"来说,这个工程耗资 20 亿美元,调集了 15 万科技人员,动用了全国三分之一的电力,用了 3 年的时间,终于制成了原子弹。可见,要完成现代重大科学研究课题,必须凭借研究群体的协作能力。

具体地说,群体协作能力要注意以下几个方面。

① 组织管理的能力。一个跨科学研究者,不管当不当领导,都应具备一定的组织管理能力,善于把多学科科技人才组织协调起来共司工作,以产生更大的科技成果。

② 语言表达的能力。科学研究是对未知领域的探索,想要得到别人的理解和支持,就必须善于表达自己的思想;某一项工程要上马,如果不能讲清楚缘由,不能激起人家的兴致,就不可能得到通过和支持。当然,我们要强调语言表达能力,也要防止夸夸其谈、吹牛撒谎的弊病。

③ 社交活动的能力。社交活动是一种艺术,跨科学研究也需要这方面的能力,以便处理好同事之间的关系和上下级之间的关系,建立一个和谐协调的环境,提高工作效率。此外,社交活动也有助于建立国际间联系,这样信息吞吐量大,思路广,反应快,有利于促进科学技术的发展。

当然,我们强调当代重大科技研究课题具有群体协作的特点,要求研究者增强群体协作的能力,并不意味着否定研究者的个人的作用,也不是断定个人的研究已无存在的价值,在那些涉及的知识范围不是太广泛并且不需要巨额费用的科研项目中,个人的研究对于人类的文明仍然起着不可磨灭的作用。

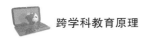

第九节 高尚的道德情操

道德是社会意识形态之一，它是调整人与人、个人与集体和个人与社会之间关系的行为规范，是以善与恶、正义与非正义、公正与偏私、诚实与虚伪等行为规范为手段，通过各种形式的教育和社会舆论的力量，使人们逐渐形成一定的信念、信心、习惯和传统。

科学研究人员道德修养的主要内容有以下几点。

一、爱国主义精神

热爱祖国，即爱国主义，它是指对祖国的忠诚和热爱的思想，是千百年来巩固起来的对自己的祖国的一种最深厚的感情。

"科学没有国界，但是科学家有祖国"，这是一句传世名言。

巴斯德是 19 世纪法国一位杰出的科学家，微生物学的奠基人，因发明了传染病预防接种法，为人类和人类饲养的家畜、家禽疾病防治做出了巨大的贡献。由于在科学上的卓越成就，使得他在整个欧洲享有很高的声誉。德国的波恩大学还郑重地把名誉学位证书授予了这位赫赫有名的学者。但是，普法战争爆发后，德国强占了法国的领土，出于对自己祖国的深厚感情和对侵略者的极大憎恨，巴斯德毅然把名誉学位证书退还给了波恩大学。他说：

"科学虽没有国界，但科学家却有自己的祖国。"

1949 年 10 月 1 日，中华人民共和国宣告成立。建设新中国急需大批懂科学技术的人才。中国政府全力动员在外留学的科学家回国，参加祖国建设。当时，钱学森、钱伟长、钱三强、华罗庚、郭永怀、朱光亚、张文裕、王希季、师昌绪等一大批科学家归心似箭，放弃在外国的优厚待遇，冲破各种阻力，毅然奔向祖国的怀抱。他们把最好的时光奉献给了当时"一穷二白"的祖国。钱三强也曾动情地说：

"虽然科学没有国界，科学家却是有祖国的。正因为祖国贫穷落后，才更需要科学工作者努力去改变她的面貌。"

爱国主义是建设祖国、保卫祖国、增强人民凝聚力和为振兴中华而不懈努力之伟大的、永不枯竭的动力之源，同样也是跨学科研究人员科研的强大推动力量。

二、实事求是精神

科学研究的客观性，要求每一个科学工作者具有实事求是的作风。事实上凡是严格坚持实事求是态度的科学家和专家,大多数具有正直和诚实的美德。相反,如果科学工作者投机取巧、伪造数据以达到与科学宗旨不相容的某种目的,他就不可能取得真正的科学成果。即使他们伪造的数据、故意歪曲的事实,一时蒙骗了某些同行而取得某些所谓"成就",但是事实迟早会大白于天下,他们的劣迹败露之时,也是他们身败名裂之日。

科学研究人员需要爱国主义与实事求是精神,同样跨学科研究人员也是如此。

第五章　跨学科思维

　　思维是人脑对客观事物间接的、概括的反映过程。思维在跨学科研究中，有着极其重要的作用；如果离开了思维，人类的跨学科研究活动便寸步难行。

　　跨学科思维具有以下特征。

　　① 思维的广阔性。现代科学发展高度分化、高度综合与高度社会化的特点，使得跨学科研究者的思维必须具有广阔性的特点。思维的广阔性表现为必须获得广泛的知识，善于多方面地思考问题和全面地探讨问题，善于在不同的知识与活动领域进行科学研究。要想在跨学科研究活动中获得成功，就必须具有高度发展的思维广阔性的特点。

　　② 思维的新颖性。由于跨学科研究是要解决单一学科所不能解决的问题，它必然是没有现成的答案可以遵循的探索性的活动过程，因而必然具有开创性和新颖性。它在思路的选择，思考的技巧或者思维的结论上，具有前无古人的独到之处，在前人和常人的基础上有新的发展和突破。

　　③ 思维的灵活性。跨学科思维的灵活性指的是思维活动能依据客观情况的变化而变化。思维的灵活性可以使研究者思路活跃，他可以在知识的海洋里纵横驰骋，可以在想象的空间中自由翱翔，可以迅速地从一个思路跳到另一个思路，并能随着情况的变化而改变或修正所探索的课题和目标。

第一节　类 比 思 维

　　类比思维是根据两个对象之间在某些方面的相似或相同而推断出它们在其他方面也可能相似或相同的一种思维方式。

　　在客观世界中，每个事物不仅有着与其他事物不同的独特个性，同时又有着与其他事物相同或相似的属性，即存在着共性。存在于客观事物之间的共性，为类比思维提供了坚实的客观基础。

一、类比思维与跨学科研究

在跨学科研究中,我们要用不同学科和领域的理论、方法来解决某一问题,就要在它们之间进行比较,把陌生的对象和熟悉的对象相比较,把未知的东西和已知的东西相比较,触类旁通,从而达到解决问题的目的,这就需要类比思维。

请看牧羊童约瑟夫在蔷薇与铁丝网之间的跨学科思考。

约瑟夫本来是美国加利福尼亚州某牧场的牧羊童。小学毕业后,由于家庭困难,无法继续升学,只好替人家放羊。但小约瑟夫下决心要想办法继续读书,将来做一个大牧场的老板。于是,约瑟夫一边放羊,一边看书。但当约瑟夫埋头读书时,牲口却常常撞倒放牧栅,成群地跑到附近的田里去偷吃庄稼。每次发生这种事时,老板就冲着约瑟夫咆哮:"混蛋!放羊要什么学问,把书丢掉,好好看着羊!"

约瑟夫既要放羊,又不愿放弃读书。他发现用蔷薇做围墙的地方从来没有被破坏过,而冲破的是那些拉着粗铁丝的地方。原来蔷薇上长着刺。他想:能不能用细铁丝做成带刺的网呢?于是他弄来铁丝,把细铁丝剪成5厘米长的小段,然后缠在铁丝栅上,并将细铁丝的两端剪成尖刺。这种工作做起来很快,一天就完成了。翌日,约瑟夫故意隐匿起来观察羊的动静。羊一看约瑟夫不在,就像往常一样,把身体贴靠到放牧栅想把它推倒,但立刻好像被刺痛了身体,不久就纷纷退却了。"成功了!"约瑟夫高兴得手舞足蹈。

小约瑟夫因发明出"不用看守的铁丝网"受到牧场主的赞扬。牧场主与约瑟夫合伙,开设工厂生产这种新的围栅,他们又对铁丝网做了改进,设法将两根铁丝绞合起来,把剪短的铁丝夹在中间,改进后的铁丝网效果异常好,他们的产品上市后,订单纷至沓来。不久引起了陆军总部的重视,将其用作战场防御网。也正是因为军界的垂青,约瑟夫发明的铁丝网给他带来了巨额财富。

约瑟夫在蔷薇与铁丝网的跨学科思考中,将蔷薇与铁丝进行类比。蔷薇有刺,羊不敢贴靠;铁丝如果有刺,羊也会不敢贴靠。这样便发明了带刺的铁丝网。

在跨学科研究中,掌握类比思维的方法,常常会使人们茅塞顿开,不仅有助于人们提出深刻的科学猜想,还可以促成科学上的重要发现和技术上的重大发明。

二、怎样提高类比推理结论的正确性

需要注意,运用类比法推出的结论,有时是正确的,有时是错误的。这是因为客观事物都是个性与共性的统一,正因为事物之间存在着共性,类比才可以根据两类事物某些属性相同而得出它们其他属性也相同的结论。但是,事物除了具有共

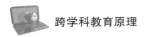

性之外,还具有与其他事物不同的独特个性,如果类比的根据是它们相同的属性而推断恰好是它们的差异性的话,这就势必导致结论的虚假。

例如,拿地球和月球相类比,可以找到很多相似的属性:和太阳有相同的距离,都是球形,有坚硬的外壳,有山脉,有日夜交替,与地球一起绕太阳运转等,如果根据这些共同的属性推断,月球上也有生物、有人类,那就错了。因为月球上没有空气和水,这些属性都是和生物存在的属性不相容的。

为减少类比推理结论的虚假性,增强其正确性,在进行类比时,就要全面地、深入地分析研究进行类比的两个或两类研究对象的各种属性、规律性,力求充分地掌握它们的相似性,同时注意研究它们的差异性。经验告诉人们:掌握的相似性越多,则类推出来的结论偶然性程度越小,可靠性程度越大;而掌握的相似属性越是本质的属性,则类推出来的结论的可靠性就越大。

第二节 联 想 思 维

跨学科研究的联想思维是指在跨学科课题的研究中,由所研究的课题而想到与之相关的学科或知识的方法。联想方法能实现多种学科的知识、方法、研究手段的交叉与汇流,从而达到解决问题的目的。

一、联想思维的客观基础

从心理学方面来讲,联想是人脑中由一种事物想到另一种事物的心理过程。它实际上是人脑记忆的一种再现。一般说来,人们在长期的科学研究和生活实践中获得的知识和经验都储存在大脑的记忆库里,随着时间的消磨,有的记忆逐渐淡化甚至消失,但人的脑部神经具有应激再现的功能,如果通过其他相似或者关联的事物或途径予以刺激,那么就会唤醒深层脑部细胞所储存的记忆,在这个过程中,起到主要作用的就是联想。

从哲学方面来讲,自然界和人类社会是一个复杂的系统,在这个系统中,各种事物之间都有着千丝万缕的联系,相互联系的事物反映到人脑中便形成了各种联想,从而为人们在跨学科的思考中产生新的设想奠定了客观基础。

二、联想思维与跨学科研究

联想在跨学科研究中具有重要的意义,因为通过联想可以将不同学科联系起来,发现它们之间的相似性,探求可供我们研究使用的原理、结构、知识和方法。

我们可以在具有相似结构的事物之间展开的跨学科思考。

1. 吉列安全刮胡刀的研制

1895 年夏天,作为推销员的吉列住在旅馆里,早晨起来刮胡子的时候,因为刀子太钝把脸刮破了,他很生气,立刻想到要研发一种不会刮破脸的安全刮胡刀!他被这一设想鼓舞着,专心致志、冥思苦想起来,甚至辞去工作,整天待在家里,研究那把老式的直线型刮胡刀。可是,时间年复一年地过去了,他一筹莫展。

闷热的夏天,他十分苦恼地走到树荫下乘凉。就在这时,奇迹发生了,他看到一位农夫正操着耙子在耙地。耙子的形状非常简略,司空见惯,可是耙过的地面又平又细,简直就像用刀切出来的那样整齐。吉列的眼睛亮了起来,他辛辛苦苦想了好几年的安全刮胡刀,不正是这个样子吗!只要能把刀片的倾斜角度设计得恰到好处,就会像耙子耙地一样,把胡子刮得干干净净。而当使用角度改变时,刀片两侧的保护结构应使刀片离开皮肤,便再也不会把脸刮破!就这样,T 型刀架诞生了,这种巧妙的刀架被称为安全刮胡刀,在世界范围流行了一百多年,至今盛销不衰。

吉列在他研发安全刀架一筹莫展的时候,在一个偶然的场合,受耙子外形结构的启发,通过耙子与刮胡刀之间结构的相似而展开联想,在农具与刮胡刀之间展开跨学科的思考,并模仿农夫整地的耙子的结构,从而设计出了 T 型结构的安全刮胡刀。

我们也可以在原理相似的事物之间展开的跨学科思考。

2. 达尔文对自然选择学说与马尔萨斯人口论的联想

达尔文在完成"贝格尔"号航行后不久,在他的头脑中就已经有了生物进化的思想。但是他对"生物是如何进化的"这个问题却始终疑惑不解。

达尔文在系统地探讨 15 个月后,为了消遣,偶尔阅读了马尔萨斯的《人口论》。马尔萨斯在《人口论》一书中认为,资本主义制度带来的全部问题和灾难都是由于人口过剩造成的。解决这个问题的办法只有两种抑制,一种为积极抑制,即战争、瘟疫等,后一种是道德抑制,如避孕、晚婚。达尔文不由恍然大悟,生物无处不在的生存斗争中,优势的变异将倾向于被保留,而劣势的变异将会被消灭。其结果将会是形成新的物种。因而,达尔文本人把生物进化学说的创建归因于阅读马尔萨斯《人口论》而获得的灵感。

达尔文由马尔萨斯《人口论》想到自己的研究内容,在这两者之间展开联想,并因此而顺利创建了生物进化论,这里使用的就是联想法。

在跨学科研究过程中,对自然界客观存在着的事物和人们已经创造出来的事

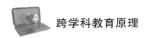

物,从原理、结构上进行对照分析,就可以发觉许多不同类属、不同领域、不同功能甚至不同时代的事物,具有十分相似的原理、结构。这是因为带有普遍性意义的原理、结构,常常为很多事物所具有。由某一事物想到原理、结构上与之相似的其他事物,这就是联想法。

3. 新能源领域的核聚变能研究

太阳是地球生命的源泉,它源源不断地赐予地球热和光。那么,太阳的能量是从哪里来的呢?原来是通过其中心部分的氢聚变为氦的核反应中产生的。由此,科学家们自然联想到地球上也存在着大量的氢,如果能在地球上实现核聚变反应,地球上不就有取之不尽、用之不竭的能源了吗?当然,在地球上要实现太阳上进行的氢氦之间的核聚变反应,那是相当困难的。但要使氢的同位素氘和氚相互聚合,却是可能的。

科学家们从太阳上的核聚变反应联想到地球上取之不尽的氢;从地球上取之不尽的氢,又联想到实现像太阳那样的核聚变反应,利用它们相似的核聚变反应原理,借以获得无穷无尽的能源,这里使用的便是奇妙的联想。

在跨学科研究中运用联想法,要求研究者沿着研究课题的旨向,破类属、破领域、破行业甚至破时代地扫描各种事物,苦思相似点,并且对获得的各种不同来路的相似点一一分析,从中筛出那些能为自己利用的、最佳相似的原理、结构、知识等,为跨科学研究课题服务。

三、联想思维能力的培养

1. 联想要有丰富的知识储备作为基础

联想绝非是空穴来风,联想能力的大小首先决定于一个人的知识积累和经验丰富的程度,一般说来,知识越多、见识越广,联想的可能性也越大。例如,一个生长在海边的人就经常会产生与大海有关的联想,而一个出生在大平原上从未见过高山的人,关于"山"的联想能力就会很小甚至没有。科学家们如果没有关于太阳核聚变反应知识的记忆,也就不可能由太阳的核聚变联想到在地球上建立核聚变反应堆,实现可控核聚变从而解决人类能源问题。研究者只有具备有关的生活知识和体验,联想才有可能产生。因而,见多识广、知识深厚,是启发联想的必备条件。

2. 联想能力的大小还与一个人是否肯"开动脑筋"有关

联想能力的大小还与一个人是否肯"开动脑筋"有关。有的人虽然见多识广,却整天无所事事,不愿多动脑筋,因而也不善于联想。因此,养成良好的"想"问题的习惯,是培养联想能力、提高创造能力的一个重要措施。

第三节　想　象　思　维

想象思维就是人们在已有知识经验的基础上,对表象进行加工、改造,把它们在头脑中重新组合,创造出新的事物形象的思维过程。

想象有时能启迪人们的思路,激励人们奋发努力、不断地去探索未知领域、不断地积极创造美好的未来。例如,古人借助想象,虚构了"千里眼""顺风耳",当今有了手机、电视,这些想象已经变成了现实;古人幻想"嫦娥奔月",当今人类已经登上月球……

运用想象思维取得最辉煌成就的,还要数伟大科学家爱因斯坦。

阿尔伯特·爱因斯坦是继哥白尼、伽利略、牛顿、达尔文以后最伟大的科学家之一。早在少年时代,爱因斯坦就富于想象。十五六岁的时候,他曾幻想过这样两个问题:

"倘若一个人以光速跟着光线跑,那将会看到什么结果呢?"

"一个人凑巧在一个自由下落的升降机里,将会发生什么呢?"

他对光线问题的想象促生了狭义相对论,对升降机问题的想象推动了广义相对论的诞生。

一、狭义相对论

1905 年,爱因斯坦在《物理学年鉴》上发表了长达 30 页的论文《论动体的电动力学》,这篇文章宣告了相对论的创立。爱因斯坦借助想象,推导出了相对论的一系列论断。

1. "同时"是相对的

爱因斯坦是从分析时间的相对性开始的,他认为,"同时"是相对的。比如说,假如两道闪电同时下击一条东西方向的铁轨时,恰好有一个人站在铁道旁并且是在两道闪电的正中间,那么这个人看到的两道闪电确实是同时发生的。假如这时恰好又有一个人坐在一列以接近光速的速度自东向西飞驶的火车里,闪电发生时又恰好经过站在铁轨旁的那个人面前,也就是说,也恰好处在两道闪电的正中间,那么,由于火车是迎着西方那道闪电而来、远离东方那道闪电而去的,因此,此车厢里的人所看到的情况是西方那道闪电要比东方那道闪电发生得早。如果火车是以

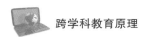

光速飞驶,那么,由于东方那道闪电追不上火车,因此车厢里的人就根本看不见东方那道闪电,而只能看见西方那道闪电。这就是说,在静止不动的观察者,比如站在铁轨旁的那个人看来,两道闪电下击这一事件是"同时"发生的,而在高速运动的观察者,比如车厢里的那个人看来,却并不是"同时"的。可见"同时"是相对的。这就是狭义相对论的"同时相对性"原理。

爱因斯坦由此又进一步得出狭义相对论的其他一些原理。

2. 运动的"时钟"要比静止的"时钟"慢

一个参考系相对于另一个参考系运动时,运动的"时钟"要比静止的"时钟"慢。当运动的钟速度愈大,静止观测者所见到的它的周期愈长,也就是说走得愈慢;当钟速达到光速时,静止的观测者所看到的周期将变得无限长,它就失去意义。爱因斯坦在他的论文中,提出一个相当富有想象力的例子来突出地强调这个原理。他想象两个完全相同的钟,一个放在北极,一个放在赤道。他指出,由于地球自转,赤道上的钟如果和北极的钟来相比,就会走得慢一些。

3. 运动物体在其运动方向上的长度要比静止时缩短

爱因斯坦还论证了运动物体在其运动方向上的长度要比静止时缩短。举例来说,假如有一列货车甲停放在车站,这列货车相对于路基来说,它有 100 米,也即占据了铁轨 100 米的长度。假如在另一股铁道上有一列以 29 万千米/秒的速度行驶的列车乙,坐在列车乙上的观测者,他并不感到自己在运动,而货车甲正在经过他的身旁而运动着。他对货车甲的车头与车尾的距离进行测量,那么这列货车的长度约为 25 米。这是距离概念的相对性。用路基上的尺子来量这列货车甲的长度是 100 米,而用以 29 万千米/秒的速度行驶的列车上的尺子来量,这列货车的长度则约 25 米。

4. 物体的质量也是相对的

在牛顿力学中,物体的质量被看作是不变的。在相对论中,质量随着运动的速度不同而改变。静止不动的物体质量(即静质量)最小,速度增大,质量变大,当速度达到真空中的光速 c 时,质量变得无穷大。因而,当物体运动的速度变得越来越大时,速度的增加将会变得越来越困难。为此,爱因斯坦断言:"在相对论中,速度 c 具有极限速度的意义,任何实在的物体既不能达到也不能超出这个速度。"

5. 质量和能量可以互相转化

狭义相对论最重要的结论是,质量和能量可以互相转化。爱因斯坦在 1905 年把质量、能量和光速统一在一起,得到了著名的质能公式:

$$E = mc^2$$

其中"m"表示物体的质量,"c"表示光速,"E"表示该物质的能量。这个公式表明,物体的能量跟它的质量之间有简单的正比关系。物体的质量减少了,即放出了能量。假设有办法把一个质量仅为 1 克的小砝码全部转化成能量的话,则它的总能量就会相当于 2 500 万度的电能。质能公式的出现,使人类的智慧大大提高。而第一颗原子弹的爆炸和原子能的运用,则鲜明地证实了质能相关性原理,证明了质量和能量确实可以按照公式 $E = mc^2$ 互相转化的事实。

爱因斯坦推导狭义相对论,除了凭借接近光速列车的想象以外,还依据了洛伦兹变换的数学理论。洛伦兹变换是观测者在不同惯性参照系之间对物理量进行测量时所进行的转换关系,在数学上表现为一套方程组。洛伦兹变换因其创立者——荷兰物理学家亨德里克·洛伦兹而得名。洛伦兹变换最初用来调和 19 世纪建立起来的经典电动力学同牛顿力学之间的矛盾,后来成为狭义相对论中的基本方程组。因而,狭义相对论是爱因斯坦在物理学与数学的跨学科研究中,运用想象思维得出的科学结晶。

二、广义相对论

爱因斯坦于 1905 年提出狭义相对论在为数不多的杰出的物理学家中掀起了波涛,后其又于 1916 年提出了广义相对论。

广义相对论推导出了以下论断。

1. 引力质量和惯性质量等效原理

牛顿力学中,引力质量和惯性质量相等,这是两个性质不同的物理量,前者表示物体吸引其他物体的引力的大小,后者表示外力改变其运动状态的难易程度,它们的相等只能认为是一种巧合。爱因斯坦却认为,它们是等效的。为了证明等效原理,爱因斯坦设计了一个在星际空间自由漂浮的封闭房子里的思想实验。

这个房间远离任何天体,引力为零。在那里,观察者手中松开的石头不会朝地板落去,而是悬浮在房子里面,这就是人造地球卫星及宇宙飞船中出现的失重现象。但是,如果这个房子被加速,例如被几个装在它下面的火箭发动和加速,那么室内的情况就不同了,这时所有的物体都要被压向地板,就好像有一个引力把它们往下拉一样。这时,观察者松开手中的石块,石块也会落向地面。在房子里的观察者并不知道房间是在加速上升,他还以为房间是处在引力场中,所以把他拉向地板。于是,一个没有引力场的加速系统可以看成是有引力场的局部惯性系;反过来,有引力场的局部惯性系也可以看成是没有引力场的加速系,它们两者是等效的。这就是等效原理。

由等效原理可知,惯性系在宇宙中并不占有特殊的地位,参考系之间的差别主要在于它们引力场的强弱,而不是在于它们有没有加速度,即是不是惯性系。原来认为物理规律只在惯性系中有效的相对性原理,就有可能推广到对一切参考系都有效,这就是广义相对性原理。

2. 光线在引力场中弯曲

让我们来做这么一个思想实验。拴在绳索上的升降机被一种恒力向上拉,因而它受到均匀的加速。我们则处在升降机外的"静止系"中,升降机就是相对于这个静止系受到加速的。现在,我们在静止系中发射一束光,使光起初以跟升降机地板平行的路径射入升降机的小窗。这时我们处在静止系中的人看来,光射进窗内之后是沿直线前进的。但是升降机正在朝上运动,而在光朝小窗对面的墙传播的时间内,升降机已经改变了位置,因而光线所射到的点不会与入口的点恰恰相对,而是稍微低一点。所以对升降机而言,光线不是沿着直线,而是沿着稍微弯曲的曲线前进的。但是,在升降机里的观察者,他们并不知道自己正被拉着向上运动,那么根据等效原理,他们就可能得出结论说,在他们的空间区域里有一均匀的引力场使光向下弯成曲线。由于光速极高而相对升降机的速度比较低,所以光在地球场中的弯曲太小,因而观察不到。然而,如果光线在太阳表面附近经过,也许有希望明显地看到它们的偏转。

3. 引力场

引力场是广义相对论的核心论点。在广义相对论中,爱因斯坦把引力和时间、空间的性质有机地联系起来。在具有质量的物质附近,空间不是平直空间,而是弯曲空间;引力场越强,空间就弯曲得越厉害。物体在引力场中的自然轨迹并不是直线,而是曲线,它既可以看成是引力场的吸引,又可看作是空间弯曲的自然结果。由于宇宙中各处存在着引力场,所以现实的空间是弯曲空间。空间中各点的长度标准不一样,引力场强的地方长度标准短。同样空间各点的时间标准也不一样,引力场强的地方时间流逝得慢。

在引力场中,欧几里得的几何学不再有效,爱因斯坦选择了黎曼几何作为他的时空模型,并能够将对引力场的理论描述精确定量化。

4. 引力波

爱因斯坦于1918年写了论文《论引力波》,广义相对论还预言了引力波的存在。引力波是时空弯曲的一种效应,宇宙中,有时就会出现如致密星体碰撞并合这样极其剧烈的天体物理过程。过程中的大质量天体剧烈运动扰动着周围的时空,扭曲时空的波动也在这个过程中以光速向外传播出去,这种传播现象被称为引力波。

广义相对论预言的引力波,现已被直接观测所证实。

5. 黑洞

广义相对论在天体物理学中有着非常重要的应用：它直接推导出某些大质量恒星会终结为一个黑洞——时空中的某些区域发生极度的扭曲以至于连光都无法逸出。依据爱因斯坦的广义相对论,当一颗垂死恒星崩溃,它将向中心塌缩,这里将成为黑洞,吞噬邻近宇宙区域的所有光线和任何物质。能够形成黑洞的恒星最小质量称为奥本海默极限。在当前的恒星演化模型中,一般认为 1.4 倍左右太阳质量的恒星演化为中子星,而数倍至几十倍太阳质量的恒星演化为恒星质量黑洞。具有几百万倍至几十亿倍太阳质量的超大质量黑洞被认为定律性地存在于每个星系的中心,它们的存在对于星系及更大的宇宙尺度结构的形成具有重要作用。

此外,广义相对论还是现代宇宙学膨胀宇宙模型的理论基础。

广义相对论得到的结果,不仅解释了一些牛顿理论难以解释的现象,还预言了一些现象,这些现象以后也被实验验证了。相对论如今已成为当代原子能科学、现代物理学、天文学、宇宙学和宇航科学的重要理论基础,在科学发展的道路上树起了一块新的里程碑,这也使爱因斯坦成为 20 世纪最伟大的物理学家。

爱因斯坦所以能创立相对论,是因为他有丰富的物理学知识与高深的数学知识。狭义相对论依据了洛伦兹变换的数学理论,广义相对论则依据了黎曼几何学。相对论是物理学与数学学科交叉的结晶。同时也离不开爱因斯坦奇特的想象思维能力。比如说,爱因斯坦设计的接近光速的列车、极高速变上升的升降机等,当年爱因斯坦没有,也不可能在实际中做这类实验,但他运用想象思维,通过"思想实验"的方法,达到了目的,创立了相对论。可见,想象是一种极富创造性的思维方法,想象思维的能力是跨学科研究者十分宝贵的素质。

三、想象能力的培养

想象是一种十分可贵的能力,那么该怎样培育想象思维能力呢?

1. 渊博的知识、丰富的表象储备是发挥想象力的基础

丰富的知识与经验是想象的基础材料,通过想象把过去的知识经验加工、改造,而形成新的映象。研究者的知识经验愈丰富,想象力驰骋也就愈宽阔,就愈能发挥想象力的作用。因此,为了培养想象力,就要注意积累知识与经验。

2. 勤于动脑是培育想象力的诀窍

想象力丰富的人,都是勤于动脑和善于思考者。平时应对自己进行有意识的想象训练,让自己的思想突破习惯性思维的框架,超越时空的限制,纵横驰骋。美

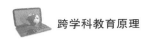

国麻省理工学院教授 T·阿诺德,为了培养学生的想象能力,常用这类问题考核学生:假如你置身于另一个星球上,而这个星球的重力比地球强 10 倍……那么,你该如何设计适用于这一星球的汽车、房屋和衣服呢?尽管这是完全虚拟的问题,但由于他提供了一个完全不同的环境,从而使学生们不得不进行想象。

3. 既要解放思想,又要实事求是

想象是一种特殊的思维方式,在跨学科研究的萌芽阶段,总是先让自己的思想自由驰骋。但是,跨学科研究运用想象,又不能是毫无根据地胡思乱想,跨学科研究提出的理论必须能解释事实,它的结论必须拿到实践中去检验。也就是说,运用想象思维时,既要解放思想,又要实事求是。如果脱离客观事实去想象,种下的便只能是永不结果的一株花。

第四节 因 果 思 维

因果联系是客观事物最普遍的必然联系。原因是使某种现象产生的现象,结果是被某种现象所引起的现象。任何现象的产生都有一定的原因,任何原因都会产生一定的结果,客观世界的一切事物和现象都受因果联系支配。因果思维就是探求事物现象中因果联系的思维方法。

一、探求因果联系的常见方法

探求事物的因果联系通常采用以下方法。

1. 求同探因

它是根据被考察现象出现的几个场合中,其他情况都不相同,而只有一个情况相同,于是得出结论:这个相同的情况就是被考察现象的原因。比如,18 世纪俄国科学家罗蒙诺索夫在一次学术会议上发言说:"我们搓擦冻僵了的双手,手便慢慢暖和起来;我们使劲敲击冰冷的石块,石块能发出火光;我们用锤子不断地锤击铁块,铁块也可以热到发烫……由此可知:运动能够产生热。"

罗蒙诺索夫考察了搓擦双手、敲击石块、锤击铁块等发热情况出现的不同场合,这些场合其他的情况都不相同,而只有一种情况相同,就是运动,因而得出结论:运动是发热的原因,运动可以产生热。他使用的便是求同探因法。

2. 求异探因

在被考察现象出现和不出现的几个场合中,其他的情况都相同,只有一个情况不同,于是得出结论:这个不同的情况就是被考察现象的原因。

比如，一位生物学教授通过试验发现蝙蝠具有"以耳代目"的"活雷达"特性。把蝙蝠双眼遮住，或让它失明，它仍能完全正常地飞行；若去掉蝙蝠双眼的蒙罩，将它的双耳遮住，它飞行时就会到处碰壁。教授考察了蒙住蝙蝠耳朵与不蒙住耳朵的不同情况：蒙住则不能正常飞行，不蒙住则可以正常飞行。这几个场合其他情况都相同，只有蒙住与不蒙住耳朵不同，因而得出结论：蝙蝠是以耳朵探测方向的。教授使用的是求异探因法。

3. 共变探因

当某个现象发生变化时，被研究现象也随之而发生变化，因而断定该现象就是被研究现象的原因。比如，有人考察某城市地面下沉的原因时，发现抽取地下水少的地区，地面下沉得便少；抽取地下水多的，地面下沉得就多。因而得出结论：抽取地下水是地面下沉的原因。

二、因果思维与跨学科研究

在跨学科研究中，我们往往会碰到一些未知的问题，我们首先要弄清引发这些现象的原因是什么？比如，广西巴马为什么是长寿之乡？为什么有的地方却是癌症村？为什么会有瘟疫流行？为什么会有极端天气？为什么会有山洪海啸？为什么会有地震灾害……要探求各种事物现象的原因，就需要因果思维。有时探得某种事物现象背后的原因，甚至可以作出重大的发明创造。

鲁班寻找带锯齿的草割伤手的原因，发明了锯子；牛顿探索苹果坠地的原因，发现了万有引力定律；伽利略探索教堂吊灯摆动的原因，发现了单摆等时规律；人们探索太阳发光发热的原因，发现了核聚变反应……

现代科学的因果思维方法通常和概率论相融合。这是因为原因和结果的联系具有复杂性和多样性。有时，一个原因往往不仅引起一个结果，而且常常引起多种结果，甚至相反的结果，即一因多果或同因异果。有时同一个结果有可能是由多种原因引起的，即一果多因或同果异因。比如，人体发热，可以由多种原因引起，比如感冒、肺炎、疟疾、肺结核、白血病、艾滋病……同时，一种病因又可引发多种结果，比如感冒除了会使人发热，还有鼻塞、喷嚏、流涕、咳嗽、头痛、食欲不振等；有时同一种疾病甚至会引发相反的结果，比如疟疾，会使人发冷，还会使人发热；双相抑郁症患者的心情，可能就会由极度亢奋突然转变为极度忧伤抑郁。而且人生病还和体质、环境、遗传等多种因素有关。所以，并不是有某种病因，人就得这种病；去除了某种病因，人就不得这种病。比如，酗酒易引发肝癌，黄曲霉素也会引发肝癌；有的人酗酒没得肝癌，有的人不饮酒也患肝癌……正因为因果联系的复杂多样性，因

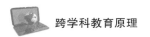

而探求病因就有必要和概率论相结合：如果某种因素可以使人群的发病率升高，而去除这种因素之后发病率会下降，那么这种因素就可以称为病因之一，医学称这些层次的病因为危险因素。

跨学科研究离不开因果思维，而因果思维又往往需要概率论等不同学科的参与，需要跨学科行动。由此可见，因果思维与跨学科研究紧密相关。

请看关于"神经管畸形"病因的探索。

神经管畸形，主要有无脑畸形、脊柱裂、脑膨出三种畸形，最常见的是无脑畸形和脊柱裂，是世界各国最常见、最严重的出生缺陷。无脑畸形出生后常常死亡，而脊柱裂既是造成孕妇流产、死胎、死产的重要原因之一，也可致严重残疾。

脊柱裂又称椎管闭合不全。有的脊柱裂椎管内容物膨出，如果突出的脊髓没被皮肤包裹，从外面看就像一个露出的伤口，伴有大量脑脊液外溢，表面可形成肉芽面，此为最严重的类型。程度严重的孩子可能在出生后一岁以内就死亡，即便活下来也只能一辈子下肢瘫痪，站不起来，还会有膀胱、肛门括约肌功能障碍。有的大小便失禁不能控制；也有的尿潴留不能排便，正是所谓的"活人让尿憋死"。有许多神经管畸形患者因为此病，失去了一个健全人应该拥有的幸福，不能行走、不能上学，要面对很多异样的眼光，承受着精神与肉体的双重折磨。深可见骨的大面积褥疮和压疮吞噬着患者的肌肉，摧残着他们的精神。坐，是一种痛苦；走，是一种奢侈；只能终生爬行。他们在生与死的边缘徘徊……

神经管畸形，生命不能承受之重，给无数患者和家庭带来极大的痛苦和磨难，为社会带来极其沉重的负担。

神经管畸形是世界上发病率最高的先天性疾病之一，要征服神经管畸形疾病，首先就必须找出形成该疾病的原因。那么，神经管畸形的病因是什么？

据研究，神经管畸形与遗传、环境、食物、药物、病毒感染等有关。生过有神经管缺陷婴儿的妇女、患有癫痫病正在服用抗癫痫药的妇女，常称为生育神经管缺陷的高危人群。研究认为，最重要的原因是与孕早期母体缺乏叶酸与孕妇摄入叶酸不足有关。孕早期母体缺乏叶酸可以造成新生儿神经管畸形，造成脊柱裂。国内外循证医学证明，孕妇从孕前 3 个月开始，每日服用一片含 0.4 毫克叶酸的增补剂，直到妊娠满 1 个月或更长时间，可以预防 85% 以上的神经管畸形。这样，人类为提高孕育生命的质量将获得新的保障。

生一个健康聪明的孩子，是每个家庭的最大愿望。探求神经管畸形的病因，则需要因果思维与概率论的结合。因为备孕妇女补充叶酸，胎儿并不必然就不患神经管畸形；备孕妇女不补充叶酸，胎儿并不必然就患神经管畸形。事实是备孕妇女补充叶酸,可以预防 85% 以上的神经管畸形病例,因而医学称叶酸缺乏是神经管畸形的危险因素。

由此可见,探求事物现象的原因往往需要因果思维与概率论的跨学科行动,此外,还需要综合运用科学观察、科学实验、调查研究等若干方法。

三、因果思维的运用

因果思维是一种重要的思维方法,对于某一事物,不仅可以使人知其然,而且也可以使人知其所以然。我们要探求事物的本质,发现事物的规律,要把感性认识提高到理性认识,就需要用到因果思维的方法。

因为事物现象因果联系的复杂性,所以当我们考察原因和结果的联系时,就不能简单化,必须具体分析。在一因多果的联系中,要注意区分主要结果和次要结果,直接结果和间接结果,有益的结果相有害的结果等。在一果多因的联系中,要注意区分内部原因和外部原因,主要原因和次要原因,直接原因和间接原因,客观原因和主观原因等。只有这样,才能全面地、具体地把握事物的因果联系,对事物作出正确的认识。

第五节 批 判 思 维

批判思维,指的是不人云亦云地跟着别人的思路转,不受传统观念的束缚,也不迷信书本和权威,而是敢于提出问题和大胆质疑,并在质疑的基础上,推倒旧理论,创立新学说的一种思维方式。

一、批判思维与跨学科研究

生活中不少人存在盲从心理,对于书上的信息不经过思考全盘接受,对权威深信不疑,认为不必再去证明它的正确性,这种心理是跨学科研究的大敌。因为跨学科研究是要运用不同学科的知识、理论、技术、方法去解决单一学科无法解决的问题,开发新的产品,或创立新的学说,如果面对以往的理论、权威信以为真、言听计从,认为一切现状都无可挑剔、完美无缺,便会不思进取、一事无成。

在 1900 年英国皇家学会的新年庆祝会上,著名物理学家威廉·汤姆孙充满自信地宣称:"科学的大厦已经基本完成,未来的物理学家只要做一些修修补补的工作就可以了。"不过"明朗的天空中还有两朵小小的、令人不安的乌云。"这两朵乌云是黑体辐射和光的速度,对它们的研究分别催生了量子理论和相对论。

20世纪前夕,美国专利局专员查尔斯·迪尤尔要求麦金莱总统撤销专利局,理由是:"能发明的东西都发明了。"然而事实是,20世纪人类作出了无线电、电视机、飞机、核武器、计算机、互联网、激光、DNA等无数惊天动地的科学发现、发明与创造,直接改写了人类文明的历史。

一个人要想跨学科研究有所成就,就必须富有批判思维,对事物抱着怀疑、分析、批判的态度,才能使人发现落后、认识落后,进而组织力量去铲除落后、追求卓越,才能推动科学不断地向前发展。

比如王永民五笔字型汉字输入法的创立。

汉字是表意文字,是世界上使用人口最多、历史最为悠久的文字。但是,随着近代世界科技的发展,汉字显示出不少的局限性,比如,在拍电报、打字、旗语等各方面都远不如西方拼音文字便捷。因而,较长的一段时期内,汉字改革走世界文字共同的拼音方向成为我国文字改革的努力目标,认为汉字最终要被拼音文字取代。尤其是20世纪80年代前后,随着计算机技术的推广,如何将汉字输入计算机成为一大难题。由于26个拉丁字母更易于输入,方块字受到了前所未有的威胁和挑战。甚至在1984年洛杉矶奥运会上,有法新社记者写道:"在全世界报道奥运会的7 000名记者中,只有中国人用手写他们的报道!"

文明古国中国,正面临一场严峻的考验。已经实现计算机排版印刷的西方国家断言:中国将因繁杂的汉字不能输入计算机而自拒于世界技术大门之外,计算机是汉字的掘墓者,也是中国现代化的掘墓者,中国将更加落后!

然而,勤劳智慧的中国人民并不信这一套,而是向汉字输入计算机的难题大胆挑战!

1976年,王永民决心攻下计算机汉字输入的世界难题。研究汉字输入,涉及语言文字学、计算机科学、人机工程学、心理学、概率论等多种学科,需要跨学科行动。王永民用了整整六个年头的刻苦钻研,成功发明"五笔字型"汉字输入技术。1984年五笔字型第一次在联合国总部演示,当汉字在电脑屏幕上以每分钟120字的速度跳出的时候,在场的人目瞪口呆。《北美日报》在头版刊登"举世称难今迎刃而解"的长篇报道,宣布"汉字输入不能与西文相比的时代一去不复返了"。

王永民借助跨学科行动发明的"五笔字型"汉字输入法,为结束汉字排版印刷铅与火的历史做出了新的贡献,"其意义不亚于活字印刷术",因而王永民有了"当代毕昇"的称号。

中国人用自己的智慧证明,汉字不仅是一种具有联想优势的符号文字,而且是无可比拟的简洁文字。它超越了埃及的圣书字、美索不达米亚的楔形文字存活至今，它的生命力是世界上所有其他国家的文字无可比拟的，汉字堪称中国"第五大发明"。汉字在计算机危机中绝处逢生雄辩地证明了计算机不仅不是汉字的掘墓者，而且是汉字腾飞的翅膀。

面对西方国家"汉字不能输入计算机"的断言，王永民不是盲目顺从，而是敢于运用批判思维，破除迷信，大胆怀疑，锐意创新，发明了"五笔字型"汉字输入法，不仅打破了"汉字不能输入电脑"的局面，而且还比拉丁字母输入得更快。在科技高速发展的今天，只有这样才不至于落后，才不至于挨打。

在跨学科研究中，一个人要有所发现、发明和创新，就必须善于运用批判思维。对流行的观念、权威的论断我们大可不必盲目崇拜。因为由于受种种条件的限制，某些流行的观念、权威的论断也有可能出现谬误。只要我们敢于运用批判思维，便可以作出批驳，也只有善于运用批判思维，才能推动科学不断地向前发展。

二、批判思维不是否定一切

我们说的批判思维，敢于怀疑与批判，不是说不要学习别人的知识和经验；而恰恰相反，不仅要以前人的知识、经验为基础，而且必须掌握更丰富、更深刻的知识。我们说的敢于提出问题和大胆质疑，也不是指毫无根据地胡乱指责，更不是神经过敏地疑神疑鬼、否定一切，而是以科学和事实为根据的批判性的质疑精神，并在此基础上实现学科的跨越与创新。

第六节　打破思维定式

思维定式就是反复思考同类或类似问题所形成的定型化的思维模式，它会使人以比较固定的方式去进行认知或作出行为反应。

一般来说，思维定式有利于常规思考。它使思考者在思考同类或相似问题的时候，能省去许多摸索和试探的步骤，能不走或少走弯路，这样既可以缩短思考的时间，减少精力的耗费，又可以提高思考的质量和成功率。各个领域里的许多专家常常能很快就找到解决本专业问题的有效办法，其重要原因之一就在于他们的头脑中已形成了关于本专业问题的大量的定式。

然而，思维定式并不利于跨学科思考。

一、思维定式的局限性

跨学科研究需要打破学科界限，灵活运用不同学科的知识、技术、方法来解决

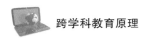

我们所面临的问题,而思维定式则难免成为跨学科研究的阻碍因素。

美国发明家爱迪生,年轻时曾和普林顿大学数学系毕业生阿普顿在一起工作,住在一个房间里。阿普顿总觉得自己有学问,不把卖报出身的爱迪生看在眼里。爱迪生是个沉默寡言的人,从不炫耀自己。对阿普顿的自负和处处卖弄学问,他从心里感到厌烦。为了让阿普顿把态度放谦虚一些,有一次,爱迪生把一只梨形的玻璃灯泡交给阿普顿,请他算算容积是多少。

阿普顿拿着那个玻璃灯泡,轻蔑地一笑,心想:"想用这个难住我,未免太天真了!"他拿出尺子上下量了又量,还依照灯泡的式样列出一道道算式,数字、符号写了一大堆。他算得非常认真,画了一张张草图,脸上渗出了细细的汗珠。过了一个多钟头,爱迪生见阿普顿还在那儿算个不停,便忍不住笑了笑说:"不用那么费事,还是换个别的方法算吧!"

阿普顿仍固执地说:"不用换,等一会儿我就能得到答案。"

又过了半个钟头,阿普顿对自己的计算似乎还不放心,还在那里低头核算。爱迪生有些不耐烦了,拿过玻璃灯泡,倒满了水交给阿普顿说:"去把这些水倒进量杯……"不等爱迪生说完,阿普顿明白了什么是既简单又准确的方法,他那冒着汗的脸,刷一下红了。

阿普顿是大学数学系的毕业生,计算是他的内行。当碰到"计算玻璃灯泡的容积"的问题时,由于受其思维定式的影响,自然而然地是拿出尺子对灯泡量了又量,算了又算,他根本不会想到采用其他简便方法;爱迪生则不同,他采用水与量杯的快捷方法,便立即精确地求得了灯泡容积的答案。

二、几种常见的思维定式

在跨学科研究中打破思维定式要注意以下方面。

1. 权威定式

不少人存在盲从心理,他们对权威深信不疑。其实,对权威的论断我们大可不必盲目崇拜。因为由于受种种条件的限制,某个权威的认识也有可能出现谬误。比如如果他是以前的权威,并不就必然是今天的权威;他是某一领域内的权威,并不就必然是其他领域的权威;他是某一地域的权威,并不就必然是其他地域的权威。我们尊崇权威,但是决不应该迷信权威。

比如,亚里士多德认为,自由下落的物体,重量越大则下落速度越快,重量越轻则下落速度越慢。而伽利略则主张,如果将两个不同重量的物体同时从同一高度放下,两者将会同时落地。伽利略设计了一个巧妙的逻辑推论,便把流传一千多年的亚里士多德的结论推翻了：

把一个大铁球和一个小铁球捆在一起，因为捆在一起的大小铁球就比原来的大铁球更大了，所以该比大铁球下落得更快；但是按照亚里士多德的说法大铁球下落得更快而小铁球下落得更慢，那小铁球就会拖慢大铁球的下落速度，结果应该是捆在一起的大小铁球比大铁球下落的更慢一点，这就矛盾了。

因此伽利略提出，大小两个铁球会同时落地。

当时的大学教授们坚决反对伽利略的主张，认为这完全是胡说八道。"除了傻瓜以外，没有人会相信一根羽毛同一颗炮弹能以同样的速度通过空间下降。"

后来，伽利略通过比萨斜塔实验，伽利略一只手拿着一个十磅重的铅球，另一只手拿着一个一磅重的铅球，伽利略把两个铅球从塔顶同时抛下，难以相信的事情真的发生了！两个铅球，同时从塔顶下落，同时越过空中，同时落到地上！

伽利略又用实验验证了他的推论完全正确。

亚里士多德是世界古代史上一位伟大的哲学家、科学家和教育家，是西方的一大权威。然而伽利略却并不迷信崇拜，用数学推论的方法推翻了亚里士多德关于物理学方面"重量越大则下落速度越快"的论断，还通过北萨斜塔实验证实了自己推断的正确性。只有这样，对事物抱着怀疑、分析、批判的态度，才能推动科学不断地向前发展。

2. 唯书本定式

书本是一种系统化理论化的知识，是经过头脑的思维加工之后所形成的一般性的东西。因而书本知识与客观现实之间存在着一段距离，它往往表示一种理想的状况而不是实际存在的状况。比如说，几何学告诉我们，"点无大小""线无粗细""面无厚薄"。这些都是理想化了的"点""线""面"，仅仅存在于理解了几何学的那些人们的头脑当中。而且由于客观世界的发展变化和人类认识能力的不断提高，已有的某些知识会显得陈旧过时，会暴露出这样那样的缺陷或错误。在这种情况下，我们就更加大可不必迷信书本。

很多人以为，一个人的书本知识增多了，上了大学，成了硕士、博士，那么他的能力自然就会相应地同步提高。但在跨学科研究中情况并不见得一定是这样，因为跨学科研究是在继承的基础上要突破原有学科的界限，实现不同学科的交叉与融合，如果只是局限于原有某一学科知识的范围之内推演知识，是难以实现学科的跨越的。

3. 从众定式

从众定式，就是服从众人，随大流。从众定式较强的人，别人怎样做，他也怎样

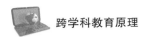

做;别人怎样想,他也怎样想。一个从众定式较弱的人,常常被大家认为不合群、好斗、古怪等。只要有机会,大家就会对这种人群起而攻之。

然而从众心理却不利于科学思考。

物理学家福尔顿,由于研究工作的需要,测量出固体氦的热传导度。他运用的是新的测量方法,测出的结果比按传统理论计算的数字高出 500 倍。福尔顿大吃一惊,这差距也太大了! 如果将它公布于世,恐怕会使人认为他是标新立异、哗众取宠,从而招致怀疑、非议和指责,福尔顿迟疑了。算了吧,何必引来那么多麻烦呢? 他不但没有继续深入研究下去,而且还把这一发现束之高阁。可没过多久,一位年轻的美国科学家,在实验时也测出了氦的热传导度,而且和福尔顿测出的结果一模一样,丝毫不差。一阵惊喜过后,这位年轻的美国科学家采取和福尔顿截然相反的态度,很快将它公布于世,并马上引起了科学界的广泛关注和赞誉。更为可贵的是,他并没有就此止步,而是继续推陈出新创造出一种新的测量热传导度的方法。福尔顿听说此事后,痛心疾首,追悔莫及。

是的,这个荣誉本应该属于福尔顿,但是福尔顿却因从众心理,自己拱手将这个荣誉让给了别人。

思维的从众定式有利于群体一致的行动,这是它的优越性所在。但是,从众定式不利于个人打破原有学科的界限,作出跨学科的创新思考。要实现学科的跨越,就必须大胆打破从众定式。

4. 唯经验定式

经验是人们在实践基础上获得的对客观现实的感性认识。

我们生活在一个经验的世界里。从幼儿到成年,我们看到的、听到的、感受到的、亲身经历的各种各样的现象和事件,它们都进入我们的头脑而构成了丰富的经验。在一般情况下,经验是我们处理日常问题的好帮手。但是,如果过于迷信经验,形成唯经验定式,在事物变化了的情况下,往往会行不通。

比如,我国古代脍炙人口的故事:曹冲称象。要知道某物的重量,人们的经验是用秤去称。因为当时没有能称几千斤重的大象的秤,人们无法去称大象;曹冲的聪明之处在于打破唯经验定式,将称大象变为称与大象等重的石头,最终解决了别人解决不了的称象问题。

而且有些问题是不可能亲身经历的,如果用旧经验来分析,往往就会出错。

假如有一条很长很长的绳子,恰好可绕地球赤道一周。如果把绳子再接长 15 米后,绕着赤道一周悬在空中(如果能做到的话),你能想象得出吗:在赤道的任何地方,一个身高 2 米 39 以下的人,都可从绳子下自由穿过!

这件事单凭经验去想象,无论如何是想不通的:地球半径那么大,而绳子仅需接长 15 米,绳子居然能处处离地球 2 米以上。然而严谨的数学计算告诉我们:这是千真万确的,可谁又能亲手去试验一下?

跨学科研究要求我们必须拓展思路,海阔天空,束缚越少越好。而从某种意义上来看,经验在大多数人那里都是一种桎梏。因而,要实现学科跨越就必须敢于打破唯经验定式。

第七节　侧向思维与逆向思维

人类的思维具有方向性,存在着正向、侧向与逆向的差异。正向思维是指沿着人们的习惯性思考路线去思考,侧向思维是沿着习惯性思考路线的旁侧方向去思考,而逆向思维则是指悖逆人们的习惯路线去思维。人们解决问题时,往往习惯于按照熟悉的、常规的正向思维路径去思考,有时也不妨运用侧向思维、逆向思维,常常会取得意想不到的功效。

一、侧向思维

侧向思维又称旁通思维,是在正向思维的旁侧开拓出新思路的一种思维方法。在日常生活中人们在思考问题时"左思右想",说的就是侧向思维的状态。

有位心理学家做过这样一个实验,把狗和鸡关在两堵短墙之间,在狗和鸡的前面用铁丝网隔开,铁丝网的另一边放了一盆饲料,鸡一看到饲料马上直冲过去,结果左冲右突就是吃不到食。狗则先是蹲在那儿直盯着食物和铁丝网,又看看周围的墙,然后转身往后跑,绕过墙来到铁丝网的另一边,结果吃到了食物。

当正面向前吃不到食物时,狗通过变换方向,从侧面绕过去来达到目的。当我们思考某个问题遇到难以解决的困难时,不妨改变思路,不从正面直接着手,而是另辟蹊径,从侧面寻找突破口,这样往往能化难为易,变被动为主动,这就是侧向思维的方法。

跨学科研究也是如此,当我们遇到仅凭本专业、本领域知识方法难以解决的问题时,不妨变换思维方向,转而利用其他专业、领域里的知识和资讯,从侧向迂回地解决问题,这正是侧向思维。

英国地质学家伍德沃德就利用侧向思维法找到了铜矿。

1949 年,伍德沃德到赞比亚西部高原上寻找铜矿,可是一直未能找到。后来,伍德沃德发现了一种奇怪的小草,这种小草在一些地方开着紫红的花朵,而在另一

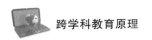

些地方则开着红花。伍德沃德想,小草开出不同颜色的花,会不会是土壤中含有不同的矿物质引起的? 于是,伍德沃德就把开着不同颜色两种花的土壤带到实验室进行分析,果然发现开紫花的小草生长的土壤中含有大量的铜元素。于是,伍德沃德就变找铜矿为找这种奇怪的小草,最后果然发现了一个罕见的大铜矿。

伍德沃德以跨学科的方法找铜矿,使用的是侧向思维。铜矿隐藏在地下,人的肉眼看不到它,但伍德沃德巧妙地变换思维方向,由直接找铜矿变为找开紫花的小草,从而使问题轻松地得到解决。

侧向思维可采以下方法。

① 侧向移入。这是指跳出本专业、本行业的范围,侧视其他方向,将注意力引向更广阔的领域,将其他领域已成熟的的技术方法、原理等直接加以利用。

② 侧向移出。与侧向移入相反,是指将自己现有的设想、发明、技术和产品,从现有的使用领域、使用对象,外推到其他意想不到的领域或对象上。

③ 侧向转换。这是指不按最初设想或常规直接解决问题,而是将问题转换成为它的侧面的其他问题,或将解决问题的手段转为侧面的其他手段等。

二、逆向思维

逆向思维就是从人们的习惯性思考路线的反向去思考。

跨学科研究需要正向思维,也需要逆向思维。逆向思维作为一种创造性极强的、大胆的思维形式,能摆脱常规正向思维的羁绊,其设想和假设往往带有突破性,使人独辟蹊径,在别人没有注意到的地方有所发现,有所建树,从而获得巨大成功,创造惊天动的奇迹,甚至改写人类的历史。

1. 卫星导航系统与逆向思维

卫星导航系统的出现就是源于科学家的一次逆向思维。

人类在导航、授时、定位上有着悠久的历史。我们的祖先早在远古时代就已经掌握了靠太阳、月亮、北斗星等天文星象来辨别方向和确定时间的办法,后来还发明了指南针。指南针在航海中的应用,引起了航海技术的重大变革,成就了欧洲人的大航海时代。而在今天,我们只要打开手机导航软件,就能找到自己所在位置和方向,这是因为我们有了卫星导航系统。

1957 年 10 月,苏联成功发射了第一颗人造卫星后,美国霍普金斯大学应用物理实验室的吉尔博士和魏分巴哈博士对这颗人造地球卫星发射出来的无线电讯号存在着的多普勒频移产生了浓厚的兴趣。当人造卫星向观测者方向移动时,遥测信号波被压缩,波长变得较短,频率变得较高;当人造卫星与观测者相离时,会产生相反的效应,波长变得较长,频率变得较低,这就是多普勒效应。经研究他们认为:利用卫星遥测信号的多普勒效应,可对卫星精确定轨,并提出了确定整个卫星轨道的计算方法。

然而,该实验室的克什纳博士和麦克卢尔博士则运用逆向思维,认为这个过程可以反过来,如果能够知道卫星的精确轨道,那么根据多普勒频率的测定,就可以确定观测点的位置——这就是当今四大卫星导航系统,即美国 GPS 全球定位系统、俄罗斯格洛纳斯系统、欧洲伽利略系统、中国北斗系统定位的基本原理。

如今,卫星导航已经融入我们生活的方方面面。自驾游凭借导航仪就能够让"路痴"们凭借语音指挥而顺利到达目的地。自动驾驶技术其中一个重要技术也是卫星定位。北斗导航在高铁网、高速公路网、港珠澳大桥、北京大兴国际机场等大型工程中的应用,使得大尺度范围施工的精度大幅提升,最高达到毫米级。对于农林牧渔,其能实现形变监测,水文监测,气象预报,地理测绘,森林防火和面积测算等需求。现代农业播种、撒药、收获、放牧等方式,北斗能提供的精准位置。卫星导航系统还能提供高精度授时,北斗卫星携带了数百万年才会出现 1 秒误差的高精度原子钟,在一些需要时间高精度同步的场合,例如大型电网输送电、超高频金融交易、大型科学实验并机联调等方面,也能发挥出无可替代的作用。卫星导航已在交通运输、农林渔业、水文监测、气象测报、通信时统、电力调度、救灾减灾、公共安全等领域得到广泛应用,融入国家核心基础设施。在当今世界,导航已经成为人类从事政治、经济和军事活动所不可或缺的技术。

卫星导航定位技术是在人造卫星技术与人类导航定位技术之间跨学科思考的智慧结晶,而这一切都源于科学家关于人造卫星无线电讯号多普勒频移现象的一次逆向思考。

2. 电气时代的到来与逆向思维

法拉第电磁感应定律的提出也是因为善于运用逆向思维。

1820 年 4 月,丹麦物理学家汉斯·奥斯特发现了电流的磁效应。奥斯特电流的磁效应这一发现传到欧洲大陆后,吸引了许多人参加电磁学的研究。

英国物理学家法拉第想,既然电能产生磁场,从反向思考,那么磁场也能产生电。为了使这种设想能够实现,他从 1821 年开始做磁产生电的实验,一直做了十年。后来,法拉第设计了一种新的实验,他把一块条形磁铁插入一只缠着导线的空心圆筒里,结果导线两端连接的电流计上的指针发生了微弱的转动。电流产生了!1831 年,他提出了著名的电磁感应定律,并根据这一定律发明了世界上第一台发电装置。

法拉第根据奥斯特发现的电流磁效应,运用逆向思维方法,发现了电磁感应定律。法拉第的电磁感应定律导致了发电机的发明,实现了机械能向电能的大规模转化,深刻地改变了人类的生活,使人类从此跨入了电气时代。电,改变了人类的生活,改变了世界的面貌。现在我们很难想象,一旦没有了电,世界将会变得怎样。

在跨学科研究中,要想取得巨大的成就,不妨使用逆向思维。

3. 逆向思维的方式

应用逆向思维可从以下几个方面着手。

① 原理逆向。原理逆向就是将事物的基本原理,如机械的工作原理、自然现象、物理变化、化学反应等颠倒过来,看看会发生哪些不同的变化,能带来什么结果。比如,上面提到的卫星导航定位技术的提出、法拉第电磁感应定律的发现等。

② 方向逆向。方向逆向就是将某事物的构成顺序、排列位置、安装方向、输送方向、操纵方向、旋转方向以及处理问题的方法等,反转过来思索,寻求解决问题的新办法。例如把电风扇的安装方向翻过来,正面朝外就成了排风扇。

③ 尺寸逆向。对现有的东西,做尺寸上的伸长或缩短、扩大或缩小,从而实现某种创新。比如,人们将舰船伸长、扩大,于是出现了航空母舰;人们将飞机缩短、缩小,于是出现了袖珍遥控侦查飞机。挪威曾推出一款代号为黑色大黄蜂的迷你直升机,只有 19 厘米长,重量只有 1.4 千克,配备有空气传感器、摄像机、热感应器、红外相机等先进的装备,具有强悍的侦查能力及隐蔽性。因其性能先进,虽然只有麻雀大小,售价却出奇昂贵,折合人民币约为 135 万元。

第八节 发散思维与聚合思维

一般人在思维过程中,往往习惯于使用单一性思维。单一性思维是一个思维起点、一个思维指向、一个思维角度、一个评价标准、一个思维结论的单维思维模式,这种思维一旦中途受阻便只能是此路不通,束手无策。在跨学科研究中,为了克服单一性思维的弊端,我们就需要学会运用发散思维的方法。

一、发散思维

发散思维也叫扩散思维、辐射思维、多元思维、多维思维等。发散思维是指沿着各种不同的方向、不同的途径和不同的角度去思考,重组眼前的信息和记忆中的信息,产生新的信息的一种思维过程。打个比方来说,发散思维就像一个灯泡从一点向四面八方发光一样。发散思维采用的是多个思维指向、多个思维起点、多个评价标准、多个思维结论的多维思维的方式，这样能使我们思路开阔，在思维过程中万一碰到阻碍，能使我们有着广阔的可供选择的余地。

发散思维是跨学科研究中常用的思维方式。人们在跨学科研究时，运用发散思维可以跨越不同学科，提出许多设想，研究者的知识面越广，想象力越强，设想就越多，成功的因素也就越多。

比如怎样减肥，人们运用发散思维，提出了各种各样的方法。

为了帮助人们减肥健身，既可以采用控制饮食减肥的办法，也可以采用运动减肥的方法，当然还有许多与众不同的减肥的技巧。

比如：减肥衣服、减肥床、减肥喷雾器、减肥啤酒、减肥蔬菜、减肥面包、减肥雪糕、减肥软糖、苗条霜等。

此外，还有许许多多的减肥产品，比如减肥药品、减肥饮料、减肥香皂、减肥按摩器等。当减肥成了一种时尚流行，更有不少令人恐怖的减肥术冒了出来，比如电击疗法、肠胃重组、抽脂术等，甚至有不少人为此付出了生命的代价。

人们通过跨学科思考，从不同学科、不同专业，提出了千奇百怪的减肥方法。

评价发散思维能力的强弱可以从以下三个方面来进行。

① 流畅性。这是对思维速度的评价，在单位时间内发散的项目数量越多，反应越迅速，流畅性就越好。人们常说的"思如潮涌""一气呵成"，反映的就是对发散思维高速度的评价。

② 变通性。变通性，又称为灵活性。这是对思维广度的评价。能灵活应变，不受定式的桎梏，从不同角度来寻求答案。维度越多，变通性就越好。广度的增加能为思维带来更多的回旋余地，因而也带来更大的灵活性。

③ 独特性。这是对思维深度的评价，是指发散的项目超出常人所见，具有新颖独特的特点。

在运用发散思维的过程中，应该尽量从多种维度上去发散，独创性地去发散，这样才能获得质量高、数量多的设想，获得更满意的跨学科的研究成果。

二、聚合思维

聚合思维是与发散思维相对应的一种思维方法，又称为集中思维、辐合思维，是指从已知信息中产生逻辑结论，从现成资料中寻求正确答案的一种有方向、有条理的思维，是把广阔的思路聚集成一个焦点的思维方法。

在跨学科研究中，常常需要用到聚合思维。

比如，怎样减肥？人们运用发散思维从不同学科、不同专业，提出了各种设想：

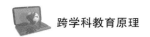

控制饮食减肥、运动减肥、减肥衣服、减肥床、减肥喷雾器、减肥啤酒、减肥雪糕、减肥软糖、减肥蔬菜、减肥面包、苗条霜、减肥药品、减肥饮料、减肥香皂、减肥按摩器等。此外还有电击疗法、肠胃重组、抽脂术等。然而，当一个人准备减肥时，是不是要把以上方法同时加以使用呢？当然不是，而是应根据自己的身体情况、经济条件等各种因素，对各种减肥方法加以比较、分析，选择出适合自己的一两种方法，这就是聚合思维。

运用发散思维，可为我们的研究提供无数选择机会；但是，当我们要具体着手研究时，我们不可能将以上门类全部同时加以研究。而是应根据自己的知识积累、研究课题的社会价值、是否会重复别人的研究、当别人有过类似研究时我们的研究是否有新颖独特之处等，对各方面情况进行全面、系统、综合的分析，选择出适合自己的、最有价值的种类加以研究，这就离不开聚合思维。

在应用聚合思维方法时，一般有三个步骤。

① 收集掌握各种有关信息。采取各种方法和途径，收集和掌握与思维目标有关的信息，而资料信息愈多愈好，这是选用聚合思维的前提。

② 对掌握的各种信息进行分析清理和筛选。区分出它们与思维目标的相关程度，以便把重要的信息保留下来，把无关的或关系不大的信息淘汰。

③ 客观地、实事求是地得出科学结论，获得思维目标。

三、发散思维与聚合思维的辩证统一

在跨学科研究中，我们需要发散性思维，也需要聚合思维。发散思维可以全面激发人的想象力，从一点扩散到四面八方来思考问题，为我们寻找答案提供更多的可能；聚合思维可以在众多的可能之中寻找到一个正确的答案。如果没有发散，会使人无法跳出本身思想的局限去接触更广阔的天空，导致思想的僵化；如果没有聚合，必然会导致混乱。跨学科研究就是不断地遵循从发散思维到聚合思维，然后又从聚合思维到发散思维的多次循环过程。

第九节　求同思维与求异思维

客观世界是一个包含着多种多样的事物、现象、过程和事件的统一体。每一事物既有自己所特有的不同于其他事物的特点，即个性，也具有和其他事物共同的东西，即共性，是个性与共性的矛盾统一体。在跨学科研究中，我们的思维要全面、准确地把握客观事物，既要认识事物的个性，也要认识它的共性，而求同与求异则是

与之相联系的两种思维方法。

一、求同思维

客观世界中形形色色的事物之间,尽管它们各自千差万别,各具个性,但又存在着共性。求同思维是在表面上差异很大的事物之间找出它们本质上共同点的思维。

世界万事万物都是相互联系的,比如,世界上的植物万千变化,但它们都有叶绿素,能进行光合作用;动物与植物之间截然不同,但它们都是由细胞组成,是有生命的;冰川、河流、湖泊、江海、雪花、雨露、霞光、云彩……各不相同,但它们的构成都是水;迢迢银河、无穷星系、浩瀚宇宙,千姿百态,但它们的运行都遵循着万有引力定律;天地万物,无奇不有,但它们都遵循着哲学的对立统一、否定之否定的基本规律……跨学科研究者的聪明才智就在于,善于发现在一般人看来是天差地别的事物之间的共同点,实现学科之间的跨越。

在跨学科研究中,运用不同事物、学科或专门知识领域的信息、技能、工具、观点、理论,来解决其他学科或领域的问题,实现学科之间的跨越,这就需要探求不同学科、事物之间的共性与联系,发现它们的共同点,这就需要求同思维。

比如,瑞士著名科学家奥古斯特·皮卡德关于深潜器的研究。

奥古斯特·皮卡德是位研究大气平流层的专家。他不仅在平流层理论方面很有建树,而且还是一位非凡的工程师,他设计的平流层气球,飞到过 1.5 万米的高空。后来,他又把兴趣转到了海洋,研究起深潜器来了。

尽管海和天是两个完全不同的世界,然而奥古斯特·皮卡德知道,海水和空气都是流体,具有流体的共同特征,遵循着流体的运动规律。在研究深潜器时,可以利用平流层气球的原理来改进深潜器。在此以前,深潜器都是靠钢缆吊入水中的,它既不能自行浮出水面,又不能在海底自由行动,潜水深度也受钢缆强度的限制,由于钢缆越长,自身重量越大,从而也容易断裂,所以潜水深度一直无法突破 2 000 米的大关。而平流层气球由两部分组成:充满比空气轻的气体的气球和吊在气球下面的载人舱。利用气球的浮力,使载人舱升上高空。如果在深潜器上加一只浮筒,不也就像一只气球一样可以在海水中自行上浮了吗? 皮卡德和他的儿子设计了一只由钢制潜水球和外形像船一样的浮筒组成的深潜器,在浮筒中灌满比海水轻的汽油,为深潜器提供浮力,同时又在潜水球中放入铁砂作为压舱物,使深潜器沉入海底。如果深潜器要浮上来,只要将压舱的铁砂抛入海中,就可借助浮筒的浮力升至海面。再给深潜器配上动力,它就可以在任何深度的海水中自由行动,再也不需要拖上一根

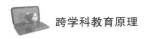

钢缆了。

皮卡德父子的这一设计获得了很大的成功。第一次试验,就下潜到1 380米深的海底,后来又下潜到4 042米深的海底。他们设计的"的里雅斯特号"深潜器,下潜深度达到10 916.8米,成为世界上下潜最深的深潜器,皮卡德父子也因此获得了"上天入海的科学家"的美名。

皮卡德发明深潜器采用了求同思维。在平流层气球与深潜器之间的跨学科思考中,通过对平流层气球与深潜器两个事物之间的比较,找出两个事物的类似之处,本来是两个完全不同的物体,一个升空,一个入海,但是海水和空气都是流体,它们都可以利用浮力原理,因此,气球的飞行原理同样可以应用到深潜器中,从而作出了独特的发明创造。

在跨学科研究中,巧妙运用求同思维的方法,能扩大我们的视野,在那些表面上看起来毫无联系的事物中,发现两者之间的相似点,实现学科的跨越。

二、求异思维

每一个客观争物既具有和其他事物共同的东西,即存在着共性,但每个事物又有着和其他事物所没有的独特的个性。求异思维则正是在相似的事物之间找出它们本质上的差异点的思维方法。

跨学科研究需要求同思维,也需要求异思维。

比如,皮卡德在平流层气球与深潜器之间的跨学科思考中,运用求同思维,发现了海水和空气之间的共性,它们都是流体,都遵循浮力原理,这是一方面。另一方面,两者之间又具有差异性,一个是气体,一个是液体;平流层气球与深潜器也有很大的区别,不可能用平流层气球去代替海洋深潜器。要发明深潜器必然面临各种各样的技术难题,要解决这些难题,就需要求异思维。求异思维能为我们解决跨学科研究中所面临的各种具体问题提供技术手段。

三、求同与求异思维的辩证统一

求同思维与求异思维是既有联系又有区别的两种思维模式。它们之间各具特点、互不相同。求同思维目的在于揭示事物之间的共性,求异思维目的则在于揭示事物之间的差异性。求同思维能拓宽我们的视野,将客观世界中缤纷多彩的事物联系有一起;求异思维则能探求事物之间的细微差别。它们之间各不相同,但是它们又是辩证统一的。它们有着共同的客观基础,它们的客观基础就在于世界万事万物之间客观存在的共性和差异性。

德国哲学家莱布尼茨曾经当过"宫廷顾问"。有一次,莱布尼茨对皇帝说:"凡物莫不相异,天地间没有两个彼此完全相同的东西,世界上没有两片相同的树叶。"皇帝不信,叫宫女们去御花园找来一堆看似完全相同的树叶。莱布尼茨将这些树叶仔细一比较,却是形态各异,都有其特殊性,其形状、颜色、大小、叶脉总是有不同的地方。皇帝很佩服。这时,莱布尼茨又说:"凡物莫不相异,天地间没有两个彼此完全不相同的东西,世界上没有两片完全不同的树叶。"宫女们听了这番话后,再次纷纷走入御花园去寻找两片看似完全不同的树叶,莱布尼茨又从这些看似完全不同的树叶中,找到了共同点。在表面看起来完全相同的树叶中找出它们的不同点,这是求异思维;在表面看起来完全不同的两片树叶中找出它们的共同点,这就是求同思维。

跨学科研究既要善于运用求同思维,也要善于运用求异思维。求同思维能使人思维活跃、浮想联翩,发现事物之间的共性与联系,实现不同学科之间的跨越;求异思维能使人洞幽烛微、思维缜密,使跨学科研究中的复杂难题迎刃而解。

第十节　分析思维与综合思维

辩证唯物论认为,每一个事物都是由若干部分、方面、因素组成的。这些部分、方面、因素错综复杂地联系着,形成一个统一的整体。当认识活动开始时,摆在我们面前的是一个具体的整体,人类不可能全面深刻地把握它的本质。为了认识事物的本质,必须应用分析思维的方法。

一、分析思维

所谓分析思维,就是把研究对象分解为各个组成部分、方面、因素,然后分别加以研究,以达到认识其本质的一种思维方法。如果不使用分析的方法,那么我们对事物对象的认识就只能是朦胧的、含混的。

比如,对人体的认识,首先认识的是一个个具体的、整体的人。这种认识只能是朦胧的、含混的,不能深刻地把握人体的本质。为了认识人体的本质,必须采用分析的方法,把研究对象分解为各个组成部分、方面、因素,然后分别加以研究。人们把人体分析为运动系统、神经系统、内分泌系统、循环系统、呼吸系统、消化系统、泌尿系统、生殖系统、免疫系统,然后单独而深入地进行研究,这样才能获得关于人体的深刻的认识。这就是分析思维。

要进行科学研究,就必须学会分析思维。正因为自然学家采用分析思维的方

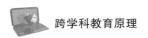

法,把自然界的各种事物和过程分解成一定的门类,才有当今门类众多的学科,使得自然科学获得了蓬勃的发展。据统计,当今自然科学的学科种类总计近万种。学科的精细分化,是物质世界无限多样性的反映,有利于学者在各自的领域传承前代文明,培养下一代专业人才,形成本门学科的研究规范。

但是,由于分析思维的方法着眼于局部的研究,获得的是事物对象局部的、片面的、支离破碎认识,如果人类的认识仅仅停留在分析的阶段而没有综合,就会只见树木、不见森林,导致形而上学的片面性,陷入盲人摸象的窘境。为了获得关于客观对象整体的、全面的认识,人们就必须由分析上升到综合思维。

二、综合思维

所谓综合思维,就是在分析的基础上将认识对象分解开来的不同部分、方面和要素再组合成为一个统一整体加以研究的思维方法。综合不是把认识对象的各个部分、方面和要素,主观地、任意地凑合在一起,也不是机械地相加,而是按照它们的内在联系有机地统一为整体。

综合思维方法在科学发展史上起着重要的作用,它可以全面地、正确地、更加深刻地认识事物对象。在近代科学分化和发展的基础上,现代科学已呈现出综合化、整体化的发展趋势,大批的边缘学科、横断学科、综合学科的涌现,都是辩证综合的辉煌成就,这也正是学科的跨越。

跨学科就是要综合运用不同学科的知识、理论、技术、方法,来解决新的问题,开发新的产品,创立新的学科,要达到这一目的,就必然要借助综合思维。离开了综合思维,学科的跨越便无从谈起。

三、分析与综合思维的辩证统一

跨学科研究需要分析思维,也需要综合思维。

分析与综合思维是两种相反运行的思维方法,两者的活动方向和在认识中的作用是不同的。但二者又相互联系、相互依赖,在认识过程中是辩证统一的。首先,分析和综合相互依赖。分析是综合的基础,没有分析就没有综合,只有对客观事物进行周密的分析,对事物的各个部分、各个方面、各个要素进行深入的研究,对矛盾的方面有了清楚认识,才能诞生门类众多的学科,才能形成跨学科研究的基础。但是,如果认识仅仅停留在分析阶段,就会使事物在我们的头脑中处于肢解的状态,不能获得全面的知识,也不能实现学科的跨越。

自然科学的发展是在高度分化的基础上又日趋高度综合化。高度分化使科研部类越分越细,越分越多,这是科学认识深入发展的必然结果。高度综合又使科研部类之间相互交叉,彼此渗透,呈现了综合化、整体化的趋势。

第十一节　逻辑思维与辩证思维

马克思主义认为,人类的思维可以分为两个阶段:第一,从感性具体到思维抽象的阶段,在这一阶段,完整的表象蒸发为抽象的规定;第二,再从思维中的抽象到思维中的具体的阶段,在这一阶段,抽象的规定在思维的形成中导致具体的再现。与这两个不同的思维阶段相联系,便是逻辑思维与辩证思维。

一、逻辑思维

逻辑思维,是人们在认识事物的过程中借助于概念、判断、推理等思维形式能动地反映事物本质与规律的理性认识过程。

逻辑思维是人脑的一种理性活动。思维主体把感性认识阶段获得的对于事物认识的感性材料通过去粗取精、去伪存真、由此及彼、由表及里的加工制作,抽象成概念,运用概念进行判断,并按一定逻辑关系进行推理,从而产生新的认识。

比如,要认识我们人类自身,人是什么? 我们的眼睛只能看见一个个具体的人,男的、女的;老的、少的;高的、矮的;胖的、瘦的等。而要认识人的共同的本质属性,仅凭人类的感觉器官、感性认识是无法获得的,必须将感性认识阶段获得的对于各种各样的关于人的感性认识材料,通过思维的抽象才能完成,而这就是逻辑思维。

《现代汉语词典》中说:人是"能制造工具并使用工具进行劳动的高等动物"。这就深刻揭示了人的本质属性。要获得这种认识,就离不开逻辑思维。

形式逻辑学是研究逻辑思维的一门科学,要正确地运用逻辑思维进行思考,就必须掌握形式逻辑学的理论与方法。

相对于辩证思维,逻辑思维具有以下特点。

① 抽象性。逻辑思维是把大量的丰富的感性材料经过比较、分析、概括,从中抽取出事物的共同点,它撇开了事物的差异性,离开了个别,离开了现实的具体,因而它具有抽象性。

② 确定性。逻辑思维研究的是相对静止的事物,撇开了事物的运动和发展,是在固定的范畴里来研究客观事物的,事物对象都是完全确定的、界限分明的,因而它具有确定性。

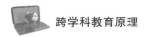
③ 不矛盾性。和思维的确定性相联系,逻辑思维不允许存在逻辑矛盾,即在同一个思维过程中,不能对同一事物作出不同的断定,因为如果作出了不同的断定,那么思维就是不确定的,是自相矛盾的。

我们要正确地认识客观事物,就离不开逻辑思维。

二、辩证思维

人们在逻辑思维阶段取得了关于事物的认识,但是这种认识还只是对事物某一方面的认识,还不能取得对事物的全面的、整体的认识。认识不能到此止步,还要进入到辩证思维阶段。辩证思维就是从对象的内在矛盾的运动变化中、从它的各个方面的相互联系中进行考察,从整体上、本质上完整地认识对象的思维。

辩证思维是唯物辩证法在思维中的运用,唯物辩证法的范畴、观点、规律完全适用于辩证思维。对立统一规律、质量互变规律和否定之否定规律是唯物辩证法的基本规律,也是辩证思维的基本规律。

辩证思维的运用要注意以下方面。

1. 把握事物的差别和矛盾

唯物辩证法认为,客观世界是非常丰富和具体的,每一具体的对象都包含着差别和矛盾。我们要正确地认识客观事物,就必须把握事物的差别和矛盾。而要把握事物的差别和矛盾,就必须借助辩证思维。

比如老鼠。老鼠被列为四害之一,它糟蹋粮食、咬坏衣物、传播疾病,人们对它深恶痛绝,因而老鼠过街,人人喊打。可是尽管人们毒杀老鼠,由于老鼠有极强的繁殖能力,其数量不仅没有因此减少,而且越来越多,在我国已达 40 亿到 60 亿只之巨,成为一大祸害。

然而,从另一方面考察,可以说老鼠一身都是宝。鼠皮可以成为制作皮衣及其他皮制品的原料;鼠肾中含有一种能溶解人的肾结石的奇异物质;鼠乳中含有乳铁素,对人体有抗感染和提高免疫机能作用;鼠毛水解后可以制成水解蛋白,鼠尾是制造毛笔的高档原料……由于老鼠身上蕴藏着丰富的价值,我们就有必要加以开发。比如,人们利用老鼠灵敏嗅觉和体重轻的特点,经训练后用来探雷,竟然成为造福人类的"英雄"。

一方面,老鼠是害;另一方面,老鼠又是宝,可以为人类造福,老鼠是害与宝的矛盾统一体。人类将老鼠与卫生、医药、营养、军事等相联系的跨学科思考中,所使用的正是辩证思维。

又比如台风。肆虐的台风,还携带雷霆万钧的暴雨,能给途经地区带来巨大的灾难。然而,世界又不能没有台风。台风年复一年馈赠绐陆地雨水,地球大气也得以吞吐呼吸,形成了大规模的大气运动。假如世界上没有台风,地球上到处风平浪静,那么南北纬度之间的大气能量交换就要受到影响,热带地区的热量无法驱散,而将变得更热,同时,两极地区会变得更加寒冷。此外,台风在缓解伏旱、酷暑及水库蓄水方面更是功不可没。台风经常光顾的地区,土壤肥沃,植物尤为枝繁叶茂。可见台风有弊也有利,是灾难又是福音。台风是利与弊、灾难与福音的矛盾统一体。

2. 把握事物的联系

唯物辩证法认为,世界万物都是互相联系的。有则英国民谣唱道:"失了一颗铁钉,丢了一只马蹄铁;丢了一只马蹄铁,折了一匹战马;折了一匹战马,损失一位将军;损失一位将军,输了一场战争;输了一场战争,亡了一个帝国。"

一颗铁钉,竟然和一个帝国的兴衰存亡的命运紧密相连。

我们要准确把握事物之间的联系,就需要辩证思维。跨学科研究就是要融合不同学科的理论、知识、方法,如果缺乏辩证思维,不能把握不同学科的联系,跨学科研究也就无从谈起。

3. 把握事物运动发展的规律

辩证唯物主义认为,任何事物都包含着矛盾,包含着肯定因素和否定因素。决定着事物性质的是肯定因素,促使现存事物走向灭亡是否定因素。这两种因素的斗争中,否定因素上升为主要方面时,导致了旧事物的灭亡和新事物的产生,这就是否定。事物总是通过否定而向前发展的,这种发展不会有止境。肯定的因素被否定了,而否定了旧事物之后产生的新事物同样要为它内部所包含的否定因素所否定,为更新的事物代替。事物就是由肯定阶段走向否定阶段,由否定阶段走向否定之否定阶段从而得到发展的。一般地说,在事物发展过程中经过两次否定,事物的运动状态就表现为一个周期,这就是哲学的否定之否定规律。世界万物都是这样周期发展的。比如,白天过后是黑夜,黑夜过后又是白天;春天过后是夏、秋、冬,冬天过后又是春天……整个宇宙发展的历史也是如此。

关于宇宙的起源,现在广为流行的是宇宙大爆炸理论。大爆炸理论认为,当今宇宙是137亿年前由一个致密炽热的奇点的一次大爆炸后而形成。如今宇宙仍在膨胀中。研究认为,宇宙中存在着一个临界密度,如果宇宙中物质的密度超过这个临界密度的话,那么宇宙中物质的引力就比较大,宇宙膨胀的速度将减小,最终停止膨胀并转而收缩,也就是说膨胀的宇宙将要转变为坍缩宇宙。物质的密度又将越来越大,宇宙的温度将越来越高,宇宙背景辐射将由微波辐射逐渐趋向红外和可见光,宇宙空间将由黑色变成红色,并逐渐变成黄色、蓝色,以后是充满耀眼的辐射。温度继续升高时,电子将从原子核附近被剥离,原子核被拉碎成质子和中子。这种趋势继续下去,也许有一天宇宙中所有物质又被挤压至一个奇点,这或许就是我们的宇宙一个可能的结局。等到再来一次大爆炸,就开始了下一代宇宙,一切又重新开始。有学者提出,宇宙脉动周期为820亿年。

这就是有的科学家提出的震荡宇宙模型或脉动宇宙模型。在这种模型中,宇宙是真正永恒的、周期性的,宇宙实际上并无所谓起点,我们现在所说的宇宙寿命,不过是从最近一次大爆炸算起。

辩证思维相对于逻辑思维,具有如下特点。

① 具体性。在客观世界中,任何事物都是充满着矛盾,是永恒地运动、发展、变化着的。我们的思维要能正确地反映客观事物,就必须从整体上全面地、历史地考察思维对象,既要看到主要方面,又要看到次要方面,既要看到对象的现在,又要看到它的过去和将来。只有这样在多样性统一中把握对象,才能获得关于对象的具体真理。这就是辩证思维的具体性。

② 矛盾性。辩证唯物主义认为,矛盾是普遍的、客观的,在自然、社会和思维领域内,矛盾无时不在、无处不在。因而辩证思维作为客观事物的反映,它必然也是一种矛盾的形态。

③ 灵活性。在客观世界中,任何事物都是不断运动、变化和发展的,绝对静止的事物是不存在的。人类的思维要能正确地反映活生生的、永恒运动着的客观事物,就必须从发展变化来思考对象,就必须具有灵活性。

现代科学研究高度分化和高度综合相统一的时代特征,使辩证思维与科学研究的相互依赖性更加密切。辩证思维是人类思维的最高形态,辩证能力的强弱直接反映着思维认识水平的高低。我们要在马克思主义哲学的指导下,更加自觉地运用辩证思维方法指导跨科学研究。正如恩格斯所指出:

"一个民族想要站在科学的最高峰,就一刻也不能没有理论思维。"[①]

三、逻辑思维与辩证思维的辩证统一

逻辑思维与辩证思维是两种不同的思维模式。它们的客观基础不同,逻辑思维的客观基础是客观事物相对稳定性及事物之间相对固定的关系;辩证思维的客

---

① [德]马克思,恩格斯.马克思恩格斯选集:第3卷[M].北京:人民出版社,1972:467.

观基础则主要是事物的对立统一关系及事物的运动变化的过程。它们研究的方法不同,逻辑思维是抽象地、孤立地对事物进行研究的;而辩证思维则是具体地、联系地研究客观事物。但是,逻辑思维与辩证思维又是互相联系、辩证统一的,是人类认识客观事物必不可少的两种思维。只有运用抽象逻辑思维,我们才能把不同的事物区别开来,才能把复杂的事物分析开来,才能精细地认识客观事物;只有运用辩证思维,才能全面地认识事物的联系,认识运动、变化、发展着的客观事物,也才能把不同学科联系起来,学科的跨越也才有实现的可能。

跨学科研究既要善于运用逻辑思维,也要善于运用辩证思维。

第十二节 直觉思维与灵感思维

在跨学科研究中,直觉思维与灵感思维有着重要的意义。

一、直觉思维

直觉思维是在早已获得的经验知识的基础上,对事物发展变化没有经过精细的、有条不紊的逻辑推理就直观地作出推断的心理过程。

我们经常遇到这种情况:在解答某一难题时,一接触问题的头几秒钟就作出对解决问题的途径的选择,而且经常被证明这是对的。如果要问作出这种选择的根据是什么,可能要用几个小时,甚至几十个小时才能说清楚。有经验的工人可以凭他的直觉,很快发现机器的故障,并给予排除;一个有经验的医生可以凭他的直觉,一下子识别病人所患的疾病;音乐家可以凭直觉,判断某个年轻人很有音乐才能;老农抓起一把土,就知道该地种什么庄稼好……

上述现象的产生并不是偶然的,虽说我们在作出结论时用的时间很短,不是按照严密的推理进行,但却是根据经验直接得出的结论。这种思维,人们称之为直觉。直觉思维能使人具有"明察秋毫"的洞察力,使人在错综复杂的情况下,迅速排除假象,抓住问题的本质。

1. 直觉思维与跨学科研究

在跨学科研究中,直觉思维能为我们快捷地寻找到问题的解决方案提供可能。

比如,魏格纳关于大陆漂移说的提出。

1910年的一天,年轻的德国气象学家魏格纳正躺在病床上,对着墙上的一张世界地图出神。无意中他发现一个有趣的现象:非洲西海岸线同南美东海岸线十分吻合,像一张撕碎了的纸,可以把它们重新拼合起来。你看,南美洲巴西东部突出的直角部分,同非洲西海岸几内亚湾凹进去的直角部分多么吻合呀!再往南看,巴西海岸的每一个突出部分,都恰好同非洲西海岸的海湾相对应;而非洲西海岸每一个突出的部分又同巴西的海湾相对应。这难道是巧合吗?忽然,在他的脑海里闪现出这样一个念头:在很久很久以前,非洲大陆同美洲大陆也许是连在一起的,它们之间并没有烟波浩渺的大西洋,后来由于某种原因这块大陆分离了,并慢慢漂移,才形成了今天的大西洋。这就是魏格纳的大陆漂移的设想。

非常明显,气象学家魏格纳在关于地质科学的跨学科思考和大陆漂移学说的提出,便是直觉思维活动的体现。他并没有对非洲西海岸与南美东海岸之间的地质、生物等各方面的情况进行充分的考察和精细的逻辑论证,而仅仅凭地图上海岸线之间的某种联系就快速作出它们曾经连接在一起的推断,这个推断的作出过程使用的就是直觉思维。并且,随着后来人类认识的深入和地球科学的进展,也论证了这一直觉判断的科学性。

第二次世界大战以后,由于海洋科学和地球物理探测手段的发展,相继出现了"海底扩张说"和"板块构造说"。它们继承了大陆漂移说的思路和成果,又是建立在更加科学的基础上,因而使得沉默了 30 年之久的大陆漂移说又焕发了青春。当人们谈论地质学的发展时,谁也不会忘记魏格纳做出的杰出贡献,人们把他尊为地质学现代革命的奠基者。

直觉思维在跨学科研究中的作用是不言而喻的,凭借卓越的直觉思维能力,可以在纷繁复杂的事实材料面前,敏锐地洞察某一类现象或思想所具有的重大的意义,知道将来在这方面会产生的重大的科学创造和发现。

2. 直觉思维的特点

直觉具有如下几个特点。

① 直觉以经验为基础。直觉产生以在记忆中获得信息储存作为心理基础。老气象学家对天气变化的推测较准确,老医务工作者对病人病情变化的预感较正确,这都与他们的记忆保存的丰富的信息有密切关系。

② 直觉的非逻辑性。直觉的非逻辑性可以说是直觉的最基本的特征。达尔文在看到向日葵幼苗顶端总是朝着太阳弯曲时,便猜测到在它背向太阳的一面一定有一种怕见阳光的东西。在一百多年后,人们才找到这种东西。

③ 直觉的简约性。直觉思维省去了一步一步分析推理的中间环节,是一瞬间的思维火花,是长期积累上的一种升华,是思维过程的高度简化,但是它却清晰的触及事物的"本质"。

④ 直觉形成的瞬间性。直觉形成的瞬间性是指直觉思维结果来临的突然和

迅速。在直觉思维中,所有的思维过程都被简化了,因而构成了一种瞬间性。

3. 怎样提高直觉思维能力

直觉思维在跨学科研究中有着重要的意义。但是,直觉思维也有它的局限性,因为直觉是对事物现象的直观产生的,当观察局限在有限的范围里时,得出的结论就不是绝对可靠的;另外,直觉往往是凭个人以往的经验和知识得出的,因为个人的主观色彩较浓厚,所得到的结论有时就难免缺乏科学性。这种情况,即使古希腊最伟大的学者亚里士多德也在所难免。

比如说,当时人们每天看见太阳、月亮、星辰等从东边升起,又从西边落下,因而凭直观得出结论"地球是宇宙的中心",亚里士多德同样也是如此;人们从高处抛下石块和羽毛,发现石块落地快,羽毛落地慢,因而凭直观得出结论"重的物体比轻的物体下落得快",亚里士多德作出的结论也不例外。后来的科学发展,证明了这些凭直觉作出的论断是错误的。

怎样使直觉思维所提供的判断比较可靠,提高自己的直觉思维能力呢?

① 要有渊博的知识。不仅要精通本行的专业知识,而且对各门专业知识也要有广泛的了解。只有知识广博,得出来的直觉判断才更可能正确。

② 要有丰富的生活经验。直觉思维的特点在于迅速、灵活、机智,这就需要研究者应有丰富的生活经验作为基础。

③ 要有敏锐的观察能力。能在对事物现象的观察过程中,迅速把握事物的全貌和本质,使直觉产生的结果更可靠、更科学。

和直觉思维密切联系的是灵感思维。

二、灵感思维

在人们的科研活动中,往往有着这么一种奇妙的现象,人们对某一问题在长时间苦苦思索而不得其解的时候,会因某种启发而突然产生出某种新形象、新概念和新思想,思维表现出一种极为活跃的状态,突然找到了过去长期思索却未能获得的解决问题的新办法,从纷繁复杂的现象中顿悟到了事情的关键和本质,人们把这种突然降临的顿悟现象称作灵感。

1. 灵感思维与跨学科研究

灵感思维有时又称为顿悟思维。在跨学科研究中也常常有灵感思维的降临。在研究者对课题进行紧张、艰苦、长期的探索中,头脑里的问题已经达到了挥之不去、驱之不散的程度,使研究者的智力活动达到白热化状态。在这种状态下,或因外界的某一刺激而受到启发,或由于某种联想,或由其他思维的触类旁通机制,忽然间把

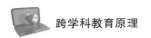

研究者的各种能力充分发挥出来，把智力活动提高到一个崭新的水平。此时，联想高度活跃，思路接通了，问题便迎刃而解。灵感产生是智力发展飞跃的标志。

比如阿基米德的浮体定律的发现。

两千年前，古希腊著名科学家阿基米德，接受国王交给的任务，鉴别金匠是否在王冠里掺了铜或银。阿基米德想：要查明王冠到底是不是纯金的，只要求出它的体积就清楚了。但是王冠的形状很复杂，上面还刻着花纹，用几何学的方法是很难算出它的体积的。几天来，阿基米德面对着王冠冥思苦想，也还是想不出办法来，就像痴了一样。朋友们看到他这样，就劝他去洗个澡，提提精神。阿基米德来到城市里规模巨大而豪华的公共澡堂。他脱了衣服将身体泡入浴盆的时候，水从盆边溢到了盆外，他突然觉得眼前一亮，为什么不可以用同样的方法来检验王冠呢？他欣喜若狂，竟忘了穿衣服，猛地从澡盆里跳了起来，穿过叙拉古国的大街，直往家里跑，一边跑还一边喊叫："我想到啦！我找到啦！"

阿基米德从洗澡这件事情中，不仅找到了检验王冠的方法，同时总结出了浮体定律。阿基米德在他的《浮体论》这本书中写道："物体浸在水中所失去的重量，等于它所排开的水的重量。"

阿基米德一连几天苦苦思索检验王冠的方法，但是毫无进展；然而他在躺进澡盆洗澡的时候，突然受身体排开澡盆中的水量这一事件的启发，神奇地找到了解决问题的答案，这个获得解决问题方法的过程就是灵感思维参与的过程。

灵感不只在人们清醒状态下降临，有时也会出现于人们的梦境里。比如凯库勒关于发现苯分子结构的梦境。

凯库勒是德国有机化学家，他自幼就非常聪明，有十分丰富的想象力。他非常热爱科学，尤其喜欢研究化学，他自己收集了大量的矿石标本，制造了各式各样的化学试剂。同时，他对建筑学造诣极深。在读中学时，就为他的故乡设计过三座漂亮的楼房，表现出了在建筑学上的才华。在建筑学方面的丰富知识使他有很强的立体概念，对空间结构具有惊人的想象力。凯库勒用建筑学上的结构思想研究化学结构，通过建筑学与化学的学科跨越，取得了巨大的成功。

那是1865年圣诞节以后的一天，凯库勒长时期研究苯分子结构，已经疲惫不堪。他已经测定清楚，苯分子是由6个碳原子和6个氢原子组成的。那么，这6个氢原子和6个碳原子又是以什么方式组织起来的呢？凯库勒试着写出几十种苯的分子式。"不行！都不对！"到底是什么样的呢？他苦苦地探索着，仍然是百思不得其解。他累极了，而且感到有些头痛。凯库勒把安乐椅拉近壁炉，半躺在上面，想消除一下疲劳。在暖烘烘的壁炉旁，他感到惬意而舒服，慢慢地就睡着了……忽然,他好像看到6个氢原子和6个碳原子连在一起,形成了一条弯弯曲曲的蛇,他看到那条蛇动起来了,它摇头晃脑地跳起舞来。突然,这条怪蛇竟然狠狠地一口咬住了自己的尾巴,形成了一个环形,然后就不动了……凯库勒哆嗦了一下,睁开眼睛,原来这不过是一个梦,他在梦中看到的苯分子的排列顺序,还依稀记得,这也许就是长期未能解决的问题的答案吧!凯库勒匆匆忙忙地在一张纸上写下了梦中看到的苯分子的环状结构。苯分子结构式,就这样被发现了。

为什么在梦中也会有灵感出现呢?

梦是睡眠时的心智活动,它是储存在大脑中的信息,在睡眠过程中以一定的变式表现出来的心理现象。梦境的内容是过去感知与思维过的经验的奇特结合,在睡梦中由于无意想象的活跃,保存在记忆中的信息经过奇特的结合,这样,有时对研究者会有所启发,实现了梦寐以求的愿望,从而导致研究的成功。

2. 灵感思维的特点

灵感思维在生活中随处可见,但由于受思维科学发展水平限制,灵感的概念长期处于神秘的迷雾笼罩之下,成了一个心理之谜,思维之谜。

① 引发的随机性。灵感既不能像具有必然性的逻辑思维那样有意识地导出,也不会如同想象思维那样有可能自觉地进行思索,而是由研究者完全想不到的原因诱发而产生的一种思维,所以,它具有一种来无影去无踪,踏破铁鞋无觅处,得来全不费功夫的特点。于是灵感就显得难以预料、难以捉摸,这就是灵感的随机性(或者叫偶然性)。灵感出现的随机性往往给它自己披上了一层神秘的色彩。

② 出现的瞬时性。灵感往往是以"一闪念"的形式出现的,它常常瞬息即逝。在出其不意的刹那间灵感出现了——在散步中、在看电影时、在与别人闲谈时、在触景生情中,灵感出现了,冥思苦想的问题突然得到解决。

③ 灵感模糊性。所谓灵感的模糊性,是指灵感所产生的新线索、新结论、新成果往往并不是很清晰的,还需要及时地加以清理。

④ 灵感的迷狂状态。灵感的出现总是伴随着情绪的高涨。在灵感到来时,使创造者情不自禁欢欣快慰,常常伴随着不可抑制的激情,甚至如醉如痴,进入忘我的精神境界。贝多芬在灵感到来时,在沙地上用棍子谱写乐谱而没有注意到自己妨碍了一支送葬队伍的通行;我国著名化学家曾昭伦在雨中行路,却"不知道"打开手中的雨伞。这些事例,都生动地说明了这一阶段科学家的过量思考的迷狂状态。

3. 怎样激发灵感

灵感是一种非理性现象,费尔巴哈说:"热情和灵感是不为意志所左右的,是不由钟点来调节的,是不会依照预定的日子和钟点迸发出来的。"但是,这并不意味着

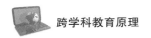

灵感是一个无从把握、不可捉摸的东西,从一些科学家的研究实践中,我们可以发现灵感的产生,还是有轨迹可寻的。

① 艰苦的探索是灵感产生的实践基础。车尔尼雪夫斯基说:"灵感,是一个不喜欢拜访懒汉的客人。"灵感的产生必须是以对研究课题进行艰苦卓绝的探索为前提的。对欲解决的问题,要反复地、紧张地、艰苦地、超出常规的过量思考,这种过量思考是促使灵感到来的必经阶段。

② 要有足够的知识储备。丰富的知识经验,有利于获得借鉴,容易受到启示,获得新的设想和新的思路。一个不懂文学的人绝不会出现写诗的灵感,一个毫无地质知识的人也不会出现什么解决地质问题的灵感。究其原因,关键在于他们不具备必要的知识及资料。

③ 学会暂时搁置。灵感常常是在长期的、紧张的、艰苦的思索之后,产生于头脑处于松弛状态的潜意识与显意识的交接处。有时人们在高度集中精神力量研究某一课题、久攻而不克,思路进入僵局,这时,不妨把要解决的问题暂时放一放,使大脑放松放松。可以去玩一玩,散散步,听听音乐……在这时,由于受到某种外界事物或现象的启迪,往往会产生灵感,突然找到解决问题的办法。

④ 及时捕捉灵感。灵感出现的时间短暂而且稍纵即逝,因而,灵感一旦出现,就要立即抓住。

物理学家爱因斯坦有着很多科学家朋友。一次,他应邀在朋友家里吃饭,席间忽然来了灵感,他来不及找合适的纸张,便提起钢笔,在朋友家的新台布上记下了一个重要的公式。

美国物理学家汤斯在哥伦比亚大学孜孜不倦地致力于微波发射和接收的研究。微波是指频谱介于红外和无线电波之间的电磁波。研究多年却没有结果。1951 年的一个早晨,他坐在华盛顿市一个公园的长凳上,等待饭店开门去进餐。就在这转瞬之间,灵感突然降临:使用分子,而不用电子线路!他在一只仅有的旧信封的背面进行了三分钟计算,就完成微波辐射器这一重大创新。

三、灵感思维与直觉思维

灵感思维与直觉思维有着某些共同之处,它们都是关于客观事物的本质和规律性的认识,都是突发式的、不自觉的而且往往是一种飞跃式的,猛然间获得发现、发明或创造,所以人们往往对二者不加以区分,但是二者还是有某些区别的。

① 直觉是对具体对象的直观,没有直观的对象,是难以产生直觉的;灵感思维有时可以在无原型的启发下,只凭注意集中或注意转移也可产生。

② 直觉往往是凭以往的经验、知识，不假思索就可直接猜到问题的精要，往往是一种敏捷的观察力、迅速的判断力；而灵感则是创造者热烈而顽强地致力于对某个问题的长期思索之后的思维活动的一次飞跃。

第六章　跨学科的方法

　　方法是为获得某种东西或达到某种目的而采取的手段与行为方式，是人们做事过程中一连串动作的关联方式。一种方法就是对这种关联方式特殊性方面的一个概括。

　　针对人们做事的不同领域，会形成不同的方法。如管理中的方法称为管理方法，预测中的方法称预测方法，物理学研究中的方法称为物理方法。跨学科研究方法，就是跨学科研究过程中一连串动作的关联方式。

　　跨学科研究必须根据研究的内容、性质，选择适宜的研究方法。

第一节　模　仿　法

　　模仿法是参照别的学科、领域中事物的性质、特征，作出跨学科思考的方法。

　　在自然事物或现象之间都存在着普遍的联系，在各门自然科学技术之间也是有联系的。人们在进行科学研究的过程中，不仅要注意本学科或技术领域的发展情况，还要了解相邻学科或技术领域以及其他学科或技术领域的发展情况。模仿不同学科、技术领域中事物的原理、结构、功能等，作出跨学科思考，是科学发现或技术发明的有效方法。

　　比如，人们模仿自然界的声音曾作出过各种奇特的跨学科思考。

　　世界上有着各种各样的声音。淙淙的溪流声，哗哗的树叶声，婉转的鸟鸣声……声音使人间充满了生机与活力。不同的声音来自不同的事物，传递着不同的信息，运载着不同的能量，因而具有不同的功能，给人以不同的感觉。如泉水声、树叶声使人心神宁静，蛐蛐叫、蝉儿鸣使人想到了盛夏，狼嚎虎啸令人胆寒心悸，婉转的鸟鸣声使人心旷神怡……模仿自然界的声音，也能为我们的跨学科思考开启一扇扇大门。

　　人们都有这么一种感觉，漆黑的雨夜容易入睡。巴西的科学家在研究催眠法时，发明了一种别具匠心的方法。在屋顶上安装一块特制的设备，当上床休息时，按启按钮，"屋外"就产生了与下雨极为相似的音响，使你在和风细雨声中，悠然进入梦乡。

又如声响疗法,它主要是模仿自然界的声音,创造一个良好的多变的音响环境。通过模拟的浪涛声、春雨声、山间的瀑布声、各种鸟叫声等,使人好像置身于大自然中。模仿自然的声音安定患者的情绪,能够起到精神治疗的良好效果。

在跨学科研究中,如果需要建立一门新的交叉学科,又不知如何着手,其中一种方法就是,模仿相近的、成熟的学科的结构。一般来说,一门学科必须具有研究对象、学科的特征、研究的意义、研究的方法、研究对象的类型等。虽然各门学科都有特定的研究内容,具体研究内容各不相同,但各门学科的结构却又有相似点,模仿相近学科的结构,能给我们许多有益的启示。

亚里士多德认为,艺术起源于人的模仿本能。同样模仿法也是跨学科研究最基本、最简便的方法。如果你不知道怎样进行跨学科研究,就不妨从模仿法开始。就如同你想认真学好书法,就不妨找些名家楷书字帖,从临摹名家字帖开始。然后在模仿的前提下进行再创造,成为独创。

模仿法用得最多的,还要数对生物的模仿。

一、模仿生物

模仿生物就是模仿生命体的形状、结构、功能等作出跨学科思考的方法。

模仿生物是一种非常古老的方法。考察人类文明史,可以发现,无数的重大创造发明,都是模仿生物的结果。人们看见鸟巢,便学会了建造房屋;人们从转篷受到启发,就发明了车轮;人们看见地上鸟兽的脚印,便发明了文字;人们看见蜘蛛吐丝织网,便发明了渔网;人们看到天上的飞鸟,便发明了飞机;人们看见鱼在水下潜游,便发明了潜艇……生物的种类如此浩大繁多,其中数不清的精巧神奇,时至今日人类还知之甚少,它永远吸引着人类去研究,去模仿,去创造。

模仿生物可以从以下几个方面进行。

1. 模仿生物形状

模仿生物的形状,能给我们的跨学科思考有益启示。

形状是物体或图形由外部的面或线条组合而呈现的外表。大自然的花卉草木、飞禽走兽、鱼鳖虾蟹、昆虫蜘蛛……无一不以其形态最先映入人类的眼帘。形状是生物的基本属性之一。世界上一切生物体的形状,都有其构形的缘由。兔子的长耳朵、啄木鸟的嘴、柳树的叶子、母鸡生的蛋……为什么是这般形状?该形状有什么功能?该形状能用来解决什么问题?经常在形状的面前打个问号,能启迪人类的智慧,引导人类从屡见不鲜的形状上展开跨学科的思考。

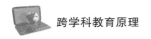

请看酷似猪嘴的防毒面具。

细心的人会注意到防毒面具的外形和猪嘴极为相似,这是为什么呢? 莫非防毒面具的发明和猪嘴有关? 事实确实如此。

在第一次世界大战期间,德军曾与英法联军为争夺比利时伊伯尔地区展开激战,双方对峙半年之久。1915 年,德军为了打破欧洲战场长期僵持的局面,第一次使用了化学毒剂。他们在阵地前沿设置了 5 730 个盛有氯气的钢瓶,朝着英法联军阵地的顺风方向打开瓶盖,把 180 吨氯气释放出去。顿时,一片绿色烟雾腾起,并以每秒 3 米的速度向对方的阵地飘移,一直扩散到联军阵地纵深达 25 千米处,结果致使 5 万名英法联军士兵中毒死亡,战场上的大量野生动物也相继中毒丧命。可是奇怪的是,这一地区的野猪竟意外地生存下来。这件事引起了科学家的极大兴趣。经过实地考察,仔细研究后,终于发现是野猪喜欢用嘴拱地的习性,使它们免于一死。当野猪闻到强烈的刺激性气味后,就用嘴拱地,以躲避气味的刺激。而泥土被野猪拱动后其颗粒就会变得较为松软,对毒气起到了过滤和吸附的作用。由于野猪巧妙地利用了大自然赐予它的防毒工具,所以它们能在这场氯气的浩劫中幸免于难。

根据这一发现,科学家们很快就设计、制造出了第一批防毒面具。但这种防毒面具没有直接采用泥土作为吸附剂,而是使用吸附能力很强的活性炭,猪嘴的形状能装入较多的活性炭。如今尽管吸附剂的性能越来越优良,但它酷似猪嘴的基本样式却一直没有改变。

防毒面具可以说是模仿野猪嘴部形状的跨学科思考的一件杰作。

2. 模仿生物结构

模仿生物的结构,是跨学科思考的有效方法。

也许谁也不会想到,钢筋混凝土这一人类的伟大创新,竟然会是由法国一个园艺师在生物与建筑之间跨学科思考的产物。

19 世纪,法国巴黎有位叫莫尼埃的园艺师,他培育的花木引来许多人参观,常把花坛踩坏。他一直为此而发愁,希望砌出一种很结实的踩不坏的花坛。当然作为一个园艺师,他对建筑材料基本是门外汉,一窍不通。不过他长年和那些植物打交道,观察到一个普遍的现象:植物根下的泥土非常牢固,雨水都冲不走,摔也摔不开,有时竟像石头一样坚固。他想到植物这种盘根错节的结构,和泥土混合起来,才使得泥土变得如此坚固。于是,他用铁丝交叉在一起做成骨架,再用水泥砂石砌成花坛的形状,果然坚不可破。

莫尼埃仿照植物根部的结构,完成了钢筋混凝土这一伟大的创造。1875 年,他主持建造了第一座长 316 米的钢筋混凝土大桥。到了 20 世纪初,由钢筋混凝土建造的大型建筑在欧美大量出现,继之在世界各地也陆续营建。美国政府于 1929 年 10 月建造的 102 层高的帝国大厦就是采用了混凝土结构。1945 年 7 月 28 日这天早晨,正值大雾天气,一架 B-25 型轰炸机迷失了方向,撞在大厦的第 79 层上,随着震天巨响,不少人以为这幢看去像电线杆子的大厦要倒塌了。人们争先恐后往外跑……然而大厦结构完好无损。

钢筋水泥从此名声大振。如今世界上很多高大建筑物,结构都以钢筋混凝土为主。

3. 模仿生物功能

各类生物有许多神奇的功能,模仿生物的功能,也是跨学科思考的巧妙方法。

青蛙外突的大眼睛十分敏锐,它能迅速发现运动中的目标,很快确定目标位置、运动方向和速度,选择最佳的攻击位置。模仿蛙眼功能,利用电子技术制成的雷达系统,能准确快速地识别飞机、舰船、导弹等目标,并且能将真假导弹区别开来。

在漆黑的夜晚,无论田鼠怎样轻手轻脚地爬出洞口,远处的响尾蛇都能准确无误地一口吞掉它。是响尾蛇的眼力特别好吗?不。根据实验,响尾蛇的视力并不太好,能够准确判断田鼠位置的不是它的眼睛,而是它眼睛下面颊窝处的那两只"热眼"。热眼其实并不是眼,而是一个灵敏的红外线接收器。远处的动物如果有一定温度,随之而生的红外线就会在蛇的热眼中得到反应。热眼把信息传给大脑,蛇便根据热眼传来的信息准确无误地捕食猎物。

军事科学家们模仿响尾蛇热眼的功能,给导弹装上了人工制造的"热眼"——红外线自动跟踪制导系统。导弹一旦发射升空,便专门寻找喷气式飞机喷出热气流的红外线,顺着红外线射来的方向前进。飞机拐弯,热气流也拐弯,导弹就自动朝着热气流拐弯后的方向前进,直到撞上目标爆炸。这就是人们常说的"响尾蛇导弹"。

人工制造的响尾蛇导弹"热眼"要比实际的响尾蛇热眼灵敏得多。它不仅能接收飞机喷出的热气流红外辐射,还能接收到喷出的二氧化碳废气的红外辐射。"热眼"也可以应用于其他事业。例如,把热眼装在人造卫星上,它可以灵敏地监视森林火灾,使人们对火灾的发现和扑救更为及时。

4. 模仿生物原理

生物体的结构、运动中,蕴含着一定的原理。模仿生物的某种原理,借助跨学科的思考,也能作出神奇的创新。

我们可能都见过鸡,但也许你并不知道,鸡头有个神奇的特性:能够保持很强

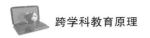

的稳定性,叫作"鸡头稳定原理"。

如果我们抓住鸡的腿部,一直左右晃动,或上下晃动,就可以看到,鸡的身体随着腿部的晃动而晃动,而到了脖子以上,就只有脖子在动,头不动,是不是十分的神奇？鸡走路也是这样。鸡走路时,脖子往前一顶,头先行。然后,头部静止在先前位置,等待着身体和脚跟进。只是因为身子往前移,头对身体的相对位置挪后,造成了先往前点头、再向后缩脖子的假象。

除了鸡头,还有很多鸟头稳定的例子。2015 年时,斯坦福大学的工程师们用高速摄影机记录下了天鹅飞过湖面时头颈部的动作。在扑动双翼时,天鹅们的身体上下摇摆,但在颈部的调整之下,头部却能保持相当平稳的状态。

为什么有鸡头稳定原理？1975 年,弗莱得曼教授在《自然》杂志上发表论文,认为鸟类头部的稳定性源自视觉控制。弗莱得曼教授通过实验给出结论：鸽子头部的前后摆动行为与保持视野稳定有很大关系,鸽子头部的暂时静止,可以使清晰的视野稳定在视网膜上。

人类为了保持视野稳定,可以转动眼珠。当你盯住眼前的字,然后不停晃动脑袋,不管脑袋怎么晃动,眼珠都可以保证稳定聚焦在字上。因为人类的耳蜗里面有些液体,神经通过液体位置来产生姿态感。

鸟类的眼球十分发达,以至于几乎挤占了眼眶内所有的空间,而与此同时,它们的眼球运动则会受到限制,不可能像人类那样转动眼珠。因此,当鸟类想要调整视线时,它们就要依靠灵活的脖子了,所以鸟类的头部会非常稳定。

模仿"鸡头稳定原理"作出跨学科思考,便能引发许多神奇的发明创造。

比如,模仿鸡头稳定原理,人们发明现代坦克炮的稳定器。

坦克具有高超的越野性能,车体在行驶中十分颠簸。坦克上的火炮如果想击中目标,仿佛跑马射箭,相当不容易。而坦克炮稳定器是坦克行驶中自动地将炮膛轴线保持在给定的空间角位置并能瞄准的一种控制系统。它是现代坦克火控系统的重要组成部分,用以提高坦克行进间火炮射击的命中率。

坦克炮稳定器分为单向稳定器、双向稳定器和三向稳定器。单向稳定器通常只稳定火炮的射角,亦称高低稳定器；双向稳定器同时稳定火炮的射角和射向；三向稳定器除稳定射角和射向外,还稳定侧倾角。坦克炮稳定器的主要部件通常有：陀螺仪、信号放大器、功率放大器、伺服电机或液压马达、动力缸、操纵台及其他自动控制部件。当坦克颠簸时,陀螺仪迅速感应到压力变化,传递给变阻器,变阻器把这种压力变化变成电讯号传递给微机,微机计算出补偿量、补偿方向和补偿角度,再以电讯号的方式将指令传递给伺服系统,通过伺服系统来控制炮口的抖动,使炮口始终对准目标。

坦克炮稳定器的原理和鸡头稳定原理相同。当鸡往前迈一步时,眼睛里的神经末梢能感应到视野的变化,然后迅速传递给大脑,大脑计算出补偿量,再指挥控制脖子周围的肌肉群,让头部保持不动,等这一步走完了再让头部跟进复位,这样它就能在运动中始终保持视野稳定。

现代坦克炮稳定器实际上是在武器与鸡头之间的跨学科思考中,模仿鸡头稳定原理作出的发明创造。

在生物演变的残酷自然竞争中,生物只有达到了最优的形态结构和功能,才有可能生存和发展,因而,自然界各类生物的形态功能,常常以其合理性给人们以深刻的启示。

二、模仿现实环境——虚拟现实

模仿现实环境,就是利用计算机模仿我们生存世界的环境,作出跨学科的思考。虚拟现实便是模仿现实环境的产物。

虚拟现实,又称灵境技术,利用现实生活中的数据,通过计算机技术产生的电子信号,将其与各种输出设备结合使其转化为能够让人们感受到的形象。这种"现实"可以是存在于世界上的任何事物或环境,可以是实际上可实现的,也可以是实际上难以实现的或根本无法实现的,通过三维模型表现出来。因为是通过计算机技术模拟出来的现实中的世界,故称为虚拟现实。

一般来说,一个完整的虚拟现实系统由高性能计算机为核心的虚拟环境处理器、以头盔显示器为核心的视觉系统,以语音识别、声音合成与声音定位为核心的听觉系统,以方位跟踪器、数据手套和数据衣为主体的身体方位姿态跟踪设备,以及味觉、嗅觉、触觉与力觉反馈系统等功能单元构成。

虚拟现实技术集成了计算机图形技术、计算机仿真技术、人机交互技术、人工智能、传感技术、显示技术、网络并行处理等技术的最新发展成果,是一种由计算机技术辅助生成的高技术模拟系统。

1. 虚拟现实技术的特征

① 沉浸性。沉浸性又称临场感,它用计算机生成逼真的三维视、听、嗅觉等感觉,使人作为参与者通过适当装置,自然地对虚拟世界进行体验和交互作用。虚拟现实技术模拟环境的真实性与现实世界难辨真假,让人有种身临其境的感觉;同时,虚拟现实具有一切人类所拥有的感知功能,比如听觉、视觉、触觉、味觉、嗅觉等感知系统,该环境中的一切看上去是真的,听上去是真的,动起来是真的,甚至闻起

来、尝起来等一切感觉都是真的,如同在现实世界中的感觉一样,使人产生思维共鸣,造成心理沉浸,感觉如同进入真实世界。

② 交互性。虚拟现实还具有超强的仿真系统,真正实现了人机交互,使人在操作过程中,可以随意操作并且得到环境最真实的反馈。比如,人们可以用手去直接抓取模拟环境中虚拟的物体,这时手有握着东西的感觉,并可以感觉物体的重量,视野中被抓的物体也能立刻随着手的移动而移动。

2. 虚拟现实技术的广阔应用前景

① 在教育中的应用。传统的教育只是一味给学生灌输知识,而虚拟现实技术可以帮助学生打造生动、逼真的学习环境,通过真实感受来增强记忆,更容易激发学生的学习兴趣。

② 在医学方面的应用。医学专家们利用计算机,在虚拟空间中模拟出人体组织和器官,使用者可以对虚拟的人体模型进行模拟操作,能感受到手术刀切入人体肌肉组织、触碰到骨头的感觉,能够更快地掌握手术要领。医生们在手术前,也可以在虚拟空间中先进行一次手术预演,这样能够大大提高手术的成功率。

③ 在城市规划方面的应用。虚拟现实技术能够使政府规划部门、项目开发商、工程人员及公众可从任意角度实时互动,真实地看到规划效果,更好地掌握城市的形态和理解规划师的设计意图,也有利于设计与管理人员对各种规划设计方案进行辅助设计与方案评审。

④ 在建筑设计领域的应用。虚拟现实能以视觉形式反映设计者的思想,把室内结构、房屋外形通过虚拟技术表现出来,使之变成可以看见的物体和环境。设计者可以任意变换自己在房间中的位置,去观察、修改设计的效果,直到满意为止。

⑤ 在军事方面的应用。采用虚拟现实技术使受训者在视觉和听觉上真实体验战场环境,通过必要的设备可与虚拟环境中的对象进行交互作用,相互影响,从而产生"沉浸"于等同真实环境的感受和体验,具有训练针对性强和安全经济,可控制性强等特点。

⑥在航空航天方面的应用。由于航空航天是一项耗资巨大,非常烦琐的工程,所以利用虚拟现实技术和计算机的模拟,在虚拟空间中重现现实中的航天飞机与飞行环境,使飞行员在虚拟空间中进行飞行训练和实验操作,极大地降低实验经费和实验的危险系数。

⑦ 在影视娱乐中的应用。虚拟现实技术是利用电脑产生的三维虚拟空间,使得游戏在保持实时性和交互性的同时,也大幅提升了游戏的真实感。

三、模仿人类智能——人工智能

模仿人类智能,就是利用计算机模仿人类的智慧,作出跨学科的思考。人工智能便是模仿人类智能的成就。

人类是天地万物之灵。地球上的生命,经过几十亿年的发展变化,终于在数百万年前出现了人类。人类在同自然的搏斗中,经历这数百万年的发展变化,才走到今天。而最值得人类自豪的,是我们有智能。人工智能就是研究使用计算机来模拟人的思维过程和智能行为的当代前沿科学。

人工智能除了涉及计算机科学以外,还涉及信息论、控制论、自动化、仿生学、生物学、神经生理学、心理学、数理逻辑、语言学、数学、医学和哲学等多门学科。人工智能研究的主要内容包括知识表示、自动推理和搜索方法、机器学习和知识获取、知识处理系统、自然语言理解、计算机视觉、人工生命、神经网络、智能机器人、自动程序设计等方面。人工智能可广泛应用于机器视觉、指纹识别、人脸识别、视网膜识别、虹膜识别、掌纹识别、专家系统、经济政治决策、自动规划、智能搜索、定理证明、自动程序设计、智能控制、语言和图像理解、仿真系统、机器人科学、遗传编程等。人工智能几乎涉及自然科学和社会科学的所有学科,是一门广泛交叉的边缘科学。

智能机器人是我们最常见的人工智能研究成果。智能机器人有相当发达的"大脑",具备形形色色的内部信息传感器和外部信息传感器,如视觉、听觉、触觉、嗅觉。除具有感受器外,它还有效应器,作为作用于周围环境的手段。智能机器人无须人的干预,能够在各种环境下自动完成各项拟人任务。

模仿法是跨学科研究的一种常用方法,但是模仿并不等于简单的依样画葫芦、照葫芦画瓢,而是必须通过创造性的分析,找到模仿的对象,然后通过改变学科、改变领域、改变载体来实现学科的跨越,从而作出独特的创新。

第二节 移 植 法

所谓移植法,是指将原理、思路、技术、概念或知识,从一个学科领域转用到另一个学科领域的方法。

移植一词,古已有之。移植又称"移栽"。农业上,自苗床挖起秧苗,移至大田或它处栽种即为移植;林业上,将树木或果树的苗木移到别处栽种,也称移植。医学上的移植术指将身体的某一器官或某一部分,移植到同一个体(自体移植)或另

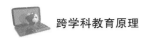

一个体(异体移植)的特定部位,而使其继续生活的一种手术。作为跨学科研究的移植法,则是将已经发现和掌握的科学理论、技术方法,移用到其他学科或领域中,解决人们期待解决的问题,获得新的成功的一种方法。

移植方法所以成为可能,在于客观世界本身是一个有机的统一体。各种具体的物质客体和与之相应的运动形式都是紧密地相互联系、相互作用的,联系和作用在这里成为移植方法的客观基础。

移植法大致可以分为以下几种。

一、知识移植

知识移植法是指将某个学科、领域知识,转用到另一个学科、领域的方法。

中小学各科教学中,常常借用不同学科知识来解释说明本学科的问题,这就是知识移植。知识移植是中小学教学中使用得最多的一种跨学科思考的方法。

比如数学教学中,学习"仰角、俯角"时,为了帮助学生理解,可移用李白《静夜思》中"举头望明月,低头思故乡"的诗句,让学生体会"仰角"与"举头"、"俯角"与"低头"的联系。这就是知识移植。

二、方法移植

方法移植,是指将某类学科使用方法移植到不同的学科领域中。

由于数学的抽象性,因而数学具有广泛的适用性,能应用于科学的各个领域。当然,有时用数学的方法来解决问题会显得极其烦琐,甚至无能为力,这时就不妨进行跨学科思考,采用其他学科的方法。

传说古代印度,有一位老人,他在弥留之际,把三个儿子叫到床前,对他们说:"辛苦了一辈子,没有其他珍贵财产留给你们,只有 19 头牛,你们自己去分吧:老大分总数的 1/2;老二分总数的 1/4;老三分总数的 1/5。"话音才落,老人就咽了气。

按照印度的教规,牛被视为神灵,是不准宰杀的,必须整头分,而先人的遗嘱更是必须遵从。那么,这 19 头牛亥怎样分呢?这道难题着实难倒了兄弟三人。他们请教了许多有才学的人,人们总是摇摇头,急得兄弟三人整日唉声叹气。

一天,一位老农牵着一头牛路过,看到兄弟三人愁眉苦脸,就询问原因。老农听后思索了片刻说:"这件事好办,我把自己的一头牛借给你们,凑成 20 头,老大分 1/2 得 10 头,老二分 1/4 得 5 头,老三分 1/5 得 4 头,余下的一头再还给我。"

在数学看来,这道题是难以逾越的障碍,但老农转而采用社会学借贷关系的方法,却获得了完美的解答。

三、技术移植

技术移植,是指把某类学科的技术移植到不同的学科领域之中的方法。

一百多年前,早期的内燃机,由于汽油燃烧得不充分,使得机器的效率很低。"如何来提高内燃机的效率呢?"美国工程师杜里埃提出了一种新的设想:把燃料和空气均匀地混合,促使燃料充分燃烧,以提高效率。但怎么均匀混合呢? 他苦苦思索着。

一天早上,杜里埃看到妻子在化妆的时候,拿起香水瓶,一按按钮,"吱"的一声,香水变成了雾状喷洒出来,并弥漫在空气中。"哈哈,如果把汽油变成像香水一样的雾状,不就可以把空气和燃料混合均匀了吗?"杜里埃及时抓住了这一闪即逝的想法,并进行了实验,他以妻子的香水喷洒器为原型,仔细研究它的结构原理,按照内燃机的特殊要求,终于发明出了汽油汽化器。果然,爆发力大大增强。杜里埃发明的汽化器一直沿用到现在。

汽化器的发明,便是杜里埃针对汽油燃烧得不充分这一需要解决的课题,将香水喷雾器技术移植到内燃机上而作出来的。

螺旋桨技术最初是为省力而为船而发明的推进装置,后来人们把这项技术移植到飞机上,成为航空推进器,导致螺旋桨式飞机的发明。再后来,人们又把螺旋桨技术移植到吹风领域,发明了电风扇。

由此可见,技术移植法是一种神奇高效的跨学科思考方法。

四、原理移植

原理移植是将某类学科的原理移用至不同的学科领域中的方法。

法国微生物学家巴斯德在实验中发现酒变酸和肉汤变质是由于细菌所致。英国著名外科医生利斯特看到巴斯德的这一实验报告后联想到:细菌使肉汤变质,那么手术后病人的伤口化脓溃烂可能也是由细菌引起的。于是,利斯特便把巴斯德发现的这一理论移植到医疗领域,结果发明了外科手术的消毒剂。

物理学家发明原子弹之后,怎么又想起了研制氢弹呢? 原来是物理学家受到天文学家发现的太阳能量原理的启示:氢在百万摄氏度高温下发生热核聚变反应,并释放出巨大的能量。物理学家们就将太阳热核聚变反应的原理,通过思考研究,移植到核武器的研究中,结果发明了比原子弹爆炸力更大的氢弹。

五、系类移植

系类移植法是指,将某一学科知识、方法、技术移植到多种学科、多个领域之中的跨学科研究的方法。

比如,多普勒效应系类移植的跨学科研究。

1842年,奥地利一位名叫多普勒的数学家、物理学家正路过铁路交叉处,恰逢一列火车从他身旁驰过,他发现火车从远而近时汽笛声变大,但音调变纤细,而火车从近而远时汽笛声变小,但音调变雄浑。他对这个物理现象感到极大兴趣,并进行了研究。发现这是由于当声源离观测者而去时,声波的波长增加,音调变得雄浑;当声源接近观测者时,声波的波长减小,音调就变纤细。这就是多普勒效应。多普勒效应不仅适用于声波,也适用于所有类型的波,包括电磁波。

多普勒效应被移用到许许多多的科学研究领域。

① 在天文学领域的运用。科学家爱德文·哈勃使用多普勒效应得出宇宙正在膨胀的结论。他发现远离银河系的天体发射的光线频率变低,即移向光谱的红端,称为红移,天体离开银河系的速度越快红移越大,这说明这些天体在远离银河系。

② 在医学领域的运用。多普勒效应原理运用在医学领域,有D型超声诊断法,亦称超声频移诊断法,此法立用多普勒效应原理探测血液流动和脏器活动的方法,当声源与接收体之间有相对运动时,回声的频率有所改变,此种频率的变化称之为频移,此法主要是检查运动的器官和流动的体液,如心脏、血管及其中流动的血液(包括胎儿心跳),用以了解运动状态,测量血流速度及方向。其最大优点为无损伤、操作简便、迅速、便于重复应用。

③ 多普勒效应在交通领域的运用。交通警向行进中的车辆发射频率已知的超声波同时测量反射波的频率,根据反射波的频率变化的多少就能知道车辆的速度。装有多普勒测速仪的监视器就装在路的上方,在测速的同时把车辆牌号拍摄下来,并把测得的速度自动打印。

④ 卫星导航系统。前文提到,卫星导航系统也是以多普勒效应为原理。

⑤ 多普勒白蚁探测仪。白蚁破坏巨大,而且具有隐蔽性,常藏身于木材、泥土之下,查杀白蚁的最好方法是找到大量活动的工蚁喷洒灭杀药,让它们互相传染,最终达到消灭整巢白蚁的目的。为了能够找到藏身于木材下的白蚁,白蚁生命探测仪利用多普勒效应为原理,通过将白蚁活动时发出的微波信号逐级放大并对比采样,分析出白蚁的活动情况,从而进行有针对性的查杀。该探测仪操作简单,可

以较为精准地判断出木质结构、浅层土壤瓷砖中白蚁的活动。

移植是一种有效的跨学科思考的方法,它可以将成熟的技术向其他领域推广,使新思路或新技术脱颖而出,这比起局限在自己所处的领域冥思苦想要有力得多。

第三节 渗 透 法

渗透本义是指液体从物体的细小空隙中透过。比如水由海绵的一面透过到另一面,就是渗透。渗透也常常比喻某种事物、思想或势力逐渐进入其他方面,比如"封建观念的残余还渗透在我们生活的许多角落",这里使用的便是"渗透"的比喻义。

跨学科研究的渗透法,是指某学科的原理、技术、方法、知识向其他学科结构层次广泛横向拓展。

渗透法可分为以下类型。

一、技术的渗透

技术的渗透是指某学科的知识向其他学科的渗透。现代科技前沿的许多成就广泛地向各学科领域的拓展,就属于技术的渗透。

比如物理学的激光技术,已经被用于科技、医学、工业、通信、军事等方方面面,比如激光针灸、激光裁剪、激光绣花、激光切割、激光手术刀、激光美容、激光打孔、激光焊接、激光淬火、激光唱片、激光测距仪、激光陀螺仪、光纤通信、激光炸弹、激光扫描、激光雷达……在不久的将来,激光肯定会有更广泛的应用。激光技术向各学科领域的拓展,便是渗透法。

当代科技运用最广泛的还要数计算机技术。

在 20 世纪 40 年代,一批杰出的科学家沿着先驱者的足迹,发明了计算机,计算机是人类的一个极其伟大的创造,人类从此长驱直入计算机发展的新时代。计算机技术已经渗透到社会的各个行业,正在改变着传统的工作、学习和生活方式,推动着社会的发展。如今,计算机已进入人类社会生活的各个领域,在人类历史上,从来没有任何一项科学技术能像电子计算机那样,在短短几十年间就对人类生活的各个领域产生如此深刻的影响。

计算机技术向各学科领域的拓展,也是渗透法。

二、方法的渗透

方法的渗透是指某学科的方法向其他学科的渗透。比如数学方法在各门科学

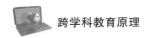

的广泛运用,就是方法的渗透。

数学方法即用数学语言表述事物的状态、关系和过程,并加以推导、演算和分析,以形成对问题的解释、判断和预言的方法。

无论自然科学、技术科学或社会科学,为了要对所研究的对象的质获得比较深刻的认识,都需要对之作出量的方面的刻画,这就需要借助于数学方法。在现代科学中,运用数学的程度,已成为衡量一门科学的发展程度,特别是衡量其理论成熟与否的重要标志。

在科学研究中成功地运用数学方法的关键,就在于针对所要研究的问题提炼出一个合适的数学模型。数学模型就是为了某种目的,用字母、数字及其他数学符号建立起来的等式或不等式以及图表、图像、框图等描述客观事物的特征及其内在联系的数学结构表达式。随着人类使用数学范围的扩大,就不断地建立各种数学模型,以解决各种各样的实际问题。数学模型在各科学领域都有广泛的运用,人们建立了各种各样的数学模型,比如生物学数学模型、医学数学模型、地质学数学模型、气象学数学模型、经济学数学模型、社会学数学模型、物理学数学模型、化学数学模型、天文学数学模型、工程学数学模型、管理学数学模型等。

三、知识的渗透

知识的渗透是指某学科的知识向其他学科的渗透。中小学德育的跨学科教育通常使用的是渗透法,属于知识的渗透法,是各学科知识的互相渗透融合。

中小学有德育课程,在德育课上,教师向学生进行爱国主义教育、理想教育、集体主义教育、人道主义与社会公德教育、自觉纪律教育、民主与法制观念的教育、科学世界观和人生观教育……教师告诉学生各种规范,什么思想行为是正确的、是允许的,什么思想行为是错误的、是禁止的。学校德育课程是重要的,但是学校仅仅只凭德育课程对学生实施德育是不够的,还需要各学科任课老师在结合学科专业知识的教学中,力求融知识传授、能力培养、智力开发、思想教育于一体,使学生在学习知识的同时,也能获得道德教育,世界观教育及其他思想教育,这也就是德育的跨学科教育。因为学校的中心工作是教学,学生活动的大量时间在课堂,只有在学科教学活动中贯彻德育教育,德育才能真正到位。

中小学德育的跨学科教育的渗透法,既有德育学科知识向其他学科教学的渗透,也有其他学科知识向德育的渗透,是互相渗透融合。

四、理论的渗透

理论的渗透是指某学科的理论、规律向其他学科的渗透。

比如量子理论向不同学科的广泛渗透。

量子是现代物理的重要概念。即一个物理量如果存在最小的不可分割的基本单位，则这个物理量是量子化的，并把最小单位称为量子。

在 19 世纪末，经典物理学理论力学、热力学、电磁学以及光学，都已经建立了完整的理论体系，在当时看来，物理学的发展似乎已达到了巅峰。然而，实验上陆续出现了一系列重大发现，如固体比热、黑体辐射、光电效应、原子结构……这一系列新发现，跟经典物理学的理论体系产生了尖锐的矛盾。

1900 年，德国著名物理学家普朗克发现，使用经典力学无法解释黑体辐射中的能量问题，于是提出了一个全新的概念"能量子"，简称"量子"。普朗克指出量子是能量的最小单位。量子概念是近代物理学中最重要的概念之一，在物理学发展史上具有划时代的意义。

随着科学的不断发展，科学家发现，量子绝不仅仅局限于能量这个物理量，自旋、电荷等物理量也同样可以量子化。

1905 年，德国物理学家爱因斯坦把量子概念引进光的传播过程，提出"光量子"的概念，并提出光同时具有波动和粒子的性质，即光的"波粒二象性"。

1925 年到 1926 年期间，薛定谔确立了电子的波动方程，并由此创建了波动力学，成为量子力学的基本方程。

量子力学与相对论一起构成了现代物理学的理论基础。在大尺度空间宇宙学遵循广义相对论的法则，微观世界中基本粒子遵循量子论的法则。

量子理论的研究对象，是自然界中任何物质客体都具有的一种最基本的物质结构层次及与之相联系的运动形式，描述原子和比原子更小的微观粒子，例如原子核、电子、中子、质子，夸克等，揭示微观物质世界的基本规律，为原子物理学、固体物理学、核物理学、粒子物理学以及现代信息技术奠定了理论基础。它能很好地解释原子结构、原子光谱的规律性、化学元素的性质、光的吸收与辐射，粒子的无限可分和信息携带等。尽管人们对量子理论的含义还不太清楚，但它在实践中获得的成就却是令人吃惊的。

① 光是什么？燧石敲击可以发光，钻木取火可以发光，擦根火柴可以发光，燃烧柴火可以发光，电灯通电也可以发光……然而，什么是光？光的本质是什么？这是一个颇为深奥的问题。量子理论认为，光源发出光，是因为光源中电子获得额外能量。原子都是由原子核和核外电子构成，原子的中间是原子核，而外围是绕原子核旋转的电子。在原子核外围，电子可以处在不同的能级。当激发电子时，例如，给电灯通电加热钨原子，电子就会吸收能量跃迁到更高的能级。然而，这种状态是

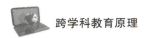

不稳定的,为此,电子会跃迁回原来甚至更低的能级。当一个电子向低能级跃迁时,原子就会辐射出一个光子,而光子的能量正好等于两个轨道能量之差。当大量的电子同时向低能级跃迁时,就会发出大量的光子,所以钨丝灯可以发出亮光。

光,就是电子跃迁过程中释放出来的能量,光其实就是能量。只要电子发生跃迁,就会向外释放光子,释放能量。光子的能量正好等于电子两个轨道能量之差。

② 量子理论与晶体管的发明。量子理论很好地解释了处于导体和绝缘体之间的半导体的原理,为晶体管的出现奠定了基础。1948 年,美国科学家约翰·巴丁、威廉·肖克利和瓦尔特·布拉顿根据量子理论发明了晶体管。它用很小的电流和功率就能有效地工作,而且可以将尺寸做得很小,从而迅速取代了笨重、昂贵的真空管,开创了全新的信息时代,这三位科学家也因此获得了 1956 年的诺贝尔物理学奖。

③ 量子理论与计时技术。原子钟是世界上最精确的时钟,以至于它每运行 2 000 万年才误差一秒。原子钟的发明离不开量子理论,而没有原子钟级别精确的计时,也就不会有 GPS 和北斗卫星导航。

④ 量子理论与超导技术。超导在 1911 年就由荷兰物理学家昂萨格发现,但是直到 1957 年才由三位美国物理学家巴丁、库珀和斯里弗用量子理论做出正确的解释。这一理论用他们三人姓的第一个字母命名,称之为 BCS 理论。

⑤ 量子理论在工业领域的应用。时下半导体的微型化已接近极限,如果再小下去,微电子技术的理论就会显得无能为力,必须依靠量子结构理论。美国威斯康星大学材料科学家马克斯·拉加利等人根据量子力学理论已制造了一些可容纳单个电子的被称为“量子点”的微小结构。这种量子点非常微小,一个针尖上可容纳几十亿个。研究人员用量子点制造可由单个电子的运动来控制开和关状态的晶体管。他们还通过对量子点进行巧妙排列,使这种排列有可能用作微小而功率强大的计算机的心脏。

⑥ 量子通信。量子理论中,有量子纠缠效应。量子纠缠是指具有纠缠态的两个粒子无论相距多远,只要一个状态发生变化,另外一个也会瞬间发生变化,此现象与距离无关,理论上即使相隔足够远,量子纠缠现象依旧能被检测到。量子通信是运用量子纠缠效应进行信息传递的一种新型的通讯方式,由于其高效安全的信息传输,已受到人们的广泛关注,成为国际上量子物理和信息科学的研究热点。

⑦ 量子计算机是一种可以实现量子计算的机器,是通过量子力学规律以实现数学和逻辑运算,处理和储存信息能力的系统。据中国科学技术大学 2020 年 12 月 4 日消息,该校潘建伟、陆朝阳等组成的研究团队与中科院上海微系统所、国

家并行计算机工程技术研究中心合作,构建了 76 个光子的量子计算原型机"九章",实现了具有实用前景的"高斯玻色取样"任务的快速求解。根据现有理论,该量子计算系统处理高斯玻色取样的速度比目前最快的超级计算机快一百万亿倍,"九章"一分钟完成的任务,目前最快的超级计算机需要一亿年。

量子理论的研究对象,是自然界中任何物质客体都具有的一种最基本的物质结构层次及与之相联系的运动形式,所以现在已广泛渗透到物理学、化学、生物学以至宇宙学等各科学领域,并产生了一系列新的跨学科研究领域,如:

① 量子色动力学。是描述夸克、胶子之间强相互作用的标准动力学理论,它是粒子物理标准模型的一个基本组成部分。

② 量子电动力学。它研究的对象是电磁相互作用的量子性质(即光子的发射和吸收)、带电粒子的产生和湮没、带电粒子间的散射、带电粒子与光子间的散射等,它概括了原子物理、分子物理、固体物理、核物理和粒子物理各个领域中的电磁相互作用的基本原理。

③ 量子统计力学。根据微观世界的规律改造经典统计力学,得到量子统计力学。

④ 量子电子学。研究利用物质内部量子系统的受激发射来放大或产生相干电磁波的方法,及其相应器件的性质和应用的学科。在这种放大、振荡机制中,量子跃迁过程起关键的作用,所以称量子电子学。

⑤ 量子化学。量子化学是应用量子理论的基本原理和方法研究化学问题的一门基础科学。

⑥ 量子生物学。量子生物学是利用量子理论来研究生命科学的一门学科。该学科包含利用量子力学研究生物过程和分子动态结构。主要包括在光合作用和视觉系统等对辐射的频率特异性吸收、化学能到机械能的转化、动物的磁感应等。该领域还在积极地研究磁场及鸟类导航的量子分析并可能为许多生物体的昼夜节律的研究提供线索。

量子理论是主宰微观世界的理论。世界各种物体,包括恒星与行星,山岳与江河,岩石与建筑,动物与植物,甚至是你和我,都是由微观粒子构成的,因而这一切都被量子理论主宰着。由于量子理论的广泛渗透,使自然科学开始从原来的通过宏观表象认识物质客体,转向通过微观结构及其运动形式来认识物质客体,从而更深入地揭示物质客体的本质及其运动规律。

五、移植法与渗透法

移植法与渗透法有相似点,都是某学科的原理、方法进入另一学科,但二者又

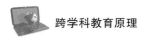

有区别。

① 人的主观意识程度不同。移植法有较强的人的主观意识,如同人的器官移植。渗透法人的主观意识程度较弱,是"随风潜入夜,润物细无声"的,是潜移默化的状态下进行的。

② 量的多少有所不同。渗透法的使用中,某学科的理论、知识、技术、方法在其他学科领域的运用是大量的。而移植法,某学科的知识、技术、方法在其他学科领域的运用中可以是独例。

第四节 综 合 法

著名科学史学家李约瑟谈到蒸汽机的发明时,曾提出一个等式:

$$蒸汽机 = 水排 + 风箱$$

蒸汽机是瓦特发明的,瓦特发明蒸汽机得益于中国古代的"水排"与"风箱"技术,水排解决了往复运动和圆周运动转换问题,而风箱的阀门是蒸汽机必备的技术设备,由水排与风箱技术的综合而发明了蒸汽机。这里使用的就是综合法。

综合法是指在跨学科课题的研究中,借助若干领域的材料、知识、方法、技术、功能等全面的交叉与汇流,从而形成达到解决问题目的的研究方法。

一、综合法的种类

综合法是跨学科研究的常用方法。主要有以下类型。

1. 材料的综合

材料的综合,是指综合不同领域、学科的材料,作出跨学科研究的方法。

玻璃镜子是意大利威尼斯的玻璃制造工匠达尔卡罗兄弟最先研制的。兄弟二人看到岛上姑娘们梳妆用的玻璃效果不理想,就将制作出光洁明亮的玻璃镜作为自己的奋斗目标。达尔卡罗兄弟想,池塘里的水是以黑暗的大地作为衬垫,能照见人影,如果在玻璃的背面也加一层深色的衬垫,镜中会出现清晰的影像。为此,达尔卡罗兄弟试着将矿粉涂在玻璃上,但效果不理想。后来,他们将亮闪闪的锡箔贴在玻璃板上,然后倒上水银,就变成了一种黏乎乎的银白色液体,紧紧地贴在玻璃上,成为一面镜子,人们称它为水银镜。

威尼斯的镜子轰动了欧洲,王公贵族、阔佬富商们纷纷去购买,镜子顿时身价百倍。由于镜子的发明,威尼斯人获得了大量的财富。

水银镜就是玻璃、锡箔、水银等材料的综合而做出的创新，属于材料综合的跨学科思考。

2. 技术的综合

技术的综合，是指综合不同领域、学科的技术，作出跨学科研究的方法。

比如，第一次世界大战中坦克的出现。

在第一次世界大战中，冲锋陷阵曾经是指挥官们十分头痛的事情。有个名叫斯文顿的英国记者随军去前线采访，他亲眼看见英法联军向德国军队的阵地发起攻击时，牢牢守着阵地的德国士兵用密集的排枪将进攻的英法士兵成片地扫倒。斯文顿非常痛心，他清醒地看到，肉体是挡不住子弹的。冥思苦想之后，他向指挥官们建议用铁皮将拖拉机"包装"起来，留出适当的枪眼让士兵射击，然后让士兵们乘坐它冲向敌人。他的建议很快被采纳，履带式拖拉机穿上盔甲之后径直冲向敌阵，尾随其后的英法士兵的伤亡率大大减小，德国人"望车披靡"。随后，英国人利用拖拉机厂成批生产这种武器。在 1917 年 11 月 20 日的坝布里亚战役中，英军出动这种坦克，一天就俘获德军一万人。坦克打出了神威，成为第一次世界大战中最有影响的创造之一。

可以说，坦克就是综合拖拉机、枪炮、铁盔甲等不同领域技术的创造。

综合法是跨学科研究的一种简便易行、收效较快的方法。当代很多科技成果都是运用了综合法。

3. 功能的综合

功能的综合是指综合不同门类产品的功能，作出跨学科研究的方法。

功能综合型产品与我们生活关系最为密切的，大概是手机了。当今的手机是电脑、电话、短信、电视、时钟、日历、地图、摄影、录音机、游戏机、指南针、水平仪、导航仪、手电筒、放大镜、计算器、计步器、图书馆、银行、超市等若干功能的综合，可以说几乎应有尽有。

4. 学科的综合

当今社会，面对日益复杂的研究课题，并不是靠某一学科的知识、方法、研究手段就能解决，必须使用不同学科综合的方法。

比如，对环境问题的系统研究，要综合运用地学、生物学、化学、物理学、医学、工程学、数学以及社会学、经济学、法学等多种学科的知识。所以，环境科学是一门综合性很强的学科。研究环境科学，必然要使用综合法。

另外，创立一门新的交叉学科，也必须使用综合法，将相关学科组合在一起。比如"生物信息学"便是综合生命科学、计算机科学和信息技术而产生的前沿交叉

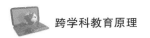

学科,主要通过对海量生物数据进行管理、综合、分析、模拟,解决重要的生物学问题,阐明新的生物学规律,获得传统生物学手段无法获得的创新发现。其研究重点主要体现在基因组学和蛋白质组学两方面。

当然,综合法并不等于简单的堆砌和拼凑,而必须使成果在功能、性能有新的变化,能给人带来新的使用价值,具有实际意义。

二、综合法的操作步骤

使用综合法可按以下步骤进行。

① 确定研究课题所要解决的问题,所要达到的目的。

② 确定达到目的所需要涉及的领域、学科、行业、部门、知识、技术等。

③ 广泛联系需要涉及的领域、学科、行业、部门、机构,共同协作,科研攻关,从而制定解决研究课题所要解决问题的方法与策略。

第五节　用途拓展法

用途拓展法就是在某一物品原来用处的基础上,开拓出在不同领域、不同行业、不同学科的多种不同用途的跨学科思考方法。

在日常生活中,一件物品往往有着不同的用途,比如,一根塑料绳,我们可以用它捆扎商品,可以把它横拴起来,在上面晾晒衣物,还可以把它用在菜地里搭瓜果架等。当然,尽管用途很多,但都是它们本来就有的用途,不能算是跨学科思考。而如果能在某一物品本来就有的用途之外,再探求出不同领域、不同行业、不同学科的多种不同的新用途,这就是跨学科思考的用途拓展法。

鲁迅先生在《准风月谈》中,讲过一个故事:柳下惠看见糖水,说可以用来滋补身体养老;而盗跖见了,却道能用来粘门闩。他俩是兄弟,所见的又是同一种东西,想到的用法却如此天差地别。糖水可以用来滋补身体养老,是它本来就有的用途;糖水能用来粘门闩,便是用途的拓展。跨学科思考的用途拓展,就是有意地发掘、拓展现有事物的新功用的方法。

一、用途拓展法与跨学科思考

用途拓展法广泛地存在于科技和生活中,是跨学科思考的活力源泉。比如中国边城的"鹅军"。鹅是一种常见的家禽,其本来用途是养大养肥之后成为人类餐桌上的一道美味。然而,在广西壮族自治区龙州县洞桂村那贯防疫卡点,饲养的两只鹅却肩负防疫重任,被当地民众戏称为"有编制的鹅"。

龙州县与越南接壤,边境线长 184 千米,界河长 22 千米,边境便道、小道众多,"三非"(非法入境,非法居留,非法就业)人员试图从此处偷渡,地处广西疫情防控"外防输入"的最前沿,管控难度大。为更有效地防止疫情从境外输入,龙州县启动"铁桶行动",采取人、物、技、犬、鹅"五防"举措,构筑疫情防控的铜墙铁壁。

2021 年 6 月,该县率先在部分边境疫情防控卡点试验"鹅防"创新举措。经过试验,鹅对声音非常敏感,稍有风吹草动,它们就会大叫,见到陌生人叫得更大声。鹅对陌生人和声音的警觉度甚至比狗还要高。同年 9 月,"鹅防"在龙州边境防疫一线全面推广,该县条件允许的卡点都配备了"鹅军"。由于作用明显,"鹅防"措施在崇左市其他县区得到推广。据介绍,在崇左市长达 533 千米的边境线上,大约有400 只狗、500 只鹅分布在 300 多个边境疫情防控卡点,助力防范"三非"人员。"犬军""鹅军"与值守人员共同坚守在南疆国门抗疫一线,加上物理拦阻设施、摄像头,共同筑牢边境疫情"防火墙",有效防止了境外疫情输入。

将鹅用在防止境外"三非"人员疫情输入,这便是跨学科思考的用途拓展法。

二、用途拓展,科学技术推动社会发展的强大力量

科学技术、科技创新是推动社会发展的强大力量。然而,每一项科学发明、科学创造当初都非常弱小,像个初生的婴儿,通过一代代人的辛勤培育,才得以成长、壮大,才能够造福于人类,这其中离不开人们对新发明、创造孜孜不倦的用途拓展。

1831 年 10 月 28 日,法拉第为了证实"磁能产生电",在大厅里对着许多宾客表演,只见他转动摇柄,铜盘在两磁极间不停旋转,电流表指针渐渐偏离零位,客人们赞不绝口,一位贵妇不以为然,取笑法拉第说:"先生,这玩意儿有什么用呢?""夫人,新生儿又有什么用呢?"法拉第欠身回答。人群中爆发出一阵喝彩声。

科学的发现、发明、创造当初就像婴儿一样,当时看不出有什么用处,但它的未来却有着强大的生命力。人类的电气化时代就由法拉第的发现开始。人们不断拓展电力的用途,将电用到通信行业,人类发明了电报、电话……用来照明,人们发明了白炽灯、卤钨灯、荧光灯、高压汞灯、LED 灯……用到交通运输行业,发明了电车、电力机车……人们还发明了电脑、电视、网络……如今,可以说各个行业、人类生活的各个方面都离不开电。当初看似毫无用处的新生婴儿已成长为一位非凡的天才,以惊人的方式改变着人类的生活和世界。

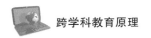

重大的科学发现、发明、创造是社会进步的强大推动力量,而这离不开人们将重大的科学发现、发明、创造向不同领域、不同行业、不同学科的用途拓展。

第六节　头脑风暴法

头脑风暴法又称为智力激励法,就是针对跨学科研究所要解决的问题,召集各学科、各专业、各方面的人才,有组织地集体地进行思考,利用集体的智慧,让人们敞开思想,使各种设想在相互碰撞中激起脑海中的创造性"风暴",从而获得解决问题的方法。

头脑风暴法是由美国学者奥斯本于 1939 年首先创立并使用的。

头脑风暴法是人们围绕某一个确定的待探索或待解决的具体问题,运用语言、文字、符号、图画这些表达和交流设想的工具,按照一定的方式和规则表述各自的思考结果。在反复进行的思考与表述的过程中,每个人每次提出的思考结果,既是在别人的思考结果的启发下形成的,同时又成为刺激别人再思考的因素。一个刺激人们思考的因素,能引起许多人的不同思考,于是产生数量众多的设想,而由此得出的每一个设想,又成为一个个新的刺激人们思考的因素,推动人们进行更深刻、更广泛、更具体的思考,生发出更好更多的设想。

实践证明,群体性的互激思考,其效果远远胜过个人苦思冥想。

一、头脑风暴法的要点

头脑风暴法的要点在于每次集中不同专业、不同学科的 10 人左右参加会议,时间在 20 分钟到 1 小时之间,由主持人提出具体而明确的课题,然后围绕着课题发表各自的想法和意见,从中产生新的解决问题的方法。

为了使每个参加会议的人都能充分表达和发挥自己的设想,奥斯本制定出与会者必须遵守的十项规定。

① 严禁批评。因为批评对创造性思维无疑会产生抑制作用。

② 畅所欲言。大胆地各抒己见,尽可能地标新立异,提出独创性的想法。

③ 追求数量。提建议不必要求质量,提出来就好,多多益善。

④ 延迟评判。当场不对任何设想作出评价,一切评价都要到会议结束以后。

⑤ 每次讨论的题目不宜太小、太窄或带有限制性,但讨论时,必须注意针对问题的方向,集中注意力。

⑥ 参加会议的人员不分上下级,平等对待。

⑦ 在会上,不允许私下交谈,以免干扰别人的思维活动。

⑧ 不允许用集体提出的意见来阻碍个人的创造性思维。

⑨ 可以用别人的想法来刺激自己的灵感。

⑩ 各人提出的创造性设想不分好坏,一律记录下来。

有了这些规则,在会议上每个人的好的见解和独创性的设想就不会受到压抑,同时还可以充分利用别人的设想来激发自己的灵感,或者结合几个人的设想产生新的设想,所以要比单独思考更容易得到数量众多的、有价值的设想。一般来说,讨论一个小时就可产生数十至数百个设想。

二、头脑风暴法与跨学研究

头脑风暴是跨学研究行之有效的方法。当我们在生产、生活中遇到难题时,不妨召集不同领域、不同专业、不同学科的人员参加会议讨论,在不同领域、不同专业、不同学科的思想碰撞、激励中,无数的奇思妙想就可能涌现。

让我们来看一个应用"头脑风暴法"的实例。

美国北方,冬季严寒,在大雪纷飞的日子里,电线上积满了冰雪,大跨度的电线常被积雪压断,造成事故。过去,许多人试图解决这一问题,但都未能如愿以偿。后来,电信公司经理应用奥斯本发明的头脑风暴法,尝试解决这一难题。他召开了一个能让头脑卷起风暴的座谈会,参加会议的是不同专业的技术人员,并宣布了必须遵守的有关会议原则。按照会议原则,大家七嘴八舌地议论开来。

"设计一种专用的电线清雪机清除积雪。"

"可以用电热来化解冰雪。"

"建议用振荡技术来清除积雪。"

"能不能带上大扫帚,乘坐直升机去清扫电线上的积雪?"

……

各种各样的方案被提了出来,对于"坐飞机扫雪"的设想,大家心里尽管觉得滑稽可笑,但在会上也无人提出批评。相反,有一工程师在百思不得其解时,听到用飞机扫雪的想法后,大脑突然受到冲击,一种简单可行且高效率的清雪方法冒了出来。他想,每当大雪过后,出动直升机沿积雪严重的电线飞行,依靠高速旋转的螺旋桨即可将电线上的积雪扇落。他马上提出"用直升机扇雪"的新设想,顿时又引起其他与会者的联想,有关飞机除雪的主意一下子又多了七八条。不到一小时,与会的 10 名技术人员共提出 90 多条新设想。

会后,公司组织专家对设想进行分类论证。专家们认为设计专用清雪机,采用电

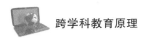

热或电磁振荡等方法清除电线上的积雪,在技术上虽然可行,但研制费用大,周期长,一时难以见效。因"坐飞机扫雪"激发出来的几种设想,倒是大胆的新方案,如果可行,将是一种既简单又高效的好办法。经过现场试验,用直升机扇雪真能奏效。

清除电线上的积雪,是电力输送方面的课题;直升机是一种运输工具,然而在头脑风暴会议中,却巧妙地实现了不同学科之间的跨越。将一个电力输送方面久悬未决的难题,借用作为运输工具的直升机而得到了巧妙解决。

由上例可见,头脑风暴法是跨学科研究的一种集思广益的方法,能让人敞开思想、畅所欲言,能有效地实现信息刺激和信息增值。因而这种方法一出现,就受到人们的重视。美国麻省理工学院很快就开设了一门"头脑风暴法"课程,随后美国的其他大学也相继开设这门课程,不久便在世界上许多国家得到推广。

实践证明,头脑风暴是跨学科研究中,一种倡导多人、多学科、多背景、多角度地充分自由交流的科研理念,是行之有效的实现集体思考的方法。随着社会问题的复杂化和课题涉及技术的多元化,单枪匹马式的冥思苦想将变得软弱无力,而汇聚集体智慧的头脑风暴法则显示出巨大的威力。

第七节 德尔斐法

德尔斐法,一种反馈匿名函询法,也称专家调查法,1946 年由美国兰德公司创始实行。其大致流程是:在对所要解决的问题征得专家的意见之后,进行整理、归纳、统计,再匿名反馈给各专家,再次征求意见,再集中,再反馈,直至得到一致的意见。

德尔斐是古希腊地名,其位于距雅典 150 千米的帕那索斯深山里,有世界闻名的古迹。古希腊人认为德尔斐是地球的中心,是"地球的肚脐"。宙斯为了确定地球的中心在哪里,从地球的两极放出两只神鹰相对而飞。两只鹰在德尔斐相会,宙斯断定这里是地球的中心,于是将一块圆形石头放在德尔斐作为标志。如今这块石头就珍藏在德尔斐博物馆里。

相传太阳神阿波罗在德尔斐杀死了一条巨蟒,成了德尔斐的主人。在德尔斐有座阿波罗神殿,是阿波罗神晓示神谕的地方,它的预言和指示,都深刻地影响了希腊的文化和历史。

德尔斐是一个预卜未来的神谕之地,人们为了给"专家调查法"取个醒目的名字,就将德尔斐富有预卜未来的传说,借用过来作为这种方法的名字。

一、德尔斐法的特征

① 权威性。专家组成员是不同学科领域的权威,充分利用了专家的经验和学识,因而具有权威性。

② 匿名性。由于采用匿名或背靠背的方式,能使每一位专家独立地做出自己的判断,不会受到其他繁杂因素的影响。

③ 统计性。它报告1个中位数和2个四分点,其中一半落在2个四分点之内,一半落在2个四分点之外。这样,每种观点都包括在这样的统计中,避免了专家会议法只反映多数人观点的缺点。

④ 趋同性。预测过程必须经过几轮的反馈,使专家的意见逐渐趋同。

二、德尔斐法的实施步骤

德尔斐法的具体实施步骤如下。

① 确定研究题目,拟定提纲,准备向专家提供的资料(包括预测目的、期限、调查表以及填写方法等)。

② 组成专家小组。按照课题所需要的知识范围,确定专家,挑选的专家应有一定的代表性、权威性。专家人数一般不超过20人。

③ 向所有专家提出所要预测的问题及有关要求,并附上有关这个问题的所有背景材料,同时请专家提出还需要什么材料,然后由专家做书面答复。

④ 各个专家根据他们所收到的材料,提出自己的预测意见,并说明自己是怎样利用这些材料并提出预测值的。

⑤ 将各位专家第一次判断意见汇总,列成图表,进行对比,再分发给各位专家,让专家比较自己与他人的不同意见,修改自己的意见和判断。也可以把各位专家的意见加以整理,或请身份更高的其他专家加以评论,然后把这些意见再分送给各位专家,以便他们参考后修改自己的意见。

⑥ 将所有专家的修改意见收集起来,汇总,再次分发给各位专家,以便做第二次修改。逐轮收集意见并为专家反馈信息是德尔斐法的三要环节。收集意见和信息反馈一般要经过三、四轮。在向专家进行反馈的时候,只给出各种意见,但并不说明发表各种意见的专家的具体姓名。这一过程重复进行,直到每一个专家不再改变自己的意见为止。

⑦ 对专家的意见进行综合处理。

德尔斐法依据系统的程序,采用匿名发表意见的方式,即专家之间不得互相讨

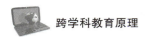

论,不发生横向联系,只能与调查人员发生关系,通过多轮次调查专家对问卷所提问题的看法,经过反复征询、归纳、修改,最后汇总成专家基本一致的看法,作为预测的结果。这种方法具有广泛的代表性,较为可靠。

三、德尔斐法的优缺点

德尔斐法的优点是可以避免会议讨论时产生的害怕权威随声附和,或固执己见,或因顾虑情面不愿与他人意见冲突等弊病;能充分发挥各位专家的作用,集思广益,准确性高。德尔斐法的主要缺点是过程比较复杂,花费时间较长。

四、德尔斐法和头脑风暴法的异同点

德尔斐法和头脑风暴法有联系,又有区别。它们的联系在于,都是集中集体智慧的方法。它们又有区别,区别之处在于以下几点。

① 专家选择的代表、人数不同。头脑风暴法所选专家人数一般为 5 至 10 人;德尔斐法专家选择相对广泛。

② 讨论的氛围不同。头脑风暴法易受权威、会议气氛和潮流等因素影响;德尔斐法采用匿名征询的方式征求专家意见,消除了专家会议调查法中专家易受权威、会议气氛和潮流等因素影响的缺陷。

③ 获取专家意见的工具不同。头脑风暴法一般采用"圆桌会议"的形式,进行即兴发言;德尔斐法运用编制调查表的方法,把调查表分发给受邀参加预测的专家。专家之间互不见面或联系。

④ 专家对问题的回答不同。头脑风暴法因为是即兴发言,因而普遍存在逻辑不严密、意见不全面、论证不充分等问题;德尔斐法的专家对调查表的提问有充分时间作出充分的论证、详细的说明或提出充足的依据。

⑤ 所用时间不同。头脑风暴法的会议讨论的是时间一般为 20 至 60 分钟;德尔斐法一般要进行三、四轮的征询调查,所用时间通常比较长。

德尔斐法是一种利用函询形式进行的集体匿名思想交流的方法,广泛应用于经济、社会、技术、工程等众多领域。在跨学科研究中,课题的选择、方案的设计、成果的评价与推广等各方面都有重要的作用。

 中　编

义务教育的学科跨越

第七章 德育的学科跨越

　　什么是德育？德育是学校思想品德教育的简称，是教育者按照一定社会或一定阶级的政治观点、思想意识、道德观念及行为规范，有目的有计划地对受教育者心理上施加影响，以培养起教育者所期望的思想品德的教育活动，即教育者有目的地培养受教育者品德的活动。

　　德育是全面发展教育的重要组成部分之一。毛泽东曾说：

　　"学问再多，方向不对，等于无用。"

　　"没有正确的政治观点，就等于没有灵魂。"

　　青少年学生正处于身心迅速发展的重要阶段，处于思想品德和价值观念形成的关键时期。德育不仅仅是德育课程的任务，还必须注意与其他学科的交叉融合。正如习近平同志在北京主持召开的学校思想政治理论误教师座谈会上所指出："要坚持显性教育和隐性教育相统一，挖掘其他课程和教学方式中蕴含的思想政治教育资源，实现全员全程全方位育人。"

　　以往惯用的德育方法就是说教法，教师居于重心地位，学生处于从属地位。德育过程中往往重传递，重灌输，重说教，习惯于我说你听，缺乏平等对话和情感沟通。而当今的青少年学生个性鲜明，思想活跃，此法不免上学生感觉枯燥，甚至厌烦。传统的德育方法已经难以适应时代的要求，必须探求新的德育模式，而德育的跨学科教育，便是行之有效的一种德育方法。

　　德育的跨学科教育，就是要善于发现和自觉运用各学科内容中的德育因素，提高学生的道德素质，形成健康的心理品质，树立法律意识，增强社会责任感，逐步形成正确的世界观、人生观和价值观，为成为有理想、有道德、有文化、有纪律的好公民奠定基础。

　　各学科教学是教师在向学生传授知识的同时进行德育的最经常的途径，对提高学生的政治思想、道德素质具有重要的作用。各科教师要结合各学科特点，寓德育于各科教学内容和教学过程之中。

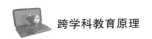

第一节　爱国主义的跨学科教育

爱国是对祖国深沉的爱,是中华民族的光荣传统,是每一个公民应有的基本素质。各学科的内容中,都蕴涵丰富的爱国主义素材,是教师用来培养学生爱国主义思想品德有利条件。

一、祖国的语言,最美的语言

我国的通用语言是汉语。汉语是我们中华民族五千年璀璨文化的载体,它拥有世界最多的使用者,是全世界最具魅力、最优秀、最美的语言之一。我们热爱祖国,就要热爱祖国的语言。

1. 语音的音乐之美

汉语是一种优美动听的语言。普通话元音占多数,元音是乐音,所以汉语语音特别响亮,也特别容易发。

汉语的一个汉字就是一个音节,每个音节都有元音,发音响亮,界限清楚,因而我国算术的“九九表”方便实用 朗朗上口。九九表已经有两千多年的历史,是中国特有的珍贵的文化遗产。

汉语是有声调的语言,声调使语音抑扬顿挫,悦耳动听,节奏分明,富于音律美。教学中要注意让学生反复体会汉语的音乐美。如杜甫《登岳阳楼》:

> 吴楚东南坼,乾坤日夜浮。

诗人站在岳阳楼上,向东南方向极目眺望,只见洞庭湖水茫茫一片,一眼望不到头。本来连在一起的吴地和楚地,一下子被切割开,天地万物仿佛日日夜夜在洞庭湖水上浮动漂游。诗句平仄相对,抑扬顿挫,极富音乐美。

汉语词语还有双声、叠韵、叠音等,使语言具有缠绵连续和婉转回环的音乐美。比如,王维《老将行》中的诗句:

> 苍茫古木连穷巷,寥落寒山对虚牖。

其中“苍茫”是叠韵词,“寥落”是双声词,双声与叠韵互对读来具有缠绵、婉转的音乐美。

叠音词是由两个音节相同的字构成的词。如李清照的《声声慢》:

> 寻寻觅觅,冷冷清清,凄凄惨惨戚戚。乍暖还寒时候,最难将息。

《声声慢》是李清照南渡后抒写个人哀愁的名篇。词一开头连用了七个叠音词,通过这些凄清惨惨的音乐性语言,把她孤寂无依的处境和愁肠百结的心情抒发得淋漓尽致,强烈而感人。

我们通过对古代作品的细细品味,可以体验到汉语的抑扬顿挫、节奏鲜明、缠绵婉转的音韵美,理解和感受汉语的魅力,增强对祖国语言的感情,提升自身的文化道德、精神品质修养。

2. 汉字的表意之美

汉字是记录汉语的书写符号系统,是表意文字,汉语的美就在于汉字的表意性。

人类文字的发展大体上可分为三个阶段,代表着世界文字的三种不同类型。

① 表形文字。用表示事物特征的简单的符号性图形来记写单词。

② 表意文字。用特定的符号形体直接表示词或词素的意义,这种符号本身不能直接表示声音。汉字是表意文字。

③ 表音文字。又叫拼音文字,用数目不多的符号表示一种语言里有限的音位或音节,作为拼写词语声音的字母。一般说来,人们掌握了字母的读音、拼写规则,听到了一个词的声音大体能写下来,看到了一个词(字)一般能读出它所代表的语音。

汉字是记录汉语的书写符号系统,是世界上最古老的三大文字系统之一。其中,古埃及的圣书字、两河流域苏美尔人的楔形文字已经失传,仅有中国的汉字沿用至今。汉字是表意文字,用表意体系的符号来表示汉语的词或词素,只要是用汉字写出来的书面材料,汉语不同方言地区的人可以按照自己的方言读出音来,了解意义,达到交流思想、相互了解的目的,因而具有较大的适应性。汉字的表意特点使它在不同历史时期,在不同方言之间能起到交际工具的作用,是维系中国南北长期处于统一状态的关键元素之一。

3. 组词的灵动之美

由于汉字的表意性,每个汉字都是具有无限组合能力的语素,因此,汉语组词特别灵巧机动,具有灵动之美。比如,以"山"为词根,可以构成以下词:

山坳、山包、山崩、山茶、山城、山川、山村、山地、山峰、山岗、山沟、山谷、山河、山洪、山货、山脊、山涧、山口、山岚、山梁、山林、山坡、山岭、山麓、山路、山峦、山脉、山区、山头、山窝、山崖、山羊、山腰、山野、山芋、山药、山岳、山寨、山庄……

汉语词素的构词能力很强,具有能产性。中国人从两千多个基本字中抽出相关的字组合成不同含义的词,最有效地运用了基本字库,因此,汉字的使用数量是很小的。古代人们知道"电",也知道"子",但肯定不知道"电子",电子是我们现代的物理概念,我们的科学家把"电""子"从古老的汉字中抽出来一组合,就完整准确地表达了现代物理概念。基本字库为中华民族留下了几乎无穷的创新空间,而不必创造新的汉字。由于这种高度灵活的组词能力,我们学起任何新词都非常容易,不用一个词一个词地记忆。比如"电视",看见"电"和"视"两个字,马上就可以联想到那是一种什么样的东西了。这其实是一种十分经济的学习方法。

4. 汉语的简洁之美

由于汉字的表意性,我们常用的汉字不过两千多个,就可以组成无数单词,基本上可以表达各种学科、各行各业的无数个概念。小学时学的两千多个汉字,在大学也基本够用。理工科的大学生就可以凭这两千多个字,读书、看报、搞科研。

汉语语法也具有简洁之美。西方诸语言的名词一般都有阳性、阴性和中性(有的语言只有阴阳两性)之分,汉语则没有。西方语言的名词一般都有数的变化,有单复数之别,汉语则没有。西方语言的名词一般都有格的变化,有主格、所有格、宾格等,最多可达到六个甚至八个格,这在汉语中是没有的。英语动词有现在、过去、将来等时态的变化,汉语则没有这种变化,表示时态概念加个"着、了、过、将"等即可。一般的语言的动词都得按照"你、我、他(她、它)、你们、我们、他们(它们)"这六个人称变化,汉语也没有这个变化。西方语言往往都有固定的"特指"和"泛指"的语法形式,比如定冠词和不定冠词,在汉语中则没有这种语法概念。这些语法变化,汉语结合特定的上下文,都可表达得清清楚楚。

简洁是智慧之魂,汉语是一种规则少、灵活、简洁和含蓄的语言,是诗一样的语言。

5. 汉字书写的艺术之美

汉字具有独特的构造和书写方式,由此诞生了书法艺术。书法艺术是一门最引人入胜的艺术。大到名山胜境的石刻、殿堂祠庙的匾额,小到斋馆堂室的楹联,随处都可看到不同字体、不同风格的书迹。商店开张,总要请当地书法家写一块招牌;普通老百姓过春节,总要贴上几副对联表示喜庆。在城市里,街头的书法字点缀街景,吸引顾客。节日假日,游览公园名胜,徜徉于山石林木、亭台楼阁之间,在醒目之处可以见到精致的漆匾、挂幅、石刻,上面书写着与周围景物协调的书法作品,使山水增色,使人游兴更浓。可见书法艺术已渗透到社会生活的每一个角落,受到人们的普遍喜爱。

人们把一个民族在千百年共同生活经历中形成的语言称作"母语",意味着语言对民族文化、民族性格的哺育作用。民族语言还能使民族内部产生凝聚力。一个民族如果牢牢记住他们的语言，守住自己民族独特的文化，这个民族的人民之间就永远存在向心力，不论在什么情况下，民族的精神文化随时可以把他们团结到一起来。

罗曼·罗兰曾说过："语言是种族的特征，是血肉关系中最亲密、最不易泯灭的部分。"因此，爱祖国，就要爱我们祖国的语言！

二、语文教材的爱国主义教育

语文教材是培养良好思想品德，树立远大理想，发扬民族精神的良好教材。

1. 歌颂中华民族爱国英雄

有的课文歌颂了中华民族古代英雄人物为正义的事业而鞠躬尽瘁，如《苏武传》《出师表》《五人墓碑记》等。

《苏武传》中记载的苏武是我国历史上著名的民族英雄。汉武帝时，苏武奉命出使匈奴，被匈奴扣留十九年。《苏武传》集中叙写了苏武出使匈奴被扣留期间的事迹，热烈颂扬了他在敌人面前富贵不能淫，贫贱不能移，威武不能屈，饥寒压不倒，私情无所动的浩然正气，充分肯定了他坚毅忠贞，大义凛然，视死如归的民族气节。苏武历尽艰辛，持节不屈，成为中华民族历史上光耀千古的英雄。

2. 描述祖国美丽的自然风物

语文教材中有大量描绘祖国如画风景的文章。一泻千里的长江，奔腾咆哮的黄河，巍峨的泰山，绮丽的黄山，旖旎的西湖，壮观的岳阳楼，温情柔美的济南之冬，恬静幽美的海滨仲夏夜……在教学中，教师应该力求像导游一样，带领学生饱览名胜，热爱祖国富饶的土地，美丽的山川，从而激发学生的爱国之情。

3. 学习杰出人物的英雄业绩

我国培育了一大批政治、思想、军事、科学、文学等领域的爱国志士，他们是我们景仰的楷模，学习的典范。语文教材中的《木兰辞》，歌颂了为保卫祖国而战斗的英雄人物；《谈骨气》《梅岭三章》等，歌颂了为维护国家尊严，不计个人安危的民族精英；《卓越的科学家竺可桢》等，歌颂了为祖国的繁荣昌盛在科学技术上作出卓越贡献的科学家。这些都是中华民族的英雄谱、爱国篇、正气歌。教师要注意引导学生置身于课文之中，让他们设身处地地感受到一种伟大的人格力量，在钦佩中自然而然地产生凌云壮志。

4. 学习祖国悠久的文明

语文教材中，有赞美我国杰出桥梁技艺的《中国石拱桥》，有介绍精湛雕刻技艺

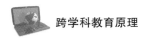

的《核舟记》等,这些课文都赞扬了我国劳动人民的智慧。教师可通过讲解这些成就,培养学生的民族自豪感。

5. 学习思想品德修养的典范

在《岳阳楼记》中,"先天下之忧而忧,后天下之乐而乐"体现了作者的政治抱负和忧国忧民的思想感情;《十一月四日风雨大作》中,"僵卧孤村不自哀,尚思为国戍轮台。夜阑卧听风吹雨,铁马冰河入梦来。"反映了诗人的拳拳之心和以身报国的雄心壮志;《茅屋为秋风所破歌》中,"安得广厦千万间,大庇天下寒士俱欢颜! 风雨不动安如山。呜呼! 何时眼前突兀见此屋,吾庐独破受冻死亦足!"展示了诗人的博大胸襟和崇高理想。

语文教师应充分利用语文教材,激发起学生强烈的民族自豪感和自信心,从而激励他们的爱国热情和报国之心。

三、数学与爱国主义教育

数学是基础教育的一门重要学科。数学课程不只是学习知识,培养能力和发展智力,还蕴含着丰富的德育内容,是进行爱国主义教育的重要领域。

我国有悠久的数学发展史,中国数学家为人类的数学事业做出了不朽的贡献。学习数学史,能充分激发我们的爱国热情。

我国是最早使用负数的国家,战国时期李悝在《法经》中已开始使用负数:"衣,人率用钱三百,五人终岁用千五百,不足四百五十。"意思是说,添置衣服大概每人花钱三百,五口人一年就要一千五百钱,光这笔开支就短少钱四百五十。公元 3 世纪,刘徽在注解《九章算术》时率先给出了负数的定义:"两算得失相反,要令正负以名之",并辩证地阐明:"言负者未必负于少,言正者未必正于多"。

勾股定理的最先发现者是我国周朝初年(约前 1000 年)的数学家商高,他所讲的"勾广三,股修四,经隅五"就是勾股定理的一个特例。他比古希腊的数学家毕达哥拉斯早 500 多年发现这个定理。

在圆周率的计算中,我国古代数学家一直处于领先地位。3 世纪时期著名数学家刘徽最先算得 π= 3.14;5 世纪著名数学家祖冲之得到了更好的结果 π= 3.141 592 6= 335/113。 现在人们称"3.14"为"徽率",称"355/113"为"祖率",正是为了表彰他们的杰出贡献。

数学家祖暅之第一个发现了体积计算中很有用的"祖暅之原理":等高处截面积都相等的两个立体等积。1 200 年后,意大利数学家卡瓦列里才重新发现这个结论。

我国古代还有求解高次方程组、不定方程和高阶等差数列求和的首创方法,是应用广泛的珠算的故乡……

以上这些例子充分表明我国古代有着高度发达的数学,在源远流长的数学史上,古代中国数学家们所取得的大量杰出成果,将永远闪耀光芒,并激励我们奋发进取,为祖国增光添彩。

四、物理的爱国主义教育

1. 物理作为一门自然学科,隐含着很多爱国主义教育的内容

爱国主义教育是德育的中心内容。爱国主义精神能激发学生极大的学习热情,能让学生明确学习目的,明确自己在社会生活中所承担的社会责任。

诺贝尔奖获得者丁肇中教授在瑞典斯德哥尔摩领奖时,坚持用汉语演讲,中华之声响彻大厅,结束了从 1901 年到 1976 年长时间在颁奖大厅没有汉语的历史。这能深深打动学生,激发学生的爱国热情。

又比如中国的导弹之父钱学森。1950 年 7 月,已经下定决心返回祖国的钱学森会见了主管他研究工作的美国海军次长,告诉次长自己准备立即动身回国。这位次长大为震惊,拒绝了钱学森的要求。钱学森走后,次长说:"钱学森无论在哪里都抵得上五个师。"他还说:"我宁肯枪毙他,也不愿放他回中国。"但是,钱学森的爱国之心矢志不移。后来,在周总理的亲自关怀和有关同志的帮助下,经过长达五年多的斗争,饱经折磨的钱学森终于在 1955 年 9 月 17 日离开美国,踏上返回祖国的路程。

再请看两弹元勋邓稼先。

1950 年 8 月,邓稼先在美国获得博士学位九天后,便谢绝了恩师和同校好友的挽留,毅然决定回国建设当时正一穷二白的祖国。1958 年秋,他参加了必须严格保密的原子弹研究工作。邓稼先不仅在秘密科研院所里费尽心血,还经常到飞沙走石的戈壁试验场。在一次原子爆炸失败后,为了找到真正的原因,必须有人到那颗原子弹被摔碎的地方去,找回一些重要的部件。邓稼先深知危险,却说:"谁也别去,我进去吧。你们去了也找不到,白受污染。我做的,我知道。"他一个人走进了那片"死亡之地"。他很快找到了核弹头,用手捧着,走了出来。最后证明是降落伞的问题。就是这一次接触,使他受到致命的辐射伤害。

邓稼先在去世前,全身大出血,擦也擦不干,止也止不住。高强射线导致的不治之症,这是在他手捧核弹头走出放射区时,就心里明白的。

1986 年 7 月 29 日,邓稼先去世。他临终前留下的话仍是如何在尖端武器方面

努力,并叮咛:"不要让人家把我们落得太远……"

邓稼先是中国一代优秀知识分子的光辉代表。他为我国的科学事业,为我国的富强而终生奋斗,不惜个人的生命！正是由于中国有这样一批勇于奉献的科学家,才挺起了坚强的民族脊梁,才换来今天中国的强大。

2. 用古代科技成就进行爱国主义教育

我国是一个文明古国,勤劳智慧的中华民族创造了灿烂辉煌的文化,在物理学理论和实践上也有辉煌成就。

殷商甲骨文记有公元前 13 世纪发生的日食,比巴比伦最早的日食记载早 600 多年。《竹书纪年》载有 3 600 年前的"夜中星陨如雨",是世界最早的流星雨记录。早在战国时期,中国人就知道磁石指向的妙法。指南针的发明和应用是中国古代科学史上的一项重大成就,不仅在我国古代军事、生产、日常生活中起着重要作用,且对促进东西方文化的交流和世界的发展都有贡献。东汉时期张衡制造的水运浑天仪和候风地动仪都是与物理知识有密切关系的器械。这些古代文明成就,充分体现了我们祖先的聪明和才智,值得每一个中国人感到骄傲和自豪,是鼓舞中华儿女自强不息、奋发图强的强大精神力量。

3. 用当代科技成就进行爱国主义教育

当代中国科学技术日新月异、突飞猛进。1964 年 10 月 16 日,我国第一颗原子弹爆炸,万众欢呼、激动人心。1970 年 4 月,我国自主研制的第一颗人造卫星——东方红一号成功发射升空,标志着中国成为继苏、美、法、日之后第五个拥有研究和发射卫星能力的国家。2003 年的金秋时节,我国自主设计的航天飞船把杨利伟送上太空,创下了我国航天飞船载人的历史。2007 年,我国自主设计的嫦娥一号探月卫星发射成功,实现了中华民族的千年梦想。2016 年 8 月 16 日,我国墨子号量子科学实验卫星发射升空,在世界上首次实现卫星和地面之间的量子通信,构建天地一体化的量子保密通信与科学实验体系,体现了中国量子科学研究全球领先地位。

同时我们也要认识到,我国虽在一些方面赶上或超过了世界先进水平,但总体离世界先进水平还有距离。教师应激发学生的爱国热情,树立为中华崛起而努力学习的紧迫感和责任感,立志报效祖国。

五、化学与爱国主义教育

化学是一门自然科学,化学课程的主要任务是传授自然科学知识,在传授知识的同时,应有意识地把德育贯彻其中。结合教学内容对学生进行爱国主义思想品德教育是化学教学的一项重要任务。

古代化学史上，我们的祖先曾有过重要的发明、发现和创造，在化学史上留下过光辉的一页。

早在商殷时代，我国就开始青铜冶炼。重达832.84千克的后母戊鼎充分说明我国古代高超的冶炼和铸造技术。我国古代采用的胆水浸铜法就是置换反应的典型应用。在公元前5世纪，我国就开始了生铁冶炼。

我国是最早制造陶瓷的国家，它是采用高岭土烧制而成。到了8世纪以后瓷器才传到西方，在英文里，"中国"和"陶瓷"是同一单词——china。

我国劳动人民在一千多年前就制造出火药，火药的发明，是人们从化学能转变成机械能的先声，是人类科学发展史中的里程碑。在宋代，黑火药已广泛应用于军事，是世界上最早使用火药的国家。

我国也是最早发现并利用煤、天然气、石油的国家。

我国许多老一辈化学家在漫长岁月里为中华之崛起呕心沥血，努力奋斗。中国化工之父侯德榜博士，从小热爱祖国，学习勤奋，留美8年获博士学位后，放弃国外的优越条件，以赤诚的爱国之心，回到祖国主持建成了具有世界先进水平的永利碱厂。七七事变之后，日本侵略者威逼永利合作，侯德榜态度坚决，断然拒绝，后率众入川，筹建了川厂。经过多次摸索和试验，他终于发明了"侯氏制碱法"，名震中外，为中华民族争得了荣誉。

在近、现代化学史上，我国的化学家也为社会进步做出了巨大的贡献，特别是新中国成立后，我国在化学工业上成果显著。例如我国的化学家与生物学家合作，在世界范围内首次人工合成有生物活力的牛胰岛素。我国对超导体、碳60分子结构及性质和新能源氢化钛的研究等都走在世界前列。

我国幅员辽阔，不论是陆地还是海洋，都蕴藏着丰富的矿产资源。这为我们社会主义建设提供了极为有利的条件，化学工业的未来充满希望。

但是，我们也应看到我国的化学科技水平与发达国家相比，在多数领域里还比较落后。我们要奋起直追，为中国科学发展而努力。

六、生物的爱国主义教育

生物科学是自然科学的基础学科之一，是研究生命现象和生命活动规律的一门科学。在生物学科教学中渗透德育内容，进行爱国主义教育，对提高学生思想道德品质有重要意义。

我国自然环境复杂多样，从而孕育了极其丰富的物种和多种多样的生态系统。

我国的苔藓植物、蕨类植物和种子植物共有 3 万多种,居世界第三位;我国还是裸子植物最多的国家;大熊猫、白鳍豚、银杉、水杉等都是我国举世闻名的特有物种,鹅掌楸、大叶木兰、扬子鳄等都是我国十分古老的物种;我国在果树方面的物种数居世界第一位;水稻、大豆、粟、黄麻等 20 多种农作物都起源于我国,因此,我们应该为我国有丰富的动、植物资源而自豪。但我国的生物多样性也面临着威胁,如新疆虎、野马等已灭绝或者在我国境内绝迹,大熊猫、金丝猴、野骆驼、银杉、珙桐、人参等也处于濒危灭绝的状态。因此,我们要加强爱护环境、保护和合理开发利用自然资源的意识,进而培养爱国主义责任感。

我们的祖先很早就知道研究生物的重要性,取得过不少举世瞩目的成就。

明代李时珍的《本草纲目》,不仅是药物学专著,也是植物、动物、矿物专著,他对植物分类方法比西方植物分类创始人林耐要早一个半世纪,他的这部巨著被译成十几种文字,被称为"东方医学巨典"。

从 1958 年开始,我国科学家在前人对胰岛素结构和肽链合成方法研究的基础上,开始探索用化学方法合成胰岛素。在 1965 年 9 月 17 日完成了结晶牛胰岛素的全合成。经过严格鉴定,它的结构、生物活力、物理化学性质、结晶形状都和天然的牛胰岛素完全一样。这是世界上第一个人工合成的蛋白质,是人类认识生命、揭开生命奥秘迈出的可喜的一大步。

在当代,被誉为"杂交水稻之父"的袁隆平培育出的新型杂交水稻,已经跨入世界优良稻种的前列。

屠呦呦多年从事中药和中西药结合研究,她在青蒿中提取了一种分子式为 $C_{15}H_{22}O_5$ 的无色结晶体——青蒿素,挽救了数百万疟疾患者的生命。2015 年 10 月,屠呦呦获得诺贝尔生理学或医学奖。她成为第一位获得诺贝尔科学奖项的中国本土科学家、第一位获得诺贝尔生理学或医学奖的华人科学家。

我国在生物学方面的诸多成就,使我们了解到我国古今生物学研究的巨大成就和对世界的重大贡献,从中领悟到我国灿烂的文化,激起强烈的爱国主义热情。

七、历史的爱国主义教育

历史教学在道德教育方面有着得天独厚的条件和其他学科无法替代的地位和作用,从古至今一直都被作为道德教育的重要手段。

爱国主义历来就是中华民族的优良传统,它是千百年来巩固起来的对祖国的一种深厚感情,是国家和民族在历史发展过程中,长期积累形成的一种道德规范、文化传统。翻开历史的书卷,从远古到现代,上下几千年,到处都蕴藏着爱国主义的素材。从驱逐倭寇的戚继光、收复台湾的郑成功,到虎门销烟的林则徐、血洒疆场的关天培,他们所表现出的忠贞的民族气节;从与舰共存亡的邓世昌、以身殉国的丁汝昌,到甘愿为变法而捐躯的谭嗣同、"为天下人谋永福"而献身的林觉民,他们豪壮的爱国义举;朱自清宁死不吃美国救济粮,京剧表演艺术大师梅兰芳抗战期间毅然留起了胡须,拒绝为侵略者和汉奸演出,他们表现出的崇高的民族气节……所有这些,都是进行爱国主义教育的最好素材。

1. 学习爱国英雄,弘扬民族精神

有道德的人,首先是爱他的国家、爱他的民族的人。历史本身就是爱国主义的源泉,历史知识本身就充满爱国主义的内容。

2. 不忘惨痛的历史

进行爱国主义教育,就要教育学生不忘我国近代惨痛的历史,比如日本侵华的历史。

日本在 19 世纪时发动了对朝鲜、中国的侵略战争。甲午中日战争中,中国战败后,日本逼迫中国签订了丧权辱国的《马关条约》,中国的主权被严重破坏,也刺激了其他列强侵略瓜分中国的野心。

在中国近代史上,日本不断加强对中国的侵略。1931 年日本借口柳条湖段铁路被中国军队炸毁,发动了九一八事变,侵占东北三省。1937 年的七七事变(卢沟桥事变)标志着日本全面侵华战争的开始。日本侵略者在中国犯下了滔天罪行,对中国人民造成了极大的伤害。

通过回顾日本侵华历史,观看文字材料、图片,能使我们产生巨大震撼。"落后就要挨打",这是中国人在近代饱经外敌欺辱后得出的结论。

3. 维护民族团结和睦、维护祖国统一

我国是一个多民族国家。在中华民族发展的历史长河中,民族大迁徙及民族间的经济、文化交流促进了民族间的融合。通过各民族间交往融合的教学,使学生明白,我国灿烂的文化是各民族人民共同创造的,维护民族团结和祖国统一是各族人民的共同心愿,也是每个公民应尽的义务。

千百年来,我国历史上涌现了许多为民族进步、为消弭民族战争、为维护祖国统一而努力甚至献出生命的代表人物或典型事例,如昭君出塞、文成公主入藏、郑成功收复台湾等。深入了解他们的精神世界,对于培养学生的民族气节和民族感情,砥砺我们自强不息的性格具有重要的意义。

八、地理的爱国主义教育

地理学是研究人与地球表层自然要素之间关系的学科,研究的目的是为了更

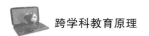

好开发和保护地球表面的自然资源,协调自然与人类的关系。地理课的性质和内容,决定着它的教学是一个具有丰富的思想教育因素的过程。地理教学须在传授知识、培养学生技能的过程中,自然渗透德育因素。

在地理教学中,爱国主义的根本思想是:认识祖国,热爱祖国,建设和保卫祖国。其中,认识祖国是基础。通过对我国优越的地理位置、辽阔的领土、广阔的大陆架、丰富的资源、众多的物产、多彩的名胜古迹、雄伟的名山大川等地理知识的学习,了解祖国的伟大可爱,从而培养热爱祖国的深厚感情和强烈的民族自豪感、自尊心、自信心。

九、音乐的爱国主义教育

音乐,是声音和时间有机结合的听觉艺术,是通过旋律、节奏、和声、织体、曲式等诸多表现手法来塑造音乐形象,表达人的喜怒哀乐和思想感情,反映社会现实生活的一种情感艺术。音乐作为陶冶心灵的艺术,具有独特的教育功能。音乐以它独有的教育方式,寓理于情,寓教于乐,使人受到感染,久而久之,潜移默化,心灵得以净化,道德情操得以升华,完善人格,达到崇高的精神境界。音乐教育的这种陶冶感情、净化心灵的作用便是其道德教化功能。

音乐是情感的艺术,它充分利用鲜明的节奏、优美的旋律、丰富的和声、美妙的音色来表情达意,因而能直接触动人们的情感中枢,震撼人们心灵。

在《义勇军进行曲》声中,我国运动员站在奥运会领奖台上,眼望五星红旗伴随国歌那庄严的旋律冉冉升起,每一个中华儿女都会为之激情澎湃。

澳门回归之际,一首《七子之歌》唤起中华儿女对祖国的无限热爱。被列强掳去的"中华七子",是民族罹难、国家浩劫的象征。它表明"国弱民受辱""落后就要挨打",当唱起这首歌,民族责任感油然而生,祖国的命运、荣辱与每个人息息相关。当唱到"母亲啊母亲我要回来",看到中华人民共和国国旗在澳门特区高高飘扬时,哪个中国人能不热泪盈眶?

十、美术的爱国主义教育

美术课在作为德育手段方面,有着其他学科所没有的优势。因为美术的特征是视觉艺术形象,它不是通过理论的说教与灌输,而是通过出神入化的艺术形象、发自肺腑的美好情感,去叩击人的心灵,陶冶人的情操,提高人的审美情趣,使人们在认识自然与社会、掌握知识与技能、发展智力与能力的同时,受到潜移默化的道德教育。

祖国的山山水水，花草树木、飞鸟游鱼有着动人的魅力。在中国传统绘画中，山水画占据了非常重要的地位，涌现出许多优秀的作品。如北宋范宽的《溪山行旅图》、王希孟的《千里江山图》，元代倪瓒的《渔庄秋霁图》等。《溪山行旅图》描绘的是西北关中一带的雄壮风景，雄奇险峻气势磅礴的大山满满地占据了大半个画幅；大山之下溪涧曲折，山路平阔，从半山腰直泻而下的一线飞瀑和路口的几乘马车，使雄壮奇伟的自然景色更富有生命力。画家通过描绘山水景物来寄托自己的思想感情，表达对大自然的热爱和对祖国山河的爱恋。

欣赏这一类作品，能领略到祖国美丽的自然风光，激起爱护、保卫美丽家园的情感，从而增强我们的爱国主义感情。

十一、体育与爱国主义教育

当体育活动从人类的生产劳动中独立出来，作为一种文化形态存在时，便被赋予了道德教育的功能。体育锻炼和体育运动，是加强青少年爱国主义和集体主义教育、磨炼坚强意志、培养良好品德的重要途径。

体育是培养爱国主义精神重要途径。我国体育健儿在赛场上努力拼搏为国勇夺奖牌，我国竞技体育从零的突破到走向世界等先进事迹，能激励我们勇攀高峰，立志为国争光。观看奥运会、亚运会、世锦赛等国际大赛，能感受中国运动员在国际大赛上克服困难，为祖国增光的感人场面。每当鲜艳的五星红旗在国际赛场上冉冉升起，雄壮的国歌响彻全场的时候，全球华人都会感到热血沸腾。

第二节　辩证唯物主义的跨学科教育

辩证唯物主义是关于自然界、人类社会和思维发展的最一般规律的科学，是无产阶级的世界观和方法论，是体现唯物主义和辩证法内在统一的马克思主义哲学，是无产阶级认识世界和改造世界的思想武器，为无产阶级和人类解放提供了科学世界观和方法论。

辩证唯物主义观点教育是学校思想政治课的内容之一，也是德育学科教学与各科教学渗透的重要内容。

辩证唯物主义的跨学科教育中应该着重培养学生以下观点：

① 世界是物质的，物质是运动的，运动是有规律的，规律是可以被认识和利用的。

② 自然界各种现象对应于不同的运动形式，它们是相互联系、相互制约的。

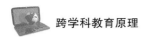

③ 自然界物质的变化是由量变到质变。

④ 世界存在着矛盾的普遍性和特殊性，主要矛盾和次要矛盾、矛盾的主要方面和次要方面，且都是辩证统一的。

⑤ 实践是认识的基础，又是检验认识正确与否的唯一标准。

一、数学与辩证唯物主义观点的教育

数学的发现，数学的发展，数学内在矛盾的运动，数学在实践中的应用等，处处皆含"实践第一""对立统一""运动变化"等客观变化发展规律。这些都是辩证唯物主义思想的具体体现。

数学是自然学科，来源于自然，因此它来不得半点虚假，任何一个数学概念、数学公式都是通过严密的推理得到。甚至在解决数学问题的时候，都是根据条件、条件的内涵和学者的数学知识积累，经过步步分析推理、合理运算解决的。这能帮助我们形成科学的唯物主义世界观，形成对事物有客观的看法，有利于我们的健康成长。

二、物理的辩证唯物主义教育

辩证唯物主义给人们提供了认识世界和改造世界的强大武器，在物理教学中进行辩证唯物主义教育，有着十分丰富的内容和优越条件。物理科学是以实验为基础的自然科学，概念的形成，规律的概括，物理模型的建立，实验的进行，知识的应用，处处充满着辩证唯物主义认识论和方法论的思想。物理教学应该让学生懂得唯物论和辩证法，分清唯物主义和唯心主义、辩证法和形而上学、唯物主义认识论和唯心主义认识论，逐步学会用唯物辩证法的观点和方法观察、分析和解决问题，为树立科学的世界观奠定基础。

物理学的概念规律之间也有着内在的、本质的、必然的联系，规律之间蕴含着丰富的辩证唯物主义思想。

比如，质点做匀速直线运动，自由落体运动，简谐振动等都是物理学中抽象出的理想化模型和理想化过程，这些都是抓主要矛盾的结果，这是研究物理问题的一种思想办法。

"物体间的力是相互的"，可将知识点与辩证思想有机地结合起来，渗透"对立统一规律"，教给学生思考问题的方法，有利于发展学生的科学探究能力。

关于惯性、摩擦等，教给学生一分为二看问题的方法，任何事物我们都应看到它有利的一面和不利的一面，可以培养学生辩证地看待事物的能力。

物态变化,静摩擦力的最大值,弹性形变的弹性限度,超导体的转变温度、某一金属发生光电效应的极限频率等问题,可以使学生懂得事物的变化总是从量变开始,量变到一定程度就会引起质变。引导学生研究这些"关节点",研究前后量变的特性,从而领悟到量变引起质变这一观点对于学习研究和观察事物的指导作用。

三、化学的辩证唯物主义教育

化学蕴含着丰富的辩证唯物主义思想。关于分子、原子、离子知识的内容,能使我们树立物质无限可分的观念,物质的可分与在某一层次的不可分组成了变化无穷的化学世界。

1. 世界是物质的,物质是运动的

我们生活在物质的世界里,化学是在分子原子水平上研究物质的组成、结构、性质和变化规律的一门基础自然科学。通过学习物质的组成和微观结构,使我们认识到世界是由物质组成的,物质是由分子、离子、原子构成的。物质是运动的,运动是物质的存在形式,世界上一切物质都处于不停的运动变化之中。

如电解水实验,水能分解生成氢气和氧气;再如通过氢氧化钠溶液和硫酸铜溶液反应前后质量测定的实验进行质量守恒定律学习时,实验的结果说明,物质在发生化学变化时,参加反应的各物质的质量之和一定等于反应后生成的各物质的质量之和,即质量守恒,这一规律正好验证了哲学上的物质永恒不灭的规律。

2. 对立统一规律

化学变化就是吸引和排斥的矛盾运动过程,吸引和排斥达到平衡,建立起统一体,达到相对稳定状态。化学中对立统一关系比比皆是。例如在讲纯净物时,介绍绝对纯净的物质是不存在的,如高纯硅,硅的纯度可达99.999 999 999%,可仍有少量的杂质;化合和分解,加成和消去,极性键和非极性键,吸热与放热,风化与潮解,可逆反应的正反应与逆反应,平衡与非平衡等都反映了化学变化中的对立统一规律。

3. 内因、外因的辩证关系

内因是变化的根据,外因是变化的条件,外因只有通过内因才能起作用。化学反应其实质还是由本身的特性即内因所决定的。

例如电解质溶液导电,其内因是电解质可以在水中电离出自由移动的离子,外因是通电。通电后离子做定向移动,所以可以导电。外因只有通过内因才能起作用。又如 H_2 和 O_2 可以化合生成水,这是内因。但一瓶氢氧混合气久置并没有起

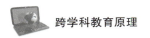

反应。只有在点燃条件下才能反应生成 H_2O,可见点燃就是外因。

4. 量变质变规律

量变到质变是化学运动的基本形式。化学知识中充满着物质由于量变而引起质变的事例。例如缓慢氧化导致自燃,缓慢氧化产生的热逐渐积累达到一定量(即着火点)就会质变(燃烧);混合气体的爆炸极限;无水乙醇与浓硫酸共热反应,在140℃时生成乙醚,继续升温,在170℃时生成的却是乙烯。

5. 破除迷信的唯物主义思想教育

阅读《燃烧、缓慢氧化及自燃》能让我们明白所谓的"鬼火、天火",原来都是由缓慢氧化而引起的自燃现象,消除人们对一些自然现象的神秘感和恐惧感,从而破除迷信的思想观念。

化学教材中并不缺少德育的内容,我们只要充分利用好这些素材,就可以在化学教学中进行德育的教育。

四、生物学的辩证唯物主义教育

生物学是自然科学,为辩证唯物主义基本观点提供了丰富的论证材料。

通过生物进化的历程,由低等到高等,由简单到复杂,由水生到陆生,说明任何事物发展的方式都是由简单到复杂,由低级到高级。

动物的各个器官系统有它各自的生理作用,又互相联系构成一个整体,每个系统对整体有影响,整体也影响每个系统,正如人体剧烈运动时可以加速心脏跳动、促进血液循环,若循环系统的冠状动脉硬化,血液循环受阻,便会危及生命。

通过生物间共生、寄生等复杂的相互关系,阐明普遍联系是事物存在的一种方式。植物体内存在种子休眠与萌发,水分吸收与散失,无机盐吸收与利用,营养生长与生殖生长,有机物制造与分解等一系列矛盾,而正是这些矛盾的对立与统一,推动着整个生物界的发展,说明矛盾是普遍存在的,矛盾是事物发展的动力和源泉。通过内外界条件对种子萌发的影响,说明内因是事物变化的根据,外因是变化的条件。这些知识,能使学生受到辩证唯物主义教育,学会用辩证唯物的观点去分析问题。

第三节　人生观的跨学科教育

人生观,是人对于人生的价值、意义,和个人立身处世的态度的根本看法和态度。它体现出人的苦乐观、公私观、幸福观、生死观、荣辱观、恋爱观等,其核心就是人的价值观。评价一种人生观是进步的、革命的，还是落后的、反动的，根本标准就是在于看它是否符合社会发展的要求。一个人的人生价值在于创造和贡献，而不在于享乐和索取。

一、语文的人生观教育

语文学科所具有的鲜明的人文特征、深厚的感召力量，决定了在语文教学中进行人生观教育具有独特优势。

1. 教会学生尊重生命

语文教材中有不少尊重生命的课文，如《敬畏生命》《紫藤萝瀑布》《石缝间的生命》等，教师应利用这些教材，教育学生尊重生命，生命是最基本的价值。每个人只有一条命，一旦失去了生命，没有人能够活第二次。同时，生命又是人生其他一切价值的前提，没有了生命，其他一切都无从谈起。因此，对于自己的生命，我们当知珍惜；对于他人的生命，我们当知关爱。尊重自己的、他人的、一切形式的生命！

2. 学会感恩

鸦有反哺之义，羊有跪乳之恩。语文老师应充分利用语文课本里这方面的课文，例如《回忆我的母亲》《背影》《永久的悔》《大堰河——我的保姆》《我的老师》等。培养学生的亲情观念，教育学生学会感恩。

3. 塑造学生健康的人格

语文教材中吸收了中国传统文化的精华，形象地再现了中国劳动人民的传统美德。如诸葛孔明诫子"静以修身，俭以养德"。刘禹锡独爱陋室，周敦颐尤喜莲花，以及"富贵不能淫，贫贱不能移，威武不能屈"的坚贞气节，和"苦其心志，劳其筋骨，饿其体肤，空乏其身，行拂乱其所为"的磨砺精神等。在教学过程中，教师应借助赞美我国劳动人民传统美德的优秀篇章，消除学生不健康的道德观，净化心灵，塑造学生健康的人格。

二、历史学科的人生观教育

历史能给人以启示，启发人们思考人生的目的、意义。

为什么司马迁倾注全部心血写成《史记》，李时珍用毕生的精力写成《本草纲目》，孙中山百折不挠从事民主革命？他们追求的是人生的意义和价值。历史舞台上众多的圣哲、先贤、政治家、科学家、教育家、文学家、艺术家，之所以青史留名，是因为他们对人类做出了伟大的贡献。我国古代，人们追求青史留名，《左传》提出"立德、立功、立言为三不朽"的思想为历代所推崇。如果只顾吃喝玩乐，那么生命

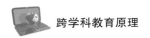

只是短暂的年华,毫无意义。正如但丁所说:"人不能像走兽那样活着,应该追求知识和美德。"只有在有限的生命里,努力奋发进取,为人类做出贡献,才能永远活在人们心中,这是古代人的人生观,今天仍能给我们有益的启示。

三、生物的人生观教育

生物教学,应该让学生懂得尊重生命,学会感恩。

各类生物的繁殖与发育,如很多物种有多种繁殖方式,产生数量庞大种子、受精卵,但只有极少数通过努力能成功发育,能生存已是不易,由此应教育学生要珍惜自己生命、他人生命、其他生物的生命;无论植物还是动物,母体都为后代的生存、成长付出了努力和代价,植物母体为种子留下营养物质供其萌发,胎生动物的怀孕、对后代的精心养育与保护等,这些都教育学生要尊重生命、孝敬父母、尊敬师长、学会感恩。

四、音乐的人生观教育

音乐的教育功能有独特的影响和作用,这是直接的思想教育和道德教育的方式所不能替代的。它对形成正确的人生观和培养健康的思想道德观念有着积极的影响。

音乐有格调高低之分。健康高尚的音乐使人精神振奋、朝气蓬勃,能移风易俗;相反,那种哀婉柔弱、萎靡不振、低级趣味的音乐,只能使人意志消沉。

五、美术的人生观教育

在美术教学中对学生渗透科学的人生观教育也有重要的意义。

1980年,尚在四川美院学画的罗中立以一幅超级写实主义作品《父亲》而一举成名。其画面具有一种悲剧性的震撼力,表现了生活在贫困中的老农形象:古铜色的脸,艰辛岁月耕耘出的那一条条车辙似的皱纹;犁耙似的手,曾种出了多少大米、白面? 那缺了牙的嘴,又吃进多少粗粮糠菜? 他身后是经过辛勤劳动换来的一片金色的丰收景象,他的手中端着的却是一个破旧的茶碗。画家以深沉的感情,用纪念碑式的宏伟构图,用超写实主义手法,刻画出一个勤劳、朴实、善良、贫穷的老农的形象,深深地打动了无数中国人的心。这位老农的形象已经远远超出了生活原型,他所代表的是中华民族千千万万的农民。正是他们辛勤的劳动,才养育出世世代代的中华儿女,他是我们精神上的父亲。

美术通过出神入化的艺术形象、发自肺腑的美好感情,去叩击人的心灵,陶冶人的情操,提高人的审美情趣,激励人们奋发向上,同时推动社会进步。只要我们善于运用美术自身的感染力,把思想品德教育渗透于教学之中,那么学生在潜移默化中,思想上便能不断受到教育,从而形成科学的人生观和高尚的道德情操。

第四节 意志品格与跨学科教育

意志,就是为了达到预定目的而产生的克服各种困难从而实现目的的心理状态。顽强的意志能够使人调集身体各部分的潜在能力,做出超出人的一般体能的事情来。培养学生顽强的意志品格,是德育的重要内容,也是德育与各学科跨学科教育的组成部分。

一、物理与意志品格教育

物理教材中所阐述的自然科学原理都是自然科学家优秀意志品格的结晶。向学生介绍这些科学家为了取得成功,为了追求自然奥妙而衰现出来的坚韧不拔、刻苦勤奋的品格,为科学事业忘我献身的品格,勇于创新、善于创新的品格,能对学生起到潜移默化、优化心理素质的良好作用。

人类的科学史是一部人类认识自然改造自然的奋斗史,每一重大的科学发现,都浸透着科学家辛勤的汗水,显示着科学家一丝不苟,严谨求实,百折不挠敢于创新的优良品质。

例如放射性研究的先驱者贝克勒耳,他在病危之际也舍不得离开实验室,他对医生说:"除非把我的实验室搬到我疗养的地方,否则我绝不离开。"对科学的痴迷,对真理的追求,造就了一代代献身科学的科学家。

法拉第研究"电磁感应现象"整整用了十年时间,而跟他同时期开始研究的有许多著名的科学家,他们由于种种原因中途放弃了,都没有取得成功。只有法拉第孜孜不倦执着地追求,终于完成了这项重大的科学发现,实现了他多年的梦想。

在物理教学中,可通过介绍科学家的生平轶事、成功经验,让学生懂得物理学中每一项成就的获得经历的艰辛,让学生理解科学家们为人类进步而坚韧不拔、刻苦奋斗的精神。

二、化学与意志品质教育

在学习杰出化学家的成长过程、研究工作和伟大功绩的简史之后,我们必然会为化学家们坚韧不拔的毅力、刻苦奋斗的精神、艰苦卓绝的劳动、辉煌灿烂的成就

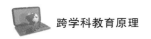

所感动,这对学生的学习思想、学习态度、意志品质都会产生积极的影响。

世界著名的科学家诺贝尔一生从事炸药研究,在困难和挫折面前不屈不挠。在实验中多次被炸伤,弟弟被炸死,父亲也被炸伤。但他并未因此而退却,终于成功研究出性能优越、安全可靠的炸药。他一生取得了 355 项专利权,在许多国家建立了公司和工厂。

人们往往看到科学家获奖时那光辉灿烂的一瞬,而没有注意到在这之后付出的艰辛劳动,乃至健康和生命。

第五节　德育跨学科教育的途径与方法

各科教学和政治教学中,虽然都涉及德育教育,但又有明显然区别。政治学科教学的德育教育是直截了当的,是通过系统讲述政治理论,使学生接受思想体系的教育;但其他各科教学中的德育教育是潜移默化的、具有润物无声的德育效果。

一、德育跨学科教育的方法

在各科教学中的德育渗透可从以下方面着手。

① 在课堂教学中进行德育渗透。课堂教学是保证教学顺利进行,向学生进行思想品德教育的基本途径,教师要根据不同学科、不同时期、不同班级的具体情况,结合学科基础知识、基本理论内容渗透德育。

② 在科学实验中,诱发德育体验。实验是物理、化学、生物等自然科学的基础。通过实验,使学生掌握实验的基础知识和基本方法,培养他们的实验技能和能力,还应培养学生实事求是的科学态度、严谨细致的工作作风和坚韧不拔的意志品质,形成正确的观点观念、优秀的道德品质。

③ 在学生练习中进行德育渗透。练习是教学活动的重要组成部分,在学生练习中进行德育渗透,也是有效方法。比如,写读后感、作文等,有助于提高学生的思想认识水平。

④ 在课外活动中实施德育。课外活动主题内容丰富、形式多种多样。带领学生利用重要历史纪念日、传统节假日等,开展演讲比赛、诗歌朗诵、作品欣赏、写板报、办墙报、手抄报、辩论赛等活动,引导学生开展小发明、小改革、小设计、小制作、小论文等创造活动,这些活动主题丰富多彩,形式生动活泼,是德育教育不可或缺的重要阵地。

⑤ 带领学生投入到社会实践中实施德育。德育渗透不仅要落实在课内,又要

延伸到课外。可根据教材需要适时带领学生到工厂、农村、英烈纪念馆、风景名胜、革命教育基地参观学习。组织学生远足、登山、郊游,引导学生观察自然,认识自然,引发对大自然的美好憧憬,加深对祖国的热爱。

二、德育跨学科教育的注意事项

德育跨学科教育要坚持潜移默化原则。注意因势利导,避免口号式的说教。

① 适度性。德育渗透是将思想、观点、精神、情操等有意识地扩散、迁移、传递给教育对象的,使之在无意中接受。教学中要防止牵强附会、喧宾夺主、形式主义和贴标签,否则定会弄巧成拙。

② 重点性。各门学科能够用来进行德育渗透的素材很多,为了有效地提高德育教学效果,要遵循重点性原则,即一堂课要突出一个主要的观点进行教育,不求面面俱到,以求取得好的效果。

③ 情感性。在各科教学中,要充分发挥情感的感染作用。教师动之以情,以情动人、以情感人、以情育人。在课堂的理性灌输中融进形象化的情感,使教与学之间产生和谐的共振效应,德育就会进入新的境界并获得良好的教育效果。

第八章　语文的学科跨越

什么是语文？语文是语言文字或语言和文学的简称，也是人文社会科学的一门博大精深的重要学科。

语文课程具有工具性。语文课程的工具性是指语文本身是表情达意、交流思想的工具，是思维的工具，是学习其他学科的工具。语文课程又具有人文性。语文作为人文学科，蕴含了丰富的文化知识、价值取向、人生哲理、民族精神等。语文课程的工具性与人文性是相互依存、和谐统一的。丰富多彩的人文内容借助优美的工具而愈显其风采，优美的工具凭借丰富多彩的人文内容而愈突出其魅力。

语言是其他学科知识的必要的载体，更是其他学科进行学科性思维的必备工具。语文素养是学生学好其他课程的基础，也是学生全面发展和终身发展的基础。因而离开语文的基本素养，其他课程也就无从谈起，这就提供了语文跨学科教学的必要性和可能性。

教育部颁布的《义务教育语文课程标准》（2018 年版）明确指出，语文课程必须"拓宽语文学习和运用的领域，注重跨学科的学习和现代科技手段的运用，使学生在不同内容和方法的相互交叉、渗透和整合中开阔视野，提高学习效率，初步养成现代社会所需要的语文素养。"这就要求我们必须倡导语文课程的跨学科教育。

第一节　语文中的多彩生物

语文是重要的基础学科，也是生物科学知识的载体。语文科学中的谚语、古代诗词及成语等，都蕴藏着许多生物学的知识，为生物教学提供了大量的宝贵资源。语文中的许多语言艺术、修辞手法，在生物的教学中均具重要的指导作用。在备课过程中有意识地挖掘，在教学过程中恰当地运用，一定能增加生物教学的趣味性，起到激发学生兴趣，促进学生学习并提高学习效率的作用。

一、谚语与生物

谚语是在群众中间流传的固定语句，能用简单通俗的话语反映出深刻的道理。

有许多谚语与生物方面的知识有关。例如"大鱼吃小鱼,小鱼吃虾米,虾米吃薄泥"是对食物链的生动描绘;"一方水土育一方人"说明生物与环境的关系;"龙生龙,凤生凤,老鼠儿子会打洞"说明生物的遗传;"一朝被蛇咬,十年怕井绳"说的是条件反射的建立。

二、成语与生物

成语是汉语词汇中特有的一种长期沿用的固定短语或短句。成语有固定的结构形式和特定的意义,在语言表达中有生动简洁、形象鲜明的特点。有许多成语与生物知识有关。例如"鸠占鹊巢"指两种生物相互争夺资源和空间等的现象;"叶落归根"指生态系统中的物质循环;"孔雀开屏"指动物繁殖中的一种求偶行为,雄性个体为赢得雌性孔雀的芳心,特意打开艳丽的尾羽炫耀自己;"毛骨悚然"表示立毛肌收缩。

挖掘成语中的生物学知识,不但能活跃我们的思维,调动学习积极性,提高学习质量,而且还有利于文学修养的提高。

三、诗词与生物

古诗词是中文独有的一种文体,是我国古典文学中的珍贵遗产,在内容方面涉及草木虫鱼等生物知识的诗词众彩纷呈,各尽其妙。

"人间四月芳菲尽,山寺桃花始盛开。"是白居易《大林寺桃花》中的诗句。山上温度较低,是使得桃花迟开的主要生态因素。

"稻花香里说丰年,听取蛙声一片。"是辛弃疾《西江月》中的诗句。在农田生态系统中,害虫捕食农作物,青蛙捕食害虫,这是一条食物链。青蛙是害虫的天敌,青蛙有保护农作物的作用。

"癫狂柳絮随风舞,轻薄桃花逐水流。"是杜甫《漫兴》中的诗句。柳树的种子很轻,可以靠风力传播,"癫狂柳絮随风舞"实际上是一种种子传播方式。

"近水楼台先得月,向阳花木易逢春。"是苏麟《断句》中的诗句。向阳的花木由于日光充足,温度要比背阴的温度高一些,所以会较早的发育。

四、语文与生物的学科跨越

1. 语文手段与生物学教学

脱离其他科学的协助,纯粹的单一教学,几乎是不存在的。生物学教学也是如此。例如,生物学教材中,有许多难懂的名词、古怪的汉字,就必须跨学科思考,可与语文知识相联系,并逐字逐句加以解释,不仅使学生产生新鲜感,还可加强知识的识记。如在"芽的发育"一节教学中,"叶原基"与"芽原基"这类名词使学生费解。可让学生查字典或用古文知识,解释"原""基"的字义,了解"原"是最初的、开始的意思,"基"是基础,那么"叶原基"是指"叶原始的最初的基础",由字义可判断出它将来会发育成幼叶,进而让学兰推导出"芽原基"的字义及它将来的发育方向。这样的讲法,浅显易懂,学生掌握得更牢固。

2. 语文课文与生物学

语文教材里有不少关于生物的课文,比如《生物入侵者》。这是一篇说明文,文章从解释"生物入侵者"这个概念入手,介绍了"生物入侵者"给人类带来的危害、对生态环境的破坏、形成"生物入侵者"的原因、科学界对待"生物入侵者"的不同见解和目前世界各国对"生物入侵者"所采取的措施。这既是篇语文课文,又是生动的生物学教材。

第二节 语文中的数学智慧

语文与数学有着不解之缘。

数学是一门高度抽象的学科,给人的印象大多是枯燥、乏味、抽象。如果能充分结合语文中的鲜明生动事例来理解,就能使人耳目一新,有效降低数学的抽象性,加强对所学知识的把握。

一、"阿基里斯追不上龟"与"数列极限"

在教学"数列极限"时,不妨先引入芝诺悖论这一故事。古希腊哲学家芝诺曾论证了这么一个论题:阿基里斯追不上龟。

阿基里斯是古希腊神话传说中行走如飞的人,而龟却是爬得很慢的动物。为什么阿基里斯追不上龟呢?因为追赶者需要一定的时间,当阿基里斯到达龟的出发点时,龟已经向前爬行了一段,当他追赶到龟新的出发点时,龟又向前爬行了一段。以此类推,以至无穷。

设阿基里斯与龟相距十丈远,并且阿基里斯的速度为龟的十倍,当他跑完这十丈的距离时,那么乌龟又前进了一丈;当他跑完这一丈的距离时,那么乌龟又前进了一尺……如此下去,以至无穷。所以阿基里斯永远也追不上乌龟。

相传芝诺由于这个发现而非常兴奋,立即跑到哲学家第欢根尼那里去诉说。

第欧根尼也为芝诺的论证所激动,他一言不发地站起来,走来走去,试图用步行来驳斥芝诺的论证,但却始终无法从理论上来解决芝诺的疑难。

对这一问题,同学们都知道这结论是错的。但错在哪里,却很难说清楚。学生的思维受到强刺激,产生强烈的学习兴趣和求知欲望。这时,教师再回到数列极限的教学内容中。在有限到无限、近似到精确的过程之中,事物本身发生了质的变化,无限能向有限转化,而芝诺悖论的错误在于没有看到这一点。这样学生的认识水平也能产生一个飞跃,课堂便能够处在最佳的学习状态之中。

二、古诗词中的数学

由于数学是一门高度抽象的学科,如果能充分利用语文中鲜明生动的事例加以说明,就能使学生耳目一新,有效降低数学的抽象性,加强学生对所学知识的理解。比如古诗词中的很多意境也蕴含数学道理,如果能充分运用好,往往有意想不到的效果。

讲到《近似数与有效数字》时,不妨引用宋代邵雍的一首启蒙诗:

> 一去二三里,烟村四五家,
> 亭台六七座,八九十枝花。

这里的"二三里""四五家""六七座""八九十枝"等就是近似数。到底是几里、几家、几座亭台、几枝花?并不是绝对精确的。

在我国古代语言文化中,包含大量数学运算知识,如能恰当选用,既能进行数学能力训练,又能了解我国古代光辉灿烂的传统文化。

在数学教学中经常有意识地引入一些古诗词、典故等,往往能活跃课堂气氛,激发学习兴趣,融洽师生感情,同时将数学概念形象化、生动化,给学生留下深刻印象。但应注意引用的古诗词要经典、有名气,且学生较熟悉,引用的古诗词与所教内容有较强的关联,应注意切入自然,引入古诗词后,要适当介绍相应背景,联系客观现实。

三、巧用数学语言

数学语言的简洁、准确,也常用在日常语言的表达中,可取得形象生动的效果。比如哲理是抽象的,常常使人感到枯燥无味,难以理解,但是用数学知识来做比喻却能使许多哲理富有形象,生动感人,发人深思。

古希腊哲学家芝诺用几何中的圆圈来比喻人们掌握的知识,讲了一段颇富哲

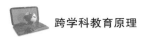

理的话："大圆圈比小圆圈掌握的知识当然多一点,但因为大圆圈比小圆圈的圆周长,所以它与外界空间的接触面就比小圆圈大。因此更感到知识不足,需要努力地学习才能弥补。"

语文与数学密切相关,实现这两门学科之间的跨越和融会贯通,有重要的意义。

第三节　语文中的物理知识

语文知识是一切学科的教学基础,也是物理教学的基础。如果把语文知识与物理教学有机结合起来,既能帮助学生记忆和理解各种物理现象和规律,又能提高学生的兴趣,活跃课堂气氛,加强学科之间的渗透,提高学生综合运用能力。

一、成语与物理

我国成语是人们长期以来使用的、简洁精辟的定型词组或短句,其中有不少成语包含了丰富的物理知识。

"镜花水月"比喻可望不可即的虚幻景象,也比喻诗文中空灵的意境。从物理知识来说,镜中的花和水中的月都体现了平面镜成像的物理原理。平面镜成的像都是虚像,因此在镜中看到的花,在水中看到的月都是虚像。

"沉李浮瓜"指暑天把瓜、李等放在冷水中浸凉后食用,形容夏天消暑的生活。为什么不说"沉瓜浮李"呢? 从物理来说,因为这种说法违背了客观规律。一般瓜类水果的内部都是无核的,其重量比同体积的水要轻,全部浸没在水中时,瓜类均要上浮。而桃李等果实内均有核仁,把它们放入水中时则会下沉。

"一叶障目"从物理知识来说,反映光沿直线传播。树叶是不透明的物体,光线射到树叶上发生反射,不能射到人的眼睛里去,因此,人眼不能看到远处的物体。

"坐井观天"从物理知识来说,是指视角狭窄,所见甚少。

二、诗词与物理

诗词是我国五千年灿烂文化的精髓,先人在创作时巧妙地借用了许多物理知识,使其作品大放异彩。我们在传承中国文化的同时,从中获益的还应有隐藏其中的物理知识。

1. 古诗词中的参照物知识

在研究机械运动时,人们事先选定的、假设不动的,作为基准的物体叫作参照

物。选择不同的参照物来描述同一个物体的运动状态,可能得出不同结论。比如:

> 两岸青山相对出,孤帆一片日边来。

这是李白《望天门山》中的诗句。"两岸青山相对出",研究的对象是"青山",运动状态是"出",青山的运动是相对于船来说的;"孤帆一片日出来",研究的对象是"孤帆",运动状态是"来",船是运动的,相对于地面(或两岸、青山)来说的。

2. 古诗词中的分子运动理论知识

请看王安石《梅花》:

> 墙角数枝梅,凌寒独自开。遥知不是雪,为有暗香来。

从物理角度可以理解为:闻到花香,是因为花香中含有的分子不断运动,向四周扩散,使人们闻到花香。

3. 古诗词中的声音知识

请看李白的《早发白帝城》中的诗句:

> 两岸猿声啼不住,轻舟已过万重山。

其中涉及声音的产生、传播、音色等知识。声音都是由物体的振动产生的,猿猴啼叫,声带振动而发出声音。发声的同时激起周围的空气振动,一层层传开形成疏密相间的声波向前传播,当传到轻舟上,这样诗人就听到了猿猴啼叫声。不同的发声体材料不同,结构也不同,发出的声音也就不同。诗人能辨别出传来的是猿猴啼叫声,是根据声音的音色。

4. 古诗词中的光学知识

李白在《月下独酌》中写道:

> 举杯邀明月,对影成三人。

从诗歌题目上我们可以看出是"月下独酌","对影成三人"中的"三人"指李白自己、天上的明月、地上的影子。这里涉及光的传播知识,因为在均匀介质中光沿直线传播,月光会在人身体背光区域内形成影子。

5. 古诗词中的能量知识

请看唐代诗人杜甫《登高》中的诗句:

> 无边落木萧萧下,不尽长江滚滚来。

长江之水滚滚而来,是因为上游的江水有势能,滚滚而来是势能转化为动能。

当然还有许多的诗句中都有物理知识,如果我们能发现它、思考它,则一定能

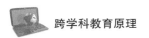

克服学科本位的思想,看到不同知识、不同学科之间的联系,这样即开阔了视野,体会知识的交融与和谐,大大激发学物理的热情,又能促进自身综合素质的全面提升及学习兴趣的提高。

第四节　文以载史,史以文传

历史和语文的联系尤为密切。

历史和语文同属人文学科,有许多相通之处。语文是人类最重要的交际工具,是人类文化的载体,是人类文化的重要组成部分。历史是一门通晓古今,纵横中外,包罗万象的综合性学科,尤其与语文等学科联系密切。在平常这两者也经常相互杂糅在一起,任何文学作品的产生都有其特定的历史背景,并反映这一特定的社会历史;历史经常要以语言为载体来进行表达。自古文史相通,正所谓文以载史,史以文传。

一、阅读与历史学科的融合

在语文教材中,有许多文言文和古代诗词由于作品年代久远,学生对作家或作品中的人物不熟悉,有一种明显的隔阂。并且由于是文言文,在阅读上更造成了障碍,对此缺乏足够的兴趣。要能真正走进作家、走进作品中的人物,就必须具备相应的历史知识,如了解作家的生平、经历、思想,了解作品创作的背景,了解相关的历史故事、典故,这样就拉近了与作家之间的距离,为阅读作品奠定良好的感情基础。如辛弃疾的词《破阵子》:

醉里挑灯看剑,梦回吹角连营。八百里分麾下炙,五十弦翻塞外声,沙场秋点兵。　　马作的卢飞快,弓如霹雳弦惊。了却君王天下事,赢得生前身后名。可怜白发生!

要真正理解这一作品,就必须知道创作的代背景知识。辛弃疾(1140—1207),历城(今山东济南)人。出生时,中原已为金兵所占。辛弃疾二十一岁参加抗金义军,不久归南宋。曾出任湖北、江西、湖南、福建、浙东安抚使等职,一生主张抗金,但提出的抗金建议均未被采纳,并遭到打击,曾长期落职闲居于江西上饶、铅山一带。《破阵子》正是其在被闲置之时创作的作品。由于他从小就生活在饱受金人蹂躏的北方,他一直渴望能报效祖国、收复失地,重拾山河。只有了解这些知识,才能真正明白他为何会发出"了却君王天下事,赢得生前身后名。可怜白发生!"的悲鸣。

语文教材中优秀的作品以其内容、思想与情感的深沉力度,穿越了厚重、深邃的历史时空,在我们与教材的对话、接触当中迸发出耀眼的光芒,有助于我们形成良好的个性和健全的人格。

二、作文教学和历史学科的融合

作文教学效率低下一直是语文教师的心病,学生写作文也很头痛,总觉得无话可说,慨叹没有材料可用,写出来的作文枯燥无味,或是用一些老生常谈的过时材料。然而,五千年中华历史文化,浩如烟海的人类文明,本来就是一个巨大的素材库,但是学生由于平时缺少历史素材的积累,写出的作文就空泛无力。如果在平常的历史教学中,有意识地把历史人物的相关资料提供给学生,让学生亲自去查阅,全面了解人物,写作时便能信手拈来,这样便能调动学生的学习和写作兴趣,让他们不再惧怕写作文,敢于写作文,喜欢写作文。把历史学好了,对写作有很大的帮助。

三、语文知识融入历史教学中

历史教师在讲授历史时,适当地穿插一些语文课文或文学作品的精彩片段来启发学生,能收到事半功倍的效果。毛泽东诗词是中国现代革命的伟大史诗。如果我们在历史教学中合理地运用,就会收到意想不到的效果。例如在学习红军长征这一节内容,朗读毛泽东的《七律·长征》。

红军不怕远征难,万水千山只等闲。五岭逶迤腾细浪,乌蒙磅礴走泥丸。金沙水拍云崖暖,大渡桥横铁索寒。更喜岷山千里雪,三军过后尽开颜。

对这一惊天动地、震撼中外的重大历史事件,通过这首诗,学生不但能领略到红军大无畏的精神而受到深刻的思想教育,同时借助形象思维,可深刻地记住红军长征中巧渡金沙江、抢渡大渡河、爬雪山等知识点。

历史教学中,如能引用一些古诗词、民间歌谣、名人名言,也将有助于对教材的理解和激发学生的学习兴趣。

第九章 数学的学科跨越

数学是什么？

恩格斯认为：数学是研究现实世界数量关系和空间形式的科学。

现实世界中，任何事物都有数量与空间形式，数学就是研究现实世界数量关系和空间形式的科学，是人类文明的重要组成部分。由于数学的高度抽象性，严格的逻辑性和语言的简明性，从而使得数学具有应用的广泛性。它愈来愈广泛深入地渗透到其他科学和技术领域，对人类社会的发展产生巨大的作用。

数学素质是人的文化素质的一个重要方面。数学的思想、精神、方法，从数学角度看问题的着眼点、处理问题的条理性、思考问题的严密性，对人的综合素质的提高都有不可或缺的作用。提高数学素养，是提高整个中华民族素质的重要环节。

在现代科学中，运用数学的程度，已成为衡量一门科学的发展程度，特别是衡量其理论成熟与否的重要标志。马克思认为，一种科学只有在成功地运用数学时，才算达到了真正完善的地步。

和其他学科相比，数学有其明显特征。

① 抽象性。数学虽不研究事物的质，但是任一事物必有量和形，这样两种事物如有相同的量和形，便可用相同的数学方法，因而数学必然也必须抽象。正因为它高度抽象，所以适用的范围非常广泛，不限于自然界。数学的抽象可以把人们置于脱开周围事物纷扰的"纯洁"气氛中。有些不能具体体验到的现象，数学却能给我们以确切无疑的答案。

② 简洁性。简洁性是数学的特征之一。数学的简洁性体现在数学用尽可能简洁的语言来解释和描述世界。数学中的一些概念、法则和性质往往多一个字不行，少一个字也不行。

③ 严谨性。严谨性是数学的独特之美。它表现在数学定义准确地揭示了概念的本质属性；数学结论存在且唯一，对错分明，不模棱两可；数学的逻辑推理严密，从它的公理开始到演绎的最后一个环节不允许有一句差错，即使错一个符号也不行。此外，数学结构系统协调完备，数学图形美丽和谐，数学语言生动严密等都表现了数学的严谨性。

④ 广泛性。数学具有广泛性的特征。数学之用贯穿到一切科学部门的深处，各门科学，用了数学，可以严格化，可以数量化，成为定量的科学，能够进行严格的推断和预测。华罗庚教授说过：宇宙之大、粒子之微、火箭之速、化工之巧、地球之变、生物之谜、日用之繁……无不可用数学表述。

由于数学广泛性的特点，使数学科学在跨学科研究中显示出无穷的魅力。

第一节　物理学家的数学工具

数学和物理的关系尤为密切，物理学家普遍用数学去发现和探索大自然。

历史上许多伟大的科学家，既是数学家又是物理学家，比如阿基米德，他发现了杠杆原理和穷竭法；牛顿发现了万有引力定律，发明了微积分；欧拉发现了流体力学的欧拉方程和数学的变分法；高斯发现了电磁场的高斯定律，也奠定了微分几何基础；爱因斯坦利用数学理论导出了质能方程，提出了相对论，其广义相对论不仅是宇宙学的基础，也推进了现代微分几何与微分方程的发展。

一、爱因斯坦的质能方程

1905 年，爱因斯坦在《物理学年鉴》上发表了长达 30 页的论文《论动体的电动力学》。这篇文章宣告了狭义相对论的创立。爱因斯坦创立的相对论，深深地触动了自牛顿以来所形成的关于绝对时间和绝对空间的观点。

狭义相对论把质量、能量和光速统一在一起，得到了著名的质能公式：

$$E = mc^2$$

其中"m"表示物体的质量，"c"表示光速，"E"表示该物质的能量。这个公式表明物体的能量跟它的质量之间有简单的正比关系。物体的质量减少了，即放出了能量。只要我们能够在某种过程中使 1 克质量的物质消失，这种过程就可释放出相当于 2 万吨 TNT 炸药爆炸时放出的能量，也相当于 2 500 吨煤燃烧所释放的能量，用这些能量可以发几百万度电！质量和能量可以互相转化，导致了物理学观念上又一个重大变革。

质能公式的出现，使人类的智慧大大提高了一步。而第一颗原子弹的爆炸和原子能的运用，则鲜明地证实了质能相关性原理，证明了质量与能量确实可以按照公式 $E = mc^2$ 互相转化的事实。

爱因斯坦狭义相对论关于质量和能量的互相转化的规律，只有借助数学公式，

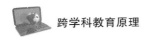

才能描述得如此准确而简洁。

二、广义相对论与黎曼几何

爱因斯坦于 1916 年提出了广义相对论。

广义相对论中,爱因斯坦把引力和时间、空间的性质有机地联系起来。引力场是由物质和能量的分布决定的,而时间和空间的度规性质又是由引力场决定的。

广义相对论认为有引力场的空间不是平直空间,而是弯曲空间,引力场越强,空间就弯曲得越厉害。物体在引力场中的自然轨迹并不是直线,而是曲线,它既可以看成是引力场的吸引,又可看作是空间弯曲的自然结果。由于宇宙中各处存在着引力场,所以现实的空间是弯曲空间。空间中各点的长度标准不一样,引力场强的地方长度标准短。空间各点的时间标准也不一样,引力场强的地方时间流逝得慢。

当年,爱因斯坦一心想根据惯性质量与引力质量相等的原理,推出一个引力理论,然而他苦思冥想了好多年,都毫无进展。让他苦恼的是,在引力作用下,空间会发生扭曲,而欧几里得几何学对此却毫无办法。后来,他的好友马塞尔·格罗斯曼告诉他,德国数学家黎曼研究出的一套几何学应该能帮他解决烦恼。果然,爱因斯坦有了黎曼几何这一有力武器后,就顺利地建立了广义相对论。

黎曼几何是德国数学家黎曼创立的。

德国数学家伯恩哈德·黎曼在 19 世纪发展出了一套特殊的曲率几何概念。欧氏几何是平直空间中的几何,黎曼几何是普通球面上的几何,又叫球面几何。在欧式几何中,平行线永不相交;在黎曼几何中,不承认平行线的存在。同时,在黎曼几何中,直线可以无限延长,但总的长度是有限的。

当黎曼创立黎曼几何学时,丝毫没在意过物理学。那时的他绝对想不到,在20 世纪初,他的工作会在爱因斯坦的笔下为物理学的革命性发展起到推波助澜的作用。黎曼几何正是广义相对论所需要的数学基础。根据广义相对论,引力是由于大质量物体弯曲时空结构而造成的结果。为了描述这种弯曲,爱因斯坦需要定义一个几何物体的曲率——这正是黎曼 60 年之前就已经做到的。

历史上物理和数学有着十分深刻的联系。物理的目的之一是了解新的自然现象。而当物理学家有一个真正的新发现时,就需要引入新的数学语言来描述新的自然现象。这就是数学和物理之间的深刻联系。正因为如此,每一次物理学的重大革命,其标志都是有新的数学理论被引入到物理学中来。

三、数学和物理学的交叉,诞生了数学物理

数学和物理学的交叉领域,诞生了数学物理这门学科。

数学物理是以研究物理问题为目标的数学理论和数学方法。它探讨物理现象的数学模型,即寻求物理现象的数学描述,并对模型已确立的物理问题研究其数学解法,然后根据解答来诠释和预见物理现象,或根据物理事实来修正原有模型。

第二节　地理中的数学

地理学是一门古老的学科,早在我国战国前后和古希腊、古罗马时期就开始萌芽,至今已有两千多年的发展历史。地理学自产生之日起,就与数学有着不解之缘。

在古代,地理学与数学之源泉科学——几何学,几乎都是研究地表的。古代埃及为兴建尼罗河水利工程,曾经进行过测地工作,它逐渐发展为几何学。因此在来自希腊文的西方文字中,几何学有"测地"之意。

在大自然中,山川河流的地理风貌也能给科学家以深刻启迪,引发数学方面的创新。

一、罗素与孤立子

1834 年,有一天,英国科学家斯科特·罗素骑马郊游,在一条运河边观赏景色。只见河岸边有两匹马拉着缆绳,牵引着运河里的一条船快速地前行。船头犁开水面,在水面留下一道道波纹。突然船停下来,河道中被推动的波纹并未停止,它聚积在船舶周围,剧烈翻腾。突然,波纹中呈现出一个滚圆光滑、轮廓分明、巨大的、孤立耸起的波峰,以很快的速度离开船舶,滚滚向前。这个波峰沿着河道继续向前行进,形态不变,速度不减。他策马追踪,赶上了它。它仍以大约每小时 14 千米的速度向前滚动,同时仍保持着长约 9 米、高约 300 至 400 毫米的原始形状。他追逐了两三千米后,才发现它的高度渐渐下降。最后,在河道的拐弯处,波峰高度才逐渐减小,慢慢消失……

这一奇特的、美丽的、孤立的波峰令年轻的罗素着迷,他敏感地意识到自己发现了一个新的自然现象,他将这种奇特的波称为孤立波,并在其后半生专门从事孤立波的研究。他用大水槽模拟运河,并模拟当时情形给水以适当的推动,再现了他所发现的孤立波,并试图找到这种解,但没有成功。

后来罗素在一次英国科学讨论会上报告了自己的观点,但他所发现的孤立波现象并未能引起人们的注意。1895年,两位数学家科特维格与得佛里斯从数学上导出了有名的浅水波 KdV 方程,并给出了一个类似于罗素孤立波的解析解,即孤立波解,孤立波的存在才得到普遍承认。在这类问题解中有一种形状不变的脉冲状解——孤立波。由于它具有粒子的特征,碰撞前后波形、速度不变,故又称"孤立子"。

之后,物理界对孤立子现象的本质有了更清楚的认识,除了水波中的孤立子之外,先后发现了声孤立子、电孤立子和光孤立子等现象。小小的孤立子不再孤独,被人们誉为"数学物理之花"。

孤立子具有的特殊性质,也使它在物理学的许多分支领域,如等离子物理学、高能电磁学、流体力学和非线性光学等领域中得到广泛应用。此外,孤立子在光纤通信、蛋白质和 DNA 作用机理,以及弦论中也有重要应用。特别是在由光纤传输的通信技术中,光孤立子理论大展拳脚。因为光孤立子在光纤中传播时,能够长时间保持形态、幅度和速度不变,这个特性便于实现超长距离、超大容量的、稳定可靠的光通信。

地理现象中河流水面的波纹给了罗素以深刻的启示,使他发现其中的无穷奥妙,并由此诞生了数学中"孤立子"这个崭新的概念。

二、珠峰高程的测量

自古以来,地理科学便离不开数学。人们测算河流长度、山体高度,计算土地面积,都不得不运用数学的方法。

珠穆朗玛峰(简称珠峰)是喜马拉雅山主峰,世界第一高峰,位于中国与尼泊尔两国的边界线上。

珠峰究竟有多高,历来为世人关注。其历次测绘成果是对喜马拉雅地域乃至更广袤地域进行各种科学研究的基本资料。

1852年,以英国人华夫为首的测量队用大地测量方法,在印度平原上测定珠峰的高度为 8 840 米,首次确定珠峰为世界最高峰。

2020年5月,我国对珠峰展开了第四次大规模测绘和科考。此次中国团队采用自主研发的北斗导航卫星系统,国产测绘仪器装备全面承担测量任务,并辅以GNSS(全球导航卫星系统)卫星测量、雪深雷达测量、重力测量、卫星遥感、似大地水准面精化等多种传统和现代测量技术的应用,精确测定珠峰高程。

2020年12月8日,中国和尼泊尔两国向全世界正式宣布,珠穆朗玛峰的最新高程为8 848.86米。

要精确测定珠峰高程,必然离不开数学。

不同时期以不同方式测量珠峰,以及对珠峰高程的多次测量,反映了人类对自然的求知探索精神,已成为人类了解和认识地球的一个重要标志。我们可以根据珠峰及邻近地区地壳水平和垂直运动速率变化,揭示印度洋板块与欧亚板块相互作用力存在着不均匀强弱的变化,而这种强弱变化是引起我国大陆周期性地震活动的源动力。这些研究成果将对我国今后地震预报和减灾、防灾具有重要的实际意义。

在近代地理学时期,经济学中的区位论移植到地理学中,开了地理学运用分析数学之先河。20 世纪 20、30 年代,地理学研究中的统计方法开始萌芽,并开始进行地理要素的统计概括和相关关系探讨。

三、现代地理学与数学方法

从 20 世纪 70 年代末期开始,现代地理学中的数学方法走向更加成熟和更加完善。不但包括了概率论与数理统计方法,还包括了运筹学中的规划方法、决策方法、网络分析方法,以及数学物理方法、模糊数学方法、分维几何学方法、非线性分析方法等,而且也包括了计量经济学中的投入产出分析方法等。在这一阶段,地理学中的数学方法的发展与现代系统科学紧密地结合起来了。系统理论、系统分析方法、系统优化方法、系统调控方法等被引进了地理学研究领域。系统科学原理和方法的引入,促进了地理学向着具有更加严密的理论结构和现代化方法的方向发展,从而使以发展地理学方法论为己任的现代地理学中的数学方法更加明显地具有系统科学的性质与理论性的色彩。同时,电子计算机应用技术的发展,特别是GIS(地理信息系统)技术的成熟,为数学方法在现代地理学中的应用提供了更加先进的技术手段,从而使其应用的范围更加广阔。

第三节　生物的数学才能

生物与数学密不可分。

人类算数最常用的进位制是十进制。我们从 0 数到 10,再往下数就是 11,12,13……21,22……这种数完 10 个数便往前进一位的计数方法,就是十进位制。人类普遍采用十进制就是因为手指头有十个的缘故。

在远古时代,古人要数清猎物,十指自然地成了最早的"计算器",就像今天的孩童一样。而当猎物数量增多后,仅用 10 个手指已数不过来,人们便加了一些辅

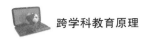

助工具。比如,10个手指数完了,便在地上搁块石头,再重新使用手指。经过多次的反复计算和总结经验,人类就发明了十进位制,并将其广泛应用到社会生活中的各个方面。

一、动物们的数学天空

计数能力不只是人类才有,有些动物也能识别数字。

鹦鹉能数到6。哈佛大学动物心理学家亨赛尔对一只鹦鹉进行过数学训练,最终它能准确无误地用英语报出托盘上彩色木块的数目,只是木块数不能超过6。

科学家发现鸬鹚也会数数。中国有些地方靠鸬鹚捕鱼,主人用一根细绳拴住鸬鹚的喉颈,当鸬鹚捉回6条鱼以后,允许它们吃第7条鱼,这是主人与鸬鹚之间长期形成的约定。科学家注意到,若渔民偶尔数错了,没有解开鸬鹚脖子上的绳子,鸬鹚则动也不动,即使渔民打它们,它们也不出去捕鱼了,它们知道这第7条鱼应该是自己的所得。

工蜂建造的蜂巢十分奇妙,由一个个排列整齐的六棱柱形小蜂房组成,每个小蜂房的底部是三个相同的菱形。18世纪初,法国学者马拉尔奇曾经专门测量过大量蜂巢的尺寸,这些组成蜂巢底盘的菱形的所有钝角都是 $109°28'$,所有的锐角都是 $70°32'$。后来,法国数学家克尼格和苏格兰数学家马克洛林运用数学理论计算,要想消耗最少的材料制成最大的菱形容器,其角度正好是上面两个数。蜂巢是最节省材料的结构,且容量大、坚固。人们仿其构造用各种材料制成蜂巢式夹层结构板,强度大、重量轻、不易传导声和热,是建筑及制造航天飞机、宇宙飞船、人造卫星等的理想材料。

具有数学本领的动物还有许许多多。

其实,当数学文明在人类社会中开始萌发时,早已在动植物世界里大放异彩。

二、斐波纳奇数列

斐波纳奇数列,又称黄金分割数列,因数学家莱昂纳多·斐波纳奇兔子繁殖为例子而引入,故又称为"兔子数列",指的是这样一个数列:

0、1、1、2、3、5、8、13、21、34、55、89、144、233……

其中,从3开始,后面每一个数字都是前两项之和。

斐波纳奇数列在自然科学的其他分支,有许多应用。例如,菠萝果实上的菱形鳞片,一行行排列起来,8行向左倾斜,13行向右倾斜。挪威云杉的球果在一个方向上有3行鳞片,在另一个方向上有5行鳞片。常见的落叶松是一种针叶树,其松果上的鳞片在两个方向上各排成 5 行和 8 行,美国松的松果鳞片则在两个方向上各排成 3 行和 5 行。仔细观察向日葵花盘,你会发现两组螺旋线,一组顺时针方向盘绕,另一组则逆时针方向盘绕,并且彼此镶嵌。虽然不同的向日葵品种中种子顺时针方向和螺旋线的数量有所不同,但往往不会超出 34 和 55,55 和 89 或者 89 和 144 这三组数字,这每组数字都是斐波纳奇数列中相邻的两个数。前一个数字是顺时针盘绕的线数,后一个数字是逆时针盘绕的线数。向日葵种子的排列方式,就是一种典型的数学模式。

如果是遗传决定了花朵的花瓣数和松果的鳞片数,那么为什么会与斐波纳奇数列如此的巧合? 这也是植物在大自然中长期适应和进化的结果。因为植物所显示的数学特征是植物生长在动态过程中必然会产生的结果,植物离不开斐波纳奇数列,由于该数列中的数值越靠后越大,因此两个相邻的数字之商将越来越接近 0.618 034 这个值,例如 34/55 = 0.618 2,已经与之接近,这个比值的准确极限是"黄金数"。

三、植物的黄金角

在数学中,圆的黄金分割的张角为 137.5°(更准确的值为 137.507 76°)。许多植物萌生的叶片、枝头或花瓣,也都是按"黄金比率"分布的。我们从上往下看,不难注意到这样一种很有规律的现象:它们把水平面 360° 角分为大约 222.5° 和 137.5°(两者的比例大约是"黄金比率"0.618)。也就是说,任意两相邻的叶片、枝头或花瓣都沿着这两个角度伸展。这样一来,尽管它们不断轮生,却互不重叠,确保了通风、采光和排列密度兼顾的最佳效果。

车前草是常见的一种野草,车前草叶片按螺旋线轨边向上排列的叶柄基部,相邻两者之间的弧度大小非常相近,都接近 137.5°。许多植物的叶子都像车前草一样,都遵循这种排列模式。科学家发现,按照这种排列模式,叶子可以占有尽可能多的空间,并尽可能多地获取阳光,或承接尽可能多的雨水。建筑师们参照车前草叶片排列的数学模型,设计出了新颖的螺旋式高楼,使得高楼的每个房间都很明亮。

生物神奇的数学特征,为我们在生物与数学的学科跨越打开了一扇方便之门。

第四节　天文学的数学基础

数学在天文学中起着非常重要的作用。数学的产生,推动了天文学的极大发

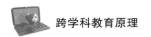

展。可以这样说,没有数学的精确计算,天文学就不会有巨大的进展。

一、海王星,笔尖下发现的行星

在 18 世纪 80 年代以前,人们认为太阳系只有六大行星,即水星、金星、地球、火星、木星和土星。1781 年,著名的英国天文学家赫歇耳,在用他制造的望远镜观测天空时,发现在金牛座的群星中有一颗未知的星,它既不像恒星,也不像彗星,位于土星之外。后来经英国天文学家麦斯克雷观测,确认它是太阳系的又一颗行星——天王星。

发现天王星后,人们给它编制了运行表,并且对它不断地进行观测、校正。然而奇怪的是,从 1821 年起,人们就发觉天王星运行的实际位置与运行表不符。也就是说,它的位置总是与根据万有引力定律计算出来的结果不符。这到底是什么原因呢?经过分析,人们提出了两种可能性:或是编制运行表有错误,需要修改;或是在天王星轨道的外侧,有一颗尚未被发现的行星,对它产生引力作用,使天王星偏离了原计算轨道。经过核算,运行表编制没有错误,于是人们认为,在天王星轨道外侧还有一颗未被发现的新行星。但是,要想在茫茫星海用望远镜毫无目标地去搜寻这颗比天王星更遥远、更暗淡的星体,希望渺茫。唯一的办法是根据有关的理论,去计算和预测那颗行星所在的位置。

1846 年有两位天文学家同时做了这一工作,一位是英国的亚当斯,一位是法国的勒维耶。他们算出了新行星的位置。1846 年 9 月 23 日,德国天文学家伽勒根据他们的计算结果进行观测,用望远镜发现了海王星。

亚当斯和勒维耶根据大量的观测资料和万有引力定律,精确地预言了这颗新行星在天体中的位置,经过天文望远镜的核对,证实了这一新行星的存在。海王星的发现,离不开数学计算。而如果仅仅是用望远镜在浩瀚星海中盲目地去寻找,要想发现它,肯定是很困难的。

二、彗星与木星相撞

1993 年 4 月底,在意大利西西里岛的埃里斯,来自世界各国的科学家正在讨论小行星或彗星与地球相撞的危险性问题。就在会议期间,与会科学家、国际天文学联合会天文电报局负责人布赖恩·马斯登收到了日本业余天文学家中野发来的电子邮件。中野发来的是一个令人吃惊的消息:根据他的计算结果,苏梅克-利维 9 号彗星将会与木星相撞!

苏梅克-利维 9 号彗星是在 1993 年 3 月 23 日被 3 个美国人——苏梅克夫妇

和利维先生发现的。马斯登在对众多的天文台对苏梅克-利维9号彗星观测数据经过精心计算之后,充满信心地肯定了中野关于彗木相撞的预言:苏梅克-利维9号彗星将于1994年与木星相撞。

果不其然,1994年7月17日4时15分,彗星的第一个碎块打在木星上。后来又有20多块彗星碎块接连与木星相撞,在地球上用望远镜可以看见撞击时产生的大亮斑,撞击时产生的气体和尘埃云被抛入木星几千千米高的平流层中,景象特别壮观。

天文学需要观察,更需要数学。彗星撞击木星按照科学家的预测准时发生,这是现代科学的成功,也是科学家数学计算能力的生动体现。

三、6 500万年前天地大碰撞的悲剧

小行星撞击地球是对我们地球生命以及人类威胁最大的灾难之一。研究证明,地球历史上的多次生物灭绝事件都是由小天体撞击所诱发。

6 500万年前的中生代是恐龙称霸的年代,地上、天上和水中都有恐龙的踪迹。这个时期气候温暖湿润,全球温差小,气候适宜,水草丰美,草食性动物有足够的食物,肉食性动物的食物也很充足,地球上形成了一个十分稳定的生物链和生机旺盛的生态系统,呈现出一个生物界大繁荣的盛世。就是在这样的环境中,才能培育出种类繁多、身体庞大的物种——恐龙,以及更多的其他物种。从这个时期出土的古生物化石可知,那时物种比现在多70%以上。

然而,顷刻之间,灾难突然降临。

遥远的天际出现了一个亮得出奇的东西,这是一颗小行星。过了一小时,变得更明亮了,这一星体越变越大,亮度也有增无减,三小时之后,它终于闯进了地球大气层。几秒钟后,它像一只光焰四射的火球,猛烈地撞击地球。被撞的地点是一片狭窄的海域,巨大的冲击力立即引发了一场海啸,惊涛骇浪远波千里之外的海岸,无数的碎石和尘雾被抛入空中,随后又像雨点似的落回地面,它们释放出的惊人热量使大气变得如同火炉,将地面的动物烤焦,广袤的森林燃成一片火海。在以后的几个月里,悬浮在空中的尘埃和烟雾遮天蔽日,整个世界天昏地暗。距撞击地点稍远的植物和动物虽然逃脱了最初的劫难,但终因缺少光照和失去食物来源而未能摆脱死亡的命运。从汽化的岩石中释放出的硫化气体与大气中的水汽混合,形成酸雨而落入海洋,将海洋中的微小植物杀灭,海洋食物链毁于一旦。遭此重创,整个地球变得满目疮痍,在严寒中显得毫无生机。

这次大撞击,造成了大规模的物种灭绝,使地球上三分之二的物种从此销声匿

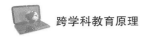

迹,其中就包括恐龙。

这并不是天方夜谭。许多科学家相信,这一连串骇人听闻的情景,就是在6 500万年前由一颗直径约 10 千米的小行星撞落在墨西哥尤卡坦半岛后所发生的,那次撞击的能量,相当于 120 万次 8 级大地震。

受此撞击影响,地球在地质方面也发生了巨变。

由于地壳受到猛烈的震动,破坏了地壳构造的均衡性。当这种均衡性受到破坏后,它就要重新调整。这次调整的结果首先表现在地壳板块运动上。从这时起,印度板块向亚欧板块挤压,把古地中海挤成一座高山,这就是现在的青藏高原。太平洋板块向南美挤压,形成美洲最高山——安第斯山。此外,还有一系列的全球性的造山运动和地质上的构造运动,这就是地质上被称为中生代以后的"喜马拉雅运动"。这个运动至今仍未终止。

在气候方面影响也极为巨大。在中生代和中生代以前,中纬地区没有大山和高原,南北向之间的大气环流很容易交换,所以高低纬之间的温差不大,可称得上"环球同此凉热"。自中生代以后,在中纬地区开始出现许多大山高原,高低纬之间的温差越来越大。在中纬地区开始出现大面积的干旱与半干旱地区。由于气候出现明显的区域性,生态也出现明显的区域性分布,中生代那种全球性生态大繁荣时代一去不复返。

四、危险的阿波菲斯小行星

据科学家预测,2036 年,人类也许会迎来有史以来最大的一次小行星撞击地球事件。这颗被命名为"阿波菲斯"的小行星,像它的名字一样,代表了古埃及神话中的邪恶和毁灭之神,它很有可能让地球陷入永久的黑暗中。

阿波菲斯小行星是在 2004 年 6 月被科学家发现的,它是一颗绕太阳运行的近地小行星,形状并不规则,直径仅 320 米左右,质量约 4 200 万吨。当科学家发现它之后,它曾经神秘地失去踪迹,直到 6 个月后才再次出现。"阿波菲斯"是天文学家已知的近 800 颗具有潜在威胁的小行星之一。

要预防小行星或彗星撞击地球这种灾难发生,需要天文观测,更需要数学运算,从而作出科学预测。

如果科学家发现小行星或彗星正对地球构成威胁时,该用什么办法对付呢?

科学家认为,如果用一组百万吨级的核爆炸来改变入侵小行星的运行轨道,这是较为可行的方法,因为核爆炸只要产生一定的推力就能改变小行星飞临地球的角度,从而使其能与地球擦肩而过。

　　如果足够早地发现接近的小行星，还有可能利用航天器的引力转移它的路径。重力牵引装置会在小行星旁边飞行很长一段时间（数年到数十年），然后慢慢地将它拉出地球的路径。

第十章　物理的学科跨越

　　物理是研究物质结构、物质相互作用和物质运动最基本、最普遍规律的科学。物理学的论题涵盖了广泛的自然现象，从微乎其微的基本粒子，像夸克、中微子、电子，到庞大无比的超星系团，物理学研究主宰这些自然现象的基本规律。

　　物理学具有真理性。物理学的理论和实验揭示了自然界的奥秘，反映出物质运动的客观规律，因而具有真理性。

　　物理学具有和谐统一性。客观世界是统一的，作为描述和揭示客观世界的现象和规律的科学，物理也是统一的。神秘的太空中天体的运动，在开普勒三定律的描绘下，显得多么和谐有序。物理学上的几次大统一，也显示出和谐统一性。牛顿力学把过去人们一向认为毫无关联的地上的物体和天上的星球统一起来，应用数学语言准确简练地描述其运动规律，显示了自然规律的高度统一。麦克斯韦电磁理论的建立，又使电和磁实现了统一。光的波粒二象性理论把粒子性、波动性实现了统一。爱因斯坦质能方程把质量和能量建立了统一，相对论还把时间、空间统一了。

　　物理学是一个严密的科学体系，随着现代科学技术的发展，各门学科相互交叉，相互渗透，联系越来越紧密，了解物理与其他学科的联系，不仅能减轻学生的学习负担，提高各学科的学习效率，还能帮助学生建立科学的研究方法，促进其各种能力的提高。

第一节　地学现象的物理解释

　　地学，即地球科学，是地质学和地理学的统称。

　　很多地学现象又是物理现象，对这类现象的认识需要地学知识，也需要物理知识，这就为地学与物理的学科跨越打下了坚实的基础。

一、海市蜃楼，虚无缥缈的幻影

　　蜃景，又称海市蜃楼。

平静的海面、大江江面、湖面、雪原、沙漠或戈壁等地方,偶尔会在空中或"地下"出现高大楼台、城郭、树木等幻景,称为海市蜃楼。我国山东蓬莱海面上常出现这种幻景,古人归因于蛟龙之属的蜃,吐气而成楼台城郭,因而得名。也有人说海市是海上神仙的住所。

自古以来,蜃景就为世人所关注。在西方神话中,蜃景被描绘成魔鬼的化身,是死亡和不幸的凶兆。我国古代则把蜃景看成是仙境,秦始皇、汉武帝曾率人前往蓬莱寻访仙境,还多次派人去蓬莱寻求灵丹妙药。

现代科学已经对大多数蜃景作出了正确解释,认为蜃景是地球上物体反射的光经大气折射而形成的虚像,所谓蜃景就是光学幻景。

在海市蜃楼环境中,天然特征都变得模糊不清了,会使识别目标、估计射程、发现人员等变得十分困难。

蜃景有两个特点:一是在同一地点重复出现,比如美国阿拉斯加州上空经常会出现蜃景;二是出现的时间一致,比如我国蓬莱的蜃景大多出现于5、6月。

要揭示海市蜃楼这一地理现象的奥秘,就要借助物理学光学折射的知识。

二、魔幻龙卷风

夏天的午后,滚滚乌云突然从天外压来,天空一下子就变得黑沉沉的;一道闪电,划破黑蒙蒙的云层,从天空直插地面,接着就是震耳欲聋的雷声⋯⋯这时,你可能看见,从汹涌翻腾的乌云下,伸出大象鼻子似的怪物,"象鼻"越来越长,下端扫过地面。"象鼻"声音也越来越大,犹如飞机机群在低空掠过。这个怪物摇摇晃晃向前移动,脾气极其粗暴,它所到之处,房屋倒塌,树木被连根拔起,留下的是满目疮痍的大地⋯⋯

这"象鼻"就是龙卷风。

龙卷风像个魔术师,常常玩出一些让人类吃惊的小把戏来。

鱼雨。2010年2月25日和26日下午6点左右,澳大利亚北部地区的拉加马奴镇连续下了2场蔚为壮观的"鱼雨"——成千上万条小鱼一拨接着一拨从天而降,而当它们落到地面时,许多鱼居然仍是活的。蛙雨。1960年法国南部的土伦地区下了一场"蛙雨",无数青蛙从天而降,把看热闹的人打得鼻青脸肿。谷雨。1904年,飓风袭击摩洛哥,摧毁了那里的大粮仓,风卷着谷物漂洋过海,将谷子撒在西班牙海岸上,这里的居民有幸一睹谷雨。小豆雨。1971年,巴西的巴拉比州下了一场小豆雨,一场旋风将西非的小豆搬运到这里。布雨。1890年,俄国普克拉省一阵狂风过后,一匹匹花花绿绿的布随同大雨自天而降。

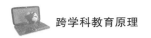

这形形色色的怪雨,就是龙卷风创造的奇迹。

龙卷风的袭击突然而猛烈,经常会带来灾难。

1974年4月3日到4日,有80多个龙卷风袭击了美国芝加哥等地区,造成380人死亡,6 000多人受伤,13 500幢房屋被毁,经济损失达6亿多美元。

1986年2月5日,龙卷风袭击了美国休斯敦东北的胡克斯机场,摧毁了300多架飞机。

龙卷风是怎样产生的?解释这一地理现象就需要物理知识。

夏天的阳光照射着大地,地表急剧受热,靠近地表上的空气受热迅速,并形成了强烈的空气上升运动。由于空气中水汽含量较多,空气一旦升到高空,就会形成积雨云。积雨云的云顶和云底上冷下热,温差悬殊,冷空气不断下沉,热空气上升,上下空气不断扰动,变成很多小旋涡。小旋涡慢慢转动和扩大,到最后变成漏斗状的快速旋转的风,便形成了龙卷风。龙卷风的内部气压很低,因此当它经过紧闭门窗的房屋附近时,能使房屋内外产生极大的气压差(内大外小),从而使房屋的屋顶和四壁受到一个由里向外的巨大作用力。这种突然施加的内力会把屋顶掀掉,四壁倒塌,犹如从内部发生了大爆炸一样。当龙卷风扫过车辆时,由于它的内部气压极低,造成车辆内外强烈的气压差,顷刻间就会使车辆发生"爆炸"。龙卷风的爆炸作用和巨大风力所产生的破坏是十分严重的。

三、海啸,地球上最强大的自然力之一

海啸是由水下地震、火山爆发或水下塌陷和滑坡等大地活动造成的海面恶浪。

海啸在遥远的海面移动时不为人注意,它以迅猛的速度接近陆地,达到海岸时突然形成巨大的水墙,巨浪呼啸,以摧枯拉朽之势,越过海岸线,越过田野,迅猛地袭击着岸边的城市和村庄。港口所有设施,被震塌的建筑物,在狂涛的洗劫下,被席卷一空。事后,海滩上一片狼藉,到处是残木破板和人畜尸体。

这就是海啸,是一种具有强大破坏力的海浪,是地球上最强大的自然力之一。

海啸是一种地理现象,也是一种物理现象,要认识海啸,需要地理知识,也需要物理知识。

地震海啸是巨大的灾难。海底发生地震时,海底地形急剧升降变动引起海水强烈扰动。其机制有两种形式:"下降型"海啸和"隆起型"海啸。

"下降型"海啸。某些构造地震引起海底地壳大范围的急剧下降,海水首先向突然错动下陷的空间涌去,并在其上方出现海水大规模积聚,当涌进的海水在海底遇到阻力后,即翻回海面产生压缩波,形成长波大浪,并向四周传播与扩散,这种下

降型的海底地壳运动形成的海啸在海岸首先表现为异常的退潮现象。

"隆起型"海啸。地震有时也会引起海底地壳大范围急剧上升,海水随着隆起区一起抬升,并在隆起区域上方出现大规模的海水积聚。在重力作用下,海水必须保持一个等势面以达到相对平衡,于是海水从波源区向匹周扩散,形成汹涌巨浪。"隆起型"海啸在海岸首先表现为异常的涨潮现象。

地震海啸给人类带来的灾难是十分巨大的。目前,人类对地震、火山、海啸等突如其来的灾变,只能通过观察、预测来预防或减少它们所造成的损失,还不能阻止它们的发生。根据目前的认识水平,仍可通过海啸预警预防和减轻海啸灾害。海啸预警的物理基础在于地震波传播速度比海啸的传播速度快。地震纵波即 P 波的传播速度约为 6 到 7 千米/秒,比海啸的传播速度要快 20 到 30 倍,所以在远处,地震波要比海啸早到达数十分钟乃至数小时,具体数值取决于震中距和地震波与海啸的传播速度。例如,当震中距为 1 000 千米时,地震纵波大约 2.5 分钟就可到达,而海啸则要走大约 1 个多小时。

人类对无数地学现象的认识与探究都要用到物理学的知识与理论,比如大陆漂移、海底扩张、板块构造、海沟形成、喜马拉雅的隆起、火山的喷发、地震的产生、海啸的运动……都需要物理学的知识。

四、物理与地学相交叉,产生了地球物理学

地球物理学是以地球为研究对象的一门应用物理学。地球物理学用物理学的原理和方法,对地球的各种物理场分布及其变化进行观测,探索地球本体及近地空间的介质结构、物质组成、形成和演化,研究与其相关的各种自然现象及其变化规律,在此基础上为探测地球内部结构与构造、寻找能源、资源和环境监测提供理论、方法和技术,为灾害预报提供重要依据。

地球物理学的研究内容总体上可分为应用地球物理和理论地球物理两大类。

应用地球物理,又称勘探地球物理,研究范围比较广泛,主要包括能源勘探、金属与非金属勘探、环境与工程探测等。勘探地球物理学利用地球物理学发展起来的方法进行找矿、找油、工程和环境监测以及构造研究等。勘探地球物理学是石油、金属与非金属矿床、地下水资源及大型工程基址等的勘察及探测的主要学科。

理论地球物理,研究对地球本体认识的理论与方法。如地球起源、内部圈层结构、地球年龄、地球自转与形状等,具体包括地震学、地磁学、地电学、地热学和重力学等。

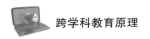

第二节　宇宙空间,物理学的巨型实验室

天文学是研究宇宙空间天体、宇宙的结构和发展的科学。而物理学的研究对象,包括从微乎其微的基本粒子到庞大无比的超星系团。它们包含着共同的研究对象:宇宙空间天体。因而,两者之间必然存在着根本性的联系。

一、牛顿万有引力定律

牛顿在 1687 年 7 月 5 日发表的不朽著作《自然哲学的数学原理》里用数学方法阐明了宇宙中最基本的法则——万有引力定律:

任意两个质点有通过连心线方向上的力相互吸引。该引力大小与它们质量的乘积成正比与它们距离的平方成反比,与两物体的化学组成和其间介质种类无关。

牛顿用万有引力定律证明了开普勒定律、月球绕地球的运动、潮汐的成因和地球两极较扁等自然现象。

万有引力定律揭示了天体运动的规律,是天体力学的基础。在天文学上和宇宙航行计算方面有着广泛的应用。人造卫星、月球和行星探测器的轨道,都是以这个定律为基础来计算的。万有引力定律为实际的天文观测提供了一套计算方法,可以只凭少数观测资料,就能算出长周期运行的天体运动轨道,科学史上哈雷彗星、海王星、冥王星的发现,都是应用万有引力定律取得重大成就的例子。

万有引力定律的发现,是 17 世纪自然科学最伟大的成果之一。它把地面上物体运动的规律和天体运动的规律统一了起来,对以后物理学和天文学的发展具有深远的影响。在人类认识自然的历史上树立了一座里程碑。

二、宇宙结构与万有引力定律

宇宙空间是浩瀚无际的。宇宙结构大致有以下层次:地球——地月系——太阳系——银河系——星系团——超星系团——总星系。

① 地月系。地球与月球构成地月系。

② 太阳系。太阳系中共有八大行星,绕行星旋转的叫卫星。行星、小行星、彗星和流星体都围绕中心天体太阳运转,构成太阳系。

③ 银河系。银河系是由约 2 500 亿颗类似太阳的恒星和星际物质构成更巨大

的天体系统。银河系像一条银白色的光带浩浩荡荡地横贯天空,人们称它为"银河"。用天文望远镜能看到"银河"里是密密麻麻的恒星,可见银河是恒星密集的区域,因肉眼分不出单个的星星,看起来便成了白茫茫的一片。银河系中大部分恒星和星际物质集中在一个扁球状的空间内,从侧面看很像一个"铁饼",正面看去则呈旋涡状。银河系的银晕直径约 10 万光年,太阳位于银河系的一个旋臂中,距银心约3 万光年。

银河系外还有许多类似的星系天体,称为河外星系,常简称星系。现已观测到的星系大约有 10 亿个,在可观测宇宙中估计约有 100 亿个星系。

④ 星系团。星系也聚集成大大小小的集团,叫星系团。平均而言,每个星系团约有百余个星系,直径达上千万光年。现已发现上万个星系团。有时把成员星系数较少,且结构比较松散的星系团称"星系群"。包括银河系在内几十个大小不等星系构成的一个小星系团叫本星系群。

⑤ 超星系团。若干星系团集聚在一起构成更大、更高一层次的天体系统叫超星系团。超星系团往往具有扁长的外形,其长径可达数亿光年。通常超星系团内只含有几个星系团,只有少数超星系团拥有几十个星系团。本星系群和其附近的约 50 个星系群和星系团构成的超星系团叫作本超星系团。银河系在本超星系团的边缘部分。本超星系团也存在自转和膨胀运动,银河系绕本超星系团中心旋转的周期是 1 000 亿年,这种绕转即为本超星系团的自转。

超星系团是宇宙中目前已知的最大星系结构。

⑥ 可观测宇宙(旧称"总星系")。现有观测手段所能探测到的宇宙范围。所涉及的星系约上千亿个,最远距离约 137 亿光年。

在宇宙空间中任何物体都遵循万有引力定律,按照一定的轨道围绕某些大质量物体运转,行星围绕恒星运转,恒星围绕星系中心运转,星系围绕星系团中心运转,星系团围绕超星系团运转。万有引力定律支配着这一切。

人类过去一直在观测天空,寻找了解世界本质和规律的各种线索。物理学家在研究支配我们世界的自然规律时也转向天文学和宇宙学,寻找支持其理论的证据;而天文学家又依据物理学家在地面实验室中的物理实验去理解天空中的现象。因而,天文学和物理学有着极为密切的联系。

三、广袤的宇宙空间,巨型的物理实验室

天文观测为物理学的基本理论提供了地球上实验室无法得到的物理现象和物理过程。在宇宙里,能找到最冷的地方,最热的地方,密度最大的地方和密度最小

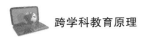

的地方。在宇宙中所发生的种种物理过程比地球上所能发生的多得多。

1. 超密态物质

超密态物质是处于极高压力下具有极高密度的物质,如中子星。

中子星是已知密度最大的恒星,是恒星演化到末期,经由重力崩溃发生超新星爆炸之后,可能成为的少数终点之一。恒星在核心的氢、氦、碳等元素于核聚变反应中耗尽,当它们最终转变成铁元素时便无法从核聚变中获得能量。失去热辐射压力支撑的外围物质,受重力牵引会急速向核心坠落,有可能导致外壳的动能转化为热能向外爆发产生超新星爆炸,或者根据恒星质量的不同,恒星的内部区域被压缩成白矮星、中子星甚至黑洞。

中子星是质量没有达到可以形成黑洞的恒星在寿命终结时塌缩形成的一种介于白矮星和黑洞之间的星体。中子星的密度为每立方厘米 10^{14} 至 10^{15} 克,相当于每立方厘米重 1 亿吨以上,甚至达到 10 亿吨。如果把地球压缩成这样,地球的直径将只有大约 22 米。一粒小桃核那么小的中子星物质,需要十万艘万吨级巨轮才能拖动。

超密态物质不可能出现在地球上的物理实验室里,只能在宇宙空间里产生。

2. 引力波研究

在爱因斯坦的广义相对论中,提出了引力波概念。宇宙中,有时就会出现如致密星体碰撞并合这样极其剧烈的天体物理过程。过程中的大质量天体剧烈运动扰动着周围的时空,扭曲时空的波动也在这个过程中以光速向外传播出去,这种传播现象被称之为引力波。

引力波是时空弯曲的一种效应,是时空弯曲的涟漪,就如同在平静的水面,丢下一块石子,水面便会荡起一圈圈圆圆的波纹,向四周散去,那就是涟漪。在广袤的宇宙空间,有时也会泛起涟漪,如同水面吹过了一阵风,丢下了一块石子,激起的涟漪一样,那就是引力波,是遥远天际飘来时空弯曲中的涟漪。

宇宙中,两个质量极大的物质,比如黑洞,相互高速地环绕,也会让周围的时空产生一阵阵的"涟漪",这也是引力波。

人们认为,一对合并的中子星,也可能引发引力波。

人类在地球上的实验室里无法制造出引力波,而在宇宙这一广袤的实验室里,引力波却不时出现。

两个黑洞合并的引力波。2016 年 2 月 11 日,LIGO 科学合作组织宣布,他们成功探测到来自于两个黑洞合并的引力波信号。这是过去一年里科学界最重大的突破之一,引力波的发现标志着人类太空探索的路途上迈出了里程碑式的一步。

双中子星合并的引力波。2017 年 10 月 16 日晚间,美国、中国、德国、英国、法国等全球多国科学家联合宣布,人类第一次直接探测到来自双中子星合并的引力波信号。本次引力波事件发生在北京时间 2017 年 8 月 17 日 20 时 41 分,是人类探测到的第四次引力波,也是第一次由双中子星碰撞产生的引力波,更是人类第一次使用引力波天文台、电磁波望远镜同时观测到同一个天体物理事件。

3. 宇宙中重核子的聚变反应

核反应主要有重核裂变与轻核聚变。

核裂变是一个原子核分裂成几个原子核的变化。比如,铀、钍等发生核裂变。这些原子的原子核在吸收一个中子以后会分裂成两个或更多个质量较小的原子核,同时放出二个到三个中子和很大的能量,中子又能使别的原子核接着发生核裂变……使过程持续进行下去,这种过程称作链式反应。原子核在发生核裂变时,释放出巨大的能量为原子核能,又称原子能。

核聚变是指由质量小的原子,比如氘或氚,在一定条件下(如超高温和高压),发生原子核聚合作用,生成新的原子核,并伴随着巨大的能量释放的核反应形式。

铀、钍等核裂变与氘或氚核聚变之所以可以释放能量,就在于核子的分裂或者结合都亏损了质量,亏损的质量乘以光速的平方就是释放的能量。

原子核可以分成轻核和重核,这个以铁元素为基准。在元素周期表上排在铁前面的元素是轻核,铁后面的原子是重核。也就是说:铁是最稳定的。

在地球上的实验室里,轻核子很难发生裂变,重核子很难发生聚变。

这是因为排在铁前面的元素有这样的规律:

若干个轻核子结合成更重的原子核时,核子们的总质量就亏损了,并释放能量。反过来讲,新的原子核如果要再裂变成原来的轻核子,则需要吸收能量以弥补质量亏损,才能恢复到原来轻核子们的总质量,所以说轻核很难发生核裂变。

而重核子一般只会核裂变,因为原子核裂变前质量要比裂变后的核子们总质量大。如果要重核子聚变则要吸收能量以弥补质量亏损,所以重核子只存在理论上聚变,现在人类还不足以让重核子聚变。我们常常听到原子弹以重元素铀和钚为原料;而氢弹则是以氘、氚这样的轻核子为原料。

然而,在宇宙的实验室里,重核子核聚变反应却可以实现。

超新星爆发。质量是太阳质量 8 倍以上的天体,随着聚变反应的进行,内部的氢、氦等材料逐渐消耗,在寿期末会由于引力的作用而发生坍塌,瞬间向中心挤压,然后发生剧烈爆炸,这种现象就称为超新星爆发。这个过程会释放出巨大的能量,并释放出大量的快中子,原子核在高能以及中子的作用下参与核反应形成比铁更

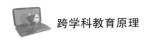

重的原子。

中子星合并。中子星的碰撞合并,这个过程放出巨大的能量,这个过程也会发生重核子聚变的反应。2017 年 NGC4993 星系中两个中子星合并,就被探测到形成了大量的超重元素,包括金、银等。

4. 宇宙"炼金"的盛大焰火

科学家的研究告诉我们,宇宙大爆炸产生了氢、氦和微量锂元素,恒星核聚变产生了从氦到铁之间的大部分元素,那么,铁以后的元素是怎么来的?

科学家认为,铁以后的元素来源于超新星爆发、中子星的碰撞合并等场合。

2017 年 NGC4993 星系中两个中子星合并,对全球天文学界来说是一次狂欢,对我们的日常生活有哪些影响呢?科学家们认为地球上的黄金、铂金和其他重金属元素可能来自太阳系诞生前几亿年中子星碰撞的大爆炸。

中子星合并是宇宙的巨型黄金制造厂。中子星的一次碰撞,抛出的碎块中形成的黄金足有 300 个地球那么重。这些碎片被撒入广袤无垠的太空中,其中的一部分与其他大量物质在 46 亿年前凝成了我们的地球。探究中子星的碰撞,可以让人类窥见金、铂等超铁元素是如何在宇宙盛大焰火中产生的。

四、物理与天文学相交叉,产生了天体物理学

天体物理学既是天文学的一个主要分支,也是物理学的分支之一。天体物理学是应用物理学的技术、方法和理论,研究天体的形态、结构、化学组成、物理状态和演化规律的天文学分支学科。

19 世纪中叶,三种物理方法——分光学、光度学和照相术广泛应用于天体的观测研究以后,对天体的结构、化学组成、物理状态的研究形成了完整的科学体系,天体物理学开始成为天文学的一个独立的分支学科。

天体物理学又包含太阳物理学、太阳系物理学、恒星物理学、恒星天文学、星系天文学、宇宙学、天体演化学等分支学科。另外,射电天文学、空间天文学、高能天体物理学也是它的分支。

人类对宇宙的认识不断扩大,不仅使人们愈来愈深入地了解宇宙的结构和演化规律,同时也促使物理学在揭示微观世界的奥秘方面取得进展。氦元素就是首先在太阳上发现的,过了二十多年后才在地球上找到。热核聚变概念是在研究恒星能源时提出的。由于地面条件的限制,某些物理规律的验证只有通过宇宙这个"实验室"才能进行。20 世纪 60 年代天文学的四大发现——类星体、脉冲星、星际分子、宇宙背景辐射,促进了高能天体物理学、宇宙化学、天体生物学和天体演化学

的发展,也向物理学、化学、生物学提出了新的课题。

第三节　生物中的物理现象

生物体有许许多多奇妙的声、光、热、电等物理现象,比如,闪闪发光的萤火虫、能发光的蘑菇和藻类,能发电的电鳗、电鳐、电鲶……同时,物理学的电、磁、声、光、热、核等因素也必然影响生物的生长发育。

由此可见,物理学与生物学之间自然有着千丝万缕的联系,这正是物理与生物之间跨学科研究的客观基础。

一、动物的声波通信

动物通过声音传递信息,是最常见的方式。

1. 鸟类的声波通信

科学家发现,鸟类具有复杂的声音信号。鸟类是动物中的歌唱家,鸟类中最会说话的要算鹦鹉、乌鸦和寒鸦,它们的语言差不多包含有 300 个词汇!

"鸟语"对生物的跨学科研究有重要的意义。例如,懂得鸟的通信将有助于我们保护机场、菜园、农田和养鱼场不受鸟害。人们从"鸟语辞典"中选择了有关的鸟类信号,并在机场的广播台中不断播放,借以驱散聚集在机场上的鸟群,确保飞机航行的安全。要知道,飞鸟虽小,对飞机却是极大的威胁,假如它与正在飞行的飞机相撞,是会像子弹一样击穿飞机的。

2. 兽类的声波通信

动物园里的工作人员对动物信号是非常熟悉的。老虎叫唤饲养它的人,常用一种仿佛猫叫似的咪咪声,如果人们答应它的要求,则它会发出一种欢喜的叫声。

狼群在捕捉食物之前,它们常常要再"商议"一下,然后各自分散活动,当发现食物时,它们再前后呼应发起攻击。

在夜间,狗有时会拖长声音发出凄凉的嗥叫。狗在发情期间,常常用长嗥来吸引异性。正如春夜的猫叫,夏初雨夜的蛙鸣,春天鸟儿的歌喉一样,都是动物在繁殖期间一种愉快、激动的信息传递。

3. 鱼的声波通信

在茫茫大海中,水手们有时候会被一阵忧伤低沉而委婉的歌声所吸引。这迷人的夜晚是谁在海上歌唱?

海洋中歌喉最优美动听的是赛音鱼,它们发出的声音,听起来十分像人在唱歌,所以有人把赛音鱼比作海洋"歌唱家"。大青鱼群会发出像小鸟那样叽叽的鸣叫声;沙丁鱼会发出犹如在寂静的深夜里浪涛拍打着海岸的声音;海马和海胆能发出像猪一样"呼噜呼噜"的叫唤声;神话中的美人鱼——儒艮则会发出哀怨的叹气声;鳎鱼会发出像初学胡琴的人所拉出的别扭的琴声;竹荚鱼的"吱吱"声,如同手指刮梳子声;鲷鱼的叫声如同人在熟睡时的磨牙声;黄鲫鱼的叫声则好像风吹树叶的飒飒声;河豚的叫声犹如犬吠;大黄鱼的叫声则如远处传来的马达声;小黄鱼一张开嘴"说话",犹如青蛙"呱呱"叫……淡水中,鲵鱼的声音像婴儿的啼哭;小鲶鱼发出的声音如蜜蜂从你头上飞过时的"嗡嗡"声……

鱼类的声音是怎样产生的呢?研究表明,鱼儿除用咬挫牙齿、拍打鳃盖或摩擦背鳍、胸鳍等方式产生声音外,鱼鳔也是产生声音的一个重要工具,鱼不仅可以用肌肉在上面敲打,也可以用肌肉像胡琴上的弦一样在鳔上面来回摩擦。

我国渔民常常根据鱼类不同的声音,采用不同的捕捉方法。鱼汛期出海的渔船,有经验的渔民此时就尽量保持渔船内的安静,并用耳朵贴紧舱底,倾听着鱼群的动静来判断鱼群的大小、位置和移动方向,从而采取捕捞措施。

二、现代物理农业

物理学的电、磁、声、光、热、核等因素必然能对生物产生影响。

美国纽约州有一个农场主,每天很忙,其妻子为了催他回家吃饭,跑得腿都痛了,于是就买了一只兽角作"喊话筒"用。当她第一次"呜呜"地吹响兽角时,奇迹出现了:成千上万的毛虫像冰雹一样从院子里的几棵树上掉下来。她把这一奇特现象告诉了丈夫,丈夫便用这只兽角给果树除虫,居然效果良好。

这件奇怪的事件传到一位农业科学家耳里后,他亲自到农场考察,顿时灵感大发,利用声波除虫的新方法闯进了他的研究计划。经过不断地实验探索,成功发明了一种声波振荡除虫器。使用这种器械除虫,可以避免农药对水果和土地的污染,对"绿色农产品"的生产具有积极意义。

物理与农业的交叉融合,物理农业这一学科诞生了。

现代物理农业是物理技术和农业生产的有机结合,利用具有生物效应的电、磁、声、波、场、核、纳米等物理手段,操控植物的生长发育及其生活环境,促使传统农业逐步摆脱对肥料、农药、抗生素等化学品的依赖以及自然环境的束缚,最终获取高产、优质、无毒农产品的环境调控型农业。现代物理农业属于高投入高产出的设备型、设施型、工艺型的农业产业,是新的生产技术体系。

我国已经开始应用的物理农业技术包括空间电场调控动植物生长及疫病预防

技术、土壤连作障碍电处理技术、烟气电净化二氧化碳增施技术、温室病害臭氧防治技术、声波助长技术、种子磁化处理技术和电子杀虫技术等,并起到了预防病虫害、促进作物生长、提高作物产量和质量的作用,促进我国由化学农业向物理农业转型。

农业是支撑一个国家稳定和持续发展的重要支柱产业,应用现代物理农业技术实现农作物的增产,提供更加健康的绿色食品,提升大众生活质量,是一次有划时代意义的重大农业变革,对人类健康及生态圈的良性发展具有其他任何一项农业技术所不可比拟的伟大意义。

三、物理学和生物学交叉,诞生了生物物理学

生物物理学是物理学与生物学相结合的一门交叉学科。生物物理学是运用物理学的理论、技术和方法,研究生命物质的物理性质、生命过程的物理和物理化学规律,以及物理因素对生物系统作用机制的科学。

1943 年 2 月物理学家薛定谔在爱尔兰都柏林三一学院的科学会议上,作了题为"生命是什么"的著名演讲,尝试用物理学的理论来解释生命之谜。他认为生命有其热力学基础,认为生物体系中也有"量子跃迁"现象,量子力学规律也适用于生命现象。这位物理学家建起了生物物理大厦,并为后来的分子生物学、量子生物学的发展打下基础。

生物物理学日益受到人们的关注。一方面,物理学在以往的年代对简单系统的研究已经积累了十分丰富的经验、成熟的理论和先进的技术。为了真正揭示生命过程的本质,深入掌握生命过程的基本规律,从而达到控制生物、改造生物的目的,生物学的发展离不开物理学的理论和技术。另一方面,物理学研究宏观物质世界的核心问题,是从基本的物质结构和相互作用出发,阐明种种复杂现象的由来和机理。人类所知的最复杂的物质存在和运动形式,莫过于地球上经过几十亿年进化而形成的生命现象。生命物质和生命现象必定是 21 世纪物理学研究的重要对象。

生命科学研究不仅依赖物理知识和仪器,也依靠它所提供的思想方法。生命科学家也是由各个学科汇聚而来,学科的交叉渗透造成了许多前景无限的生长点与新兴学科。

第四节　当代物理科技与学科跨越

现代物理学的内容是极其广泛的,其空间尺度从亚核粒子到浩瀚的宇宙,其包

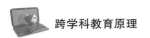

含的时间从宇宙诞生到无尽的未来。物理学取得的成就是极为辉煌的,它本身以及它对各个自然学科、工程技术部门的相互作用深刻地影响着人类对自然的基本认识和人类的社会生活。今天的物理学是一门充满生机和活力的科学,它对当代以及未来的高新科技的进步和相关产业的建立和发展提供了巨大的推动力。

一、激光技术

激光,也叫镭射,是一种神奇之光。

1960 年 7 月,美国青年科学家西奥多·梅曼在加利福亚的休斯空军试验室制成了世界上第一台红宝石激光器,在第一次试验时,当他按下按钮,第一束人造激光就产生了。这束仅持续了 3 亿分之一秒的红色激光标志着人类文明史上一个新时刻的来临。

激光的发光形式不同于普通光。普通光是由于物质本身运动所引起的,是一种"自发辐射"过程;激光则是由于外部对某些物质施加能量,使电子的能量急剧增加,在外部对某物质的直接激发下,以光子形式经光学谐振腔等特殊装置,得到聚能放大而发射出来,这叫"受激辐射光"。

激光被广泛应用是因为它的特性。激光几乎是一种单色光波,频率范围极窄,又可在一个狭小的方向内集中高能量,因此利用聚焦后的激光束可以对各种材料进行打孔。以红宝石激光器为例,它输出脉冲的总能量不够煮熟一个鸡蛋,但却能在 3 毫米的钢板上钻出一个小孔。激光拥有上述特性,就是因为它的功率密度十分高,这就是激光被广泛应用的原因。

激光诞生后对我们的生活方式产生了重大影响,在工、农、医、军事等各个领域和科研工作上提供了奇妙的工具和手段。

① 激光加工技术。激光加工系统与计算机数控技术相结合可构成高效自动化加工设备,已成为企业实行适时生产的关键技术,为优质、高效和低成本的加工生产开辟了广阔的前景。

② 光纤通信。激光的发明结合光导纤维的发明,迎来了光纤通信的新时代。光纤传输系统与电传系统相比,具有重量轻、体积小、容量大、传输快、保密性强、抗干扰能力强、成本低等独特优点。

③ 激光手术。激光手术就是利用激光去除或破坏目标组织,达到治疗的目的。它在眼科、牙科、皮肤科与整容科等各方面都有独到的应用。

④ 激光制导。激光制导武器精度高、结构比较简单、不易受电磁干扰,在精确制导武器中占有重要地位。

⑤ 强激光武器。利用高能激光束可以摧毁飞机、导弹、卫星等军事目标。

激光技术已经融入我们的日常生活中,并且还会给我们带来更多的奇迹。

二、超导技术

关于超导技术,我们要明确温度的计量单位。我们熟悉的单位是摄氏温度,冰点温度为 0 摄氏度,沸点为 100 摄氏度。1848 年,英国科学家威廉·汤姆逊·开尔文勋爵建立了一种新的温度标度,称为绝对温标,它的量度单位称为开尔文(K)。这种标度的分度距离与摄氏温标的分度距离相同。它的零度,即最低温度,为 −273.15℃,称为绝对零度。没有比绝对零度更低的温度,因为在绝对零度时,所有粒子都将停止运动,已经是温度的最低极限了。

1911 年,荷兰莱顿大学的卡末林·昂内斯意外地发现,将汞冷却到 4.2 K(−268.98℃)时,汞的电阻突然消失;后来他又发现许多金属和合金都具有与上述汞相类似的低温下失去电阻的特性,由于它的特殊导电性能,卡末林·昂内斯称之为超导态。卡末林凭借他的这一发现获得了 1913 年诺贝尔奖。

超导技术是研究物质在超导状态下的性质、功能以及超导材料、超导器件的研制、开发和应用的技术。超导技术的开发和应用对国民经济、军事技术、科学实验与医疗卫生等具有重大价值。用超导体输送电能可以大大减少消耗,用高温超导体材料加工的电缆,其载流能力是常用铜丝的 1 200 倍。利用超导体可以形成强大的磁场,可以用来制造粒子加速器等,如用于磁悬浮列车,列车时速可达 500 千米。利用超导体对温度非常敏感的性质可以制造灵敏的温度探测器。

三、核磁共振技术

核磁共振的基本原理是:有自旋运动的原子核,在恒定的磁场中,自旋的原子核将绕外加磁场作回旋转动,叫进动。进动有一定的频率,它与所加磁场的强度成正比。如在此基础上再加一个固定频率的射频脉冲,并调节外加磁场的强度,使进动频率与射频脉冲频率相同。这时原子核进动与射频脉冲产生共振,叫核磁共振。这里,原子核吸收射频脉冲的能量。在停止射频脉冲后,吸收了能量的原子核又会把这部分能量释放出来,按特定频率发出射电信号,通过测量和分析这种射电信号,可以得到物质结构中的许多化学和物理信息。这种射电信号被吸收器收录,经电子计算机处理,获得图像就称为核磁共振成像。

1946 年,美国哈佛大学的珀塞尔和斯坦福大学的布洛赫各自独立发现了核磁共振现象,并共同获得 1952 诺贝尔物理学奖。由于核磁共振可获取丰富的信息,

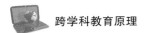

因此应用领域十分广泛。人们最为熟知的是医学应用,已成为现代医学临床诊断的重要手段。氢核是人体成像的首选核种,人体 2/3 的重量为水分,人体内器官和组织中的水分并不相同,很多疾病的病理过程会导致水分形态的变化,即可由磁共振图像反映出来,可对人体各部位多角度、多平面成像,其分辨力高,能更客观更具体地显示人体内的解剖组织及相邻关系,对病灶能更好地进行定位定性。对全身各系统疾病的诊断,尤其是早期肿瘤的诊断有很大的价值。

核磁共振除了在医学的应用外,还可应用于不同的学科领域。比如化学上解析有机物分子结构,地质上确定含水层的含水量、石油勘探等。核磁共振在工业、农业、化学、生物、地球科学和环境科学等领域都得到广泛应用。

物理学是现代科学技术的支撑,物理的若干科学技术,比如纳米科学、量子力学、凝聚态物理学等,都深刻影响着人类生活的方方面面,实现了和若干学科、领域之间的交叉,成为当代科学技术发展的强大推动力量。

第十一章　化学的学科跨越

　　化学是在原子、分子水平上研究物质的组成、结构、忾质及其应用的一门基础自然科学,其特征是研究物质和创造物质。

　　世界是由物质组成的,化学则是人类用以认识和改造物质世界的主要方法和手段之一。古时候,原始人类在与自然界的种种灾难进行抗争中,学会了利用火。燃烧就是一种化学现象,原始人类从用火之时开始,也就开始了用化学方法认识和改造天然物质。火的发现和利用,改善了人类生存条件,人类开始食用熟食,人类由野蛮进入文明,并变得聪明而强大。

　　人类从远古时代走到今天,如今化学日益渗透到生活的各个方面,特别是与人类社会发展密切相关的重大问题。化学与人类的衣、食、住、行以及能源、信息、材料、国防、环境保护、医药卫生、资源利用等方面都有密切的联系,它是一门社会迫切需要的实用学科。化学已发展成为材料科学、生命科学、环境科学和能源科学的重要基础,成为推进现代社会文明和科学技术进步的重要力量,并正在为解决人类面临的一系列危机,如能源危机、环境危机和粮食危机等做出积极贡献。

第一节　生物的化学通信

　　化学是在分子水平研究物质性质及变化规律的科学。生物的特点是有新陈代谢,新陈代谢是生物吸收养分,排泄废弃物的过程,整个新陈代谢过程都是生物体对环境物质的吸收、转化,而这些过程都是在发生化学变化。因而,生物与化学有着天然的联系。

一、奇妙的动物化学通信

　　动物化学通信就是动物释放体外激素,或者通过腺体分泌信息素传递信息。

　　人类要交流,可以使用语言。动物也需要交流,动物的信息交流方式,在生物学中叫作"动物通信"。虫鸣鸟啼、猿啼狮吼、虎啸狼嚎……动物界借助五花八门方

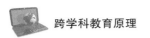

式,表达和交流寻找食物、逃逸敌害、选择配偶等各种信息,实现各个体之间的联系。化学通信就是其中之一的方式。

动物的化学通信联络,靠的是自身发出的某种特殊的有气味化学物质,用来标明地址、鉴别敌我、引诱异性、找配偶、发送警报或者集合群体等。那些有味化学物质是动物放出体外的一种激素,叫作传信素。各种传信素的发现、分离、提取以及人工合成,不仅揭示了动物行为的秘密,也为人类控制和改造那些动物提供了有力的武器。

臭虫在受到挤压后会立即释放出一种具有臭味的传信素,使附近的臭虫不再爬向同类受难的地方。蚁、蜂、蚜虫、鱼、蟾蜍和蝌蚪受到伤害之后,也能放出一种叫作警戒素的传信素,以便警告同类赶快逃避或者奋起自卫。一旦挨了一只蜜蜂或胡蜂的蜇,很快便会遭到群蜂的围攻,这是因为和蜂刺一起留在人皮肤里的有警戒素,这种物质能够激怒蜂群,使它们蜂拥而上,发起攻击。

化学信息素也可用来作为道路的指引剂。发现食物的蚂蚁,在回洞招呼同伴的路上,会不停地把肚子贴在地面上,从腹部和腿部分泌出来的一种激素,就留在了它爬过的线路上。蚂蚁的大部队就能沿着这条气味走廊,找到食物并把它们运回家。

在昆虫释放的传信素中,最普遍、最灵敏、最专一的是吸引异性的"性引诱素"。正因为如此,那些平常分散活动的昆虫,到了性成熟的交配期,才能轻而易举地根据气味找到配偶。借助于性引诱素,雄舞毒蛾能被 0.5 千米外的雌蛾所吸引,雄蚕蛾则能被 4 千米以外的雌蛾引诱去进行交配。雄虫接收性引诱素的器官是特别灵敏的。昆虫没有鼻子,雄虫闻味的器官是它的触角上的嗅觉感受器。

二、无公害农药——人造性引诱素

经过多年的研究,人们搞清楚了家蚕蛾、舞毒蛾、棉铃虫等昆虫性引诱素的分子结构,并且用人工的方法合成了许多种"人造性引诱素",从而为人类提供了一种捕杀害虫的有效办法。只要把某种昆虫的性引诱素放在涂着虫胶的捕虫器里,这种昆虫的雄虫就会自投罗网。还可以采用扰乱法消灭害虫。把人造性引诱素喷洒在害虫危害地区的空气中。这么一来,雄虫就找不到雌虫交配,害虫也就不能繁殖后代了。人们从成熟的雌蝇表面和粪便中分离出一种性引诱剂,再混合杀虫剂,这样就可以成为一种便宜且高效的灭蝇剂,有效地控制昆虫的生长和发育。

使用性诱引剂防治害虫具有用量少、成本低、效果好、不误杀益虫、不造成环境污染等优点,因此性诱引剂被誉为无公害农药。

三、化学生物学与生物化学

随着科学的发展,生物和化学已经成为两个相辅相成的学科。它们相互结合又产生了"化学生物学""生物化学"等新学科。

化学生物学。是研究生命过程中化学基础的科学。化学生物学通过用化学的理论和方法研究生命现象、生命过程的化学基础,通过探索干预和调整疾病发生发展的途径和机理,为新药发现提供必不可少的理论依据。

生物化学。是研究生物体中的化学进程的一门学科。生物化学主要研究生物体分子结构与功能、物质代谢与调节以及遗传信息传递的分子基础与调控规律。

随着现代科技的发展,生物化学已成为生命科学中诸多学科的重要基础与支柱,它与分子生物学一起被看作是 21 世纪生命科学的芋头学科。

第二节　语文中的化学

中国文化博大精深,其中包含不少化学知识。充分挖掘化学知识的中国文化的背景,在体会中国文化所带来的魅力、感受汉语之美的同时,能更好地理解化学、记忆化学知识。

一、汉字与化学

距今四千多年前,我们的祖先创造了汉字。汉字是表意文字,每一个汉字的背后都有了深厚的含义。在化学教学中,不妨将化学概念、化学术语与汉字的意义相结合,既能活跃课堂气氛,激发学生学习化学的兴趣,又能提升学生的科学素养和人文素养。

化学上所用的字,绝大部分的声旁表音,形旁表义。如果我们在教学中有意识地引导学生把认读汉字的知识和技能应用到化学中,就会给学生在学习化学方面带来很大的方便。如元素的名称其声旁基本上是该字的字音,其形旁表示该元素的单质。

"氦":其读音是"亥",单质是非金属。通常情况下是气态。

"铝":其读音是"吕",单质是金属,通常情况下是固态。

"砷":其读音是"申",其单质具有两性,通常情况下也是固态。

掌握汉字的音和义可以帮助学生学习化学物质性质时,加深对化学知识的理解。

化学概念必须用语词来表达。语文中词的结构知识,对指导学生学习化学概念也很有帮助。化学学科有很多抽象的概念是很枯燥的,我们可以通过词语结构的分析,推敲其中每个成分的意义,达到了解化学概念的目的。

如化学中有一个重要的概念——"置换反应","置"是位置的置,"换"是交换的换,据此,"置换"的意义就可以解释为"位置交换"。

又如"电离度"这一概念,就是由"电离"和"度"这两个基本语素组成,从语法关系上看,"度"即程度,是中心语."电离"是修饰、限制度的,"电离度"就是一种用来衡量弱电解质在水溶液里电离的程度大小的一个概念。

二、成语与化学

有相当一部分成语包含丰富的科学知识,其中当然也包括化学知识。

"如胶似漆"形容感情炽烈,难舍难分。三千多年前,人们就用动物皮、角、骨来熬制骨胶、牛皮胶等,用来黏合各种物件,这是最早的黏合剂。生漆是我国的特产,是由天然漆树分泌出来的黏性液体,是最早的化学涂料。

"饮鸩止渴"中的"鸩"是指放了砒霜的毒酒,砒霜就是三氧化二砷,是一种剧毒品。比喻用错误的办法来解决眼前的困难而不顾严重后果。

"煽风点火"指扇风时,鼓入了更多的氧气,由于氧气的助燃性,从而使得可燃物的燃烧更加旺盛。比喻煽动或唆使别人干坏事。

三、古诗词与化学

古诗词是我国文学史上的一颗灿烂的明珠,千百年来一直为人们传诵不衰。以其意境优美,音韵和谐,读起来朗朗上口,能给人以美的享受。其中不乏包含丰富化学知识的诗作。例如明代于谦的《石灰吟》:

千锤万凿出深山,烈火焚烧若等闲。

粉骨碎身浑不怕,要留清白在人间。

这首诗就涉及了几个化学反应。第一句是说通过劳动人民的努力,千锤万凿把深山中的巨石砸成烧制石灰的石料,这一过程发生的是物理变化。

第二句是说把制石灰的石料放在石灰窑中烧制生石灰的场景,涉及的化学知识是化学分解反应。化学方程式是:$CaCO_3 \xrightarrow{\text{高温}} CaO + CO_2 \uparrow$

第三句是说把块状的生石灰制成供人们使用的粉末状的熟石灰。涉及的化学方程式是:$CaO + H_2O === Ca(OH)_2$

第四句是说人们使用了粉末状的熟石灰砌砖抹墙后,墙壁变得更坚硬,更洁白。此过程发生化学方程式是:$Ca(OH)_2 + CO_2 \stackrel{}{=\!=\!=} CaCO_3 \downarrow - H_2O$

在化学教学中,我们可以挖掘古诗词中的化学知识,不仅能培养学生对化学的兴趣,提高审美能力,还能提高综合分析问题能力,培养积极健康的人文精神,让学生得到全面发展。

科学是严谨的,化学这一学科内容纷繁复杂,难以记忆,而文学是浪漫的。巧妙突破两者之间的鸿沟,将中华五千年的璀璨文化蕴含的丰富化学知识与原理应用于化学教学,达到科学与文学的结合,既能活跃学习气氛,激发学习化学的兴趣,又能利用古诗词中深厚的思想情感,丰富想象力,培养审美情趣,提升科学素养和人文素养,使学生获得和谐均衡的发展。

第三节　物理与化学的学科交叉

物理与化学交叉,诞生了物理化学、化学物理学等学科。

一、物理化学

物理化学是在物理和化学两大学科基础上发展起来的。它以丰富的化学现象和体系为对象,大量采纳物理学的理论成就与实验技术,探索、归纳和研究化学的基本规律和理论,构成化学科学的理论基础。物理化学的水平在相当大程度上反映了化学发展的深度。

随着科学的迅速发展和各门学科之间的相互渗透,物理化学与物理学、无机化学、有机化学之间存在着越来越多的互相重叠的新领域,从而不断地派生出许多新的分支学科,如物理有机化学、生物物理化学等。物理化学还与许多非化学的学科有着密切的联系,如冶金过程物理化学、海洋物理化学等。

二、化学物理学

化学物理学是研究化学领域中物理学问题的科学,是化学和物理学交叉产生的边缘学科。化学物理学是在量子力学问世后不久正式诞生的。化学物理的研究偏重数学、物理方面,主要以理论物理学中的量子力学、分析力学、统计力学、原子分子物理学为研究工具研究化学反应过程、物质结构中的本质问题。

化学在与物理学的相互渗透中,不仅本身得到了迅速的发展,同时也推动了其他学科和技术的发展。例如,对地球、月球和其他天体的化学成分的分析,得出了

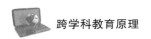

元素分布的规律,发现了星际空间简单化合物的存在,为天体演化和现代宇宙学提供了重要数据,创建了地球化学和宇宙化学。

第四节　化学与历史的交叉

化学与历史的交叉,诞生了化学史这一学科。

化学的历史渊源非常古老,可以说从人类学会使用火,就开始了最早的化学实践活动。我们的祖先钻木取火、利用火烘烤食物、取暖、驱赶猛兽,充分利用燃烧时的发光发热现象。人类用火烧制陶器,冶炼青铜器和铁器,都是化学技术的应用。正是这些应用,极大地促进了当时社会生产力的发展,成为人类进步的标志。

化学史是研究化学科学的形成、发展及其演变规律的学科,是人们了解化学发展过程的重要工具。

化学的发展,主要经历以下几个时期。

一、化学的萌芽时期

从远古到公元前1500年,人类学会在熊熊的烈火中由黏土制出陶器,由矿石烧出金属,学会从谷物酿造出酒,给丝麻等织物染上颜色,这些都是在实践经验的直接启发下经过长期摸索而来的最早的化学工艺,但还没有形成化学知识,只是化学的萌芽时期。

二、炼丹和医药化学时期

从公元前1500年到公元1650年,是炼丹和医药化学时期。炼丹术士和炼金术士们为求得长生不老的仙丹,为求得荣华富贵的黄金,开始了最早的化学实验。记载、总结炼丹术的书籍,在中国、阿拉伯、埃及、希腊也相继出现。虽然炼丹家、炼金术士们都以失败告终,但他们在炼丹、炼金过程中,实现了物质间用人工方法进行的相互转变,积累了许多物质化学变化的条件和现象,为化学的发展积累了丰富的实践经验。随着炼丹术、炼金术的衰落,化学方法转而在医药和冶金方面得到正当发挥,中外药物学和冶金学的发展为化学成为一门科学准备了丰富的素材。

三、燃素化学时期

从1650年到1775年,是近代化学的孕育时期。人们总结感性知识,认为可燃物能够燃烧是因为它含有燃素,燃烧的过程是可燃物中燃素释放的过程,可燃物放出燃素后成为灰烬。尽管这个理论是错误的,但它把大量的化学事实统一在一个概念之下,解释了许多化学现象。在燃素说流行的一百多年间,化学家为解释各种现象,做了大量的实验,发现多种气体的存在,积累了更多关于物质转化的新知识。这一时期成为近代化学的孕育时期。

四、定量化学时期

从 1775 年到 1900 年,是近代化学发展的时期。1775 年前后,拉瓦锡用定量化学实验阐述了燃烧的氧化学说,开创了定量化学时期,使化学沿着正确的轨道发展。19 世纪初,英国化学家道尔顿提出近代原子论,接着意大利科学家阿伏伽德罗提出分子学说。这一时期,建立了不少化学基本定律。俄国化学家门捷列夫发现元素周期律,并编制出元素周期表;德国化学家李比希和维勒发展了有机结构理论,这些都使化学成为一门系统的科学,也为现代化学的发展奠定了基础。

五、科学相互渗透时期

从 20 世纪初开始,是现代化学时期。20 世纪初,物理学的长足发展促使各种物理测试手段涌现,促进了溶液理论、物质结构、催化剂等领域的研究,尤其是量子理论的发展,使化学和物理学有了更多共同的语言,解决了化学上许多未决的问题,物理化学、结构化学等理论逐步完善。同时,化学又向生物学和地质学等学科渗透,使过去很难解决的蛋白质结构、酶结构等问题得到深入的研究,生物化学等得到快速的发展。

自从化学成为一门独立的学科后,化学家们已创造出许多自然界不存在的新物质。到了 21 世纪初,人类发现和合成的物质已超过 3 000 万种,使人类得以享受更先进的科学成果,极大地丰富了人类的物质生活。

第十二章　生物的学科跨越

放眼世界,大自然中的生物丰富多彩,鱼虫、鸟兽、花草、树木几乎随处可见。从北极到南极,从高山到深海,从冰雪覆盖的冻原到高温的矿泉,都有生物存在。生物学就是研究生命现象和生命活动规律的科学。

地球上现存的生物种类繁多,估计有 200 万到 450 万种,已经灭绝的种类至少也有 150 万种。尽管生物世界存在惊人的多样性,但所有的生物都有共同的物质基础,遵循共同的规律。生物就是这样的一个多样而又统一的物质世界。人们对这些共同的特征、属性和规律的认识,使内容十分丰富的生物学成为统一的知识体系。

21 世纪是生物学的世纪。但生物学的发展是多学科综合努力的结果。比如 20 世纪生物学的重大发现 DNA 和蛋白质的结构和功能分别是由物理学家和化学家发现和阐明的。生物学研究正变得越来越定量化,研究的仪器更加精巧、复杂,激动人心的发现不断出现在曾经壁垒森严的学科之间的交叉领域。在生物学的研究领域里,生物学家与化学家、计算机科学家、工程学家和物理学家之间的相互作用在不断增强。

第一节　地理环境中的奇异生物

地理环境与生物关系尤为密切。

生物圈是地球上独持的圈层。芸芸众生、形形色色的生物存在,是地球不同于太阳系其他星球的重要标志。地球表面适宜的环境条件,是产生生物有机体的物质基础;生物的进化与自然环境的发展相辅相成,无时无刻不在相互渗透、相互影响。

大家都知道"橘生淮南则为橘,生于淮北则为枳"的故事。橘和枳的区别,这是水土、环境的问题,地理环境不同,生物的品质就会发生改变。

地理环境不仅影响生物的生存、生长、品质等,还影响生物的分布。去高山旅游时,常会看到海拔较低的地方往往分布阔叶林,海拔较高的地方往往分布针叶林,这与环境相关。我国北方盛产小麦,南方却盛产水稻,这也是因为地理环境因素的不同。

环境限制生物,生物适应环境,两者是一种对立统一的关系。任何一种生物无时无刻都在受自然界各种环境因素的影响,并进行着改变。有的生物为了生存,练就了很多不可思议的本领。

一、可以离开水不吃不喝休眠 5 年的鱼

肺鱼是一种极其古老的鱼类,它们主要分布在赤道地区,包括非洲、大洋洲和南美洲。远古时期肺鱼是生活在海洋中的,后来才慢慢进入到淡水环境中。非洲的肺鱼和南美洲的肺鱼在它们栖息的河流完全干涸后还能够生存,是一种适应力极强的动物,因为它的鳔在生理构造上具有肺的功能,里面都是分枝繁多的血管网和螺旋瓣,可以在缺水时用鳔吸收氧气并排出二氧化碳,因此得名为肺鱼。有趣的是,非洲肺鱼在旱季时也有将自己深藏在淤泥里的本领,并用周围的泥土建成一个很坚固的"小泥洞",在嘴巴的前方开一个小小的呼吸孔,它静静地躺在里面夏眠。为了防止干涸,它会从皮肤分泌特殊黏液裹住全身,形成防水层。以自己的肌肉与脂肪当作养分维持生命,并将新陈代谢率降到原来的六十分之一。非洲肺鱼可以离开水面不吃不喝休眠 3 到 5 年,等到雨季来临,万物复苏的时候,肺鱼会再次苏醒,破洞而出,重获新生。可见肺鱼有着极强的适应恶劣环境的能力。

二、地球上最顽强的生存专家

什么是地球上生命力最为顽强的物种呢?不是细菌、病毒,也不是蟑螂。科学家给出的答案是水熊虫。

水熊虫的体型极小,最小的只有 50 微米,最大的也就 1.4 毫米,必须用显微镜才能看清。虽然体型小,但是它们的生命力不可小觑。不管是在喜马拉雅6 000 米以上的山脉,还是4 000 米以下的深海,抑或是冰天雪地的南极,都能找到水熊虫的身影。在零下 200℃的环境下,水熊虫能够存活若干天。绝对零度条件下都能存活两分钟。而在 181℃高温这种任何蛋白质都会失活的条件下,它也能存活两分钟。就算是在真空环境及太阳辐射的双重严酷条件下,水熊虫也能不带任何装备活下来,还能正常产卵。甚至把水熊虫完全风干脱水,十年后,给它泡点水,又能马上活过来。水熊虫是地球上最顽强的生存专家,不管发生了什么灾难,这个小小的生物都有很大概率能存活下来。

为什么它们有如此强大生命力呢?因为水熊虫有一招名为"隐生"的绝招。当

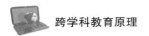

水熊虫遇到恶劣环境时,它们可以进入一种近乎"无敌"的状态:排除自己体内几乎全部水分,其身体含水量可以降到 3%。这时候,它的新陈代谢几乎停止,从而维持一种假死状态。脱水状态的水熊虫既不需要食物也不需要水分,徘徊在死亡边缘的它们,恰恰变得难以杀死。

这种神奇的生存能力的秘密就藏在它们的基因中,科学家们一直致力于将水熊虫的基因密码搞清楚。终于,研究人员解码了两种水熊虫的 DNA,发现了它们在脱水后能够恢复的基因。科学家发现,干燥条件下,触发了水熊虫的这种基因,产生了某种特殊蛋白质以替代其细胞中失去的水分。一旦重新回到有水的环境中,它将补充水分并溶解这种蛋白质,重新恢复活力。

科学家们认为,掌握了水熊虫这种"死而复生"的基因,可以将之运用到多种现实问题中。比如降低疫苗成本,不用全程冷链运输保存,在室温下也能保证疫苗的活性。

三、地球,人类唯一的家园

地球环境是在经历了几十亿年的风风雨雨后形成的,地球是人类唯一的家园,我们要珍惜和爱护我们的地球。工业化造成的大气污染、河流污染、海洋污染等,已经威胁到人类的生存和发展。人类只有树立环境保护意识,与大自然和谐相处,才能更好地生存和发展,这是全人类的共同利益。

四、生物地理学

生物学与地理学交叉,便诞生了生物地理学。

生物地理学是生物学和地理学间的边缘学科,是研究生物在时间和空间上分布的一门学科,即研究生物群落及其组成成分,它们在地球表面分布情况和形成原因。按其问题和方法分,有生物区系地理学、生物系统地理学、历史生物地理学等。此外根据作为对象的生物群来划分,有植物地理学、动物地理学、昆虫地理学等。

植物地理学是地理学和植物学的一门边缘学科。地球上大约有 30 多万种已知植物,还有许多尚待发现。无论现存的或过去生存过的植物种,都有其独特的地理分布。此外,植物种在自然界通常是与他种结合形成群落出现的,植物群落也同样具有自己的独特分布格局,植物种和植物群落的分布格局,就是植物地理学所研究的对象。此外,植物地理学与生态学、地质学、古生物学、气候学、土壤学等密切相关,可利用这些学科的研究帮助研究植物和植被的分布现象。

动物地理学是研究动物在地球表面的分布及其生态地理规律的学科,是地理学和动物学交叉形成的学科。动物地理学的基本任务是阐明地球上动物分布的基本规律，为保护和合理利用野生动物资源、恢复与定向改变动物群提供科学依据。

此外，生物地理学还包括历史生物地理学，研究生物区系的起源、分类、扩展和灭绝；生态生物地理学，根据有机体与物理环境和生物环境的相互关系，来阐明生物分布的现状；古生态学，是上述两个分支学科的中间过渡；栽培生物地理学，研究栽培植物及驯养动物的起源、演化、分布及其与人类文化发展的关系；理论生物地理学，研究生物群起源、分布、演变、发展的基本理论。

第二节　生物与音乐的不解之缘

人类喜爱音乐。当我们在非常愉快的时候，会唱着歌，手舞足蹈地跳着舞。当我们劳累了一天回家后，坐下来静静地听听音乐，精神就会得到放松。当我们非常郁闷时，一支优美动听的旋律飘至耳畔，烦恼不快便会立刻烟消云散。

不仅人类喜爱音乐，其实动物、植物也喜欢音乐。

一、热爱音乐的动物们

古时候，有个叫公明仪的音乐家，弹得一手好琴。有一天，公明仪见一头牛在草地上吃草，他忽然想给牛弹上几曲让牛听听。于是，他就弹了起来，尽管他是那样动情，可那头牛依然是低头吃草，无动于衷。公明仪很是失望，心想：这支曲子太高深了，牛听不懂吧。于是他就换了一支曲子，一会儿用琴模仿蚊子的叫声，一会儿模仿小牛唤母的叫声。这回牛的反应不同了，它抬起头来，竖起耳朵听起来，摇摇尾巴，走来走去，好像听懂了的样子。这就是"对牛弹琴"的出处。

人们都认为牛是根本不懂音乐的，其实不然。动物有耳朵，也有大脑，它们能对声音作出反应，有的动物也喜欢音乐。

1. 印度的舞蛇

在印度，舞蛇是一项传统娱乐项目，表演舞蛇也是许多印度人赖以谋生的手段。走进有名的印度旅游景点，你会发现戴头巾的舞蛇人在吹着木笛，柳篮中的眼镜王蛇则闻乐起舞。在表演中，眼镜蛇的颈部在抬起后会膨胀开，颈部的颜色也会由黑色转为褐色，再由褐色变为浅褐色，在阳光下，其颈部甚至呈现出半透明状。眼镜蛇似乎会根据笛子的音拍舞动蛇身。而居民们要驱除住宅附近的毒蛇时，便请舞蛇人来吹笛子，让毒蛇随着笛声自动爬出洞来。自古以来，印度人对舞蛇人一直是心存敬畏的，舞蛇人戴着与众不同的琥珀耳环和珠链，被尊奉为印度神话中的

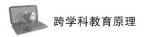

"瑜伽修行者"或圣人。

2. 喜欢音乐的海豚

说起最喜欢音乐的动物,海豚定是其中之一。传说在2 500年前,古希腊有一个著名的歌唱家阿利翁,他在意大利巡回演出获得极大的成功之后,搭上一艘海船准备返回祖国,不料,这竟是一艘海盗船。船上的海盗们探听到阿利翁随身携带了许多钱财,便决定在茫茫大海上把他杀死,以攫取这笔财物。在被杀死之前,阿利翁请求海盗们允许他唱最后一次歌。他想,与其让海盗一刀杀死,还不如尽情歌唱后自己跳海而死。于是,在海盗们的准许下,阿利翁弹起七弦琴,唱起优美动人的歌。他一连唱了好几首,然后抱着心爱的七弦琴,跳进了深不可测的大海。谁知一只早已等候在附近的海豚救了歌唱家,并让他坐在自己的背上,一直把他安全地送到了岸边。原来,在阿利翁引吭高歌的时候,这只海豚像着了魔似的围着船漂游,于是便成了歌唱家的"救星"。

事实上,古往今来,不少人都注意到了聪明的海豚对音乐的喜爱和敏感。

几年前,一艘远洋货轮在浩瀚的大海上航行,休班的水手们正三三两两地在甲板上漫步、闲聊。一个水手打开随身携带的收音机,里面传出优美动听的音乐。突然,水手发现一大群海豚正向船边游来,并开始不断地发出各种各样的声音,它们还不时兴奋地跃出水面。水手关上收音机,悠扬的音乐声戛然而止,海豚们立刻停止嘶叫和跳跃,静静地把头伸出水面,恋恋不舍地尾随轮船游动着,似乎想继续聆听那美妙的音乐。收音机的开关重新被打开,音乐声又响了起来。这时,几乎全船的人都趴在船舷上注视着这群海豚。而海豚们一听到音乐,便又发出愉快的叫声,并欢乐地跳跃起来。显然,海豚们迷上了这优美的音乐。

3. 能演奏音乐鹦鹉

中国有个成语叫"鹦鹉学舌",其实鹦鹉不仅能学人说话,还能演奏音乐。英国西南部佩因顿城一家宠物商店里有一只名叫波利的非洲雌性鹦鹉,由于它的主人经常播放各种古典音乐,它也耳濡目染,爱上了音乐。1990年英国广播公司把歌曲《我的太阳》作为当时世界杯足球赛宣传曲,波利对此曲更是情有独钟,并很快学会了演唱。时间一长,波利学会了许多高难度、高水平的歌唱,它不仅能用吹口哨的独特方式吹唱普契尼的咏叹调,而且还能扯着尖嗓门,高唱《我的太阳》。

二、植物,音乐的虔诚聆听者

人喜欢听音乐,有的动物喜欢听音乐,有的植物也有懂音乐的"耳朵"。

印度有位科学家,平时喜欢在花园里拉小提琴,日子久了,他发现园中的花木在受到音乐的"熏陶"后,长得格外茂盛。于是他就开始了一个别开生面的实验。在一块 2.43 公顷稻田里,每天播送 25 分钟交响乐,一个月以后居然发现这块田的水稻比同样一块没有听过音乐的水稻长得好得多,十分茂盛苗壮。

也有人做过这样的实验:每天早上给黑藻举行 25 分钟的音乐会,不到十天功夫,它们就繁殖得"子孙满塘"。曾有人让含羞草在每天清晨欣赏 25 分钟古典歌曲,这些羞羞答答的植物,听了古典歌曲以后,好像心情特别舒畅,生长速度显著加快,枝叶也更加茂盛了。据实践证明:凤仙花、金盏菊和烟草等对小提琴的曲调,有特殊的"感情"。洋葱似乎也对音乐格外着迷,英国一名园林工人培养出巨型的冠军洋葱——重约 6.97 千克,秘诀就是每天给他的洋葱听著名长号手格连·米勒的音乐。那些欣赏过音乐的灌木,枝叶也长得比一般的灌木更加稠密繁茂。

在西双版纳生长着一种会听音乐的树。当人们在树旁播放音乐,树的枝干就会随音乐的节奏而摇曳起舞,树梢上的树枝、树叶,则会像泰族少女在舞蹈中扭动肢腕一样,随音乐作 180° 的转动。音乐停止,小树如同一个有经验的舞者,立即停止舞蹈,静了下来。

但是,植物并不喜欢听噪音。美国科学家把 20 种花卉分别放在安静和喧闹的环境里进行对比观察,结果发现噪音使花卉的生长速度平均减慢 50% 左右。可见植物喜欢音乐,但却厌恶噪音的刺激。

那么,植物到底喜欢听哪种音乐呢?人们继续做了一系列实验,对一些番茄播放摇滚乐曲和轻音乐,结果发现,听了舒缓、轻松音乐的番茄长得更为苗壮;而听了喧闹、杂乱无章音乐的番茄则生长缓慢,甚至死去。人们还发现,不同植物有不同的音乐"爱好"。黄瓜、南瓜喜欢箫声;番茄偏爱浪漫曲。

为什么音乐能促进植物生长呢?

科学研究表明,音乐有一种有节奏的弹性机械波,它的能量在介质中传播时,还会产生一些化学效应和热效应。当音乐对植物细胞产生刺激后,会促使细胞内的养分受到声波振荡而分解,并让它们能在植物体内更有效地输送和吸收。这一切都有助于植物的生长发育并使它增产。我国一些科学家通过研究发现在一般情况下,苹果树中的养料输送速度是平均每小时几厘米;在和谐的钢琴曲刺激下,速度提高到了每小时 1 米以上。科学家还发现,适当的声波刺激会加速细胞的分裂,分裂快了自然就长得快,长得大。

关于音乐对动植物的影响,是当代"物理农业"科学的研究内容之一。

三、乐器与生物

音乐与生物的密切联系还表现在有很多乐器就是用生物体制成的。

常见的各种中国传统鼓类,其历史长达三四千年,鼓面多采用牛皮,也有蟒皮。二胡琴筒,多用红木、紫檀等硬质木料制作,也有用竹筒做成的,琴筒的蒙皮多用蛇皮,高档的用蟒皮。由于这些特殊材质的应用,二胡的乐音颇具魅力。笛子是一种更为古老的中国乐器。横吹者为笛,竖吹者为箫,笛子的材质一般为竹木,历史上也曾出现过骨质的笛子。另外,常见的葫芦丝也是用竹制的,当然其主要部分是葫芦,它是由葫芦笙演进而成的,由于它吹出的颤音有如抖动的丝绸那样飘逸轻柔而得名。用到竹子的乐器还有笙、竹板等。打击乐器类的木鱼等直接用木料造型,成为乐器。其他如古琴、竖琴、阮以及西洋乐器中的吉他、钢琴等,它们都离不开木料。更为称奇的是,一片树叶在某些人的嘴里也成了乐器,其声颇似鸟鸣。

这些乐器的声音直接来源于生物体本身。听着这些乐音,仿佛就是人在与生物交流,此时此刻,人与生物有了共同的语言。

第三节　生物与历史的交叉

地球,这个大自然的宠儿,在 46 亿年的沧桑演变历程中创造出最神奇的瑰宝——生命。地球是浩瀚宇宙中迄今发现的唯一有生物的璀璨明珠,世界也因生物而精彩。历史是过去的事实,涉及过去的事件以及记忆、发现、收集、组织、介绍和关于这些事件的信息解读。而生物也有其过去,有其起源、发展、衰亡的演变,也有其历史,因而生物与历史密切相关。

一、生命的起源

我们地球是一个生机勃勃的生命世界,但是地球上的生命是怎样发生的?

生命的起源是科学上久悬不解的难题,有人断定它是人类的理智所无法解决的难题,把它称作"宇宙之谜"。

20 世纪以来,科学家在探索地球生命起源的研究方面不断取得新的成就。20 世纪 50 年代初,苏联科学家奥巴林和美国科学家尤里分别提出了内容相近的假说,被称为奥巴林-尤里假说。这个假说认为,形成生命的漫长历史是在地球的原始大气中开始的。原始大气和今天的大气迥然不同,其中没有游离的氧分子,主要成分是一氧化碳、二氧化碳、甲烷、氮气、氨气、硫化氢、氢气、水蒸气等。原始大气中的许多物质,在今天看来是不利于生物生存的,但在当年它们却是形成生命有机体最初的"原料"。由于原始大气上部没有形成臭氧层,太阳光中的紫外线可以毫无阻碍地直射地面,成为能量的重要来源。在原始地球上其他形式的能源如闪电雷击、火山喷发、陨石碰撞和各种宇宙射线等，也比今天强得多。有了这些能源提供的能量，原始大气中各种非生命物质就会在适当的条件下发生化学反应，向构成生命的有机物转化。

生命在地球上已存在三十多亿年之久，自其诞生之日起就永不停息地变化着，在变化中延续、演进。这是一个真实、漫长、仍未终止的历史过程。

二、生物与历史交叉，形成了古生物学

古生物学既是生命科学中唯一具有历史科学性质的一个独特分支，研究生命起源、发展历史、生物宏观进化模型、节奏与作用机制等，又是地球科学的一个分支，研究保存在地层中的生物遗体、遗迹、化石，用以确定地层的顺序、时代，了解地壳发展的历史，推断地质史上水陆分布、气候变迁和沉积矿产形成与分布的规律。

根据研究的不同对象，古生物学分为古植物学和古动物学两大分支。随着近代生产发展的需要和科学研究的深化，古植物学分出了古孢粉学和古藻类学；古动物学分出了古无脊椎动物学和古脊椎动物学；古人类学既是人类学的分支学科，又是古脊椎动物学的分支学科；根据个体微小的动植物化石或大生物体微小部分的研究，又形成了微体古生物的分支学科。

第四节　生物工程与学科跨越

在现代科学发展的过程中，生物学取得了引人注目的成就。

由于化学、物理学、数学向生物学领域的广泛渗透，奠定了分子生物学的基础，使生物学的面貌发生了革命性的变化，形成了生物工程这样一种新工艺的技术体系，使生物科学成为当代科学的前沿。

生物工程又称生物技术，是以分子生物学、细胞生物学、微生物学、免疫学、遗传学、生理学、系统生物学等学科为支撑，结合了化学、化工、计算机、微电子等学科，从而形成了一门多学科互相渗透的综合性学科。包括基因工程、蛋白质工程、细胞工程、微生物工程（发酵工程）为基础的现代生物技术领域。

当代生物工程最具潜力、影响最为深远的，还要数基因工程。

基因工程是利用现代生物技术，将人们期望的目标基因，经过人工分离、重组后，导入并整合到生物体的基因组中，从而改善生物原有的性状或赋予其新的优良性状。此外还可以通过转基因技术对生物体基因的加工、敲除、屏蔽等方法改变生物体的遗传特性，获得人们希望得到的性状。

基因工程可以打破自然界生物之间亿万年来形成的生殖隔离，将不同种类的基因组合在一起。

蜘蛛丝是蜘蛛分泌并抽出的一种纤维，主要成分为蛋白质。在蜘蛛体内的丝蛋白是液态的，结网的时候，蜘蛛便将这些丝浆喷出去，丝浆一遇到空气，就凝结成丝。蜘蛛丝以其强韧的物理性质闻名，一根极其细小的蜘蛛丝就可以"悬吊"一只硕大的蜘蛛，这种强度是其他物质难以达到的。蜘蛛丝的质量极小，能环绕地球一圈长度的蜘蛛丝的质量仍不到500克。

天然蜘蛛丝产量非常低，于是，科学家们应用山羊来生产蜘蛛丝。他们先提取蜘蛛的产丝基因，然后将其注入山羊受精卵细胞核中的染色体上，导入基因在转基因动物中最理想的表达场所是乳腺，让羊奶具有蜘蛛丝蛋白，再利用特殊的纺丝程序，将羊奶中的蜘蛛丝蛋白纺成人造基因蜘蛛丝，这种丝又称为生物钢材，可用于制造高级防弹衣，还能制造战斗飞行器、坦克、雷达、卫星等装备的防护罩等，在国防、建筑、医学等领域具有广阔应用前景。

生物工程的应用范围十分广泛，主要包括医药卫生、食品轻工、农牧渔业、能源工业、化学工业、冶金工业、环境保护等方面。其中医药卫生领域是现代生物技术最先登上的舞台，也是目前应用最广泛、成效最显著、发展最迅速、潜力也最大的一个领域。由于生物工程将会为解决人类面临的重大问题如粮食、健康、环境、能源等开辟广阔的前景，它与计算机微电子技术、新材料、新能源、航天技术等被列为高科技，被认为是21世纪科学技术的核心。

生物工程是当代科学的前沿，是若干学科交叉综合的产物。同时，生物工程又向不同的生产、生活领域渗透，实现了极为广泛的学科跨越。

第十三章　地理的学科跨越

地理是研究地球表面人类生活环境中自然现象和人文现象以及它们相互关系的学科。地球是人类的家，人类一直都十分关心自己赖以生存和发展的地球表面的状况，地理学研究的是地球表面这个同人类息息相关的环境，研究的目的是为了更好地开发和保护地球表面的自然资源，协调自然与人类的关系。

地理学科具有综合性的特征。人类生活的地球表面环境由大气圈、水圈、岩石圈、生物圈等圈层所构成，是地球表层各种自然现象、人文现象有机组合而成的复杂系统。地理所研究的对象或现象不是孤立的、片面的，各地理要素之间的相互联系、相互影响、相互依赖、相互制约构成地理环境的综合性，即整体性。自然地理要素有气候、地形、水文、土壤、植被等；人文地理要素有资源、能源、农业、工业、交通运输、城市、人口等，整个体系是一个内在联系完整的有规律的综合体。一种要素的变化会影响其他要素发生变化，进而影响整个景观的变化，而任何一个要素和部分的发展变化也受到整体的制约。

地理学科的综合性特征决定了它和文、理两类的各个学科存在着密切关系。它与语文、数学、物理、化学、历史、政治等密切相关。学习地理学应注重各学科知识的交叉，学科交叉有利于打破学科条条框框的人为界限，充分利用相关学科的知识来理解地理问题，使各类知识融会贯通，拓宽知识面，开阔视野，多角度、多侧面、多层次地思考问题，有助于培养更为全面的综合分析能力，学习的兴趣也会提高。

第一节　地理环境与人类的兴衰演变

历史和地理有着密切的联系。人类历史演变是建立在地理条件之上的，地理是历史的舞台，历史就是在这个舞台上表演的戏剧。

一、地理的水环境决定着人类演变的历史

在自然界中，大海、江河、湖泊、冰川以及地下水，构成了一个水的世界，科学家

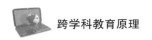

称它们为水圈。水圈和大气圈、岩石圈、生物圈等共同构成了一个我们生存的世界。

地球上的生命起源于水,地球早期的海洋中,孕育了最原始生命。在漫长的历史岁月中,演化出了缤纷的动植物世界。自古以来,人类逐水草而居。

中国、古印度、古巴比伦和古埃及作为人类最早的文明发祥地,拥有共同的特点:都位于大江大河流域,如中国的长江、黄河;古印度的印度河、恒河;古巴比伦的幼发拉底河、底格里斯河;古埃及的尼罗河等。这充分说明了历史的发展必然有着一定的地理背景。尼罗河每年定期泛滥,使两岸淤积了大量肥沃的黑土,农业的年年丰收造就了古埃及文明。

水是生命之源,也是人类文明之源,人类创造的所有文明,都离不开水的滋润。一个没有水的地方,注定人烟稀少,落后荒凉。

楼兰古城遗址位于新疆若羌县北境的罗布泊以西、孔雀河道南岸七千米处,它曾经是人们繁衍生息的乐园,因为古城边有烟波浩渺的罗布泊,古城门前环绕着清澈的河流,人们在碧波上泛舟捕鱼,在茂密的胡杨林里狩猎,人们沐浴着大自然的恩赐。楼兰古城自古就是古代东方和西方经济文化荟萃之地,是丝绸之路上的繁华商埠。在丝绸之路上作为中国、波斯、印度、叙利亚和罗马帝国之间的中转贸易站,当时曾是世界上非常繁华的大都市之一。

据《水经注》记载,东汉以后,由于当时塔里木河中游的注滨河改道,导致位于河流下游的楼兰严重缺水。尽管楼兰人为疏浚河道做出了最大限度的努力和尝试,但楼兰古城最终还是因断水而被废弃了,人们不得不离开楼兰。

楼兰水环境的变迁,决定着楼兰文明的兴衰演变。楼兰文明的消逝也在告诉我们人类的生存与发展不能没有水。

二、地理环境的优劣决定着人类的兴衰

地理环境的优劣,决定着人类兴衰演变的历史。

东北黑龙江省桦川县曾经有个"傻子屯"。"傻子屯"原名为集贤村。集贤村,顾名思义,应该是贤人聚集的地方,可这个村子却被当地的百姓叫作傻子屯。那是一片人人不愿走近的死地。傻子屯全村 1 313 人,患地甲病 859 人,患克汀病(呆小症)150 人。

为什么傻子屯盛产傻子?后来终于寻找到真正的原因。县卫生防疫站的同志说,"人要是缺碘就易得地甲病,严重地甲病人的后代,就易患克汀病,就会生聋哑傻子。你们应该化验一下水。"化验结果每升水含碘不足 1 微克,正常饮用水每升

含碘 10 至 200 微克,低于 5 微克/升易出粗脖,低于 1 微克/升易患克汀病。

于是傻子屯的父老乡亲们打深井改水、治愚。改水成功后。经省、国家等几个有关部门的鉴定,这里打的深水井是地下优质矿泉水,水中含有十几种人体必需的微量元素。

水质是地理环境因素之一。水质这一地理环境因素的改善给"傻子屯"带来了翻天覆地的巨变!

三、地理环境与民居建筑的演变历史

不同地区地理环境的差异,在传统民居的建筑史上也有一定的反映。比如,北方的房屋建筑都注重防寒、保暖,大多是坐北朝南,密闭程度高,墙体较厚的平顶房;而南方的房屋大多是高大宽敞,比较注重通风透气的斜顶房。

① 穴居。在茹毛饮血的远古时代,人类最早的居所是"穴居"。《易经·系辞》中说:"上古穴居而野处。"这里所指的"穴居",是旧石器时代原始人类的一种居住方式。在我国北方,气候干燥,细密的黄土结实,挖起来也方便。于是,我们的祖先就用挖洞的方法盖房子。现在西北人们有的还保留有穴居的方式——窑洞。窑洞多朝南,施工简易,不占土地,节省材料,防火防寒,冬暖夏凉。

② 巢居。我国北方是黄土地带的高原地区,而南方则是水网密布的低洼地区。因此,在北方发展穴居的同时,南方则形成了巢居的体系。先秦文献追述建筑的起源,认为是从"有巢氏"教人"构木为巢"开始的。巢,鸟窝的意思。巢居的原始形态,可推测为在单株大树上架巢。巢居在适应南方气候环境特点上有显而易见的优势:远离潮湿的地面,远离虫蛇野兽侵袭,有利于通风、散热,便于就地取材就地建造等。

③ 干栏式竹楼。西南潮湿多雨,虫兽很多,人们就建造干栏式竹楼居住。楼下可养家畜,楼上住人。竹楼空气流通,凉爽防潮,大多修建在依山傍水处。

④ 蒙古包。草原的牧民用蒙古包为住宅,便于随水草迁徙。蒙古包为塞北牧区一大建筑景观,能抵御冬季严寒和防风。蒙古包造成圆顶,周壁没有窗户,大门向南或东南方开。

⑤ 北京的四合院。四合院为单体封闭院落。北房是高大的正房,北墙不开窗或开小窗,以避冬季寒风。南面开大窗,便于吸收太阳辐射热。南房和东、西厢房低矮,一方面使北房冬季室内有足够日照,另一方面高大的北房将寒风和风沙拒之墙外,起了屏蔽作用。

⑥ 客家围屋。在粤闽赣边区地带至今仍可见到一种圆柱形碉堡式高屋围楼,

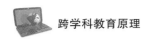

这是客家人来到南方定居后建造的一种民居屋式,称作圆楼。具有突出的防御性能。

建筑史上有句名言:建筑是居住的机器,建筑是石头的史书,建筑是凝固的音乐。居住的机器,揭示了建筑的功用;凝固的音乐,歌颂了建筑的艺术之美;石头的史书,说明民居建筑是镌刻在石头上的一部人类居住环境演变的历史。

四、地理环境的不同与各民族文化形态的历史演变

地理对历史文化的影响很大。从一定意义上讲,各民族文化形态的差异是由其所处的地理环境的不同造成的。

海洋岛国的人民靠海吃海,终年要与凶险、宽阔无边的大海搏斗,因此他们比较富有挑战性和冒险精神,属外向性性格。生活在内陆的农耕民族则因为只需要精耕细作不用背井离乡便可衣食无忧,因此他们比较现实、安于现状、保守,不太具备冒险精神和挑战精神,属内向性性格。

山区居民因地广人稀,山的形象高大、稳健、厚重,推门见山,长久在这种环境中生活,便养成了说话声音洪亮,议事直爽,待人诚恳、仁厚本分的性格,故有"爱山者仁"之说。

暖湿宜人的河湖海滨地区,水的形象灵活、多变、温柔,气候湿润,景色秀丽,生机勃勃,所以这里的居民往往多愁善感,机智敏捷,灵巧清秀,故有"爱水者智"之说。

一方水土养一方人,地理环境差异对各民族文化形态的历史演变有着深刻的影响。

五、历史与地理相融合,产生了历史地理学

历史地理学是研究在历史发展中地理环境及其演变规律的学科。历史地理学有三大体系。

① 历史自然地理学:研究历史时期自然地理环境的变化及其规律。

② 历史人文地理学:研究历史时期人文地理环境的变化及其规律。

③ 区域历史地理学:选择特定的区域进行历史地理的综合研究。

历史地理学的任务,不仅要尽可能地去"复原"过去时代的地理环境,而且还要揭示地理环境发展演变的规律及其特点。因此,历史地理学研究不仅有助于地理科学的前进和理论发展,也影响了历史科学的发展。

第二节　地理环境中的化学魔术师

地理与化学联系紧密。地理，尤其是自然地理，广泛涉及化学问题。如岩石的风化、石灰岩地形的形成、土壤的酸碱性以及各种有用矿物等。

一、化学与地理环境

化学是一位水平高超的魔术师，在大地上表演着变幻莫测的神奇节目。

1. 南极的流血冰川

南极流血的冰川位于南极洲麦克默多干燥谷内，该区为一个巨大无冰区，是南极大陆上最奇特的地区之一。红色的水流从冰川裂隙中不定期流出，看起来像是从撕裂伤口中流淌出一条血色河流。

早在一百多年前，英国探险家罗伯特·斯科特在南极发现了这处血冰川。

大家一直认为这个"血水"可能是很久以前的浮游生物或某种细菌造成的，但到 2003 年，人们才真正了解这"血水"其实是因为水里有铁的成分，在碰到空气后生锈而变红，其源头来自一个形成于一百万年前、隐藏在冰川下的大湖。据了解，每隔一段时间，冰川就会喷出清澈、富含铁的液体，之后就迅速氧化成骇人的深红色。

南极的流血冰川便是化学为我们人类演示的一则神奇魔术。

2. 腾冲神秘的扯雀魔塘

在云南腾冲，有一个特殊的河塘，从河塘上空飞过的小鸟会"嗖"地一下跌入其中，就像有一根无形的绳子，把小鸟瞬间"拉扯"了下来。因此，人们就把这个地方叫作"扯雀塘"。

邻村放养的一头老黄牛，因为到"扯雀塘"附近寻找竹叶吃，刚踱到塘子边，便被涌上的气体熏昏，被村民发现时，黄牛已经死了。之后，他们还发现了野狗、野猫、蛇等动物的尸骸，更多的是小鸟的尸骸。村民们曾经试过把一只活蹦乱跳的鸡放进塘中，几秒钟后，鸡就奄奄一息，扑腾几下便气绝而死。"毒气太大了，人只要在塘子边站一会儿，就会胸闷难受，喘不过气来，必须马上离开。"

那么，究竟是什么原因形成了这样的毒气塘？地质学者说，"扯雀塘"的形成与火山活动有一定关系。火山运动后地下产生了很多裂缝，地下便冒出一些毒气。气泉喷出的气体中，含有二氧化碳、硫化氢、氮气、氨气和二氧化硫等气体。正是这些特殊的气体，让飞过它上空的鸟儿中毒坠落。

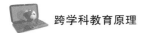
3. 散发香味的土地

在我国的湖南省洞口县山门清水村西北方约两千米远山腰上的一块凹地处，发现了一处散发着香味的土地，面积仅有五十多平方米左右。这是一个群山环抱、人迹罕至的地方，香地上边是悬崖峭壁，下面是潺潺的小溪，从表面看，这里平淡无奇，与附近地区没有任何区别，生长着与其他地方一样的树木花草等植物，土壤颜色也与周围的相同，但它却能散发出阵阵奇香。

这一奇特的香味，仅局限在这方圆50米的范围内，只要越出这香地一步，香味顷刻间就闻不到了。经过细致的调查，细心的人们还发现这里的香味随气温的变化而变化，早晨露水未干时，香味格外浓郁；太阳似火的中午，香味则变淡；黄昏、天阴或雨后天晴时，香味会渐渐变浓。

这是什么原因呢？有关专家分析后认为，这种香味可能是由这里地下所存在的一种微量元素引起的，当这一微量元素放射出来后，同空气接触就会形成一种带有香味的特殊气体。

二、化学与环境污染

化学能给人们生活带来快捷、便利，同时也是造成目前污染日益严重的"罪魁祸首"之一。化学污染是由于化学物质进入地理环境后造成的环境污染。由于自然原因或人为原因使地表一些化学元素流失或积聚、缺乏或过剩，就可能危害地理环境，造成环境污染。

回龙村是位于贵州省西南州兴仁县的一个大山里的村寨，这里的人世代生活在这里，一直很祥和，但是从20世纪80年代开始，不知为何，全村人接连出现"鬼剃头"的现象。

一天清晨，有个妇女早上起来，竟然头发全脱光了。

医生诊断这是斑秃，一种皮肤病。可是谁能想到呢，她吃各种治疗的药，还没有好转，她全家却也陆陆续续开始在半夜被"剃头"。更加难以令人置信的是，后来扩散到了整个村。头发不光会在一个星期内全部掉光，而且视力也会几乎丧失。

后来，政府派出的专家来调查，他们给村民体检，化验食物，结果发现：这里的蔬菜里的金属元素铊比标准高出40多倍。

经过调查发现，回龙村坐落在一个汞矿之下，而在汞矿的下面又有一个铊矿，当汞矿被开采完毕后，地下的铊矿被暴露了出来，每次下雨，雨水都会把含有铊的泥土冲到回龙村的庄稼地里，日积月累，这里的泥土含铊量远远超过了正常值。人们在这样的土地上种植食物，大量的铊元素被吸收到食物里，人们吃了这些食物后,便在体内积蓄。由于铊对体内的红细胞、肾脏、骨骼等部位都有毒害作用,所以时间一长,体内的铊元素积累到一定程度,便出现了脱发秃顶现象。

三、化学与地理相结合,诞生了化学地理学

化学地理学是研究地理环境的化学组成和化学元素的分布、迁移转化规律的学科,是自然地理学与地球化学的交叉学科。地理环境是一个复杂的多级开放系统,其形成过程不仅包括贯穿于各地理要素和结构单元之间的物质和能量的交换,也包括地理环境与外界之间的物质和能量的交换。化学地理学研究有助于了解这些物质和能量的交换方向和强度。

化学地理学按研究方向分为部门化学地理、区域化学地理和普通化学地理。

部门化学地理,研究各个自然地理要素的化学组成和化学元素的分布、迁移转化规律,如土壤及风化壳化学地理、水文化学地理、大气化学地理、生物化学地理和医学化学地理。

区域化学地理,综合研究一个区域地理环境各不同结构单元的化学组成、结构及其形成过程与空间分布规律的学科,是在部门化学地理的基础上进一步综合的产物。

普通化学地理,从总体上对岩石圈、水圈、大气圈和生物圈之间复杂的化学元素迁移转化过程进行分析,阐明各圈带间的地球化学联系,以及地理环境的化学演化等,研究化学地理学的基本理论和基本方法,进行化学地理区划。它建立在部门化学地理和区域化学地理的基础上,反过来又指导部门化学地理和区域化学地理。

第三节 地理环境与语文

自古以来,语文与地理息息相关。

中国早期的文献是史地纵横,文学蕴含于其间,地理学是属于史学的一个很重要的分支。

一、地理环境对语言的影响

地理环境对语言的影响,主要体现在语音、词汇、语法三方面。

1. 地理环境对语音的影响

地理环境的差异,造成人们生理上、心理上的差异,从而引起语音、声调以及情感表达方式的不同。比如北方话声音洪亮、语调刚爽,江浙话绵绵细语,粤方言古

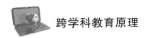

音绕口,西北话高亢激昂、雄厚粗犷。

2. 地理环境对词汇的影响

在语言系统中,词汇产生的过程受环境的影响。人类往往将他们生存环境中最熟悉的事物变成使用最广泛的词汇,从而不断丰富他们的语言。比如俄语中与森林、树木有关的词汇非常丰富;英语中关于船的词汇则很多;阿拉伯语中至少有6 000多个词语表示各种骆驼及其部位等;在沙漠、戈壁地区,许多词汇则与绿洲、水源有关;北极地区因纽特人的词汇中关于雪的表述非常细致、丰富;在赤道热带的一些部落中,则没有"雪"这一词语。所有这些都是由这些词汇产生的地理环境决定的。

有些词语,在我国不同地区含义也大不相同。比如"媳妇",南方一般指儿子的妻子,北方则指妻子。"面",南方指面条,北方则指面粉。

3. 地理环境对语法的影响

汉语不同地区的方言中,主要区别在于语音与词汇,语法的区别相对较小,但也有些区别。汉语的语法手段主要有语序和虚词,方言语法区别主要在语序。有的方言有状语后置的习惯。比如普通话说"你先走",粤方言则说"你行先";普通话说"再吃一碗饭",客家方言则说"食一碗饭添"。

补语位置在方言中也有特别的现象。比如,普通话说"我打不过他",粤方言则说"我打唔过佢",也说"我打佢唔过"。普通话"打败他",吴方言中的绍兴话有"打伊败"的说法。

4. 地理环境对语言传播、演进的影响

自然环境条件的差异往往会促进或阻碍语言的传播,导致形成不同的方言景观。我国现代汉语七大方言区的形成,无疑也是地理环境作用的产物。北方方言区之所以传播范围最广,除了历史的、政治的、经济的因素外,还与北方地区地形平坦,较少天然障碍,有利于语言的传播有关。而南方崎岖的丘陵、山地则为不同方言的发展和保持提供了客观条件,导致彼此的内部差异远大于北方。

二、地理对文学的影响

一方水土养一方人,不同的地理环境造就不同的生活环境和风俗习惯。

1. 地理环境与文学风格

不同的地理环境,不同的地域风情,对文学创作主体的熏染也不一样。因此,在不同"土壤"中生成的文学作品,其风格也大不相同。

以南、北而论,南方文学尚"柔",北方文学尚"刚"。在唐宋八大家中,生于北方

的韩愈在文风上呈现出刚健、雄正、愤激、质朴的特征；生于南方的欧阳修在文风上表现出柔婉、飘逸、哀婉、清丽的特征。

中国文学作品中地域风格与地域特色差异最为明显当数中国民歌。例如北方民歌《敕勒歌》表现的是牧草丰茂、牛羊成群、原野无际的北国草原风光；描写木兰代父从军的《木兰辞》，生动地反映了北方妇女的飒爽英姿与豪迈情怀，风格粗犷泼辣。而吴歌、西曲则是反映南方文学温柔和婉的代表作，其描写细腻，风格清新，基调哀怨，缕缕忧思，丝丝柔情，淡淡怨愁，跃然纸上。

2. 地理环境对文学流派的影响

文学流派风格也受着特定空间的自然、社会环境的影响与制约。

我国文学史上的"花间派"词人，大都生活在花香鸟语的西蜀一带，词作内容多为歌咏旅愁闺怨、合欢离恨，因此被称为"花间词派"。婉约词派多生活在山清水秀的江南水乡，正因为江南大多是白墙花窗青瓦圆门小巷，烟雨杂花小桥流水点缀其间，结果是造就了多情、艳丽、精致、典雅的江南作家，加上江南才子的审美心理如水一样含蓄，妩媚温柔，使得婉约词派大放异彩。而边塞诗的作者大都长期生活在广漠萧索的北国疆场，其作品多具有"悲壮刚烈"的风格特征。

三、文学创作也能重新塑造自然环境

地理环境影响着文学创作，而文学家的创作也能重新塑造自然环境。因为环境不仅仅是一种纯客观的自然存在物，更是一种被人类赋予了特定情感与意义的整体，它往往折射着文化风俗和个人想象。

1. 桃花潭水的友谊传奇

桃花潭，位于安徽皖南泾县以西40千米处，南临黄山、西接九华山，与太平湖相连，潭面水光潋滟，碧波涵空。潭岸怪石耸立，古树青藤纷披。春季绿茵如毡，桃花似火如霞，飞阁危楼隐约其中，犹如蓬莱仙境，又似武陵人家。

桃花潭名扬天下，是因为唐代诗人李白脍炙人口的千古绝唱《赠汪伦》。

汪伦是唐朝泾州（今安徽泾县）人，他生性豪爽，喜欢结交名士。当时，李白在诗坛上名声远扬，汪伦非常钦慕。汪伦邀请李白住了好几天，汪伦的别墅周围，群山环抱，重峦叠嶂，池塘馆舍，清静深幽，像仙境一样。在这里，李白每天饮美酒，品佳肴，听歌咏，与朋友高谈阔论，欢娱达旦。

离别那天，李白登上了停在桃花潭上的小船，适逢春风桃李花开日，群山无处不飞红，加之潭水深碧，清澈晶莹，翠峦倒映，美不胜收。船正要离岸，忽然听到一阵歌声。李白回头一看，是闻讯赶来的村民，唱起了送行的歌谣，依依不舍地为李

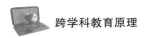

白送行。汪伦的友情,村民的质朴,山水的灵秀……面对此情此景,李白感慨万千,挥笔写下了那首千古绝唱《赠汪伦》:

> 李白乘舟将欲行,忽闻岸上踏歌声。
> 桃花潭水深千尺,不及汪伦送我情。

李白的诗句使桃花潭水驰名于世。今天的桃花潭旁两岸,仍有汪伦踏歌送别李白处东园古渡、踏歌岸阁、垒玉墩、书板石、彩虹岗、谪仙楼、钓隐台、怀仙阁、汪伦墓等景点。

2.“杜甫草堂”千古流芳

杜甫在中国古典诗歌中的影响非常深远,被后人称为“诗圣”,他的诗被称为“诗史”。公元759年冬天,杜甫为避“安史之乱”,携家带口由陇右(今甘肃省南部)入蜀辗转来到成都。次年春,在友人的帮助下,在成都西郊风景如画的浣花溪畔修建茅屋居住。第二年春天,茅屋落成,世称杜甫草堂。杜甫先后在此居住近四年,创作诗歌240余首。

后来唐末诗人韦庄寻得草堂遗址,重结茅屋,使之得以保存。如今,杜甫草堂已成为建筑古朴典雅、园林清幽秀丽的著名文化圣地,是一处集纪念祠堂格局和诗人旧居风貌为一体的博物馆。

文学创作也能对地理环境施加影响,重新塑造自然环境。泰山、黄山、长江、黄河是自然环境,由于文学家的创作而成为天下闻名的文学景观。浙江绍兴、湖南湘西、山东高密、陕西商州是地理和行政区域,但因为鲁迅、沈从文、莫言、贾平凹等人的创作赋予这些地域独特的景观与意义。也就是说,自然环境提供文学创作的空间、题材与内容,而文学家的创作又重新塑造了自然环境。

四、地理与语文教学的融合

自然界千姿百态的地理事物或现象为文学创科提供了丰富的素材,比如“大漠孤烟直,长河落日圆”等。反之,在教学地理知识时,如果可以合理地运用古诗、成语等语文知识,也可以反映不同的地理风貌,起到画龙点睛的作用。

北朝民歌《敕勒歌》唱道:“敕勒川,阴山下,天似穹庐,笼盖四野。天苍苍,野茫茫,风吹草低见牛羊”,说明了内蒙古高原的特征。“黄河之水天上来,奔流到海不复回”,既说明了黄河的流向,也揭示了我国西高东低的地势特点。“山无一里平,天无三日晴”,说明云贵高原地形崎岖,冬季多雨少晴的特点。“羌笛何须怨杨柳,春风不度玉门关”,说明我国夏季风不能到达西北地区。“南枝向暖北枝寒,一样春风有两般",说明山坡两侧向阳坡与背阳坡的光照及热量的差异。

五、语文与地理的学科交叉,产生了语言地理学、文学地理学等

语言地理学是研究语言现象的地理分布的学科。语言地理学以收集语音、语法、词汇等语言要素空间分布资料,编制语言地图,研究语言分布地理特征并由此探讨语言发展演化规律为主要目的。语言地理是文化地理学的重要组成方面,对于研究地域政治、社会、民族、人口、文化、经济等各种人文地理现象有着重要的辅助作用。语言地理也是语言学的一个课题,往往由语言学者对其语言的产生,演变,传播地域等方面进行研究。

文学地理学是融合文学与地理学不同学科的跨学科研究。是一门以文学为本位、以文学空间研究为重心的新兴交叉学科。文学地理学的研究对象包括地理环境对文学的影响、文学家的地理分布、文学作品的地理空间、文学扩散与接受、文学景观、文学区等。

第四节　地理环境与美术风格

美术与地理有着紧密的联系。

自然风光是美术的描绘对象,也是地理的研究内容。提起美术,我们会想到山水画,山水画来源于自然世界,创作者长期亲近自然、感知自然,从而将自然风光一一展现给我们,我们可以透过画作看到自然美。地理风光是画家创作的重要内容,也是美术的重要内容。

一、地理环境影响着美术的风格

不同地理环境直接影响相关地域居住人群的人文形成,大漠的苍凉、江南的秀美、岭南的热烈……由于地理气候环境不同,生产生活方式和经历不同,导致思想观念和文化性格特征也不同,审美习惯也有着差异性,而审美习惯左右着美术的风格,使美术在发展完善的过程中,表现出鲜明的地域特色。

地理环境对美术有重要影响。人们总是选择最适合自己生活习性的、最方便的工具、手段来表达自己的情感。住在洞穴里的民族,由于洞穴提供了大面积的墙壁,所以留下许多壁画作品。而海岛上的居民,大多擅长雕刻和文身。日照的时间、强度以及大气的厚薄也对各民族的美术有所影响,荷兰这样的低地国家,由于海边温暖湿润空气形成了厚厚的云层,所以画面中就缺少了那种鲜明的色彩和强

烈的光感,而增加了朦胧和层次感。

中国地域辽阔,山川地貌和植被的丰富多样直接孕育了历代美术画家多变的风格。我国西北、华北地区的干燥气候、植被单一的自然地理特征,塑造了该地区人们的博大质朴、粗犷豪放的心理特征,因而也相应地影响了宗教建筑、园林建造、休闲娱乐等活动的风格与方式,反映在艺术上就是具有苍茫悲凉、雄浑朴实的艺术风格。由于江南温度高,湿润多雨、如烟似雾,大量的泥土遮住了石骨,山丘为厚厚的植被所覆盖,山体柔和圆润,具有平缓、起伏较小的外貌特征,造就了江南人优雅细腻的审美心理,这就形成了宋代董源、巨然的江南山水平淡清远的风格,以及明代唐寅笔下仕女飘逸轻柔的形象。岭南的闷热气候则孕育了岭南人明快爽朗的性格特质,岭南地区的雕塑、绘画的艺术风格大都场面热烈、节奏多变、对比鲜明,无不反映出强烈的地域特色。

二、美术与地理教学

美术具有形象性、可视可感性和多样性,美术的这些特点有助于地理教学。

① 地图与地理教学。可以说,没有地图就没有地理教学,地图是地理知识的形象、直观、综合的表达,是地理教学的必备条件。

② 自然风光图片、视频与地理教学。教学过程中,可以通过展示自然风光图片或播放相关视频,让学生仿佛置身真实的自然环境中,切身感受到当地的气候、地形、河湖、植被等方面的特点,加深对地理知识的理解与把握。

第十四章 音乐的学科跨越

　　音乐是人们抒发感情、表现感情、寄托感情的艺术。有人说,语言的尽头就是音乐的开始,音乐被称为天界的语言。

　　音乐是用有组织的乐音来表达人们思想情感、反映现实生活的一种艺术。艺术的共同特性是塑造形象,根据塑造形象的材料、媒介和手段等的不同,艺术可分为造型艺术、表演艺术、语言艺术和综合艺术。音乐属于表演艺术。因为音乐艺术的实践要由作曲家对音乐形式作初步设计,通过演唱、演奏,才能塑造出以音响方式呈现的形象。音乐是一种在实践过程中展示的诉诸听觉的艺术,它的基本手段是用有组织、有顺序、有节奏的乐音构成具有特定精神内涵的音响结构形式。

　　音乐具有以下特征。

　　① 音乐是声音的艺术。音乐是以声音为表现手段,以听觉为对象的声音的艺术,或叫听觉艺术。音乐离不开声音,声音是音乐的物质基础,人们接受音乐是通过听觉来进行的,声音是构建音乐的本源。首先,声音构建音乐作品采用的材料是音符。它含有物理属性,具有高低感、长短感、强弱感、音色变化感。以这种原始材料为基础,以节奏作为骨架支撑,发展成一个旋律线,再由和声、复调、调式、调性构成一个有层次变化的音乐作品。

　　② 音乐是时间的艺术。音乐是通过有组织的乐音在时间上的流动来创造艺术形象、传达思想感情、表现生活感受的一种艺术。音乐只能在时间中展现与消失,没有时间的过程,就没有音乐的存在,就没有音乐的展现。

　　③ 音乐是二度创作的艺术。作曲家创作出来的乐曲,是作者审美观念的艺术构想,它只是完成了纸面上的乐谱,而不是实际上的乐曲音响。把乐谱变为实际的音响,必须通过表演(演唱或演奏)这一中间环节的二度创作来完成。表演者对作品的不同理解和风格的不同处理,体现出独特的审美个性,形成了新的审美创造。而且听众在欣赏中也进行着二度创作。由于听众的审美个性与作曲家的审美意识不可能完全相同,因此听众所理解的音乐和作曲家在作品中所表达的情感存在着差异性。

　　④ 音乐是非语义性和不确定性的艺术。音乐作为声音艺术,不长于精确、逼

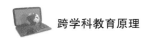

真地勾画事物具体的外部形态,只是通过旋律、节奏、和声等塑造非具象的音乐形象。因此它的表象是十分模糊的,与各种事物无法构成对应关系。音乐的表现没有特定的内容描述,其声音只能表现声音本身,它什么都不是。正因为它什么都不是,所以什么都是,音乐什么都能表现。这样更体现了音乐的强大表现力。音乐有其所借助声响而带来的非语义性、非造型性、在现实生活中缺乏原型等特点,这便造成了它作为主观的客体性艺术形态的抽象性、概括性和某种程度上的模糊朦胧意味,给了音乐表达更大的自由,赋予欣赏者以更大的联想空间,这正是音乐的优势所在。

⑤ 音乐是表现情感的艺术。音乐是长于抒情的艺术。音乐可以通过千变万化的音响组合形式,表达内心的种种感情,展现人们的精神世界,创造绘画所不能表达的意境。所以说音乐是心灵的直接语言。心灵能够感知的一切领域,音乐都可以达到,音乐在传递人的情感上有着极大的优势。

当前,科学与文化的发展,各种门类学科,包括自然科学、社会科学、技术科学、哲学和艺术等学科互相交叉与渗透。比如以往以研究音乐的客观基础及乐器发声为对象的科学——音乐声学,现在已涉及物理学、音乐艺术、电子学、计算机科学、生理学、心理学、美学等学科。因此现代的音乐声学已经是一门与高科技结合的新的交叉学科。

第一节　语文与音乐

音乐和语文的联系非常紧密。

一、音乐与文学同源流

《乐记》中说:"诗,言其志也;歌,咏其声也;舞,动其容也。三者本乎心。""言之不足,故长言之;长言之不足,故嗟叹之;嗟叹之不足,故手之舞之足之蹈之。"由此可见,早在人类文明的启蒙时期,文学、音乐、舞蹈都是相伴而生的,都是表现情感的艺术,只不过是表现形式不同罢了。

二、《诗经》集诗、乐、歌、舞于一体

从汉语的特点来看,古往今来无论是谣谚、诗歌、词曲,大都能作为歌曲演唱。

《诗经》是中国古代第一部诗歌总集,收集了周朝初年(前 11 世纪)到春秋中期

（前6世纪）的诗歌305篇。分风、雅、颂三大类。"风"采自民间乐曲，"雅"是王都附近的乐曲，"颂"是祭祖祀神的乐曲。所有诗歌均可歌唱，但乐谱今已失传。《墨子·公孟》说："诵诗三百，弦诗三百，歌诗三百，舞诗三百。"说明《诗经》诗、乐、歌、舞一体，诗歌伴以乐器，伴以歌唱，又伴以舞蹈，这是出于衰达的需要，能使先民的内心情感得以淋漓尽致地表达出来。

三、汉乐府诗，配乐歌唱的歌词

汉代乐府诗的兴起，与"乐府"这个掌管音乐的官署有很大关系，汉乐府具有采诗、作诗、编曲、配乐、演唱等功能。它搜集整理的诗歌，后世就称作"乐府诗"，乐府诗是乐府为配乐歌唱而搜集整理制作的歌词。西汉乐府诗是继《诗经》之后，古代民歌的又一次大汇集，它开创了诗歌现实主义的新风。民歌中女性题材作品占重要位置，它用通俗的语言和构造贴近生活的作品，采用叙事写法，刻画人物细致入微，创造的人物性格鲜明，在文学史上有极高的地位。

四、孔子的音乐天赋

孔子是古代伟大的教育家，杰出的文人学者，在音乐方面也有高深的造诣。

中国古代贵族教育体系，教育的科目是六艺：礼、乐、射、御、书、数。礼，指礼仪，规范思想道德，是对君子的首要要求；乐，指音乐，是对艺术修养的要求，君子要雅；射，即射箭，君子对武艺的要求，要体魄强健；御，指驾车，是骑马驾车的技术要好；书，指识字，君子要有满腹经纶，文采好；数，指计算，君子要通术算，逻辑思维强。这六种能力都要具备才能称之为君子。

孔子是伟大的教育家，自然要教给学生六艺，其中包括音乐。孔子把礼和乐放在同等位置，认定有乐才是人格完成的境界，所以他在《论语·泰伯》中说：

> 兴于诗，立于礼，成于乐。

孔子认为，人的修养开始于学《诗》，自立于学礼，完成于学乐。他还亲自编了《乐经》，有很高的音乐素养。据《论语·述而》记载：

> 子在齐闻《韶》，三月不知肉味，曰："不图为乐之至于斯也。"

《韶》乐是当时流行于贵族中的古乐。孔子对音乐很有研究，音乐赏析能力也很强，他听了《韶》乐以后，陶醉在《韶》乐的氛围中，在很长时间内品尝不出肉的滋味，说明他已经到了痴迷的程度。

据《论语》记载，孔子除了遇到丧事不唱歌之外，几乎天天曲不离口。周游列国

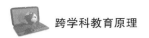

时,被困在陈蔡,随从的弟子许多都病倒了,唯独孔子每天依旧弦歌不绝。

五、"座中泣下谁最多?江州司马青衫湿"

音乐通过动人心弦的节奏,起伏跌宕的旋律,细腻地表达人们不同的情感。语言文学是作者充沛感情的自然流露,任何一篇作品都包含着作者的丰富感情。因此,音乐和文学都是人类情感的载体,都通过情感来陶冶人的情操、净化人的灵魂。

白居易是唐代伟大的现实主义诗人,先后任秘书省校书郎、盩厔县尉、翰林学士,元和年间任左拾遗。任左拾遗时,白居易认为自己受到喜好文学的皇帝赏识提拔,故希望以尽言官之职责报答知遇之恩,频繁上书言事,因而遭人忌恨,后被贬为江州(今江西九江)司马。

有一天,白居易在浔阳江送客时,登船饮酒,推窗望去,寒江茫茫。忽然,从水上传来动人心弦的琵琶声,诗人和他的朋友都听得入迷了。顺着声音找去,原来是一位曾在长安红极一时的歌女弹奏的琵琶曲。她盛年难再,不得不委身于一个重利寡情的商人。《琵琶行》借着叙述琵琶女的高超琴技和她的凄凉身世,抒发了作者个人政治上受打击、遭贬斥的抑郁悲凄之情。在聆听琵琶女的演奏时,他可以从中听出琵琶女的心情,且发出"同是天涯沦落人,相逢何必曾相识"的共鸣,借此表达出了作者对于自己人生境遇的感慨。在这里,诗人把一个琵琶女视为自己的知己,与她同病相怜,写人写己,哭己哭人,宦海的浮沉、生命的悲哀,全部融合为一体,因而使作品具有不同寻常的感染力。作者写道:

座中泣下谁最多?江州司马青衫湿。

因为情感的强烈共鸣,白居易双泪长流,以至湿透了衣衫。

《琵琶行》还营造出了一种完美的音乐意境,如"间关莺语花底滑,幽咽泉流冰下滩。冰泉冷涩弦凝绝,凝绝不通声暂歇",为读者营造出了一个唯美的音乐境界。在这种美轮美奂的声音中读者可以想象到婉转的鸟叫声以及冰层下水的流动声。诗人用自己深厚的文学功底来表现出这种醉人的音乐意境,表现出了音乐美。

白居易是伟大的诗人,同时又酷爱音乐,在奏乐、赏乐、评乐与品乐方面有着极高的造诣。诗人在《琵琶行》中,将音乐符号与语言符号完美结合,描写了千变万化的音乐形象,这也反映出过人的音乐才华与高超的文学素养在白居易身上的和谐统一。

六、音乐在语文课堂教学中的应用

心理学研究发现,音乐通过听觉可以作用于人的大脑,使人产生轻松、紧张、激昂、低沉、喜乐、忧伤等情绪体验。教学过程中有音乐陪伴,可以减缓大脑的疲劳,保持较长时间的注意力,对营造教学氛围、创设教学情境、集中注意力、调动学生积极性、激发学生兴趣、增进对文本的深入理解等都有着良好的催化作用。由此可见,音乐与语文是一对孪生姐妹,密不可分。

① 音乐导入,创设情境。用音乐营造氛围是一种别致的导入方法,音乐能以轻重缓急的音乐曲调、明快的节奏,给学生以更为直接、更为生动、更为丰富的感受。新课开始时,先播放一段与教材内容密切联系的乐曲或歌曲,可以使学生在优美、动听的乐声中身临其境,在不知不觉中将注意力转移到新课所描述的情境中来。

② 音乐配读。音乐配读即通常所说的配乐朗读,是指语文教师在进行朗读教学时,选择一段适合课文内容的音乐作为背景音乐进行朗读的教学方法,能使学生置身于乐曲所营造的特殊氛围之中,唤起学生的情感,让学生在全身心投入情感体验的基础上去思维、想象、创造,这样可以帮助学生更好地感悟语言文字背后传达出的深邃的思想内涵、高尚的道德情操,使大脑处于最佳的活动状态,有利于学生主动学习、积极思维,从而更高效地接受知识。

③ 音乐结课。结课是一堂完整语文课的最后一个至关重要的环节,要使一堂语文课取得成功,必须精心设计每一堂课的结尾。在一篇文章的学习即将结束时恰当引用歌曲,让学生在飞扬的乐曲声中再次受到灵魂的震撼,可以加深学生对课文内容的理解,起到画龙点睛的作用,从而提高语文教学的整本效果。

④ 音乐作文。写作是语文教学中的一个重点,把音乐引入作文教学,进行听音乐作文,即在写作前播放一个有标题、情绪有变化的音乐,让学生随着音乐的内容激起写作热情,去想象、去编织、去创作,能触发学生的创造灵感,激发想象力、创造力,让学生在轻松、愉快的氛围中完成写作,从而提高写作水平。

综上所述,音乐与语文有着密切的联系,在语文教学中巧妙地引用音乐,可以创造一种愉快的学习氛围。

第二节　音乐与物理学的汇流

物理学试图揭示自然现象背后未知的规律,要运用逻辑思维和数学语言进行研究;而音乐是揭示人类感情中未知的难以言说的内容,从事音乐活动则主要是运用形象思维和艺术语言。这两种思维方式看似风马牛不相及,可是它们却神奇地统一在一些物理学家身上。爱因斯坦认为:音乐和物理学领域中的研究工作在起

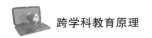

源上是不同的,可是被共同的目的联系着,它们都表达了人类对未知事物的渴求。它们反映的方式是不同的,可是它们互相补充着。

爱因斯坦曾说:"世界可以由音乐的音符组成,也可以由数学公式组成。"其实物理学研究不仅是理智的,也需要情感,在某些情况下情感因素甚至显得尤其重要。

一、音乐帮助他们登上科学的巅峰摘取诺贝尔奖

科学是理性的化身,但站在科学金字塔塔尖的诺贝尔奖获奖者们很多都有感性的一面,音乐经常帮助诺贝尔奖获奖者们启迪灵感并更好地处理科学信息。比如爱因斯坦爱好小提琴,马克斯·普朗克爱好弹钢琴、唱歌等。

1. 爱因斯坦与音乐

阿尔伯特·爱因斯坦,现代物理学家,1921年因光电效应研究而获得诺贝尔物理学奖。爱因斯坦是伟大的物理学家,同时又酷爱音乐。爱因斯坦的妈妈能弹会唱,尤其喜欢贝多芬的钢琴奏鸣曲,是爱因斯坦的音乐启蒙老师。从6岁上小学起,爱因斯坦就开始学习小提琴,他甚至曾经梦想成为一名小提琴手。后来虽然放弃了这一美好的理想,但他总把小提琴带在身边,几乎形影不离。在他一生中,他拥有大约十把小提琴,所有小提琴都被昵称为"莉娜"(Lina)。他经常表示,如果他不做科学家,他将成为一名音乐家。

爱因斯坦喜欢巴赫、舒伯特、勃拉姆斯的乐曲,从古典音乐中他体验到和谐之美,感受到大自然的和谐与物理理论的和谐是相通的。爱因斯坦认为音乐是创造新理论的催化剂,可以帮助他反思自己的理论并解决遇到的困难。他在研究相对论时,每当遇到困难就拿起小提琴,一遍一遍演奏乐曲,用音乐来启迪灵感。爱因斯坦的科学思想通常以图像和直觉的形式产生,然后转化为数学、逻辑和词语。在这个思维的转化过程中,音乐起了桥梁作用。

爱因斯坦说:"没有音乐的生活对我来说是不可想象的。"

音乐和科学在爱因斯坦身上珠联璧合、相映成趣。他经常在演奏乐曲时思考难以捉摸的科学问题。演奏时而明快流畅,时而委婉悠扬,时而雄浑庄严,极其富于变化。据他妹妹玛雅回忆,有时他在演奏中会突然停下来激动地宣布:"我明白了!"仿佛有神灵启示一样,答案在优美的旋律中降临。据他的小儿子汉斯说:"无论他在工作中是走入穷途末路或陷入困难之境,他都会在音乐中获得庇护,通常困难会迎刃而解。"他从他所珍爱的音乐家的作品中仿佛听到了毕达哥拉斯怎样制订数的和谐,伽利略怎样斟酌大自然的音符,开普勒怎样谱写天体运动的乐章,牛顿

怎样确定万有引力的旋律,法拉第怎样推敲电磁场的序曲,麦克斯韦怎样捕捉电动力学的神韵……

音乐创作的思维方式和方法与科学创造是触类旁通的,在创造的时刻,二者之间的屏障往往就消失了。音乐与科学的交汇贯通,铸就了爱因斯坦勾画自然宏伟蓝图的精神气质和深厚功力。

2. 普朗克的音乐之缘

马克斯·普朗克,德国物理学家,量子力学的创始人,1918 年获得诺贝尔物理学奖。他一生发表了 215 篇研究论文和七部著作。正是普朗克的研究成果为量子力学的发展奠定了基础,翻开了物理学领域的新篇章。

普朗克中学毕业的时候,曾经为选择职业大伤脑筋,因为他太喜欢音乐了,很小的时候,他的钢琴和管风琴演奏就达到了专业水准。经过艰难的抉择,普朗克选择了物理学,他把一生都奉献给了物理学研究事业,而把音乐作为自己的业余爱好。普朗克最喜欢巴赫的《勃兰登堡第三协奏曲》,在他 80 岁生日那天,他和他的好友演奏了这部庄严的作品。年近 90 岁的他在去世前夕,还坐在钢琴旁,每天弹奏一个小时巴赫和莫扎特的作品,从中得到内心的宁静和慰藉。

普朗克在柏林工作时,全家住在柏林的一栋别墅中,与许多柏林大学教授为邻。普朗克的庄园发展成了一个社交和音乐中心,许多知名的科学家如爱因斯坦、奥托·哈恩等都是普朗克家的常客。最为动人的场面是普朗克同爱因斯坦在一起演奏乐曲的情景,普朗克弹钢琴,爱因斯坦拉小提琴。他们的小提琴与钢琴二重奏已成为科学界的美谈。在他们心中,科学之美和音乐之美合二为一。

普朗克和爱因斯坦并称为 20 世纪最重要的两大物理学家。这两位物理学巨擘一起绘制了微观世界与宏观世界的物理学壮丽图景。他们既是物理学家,又是音乐爱好者。他们是科学事业上的同事和朋友,也是音乐上的知音。

3. 海森堡的原子跃迁与音乐

沃纳·卡尔·海森堡,德国物理学家,量子力学的主要创始人,1932 年诺贝尔物理学奖获奖者。

海森堡也是一名音乐迷,海森堡在幼年时代便表现出颖慧的音乐才能,据说他四岁开始读乐谱,小时候的理想是做一名音乐家和钢琴家。但随着年龄的增长,他对科学的热情超过了对音乐的热爱,因此他决定成为一名科学家,然而对音乐的热爱仍贯穿他整个人生。大学时代,他曾提出"理论物理学的理论美同音乐的美感存在着一种美的通感关系"。大学毕业后,他多次参加音乐会,有时亲自登台献艺,他还偶尔与爱因斯坦一起演奏。此外,音乐对他的科学研究有着重要的和微妙的启

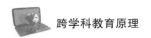

示。由于受音乐理论中泛音振动的频率是基音振动整倍数的启发,海森堡做出了原子跃迁的基频与次频的实验。

4. 居里夫人的音乐素养

玛丽·居里,世称居里夫人,镭元素的发现人,获得过两次诺贝尔奖。她在巴黎大学上学时,生活很艰苦,每月生活费只有四十元,维持正常生活都很困难,但她还要从这仅有的几十元生活费里节约一点钱去看夜戏或听音乐。她对音乐有鲜为人知的热爱,又有着较高的音乐素养,甚至还把小女儿艾芙·居里培养成一位音乐家。

科学和艺术尽管分属理性和感性的两极,但究其本质,科学研究与音乐乃至所有艺术创作一样,都是在纷乱中寻找秩序,在现象中寻求本质。天才的艺术家和天才的科学家一样,他们的天才都在于能将隐藏在繁杂表象内部的美用相对简单的形式表达出来,从而让所有人能够感受。

二、物理学是音乐的自然科学基础

音乐是用有组织的乐音来表达人们思想情感、反映现实生活的艺术。音乐的乐音是音乐的内容,又是一种物理学现象。音乐的物理实质是振动的传播,因此,物理学是音乐的自然科学基础。

音乐中包含着许多的物理内容。音乐的产生,也就是音乐声源,如弦振动、簧振动、膜板体振动、人的歌唱以及电振荡等属物理声学问题。音乐在各种场合的传播,涉及声的反射、折射、绕射、吸收和隔声等也是物理内容。乐器制造实际上是一件发声的物理仪器的制造。音乐的测量,包括频率、强度、时间、频谱、动态等都是物理测量。电声音乐中的换能是把音乐的振动转换成电的振动,然后进行加工、控制,这是电学和声学的换能,也包括信号处理、调制、放大等物理内容。现代音乐已经跨入计算机时代,音乐的数字合成、数码录音、数字控制、计算机作曲等,都属于物理学的内容。

音乐与物理学有着天然的联系,音乐与物理的学科跨越是必然的。

第三节　地理环境与音乐风格

音乐是文化的一种表现,地理环境无时无刻不在影响和制约着不同区域的音乐文化,创造了独具特色的民族音乐,形成了不同的音乐风格。

一、不同地理环境中的音乐风格

我国历史悠久,幅员辽阔,民族众多,在千差万别的自然条件、社会条件、生活方式、劳动方式的影响下,民歌的体裁形式、风格色彩、表现手段丰富多彩,各具特色。一般来说,北方的民歌旋律起伏较大、音域较宽、甩腔俱用较多,格调阳刚、开朗、奔放;南方民歌曲调抒情、委婉、细腻、音乐性较强。由于各民族的文化传统、地理环境、语言、生活习惯等各方面的原因,其演唱方法也多姿多彩。

1. 悠扬高亢、粗犷奔放的陕北信天游

《信天游》是陕北民歌中最具有代表性、最富有陕北地方特色的一种体裁。陕北地处黄土高原,由于交通不便,当地人长期行走于寂寞的山川沟壑间,途中以歌唱的形式自娱自乐,因此为信天游的产生创造了条件。陕北沟川遍布,人们习惯于站在坡上、沟底,远距离地大声呼叫或交谈,为此,常常把声音拉得很长,于是便在高低长短间形成了自由疏散的韵律。信天游的曲调悠扬高亢、粗犷奔放、韵律和谐,不加修饰地透着健康之美。

2. 旋律舒展、气势宽广的蒙古族民歌

蒙古族居住的地方,大部分是平坦广阔的戈壁、浩瀚无际的沙漠和水草丰美的草原。一望无边的草原上,青青的草原蓝蓝的天,白云、马儿、牛羊,辽阔壮美的草原环境自然孕育出优美动人的音乐。蒙古民族是一个质朴豪爽的民族,是音乐的民族,蒙古民歌是天籁之音,有着优美的旋律,独特的韵味,歌中时时透射出蒙古人胸襟的开阔。蒙古族歌曲最显著的特点是在长期的实践中形成了一种字少腔多,且拖腔悠扬、舒缓的长调歌曲。长调歌曲在旋律上,乐句气息悠长,气势连贯,旋律起伏很大,音域也比较宽广,具有浓厚的草原生活气息。

3. 细腻委婉、美丽动人的江南民歌

江南地区山清水秀,物产丰富,地势低平,湖泊密布,素有水乡之称。江南人民勤劳心细,历代文人辈出,形成了江南民歌旋律柔和、细腻、平静、流畅、秀丽,富于叙述性、抒情性的风格,和北方的豪爽粗犷形成了鲜明的对比。这里的人聪慧灵秀,民间音乐也细腻委婉,曲调美丽动人,如《茉莉花》《紫竹调》等。《茉莉花》是一首江南民歌,歌词生动含蓄,借花言情,以曲折的手法,隐喻青年男女对自由幸福爱情和美好生活的向往与追求。这首优秀的歌曲,不仅在全国各地广泛流传,18世纪末,它还流传到欧洲和美国,作为中国民歌的典型而被外国作曲家引用。

4. 清悦嘹亮、热烈奔放的藏族民歌

青藏高原是世界最高的高原,被称为世界屋脊,地势高且气温较低,大气洁净,

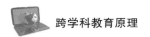

晴天多,日照时间长,西藏拉萨素有"日光城"之称。因而,青藏高原上的民间音乐清悦嘹亮、热烈奔放,有高原蓝天辽阔的气象。

由此可见,地区自然环境、文化环境、民间习俗等,与音乐文化风格、体裁形式存在着密切联系。音乐文化类型的划分与地理学描述的不同范围和不同地貌的自然地理环境划分是相互联系的。

地理环境造就了人,人以自己被造就的性格创造了与环境相协调的文化,文化又进一步强化了环境氛围。久此以往,我国不同民族、不同地区的人们就在地理环境、文化氛围以及历史传统等因素的作用下,形成了各具特色的音乐。

二、音乐地理学

运用地理学的学科理论、研究观念与方法,对音乐文化进行研究,形成了音乐与地理学交叉的边缘学科——音乐地理学。音乐地理学是研究音乐的地域分布规律、形成演化过程及地域扩散特点的学科。

音乐地理学研究的主要内容有音乐的起源与扩散、音乐地域差异与音乐文化区、音乐与自然环境的关系、音乐与人文环境的关系、音乐景观等。

第四节　音乐中的数学

数学是研究现实世界空间形式与数量关系的一门科学,音乐则是用有组织的乐音来表达人们思想情感、反映现实生活的一种艺术。表面看,音乐与数学风马牛不相及,其实不然,数学和音乐有着密切的联系。

一、大自然中的音乐与函数

大自然当中一些动物的鸣叫声像音乐一样悦耳动听,且动物的叫声与数学之间有着密切的关系。比如蟋蟀的鸣叫可以算得上大自然的音乐,而蟋蟀鸣叫的频率与气温有着很大的关系,可以用一个一次函数来表示:$C=4t-16$。其中 C 代表蟋蟀每分钟叫的次数,t 代表温度。

二、毕达哥拉斯的发现

毕达哥拉斯是古希腊的哲学家和数学家,他认为"万物皆数""数是万物的本质",而整个宇宙是数及其关系的和谐体系。有一天,毕达哥拉斯在散步时,经过一家铁匠铺,意外发现里面传出打铁的声音,要比别的铁匠铺协调、悦耳。他对此产生了兴趣,于是走进铺子,测量了铁锤和铁砧的大小,发现音响的和谐与发声体体积的一定比例有关。后来,他又在琴弦上做试验,进一步发现了琴弦律的奥秘:当两个音的弦长成为简单整数比时,同时或连续弹奏所发出的声音是和谐悦耳的。简而言之,只要按比例划分一根振动的弦,就可以产生悦耳的音程,如当两音弦长之比为 1:2,则音程为八度;当两音弦长之比为 2:3,则音程为五度;当两音弦长之比为 3:4,则音程为四度。这就是后来所使用的"五度相生律"。

就这样,毕达哥拉斯在世界范围内首次发现了音乐和数学的联系。当时毕达哥拉斯学派用比率将数学与音乐联系起来。他们不仅认识到所拨琴弦产生的声音与琴弦的长度有着密切的关系,从而发现了和声与整数之间的关系,而且还发现谐声是由长度成整数比的同样绷紧的弦发出的。于是,毕达哥拉斯音阶和调音理论诞生了,而且在西方音乐界占据了统治地位。

三、音乐中的节拍

音乐中存在着明显的数字规律,比如节拍。音乐的节拍形式不一,其中常见的是 2/4 拍、3/4 拍、4/4 拍,6/8 拍等,标志着一个小节中有不同数目的拍子和不同的强弱关系。透过这些节拍我们不难发现,它们的基本结构并不复杂,除了一拍子、二拍子、三拍子这三种单拍子外,其他拍子都是以这三种拍子的变化组合而成。

四、旋律与几何

在编曲中,比较常用的一种手法是将一段旋律以相同的节奏,但整体向上或向下挪动几个音符。用几何来解释的话就是"平移"。例如贝多芬著名的《命运交响曲》乐曲开头充满了震慑力,再细看乐谱,我们能够清晰地看出后两个小节是将前两个小节的音符进行了垂直平移,使得后两个小节的音调整体变得更为深沉和强烈。还有一种编曲手法被称为"逆行",即将一段旋律从后向前重复一遍,使旋律形成左右对称的"镜像"。这一手法在谱面上的表现,正像在平面直角坐标系上的水平翻转。

五、数学中的黄金分割

在创作一些乐曲时,音乐家会将高潮或者是音程、节奏的转折点安排在全曲的黄金分割点处。比如要创作 89 节的乐曲,其高潮便在 55 节处,如果是 55 节的乐曲,高潮便在 34 节处。这是数学中的黄金分割在音乐中的体现。

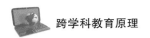

六、乐器中的数学

乐器的规格是十分重要的。乐器的每根弦、每个气孔、琴码或踏板的位置都要根据标准精心调试,达到分毫不差。否则,一件乐器在不同的师傅手中,就会出现不同的调式。如乐团中常见的乐器长笛,通过向管内吹气,气流在管中碰撞,并通过共鸣管产生共鸣,按下按键则能够改变笛声的音色音调。这样精妙的设计,自然需要统一的制作。制作乐器利用的就是声音的振动原理。对于材质与粗细均相同的一根弦,频率与长度成反比;相差一个八度的两个音振动频率之比为 2∶1。按照这个标准,我们就能够准确地测量乐器的音高了。假定一根空弦发出的声音是do,则 1/2 长度的弦发出的是高八度的 do,以此类推。乐器是按照一定的规格制定的,而规格的统一就是标准化,标准化其实就是数学化。

毕达哥拉斯认为:"音乐之所以神圣而崇高,就是因为它反映出作为宇宙本质的数的关系。"爱因斯坦说:"我们这个世界可以由音乐的音符组成也可以由数学公式组成。"

千百年来,研究音乐和数学的关系在西方一直是一个热门的课题,从古希腊毕达哥拉斯学派到现代的宇宙学家和计算机科学家,或多或少都受到"整个宇宙即是和声和数"观念的影响,开普勒、伽利略、欧拉、傅立叶、哈代等人都潜心研究过音乐与数学的关系。由此可见,音乐的发展与数学紧密地联系在一起,感性的音乐中处处闪现着理性的数学。

音乐和数学有着不解之缘。世界上哪里有数,哪里就有音乐美。

第十五章 美术的学科跨越

美术是指占据一定空间、具有可视形象以供欣赏的艺术。

美术是艺术的种类之一，它和人类社会有着密切的关系，渗透到人类生活的衣、食、住、行等各个方面，比如建筑、居室设计、服装、工商业等都离不开美术。美术作为艺术的种类之一，它还具有审美、实用、教育、认识和传播交流等社会功能。

美术主要包括绘画、雕塑、工艺、建筑等类型。

① 绘画。绘画是运用点、线、空间、色彩等艺术语言，在二度空间（即平面）上创造形象、反映生活和表达情感的艺术。绘画是美术形式中最为主要的一种形式，也是最丰富、最有表现力的一种形式。优秀的绘画作品，有着悦目的色彩，优美的线条，逼真的形态，隽永的神韵，能使人深深地陶醉在作品美的意境之中，并使人的想象力、联想力异常地活跃起来，创造力获得超常的发挥和显示。

② 雕塑。雕塑是造型艺术的一种，是雕、刻、塑三种创制方法的总称，指用各种可雕刻和塑造的物质材料，创造出具有一定空间的可视、可触的艺术形象，借以反映社会生活，表达思想感情的一种艺术形式。

③ 工艺美术。工艺美术是指日常生活用品经过艺术化处理以后，使之具有强烈的审美价值的产品。一般把工艺美术分为实用工艺美术和陈设欣赏工艺美术。实用工艺美术是工艺美术的主体和基础，包括衣、食、住、行、用的工艺品类，实用价值是这类工艺品的主要价值，审美价值是作为辅助价值存在的。陈设欣赏工艺品是指那些以摆设、观赏功能为主的工艺品，这类工艺品以审美为其首要价值，实用价值已不明显或完全消失，如玉器、金银首饰、景泰蓝壁挂、陶艺等。

④ 建筑艺术。建筑艺术是指按照美的规律，运用砖、石、瓦、木、铁等独特的艺术语言，在固定的地理位置上修建或构筑的用来居住和活动的内外空间的艺术。以其功能性特点为标准，建筑艺术可分为纪念性建筑、宫殿陵墓建筑、宗教建筑、住宅建筑、园林建筑、生产建筑等类型。

从总体来说，建筑艺术与工艺美术一样，也是一种实用性与审美性相结合的艺术。建筑的本质是人类建造以供居住和活动的生活场所，所以实用性是建筑的首要功能；只是随着社会的发展，物质技术的进步，建筑越来越具有审美价值。

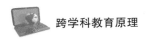

20 世纪以来,美术与科学及其他学科领域的交融使美术领域不断地深化与扩展,美术内涵的深化与外延的扩展也带来了美术内容的深化与扩展,因而也必须随之重视美术的学科跨越。

第一节　音乐与美术的不解因缘

音乐和美术分属两种不同的艺术。美术是一种视觉艺术,空间艺术,它需要我们借助视觉、触觉、嗅觉等来感知它的存在。音乐是听觉艺术,时间艺术,我们主要通过"听"来进入它的世界,需要我们用心去捕捉。然而音乐和美术又都表现艺术家心灵深处微妙复杂的情绪变化和对客观事物的感受,有着一致之处,因而他们间有着密切联系。

一、通感,将音乐与美术联系在一起

人类的各种不同的感觉器官,只能对事物某些特定的属性加以认识。在人们从感觉、知觉到表象的过程,并进一步获得关于某一事物对象整体性的认识,这实际上也是各种感觉器官获得的特定属性的综合的、相通的过程。比如,我们通过眼睛看可获得梅子的视觉形象,通过嘴巴尝可获得梅子"酸"这一味觉形象,通过大脑的综合,便可获得"酸梅"的整体性认识。钱锺书先生说过:"在日常经验里,视觉、听觉、触觉、嗅觉、味觉往往可以彼此打通或交通,眼、耳、舌、鼻、身各个官能的领域,可以不分界线……"

钱锺书先生这里说的正是通感,通感又叫"联觉""移觉",是指感觉之间的相连、相通。通感在日常生活中很常见。比如,听见"酸梅"这一词,脑海中便会产生酸梅的视觉形象,还有酸溜溜的味觉形象,并且会不自觉地冒出口水。也正因为如此,曹操"望梅止渴"的计谋才能成功。

人类艺术活动的"通感"实际上是人们认识活动的一种艺术表现形式。音乐中的画面和绘画中的音乐感,往往是艺术家们经常谈论的问题。比如美术中的术语"色彩"一词经常作为音乐用语出现在音乐理论文章中;音乐中的术语"节奏"一词也往往作为美术用语出现在美术理论文章中。人们在欣赏、谈论艺术作品时,也常常会说,这首乐曲简直像一幅美丽的风景画;或者说,这幅画简直像音乐一样迷人。这是在长期艺术实践和艺术感受中形成的一种感性的艺术经验。这种经验表明了音乐与美术之间存在着联系,这种联系就是通感。

在人们的审美活动中,通感的使用,又可以使读者各种感官共同参与对审美对象的感悟,使人的视觉、听觉、嗅觉、触觉等多种感觉互相沟通,互相转化,从而使人产生的美感更加丰富和强烈。

二、音乐的旋律与美术的线条

旋律是音乐的主要表现手段。旋律又叫曲调,是按照一定的高低、长短和强弱关系而组成的音的线条。人们的听觉最容易感知的就是美的旋律。静静地欣赏音乐,会感觉到旋律的线条在空中舞动。旋律是一条起伏运动的音高曲线,它结合节奏,以抑扬顿挫的音响韵律表达各种情绪。旋律也常常被看作是音乐的灵魂。旋律推进的方向、线条的起伏对音乐的表现有重要意义,一般可分为水平式、上行式、下行式、波浪式等。水平式旋律线适合于表达平静、舒缓的情绪;上行式的旋律线紧张度增长,情绪高涨;而下行式旋律线则表达松弛、低沉、悲伤的情绪;表现起伏跌宕、多变的情绪则采用波浪式旋律。

人们认为音乐中的旋律是以时间为画笔在不同音高位置上勾画出来的线条。这一认识恰当地说明了音乐中抽象的旋律线与美术中组成具体可见形象的线条的基本关系,也证实了音乐与美术间的联系。正因为如此,抽象派的美术作品十分接近于音乐,作品中的点、线、面仿佛都是在向人们歌唱。

因而在通感中,颜色似乎有温度,声音似乎有形象,冷暖似乎有重量。

三、音乐的情感与美术的色彩

从物理学角度来说,音乐中的声音和美术中的色彩都是一种波动,即声波和光波。牛顿最早提出了音乐和颜色的联觉理论。牛顿曾用三棱镜对阳光做色散实验,证明阳光是由红、橙、黄、绿、青、蓝、紫七种色光组成,同时也还对七音与七色之间奥妙的对应关系进行过有趣的探索,认定音阶中的七个音和可见光谱中的七种颜色可以对应起来。

俄国画家康定斯基的画就是用点、线、面的组合、构成,参照音乐的表现语言,用绘画来传达观念和情绪,他主张从听觉角度来体会绘画的色彩。他认为,黄色具有轻狂的感染力,如果人们持久注视着任何黄色的几何形状,便会感到心烦意乱,犹如刺耳的喇叭声。蓝色唤起人们对纯净和超脱的渴望,当蓝色接近于黑色时,表现出超脱人世的悲伤,蓝色越浅,也就越淡漠,给人以遥远和淡雅的印象,宛如高高的天空。淡蓝色像一只长笛,蓝色犹如一把大提琴,深蓝色好似低音提琴,最深的蓝色可谓是一架教堂里的风琴。红色给人以力量、活力,像是乐队中小号的音响,嘹亮且高昂。朱红像是炽热奔腾的钢水,会发出长号般的声音,或是鼓声那样的轰响。绿色是黄色和蓝色的等量调和,它有着镇定和祥和的寓意,纯粹的绿色是平静的中音提琴。紫色是由于掺入了蓝色而与人疏远的红,带有病态和衰败的性质,在音乐中,相当于一只英国管或是一组木管乐器的低沉音调。暖红被黄色增强后就成了橙色,在音乐中,橙色宛如教堂的钟声,或是浓厚的女低音,或是一把古老的小提琴所奏出的舒缓、宽广的声音。白色像是一片毫无声息的静谧,在音乐中,是倏然打断旋律的停顿,是一种孕育着希望的平静,犹如生命诞生之前的虚无。黑色的基调是毫无希望的沉寂,在音乐中,它被表现为深沉的结束性的停顿,在这以后继续的旋律,仿佛是另一个世界的诞生······康定斯基的绘画虽然是视觉艺术,但可以通过思维变成听觉艺术,从而奠定了用音乐来影响绘画的美术抽象主义理论基础。

作曲家里姆斯基·柯萨科夫也将视觉与听觉联系起来,他认为 C 大调是白色,G 大调是黄色,D 大调是金黄色,A 大调是玫瑰色,E 大调是青玉色,B 大调是铁青色,升 F 大调是灰绿色,ᵇD 大调是灰黑色,ᵇA 大调是紫色,ᵇE 大调是深黑色,F 大调是绿色。斯克里亚宾还发明了一个色彩键盘,每按一键在音乐厅一侧银幕上即出现一种色光,以此加强对听众的感染。在我国古代,也将音乐的五音宫、商、角、徵、羽,和美术的五色黄、白、青、赤、黑分别一一对应,认为它们具有相似的特性,表达相同的情感,这是通感的一种体现。

美术中的色彩是抽象的语言,直接地表达了人的内心情感,就像音乐中的旋律一样抒发人的情感世界。色彩的象征意义可以给音乐艺术贴上标签,也可以形象地展示音乐艺术的内涵和主题思想。比如施特劳斯的《蓝色多瑙河》、格什温的《蓝色狂想曲》。蓝色给人沉静、稳定的感觉,人们欣赏蓝色的内涵及无限深奥的世界,就如人的内心世界。

四、建筑是凝固的音乐,音乐是流动着的建筑

人们常说,建筑是凝固的音乐,音乐是流动着的建筑,这从另一个角度也说明了音乐与美术之间的通感以及都具有造型性的特点。美术中的造型用线条和色彩在空间中组合成一种特定的结构位置,音乐则是通过无形的音响造型象征性地体现出上下、前后、远近等空间感。虽然这种造型并不是真实的,而是存在于人们的想象空间里,它可以通过人的通感在内心体验中转化为清晰的视觉形象。

音乐作品是给人听的,但一部成功的音乐作品可以使听众通过对优美的旋律的听觉、想象而获得各种视觉形象,看到一幅幅动人的图画,进而引发出相应的情感与情绪;绘画是给人看的,一幅神形兼备的美术作品可以让人们仿佛听见些什么,人们在美术家所渲染的意境中,领略到一曲令人心旷神怡的调子,这曲富有诗

意的调子轻轻地扣动人们的心扉,引起人们的共鸣。这种音乐中的画面和绘画中的音乐感,正是音乐与美术的联系。

五、美术与音乐的交叉

美术教师可以用动人的音乐陶冶孩子的心灵,以达到图音并茂、声色俱全的效果,给学生以美的享受,激发学生的学习兴趣,避免课堂气氛枯燥乏味,为课堂营造一种轻松愉快的教学气氛。

音乐的节奏使大脑处于一种兴奋状态,可以影响人的情绪和情感,并产生积极的联想,激发学生的创造思维。所以,欣赏一些旋律优美、节奏分明的世界名曲,可以更好地激发学生丰富的想象力。学生想象力的飞翔是无止境的、无穷尽的。

将美术融入音乐教学中,在学生欣赏完一首乐曲后,给他们留出相对充分的时间,让他们用手中的画笔将自己对音乐的理解和体会实实在在地画在纸上,把抽象的音乐描述用有色有形的图画生动地描绘出来。学生可以通过绘画,充分展开联想的翅膀,发掘他们的创造力,凭着他们对欣赏的音乐的见解来表达他们的情感。让学生从声音、图像两个方面去感知美,欣赏美,最重要的是创造美。

音乐和美术把静止的画面和跳动的旋律结合在一起,音乐以其明快的旋律,能够改变美术活动教学的沉闷气氛;而美术则以其清晰的画面,也能使抽象的音乐语言增强形象性。因此音乐与美术完美的融合,既有利于创设课堂教学的审美氛围,又有利于学生愉悦身心、激发灵感、发展思维和陶冶情操。

第二节　美术中蕴含的数学原理

在传统印象中,数学和美术是两种截然不同的存在。数学是抽象的思辨,严密的推理,逻辑的论证,精确的计算,构造起"思维体操"的数学大厦;而艺术是浮想联翩,潇洒不羁,跳跃的思维律动,弥漫出若即若离的艺术图景。

其实,美术中蕴含着无穷的数学知识,美术与数学之间存在千丝万缕的联系。

一、透视与美术

透视是数学中的一门重要学科,同时也是学习美术的人必学的科目。美术家们想绘制出逼真的环境,必须懂得其中的透视学原理,让作品呈现层次感、立体感,使画面更自然、更深邃。

人们看到的影像是物体通过光线反射进入眼睛形成的。最初研究透视是采取通过一块透明的平面去看景物的方法,将所见景物准确描画在这块平面上,即成该景物的透视图。后来将在平面上根据一定原理,用线条来显示物体的空间位置、轮廓和投影的科学称为透视学。1435 年阿尔伯蒂所作《绘画论》一书,其主要观点是艺术的美应与自然相符,数学是认识自然的钥匙,因此,这本书的理论基本是论述绘画的数学基础——透视学,从而得出:"远小近大,远淡近浓,远低近高,远慢近快"的一些定性结论。

文艺复兴时期的伟大画家达·芬奇在绘画、雕塑、音乐、数学、工程、建筑等各个不同的领域产生了深远的影响。当他 18 岁时,为了透彻理解和掌握绘画艺术,决定开始研究其他与绘画有密切关系的学科,如数学、解剖学等。之后运用数学、透视和"神圣的比例关系"创造了许多举世名作。他的那幅《蒙娜丽莎》,一直笼罩着神秘的面纱。在《蒙娜丽莎》中,达·芬奇用透视法构成蒙娜丽莎身后的风景,越远的地方,颜色就愈淡,轮廓线就越模糊。这种透视感营造成的景深,烘托整个画面,让整幅画笼罩在奇幻的环境中。透视几何学使得艺术和数学融合到里程碑式的高度。

达·芬奇说:"欣赏我的作品的人,没有一个不是数学家。"

二、黄金分割与美术

几何上,我们学过"黄金分割",即把线段 l 分成 x 和 $l-x$ 两段,使其比满足:

$$x : l = (l - x) : x$$

这样解得 $x \approx 0.618$,这种分割称为"黄金分割"。0.618 被中世纪学者、艺术家达·芬奇誉为"黄金数"。事实上,黄金比值一直统治着中世纪西方建筑艺术,无论是古埃及的金字塔,还是古雅典的神庙;无论是印度的泰姬陵,还是巴黎埃菲尔铁塔,这些世人瞩目的建筑门都蕴藏着 0.618 这一黄金比数,展示着数学美。

一些著名的艺术佳作也处处体现了黄金比值——许多名画的主题都是在画面的黄金分割点处,不少著名乐章的高潮在全曲的 0.618 处。

更有趣的是,人体中有着许多黄金分割的例子。比如喉结是头部最上端至肚脐的黄金分割点,膝关节是肚脐到脚部最下端的黄金分割点,肘关节是手指到肩部的黄金分割点等。

三、分形几何学与美术

分形几何学是一门以不规则形态但具有一定自相似图形和结构为研究对象的

几何学。因为它的研究对象普遍存在于自然界中,因此被称为"大自然的几何学"。

不规则现象在自然界中是普遍存在的。比如弯弯曲曲的海岸线、起伏不平的山脉、粗糙不堪的断面、变幻无常的浮云、九曲回肠的河流、令人眼花缭乱的满天繁星等,它们的特点都是极不规则或极不光滑,都是自然界中传统欧几里得几何学所不能描述的,这些对象都是分形。正如曼德尔布罗特所说:"云不是球体,山不是锥体,海岸线不是圆圈,树皮不是光滑的,连闪电都不走直线。"显然大自然"无处不分形"。同时客观事物具有自相似的层次结构,在不同尺度上,图形的规则性又是相同的。例如海岸线和山川形状,从远距离观察,其形状极不规则,从近距离观察,其局部形状又和整体形态相似。局部与整体在形态、功能、信息、时间、空间等方面具有统计意义上的相似性,称为自相似性。例如切开一朵花椰菜,你会看到同样的花椰菜,只是小一点,一直切下去,你还会看到一样的花椰菜,只是更小而已。这种自相似的层次结构,适当的放大或缩小几何尺寸,整个结构不变。

自 20 世纪 80 年代以来,分形几何学已被广泛应用于众多的科技领域,如在生物学里分析细胞生长的规律,在物理学中研究湍流和临界现象,在信息技术领域启蒙了区块链的概念。分形理论在研究经济规律、地理形貌、教育,乃至哲学等人文社会学中也取得了丰厚的成果。

分形几何诞生在以多种概念、方法、学科相互冲击和融合为特征的当代,分形之旋风,横扫数学、理化、生物、大气、海洋,以至社会学科,在音乐、美术间也产生了一定的影响。

其实,中国画和中国书法中,水墨在宣纸上的氤氲和运动痕迹也是分形的。中国书画自古就追求一种叫"屋漏痕"的艺术形式或现象,来自雨水对古人居住房屋土墙的侵蚀作用而产生在墙壁上的痕迹,这种痕迹显得自然有趣,无人为之造作。将这种自然现象加以提炼升华运用到书法和绘画的用笔当中,将细腻的色和墨,通过不同量的水分稀释,在宣纸上自然渗化,所产生的水墨氤氲的流动感和色彩的气韵节律,就是"屋漏痕"。浑然天成的"屋漏痕"是书法和绘画艺术追求的境界。

如今,人们借助计算机技术,以非规则又具有自相似的几何形态为研究对象的分形几何学,带来新的造型语言及表达方式,构造出复杂且美轮美奂的分形艺术。分形艺术的数字造型和世界观理念,加上发达的计算机技术,为艺术创作注入了全新的灵感和无限的可能性。分形艺术以其精美绝伦的几何图案征服了无数的艺术家和设计师,它在以一种更为精确的几何学方法描述这个世界的同时,也使艺术家和设计师看到了从现实世界中抽象出来的真实而复杂的美,为各种设计形式提供了突破性的思路,从而开始被广泛应用于各种艺术作品和设计作品中,比如图案设

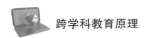

计、造型设计、房屋设计、服装设计等方面。分形艺术将我们带进一个神奇绝妙的美丽世界,这些极具审美性的分形图形是科学的理性和艺术的感受的完美融合,是数学和艺术的统一。

多少世纪以来,数学总是有意识或无意识地影响着艺术家,射影几何、黄金分割、比例、视觉幻影、对称、分形几何、图案和花样、极限和无限以及计算机科学等,这些都是数学的内容,然而它们却影响着艺术的众多方面及至于整个时代。

数学使我们富于理性,让我们理解这个世界真实运行模式;艺术富于感性,用热情感触这个世界的多彩。数学追求真,艺术追求美,而美是真理的光辉,美和真理是统一的。数学和艺术的融合其实就是艺术数学化,数学的艺术化。

第三节　诗中有画,画中有诗

语文与美术有着千丝万缕的关系。

一、书画同源

书画同源,说的是书法和绘画有共同的起源。汉字来源于象形,我们的祖先仰观天象,俯察鸟兽虫鱼之迹,按其特征用简约的线条画出图形来记事,这就是象形字,一个象形汉字往往就是一幅图画。早期的图画也是以刻画的符号为主,用简约的线条符号对具体事物进行描绘。汉字与绘画有着共同的源头,天然的联系。

中国书法与绘画的使用工具基本相同,都是毛笔、墨水与宣纸,只是中国画比书法多了些色彩。书法与绘画在用笔用墨上也有许多相同、相通的地方。清代书法家周星莲也说:"字画本自同工,字贵写,画亦贵写,以书法透入于画,而画无不妙;以画法渗入于书,而书无不神。故曰:善书者必善画;善画者亦必善书。"书画同源,书法与绘画是亲缘最近的姐妹艺术。

二、诗、书、画一体

中国画很讲究诗、书、画一体,因为一般说来单一的视觉艺术、听觉艺术在表达思想上有较大的局限性。有些思想在绘画创作中很难表达,而且创作者和鉴赏者之间也不易得到交流。因此绘画有时得借助于题跋、书法,将自己的思想感情表现得更恰当充分。例如,郑板桥曾在山东潍县当了一名七品县官,有一次夜卧县衙,听到窗外竹声萧萧,如叹如语,如泣如诉,由此他联想到自己一向关切的民间疾苦的声音,这种特殊的感受和联想,这种"关心民瘼"的思想和感情,可说是"难画之意"了。特别是要通过画竹来表达就更困难了。这种感受、联想和思想渗透到画中之竹的形象里去,"览者未必识也"。于是,他在这幅风竹图上挥写了一首诗:

> 衙斋卧听萧萧竹,疑是民间疾苦声。
>
> 些小吾曹州县吏,一枝一叶总关情。

这首通过书法所题的诗,把风中之竹,民间之苦,以及正直的小县吏的形象、同情人民的深厚的感情都准确地表达出来了。只要思想所及,从大自然的森罗万象,无形的风、有形的竹,社会生活的复杂现象,州县官吏,民间疾苦,到人的心灵深处的细微感情,对民生的关切,都可以通过书法表达出来。

以深厚的文学功底为基础,创作的绘画作品才别具一格;而有了优秀的文学作品配画才有画龙点睛之功,锦上添花之色。

三、诗中有画,画中有诗

王维是盛唐时期最杰出的山水田园派的代表人物。王维既是诗人又是画家,在音乐上也有着惊人的天赋,善于以乐理、画理、禅理融入诗歌之中,巧妙地将诗和画融合起来。苏轼曾这样评价王维:"味摩诘之诗,诗中有画;观摩诘之画,画中有诗。"

请看王维的《山中》:

> 荆溪白石出,天寒红叶稀。
>
> 山路元无雨,空翠湿人衣。

这首小诗以诗人山行时所见所感,描绘了初冬时节的山中景色。山路往往傍着溪流,天寒水浅,山溪变成涓涓细流,露出粼粼白石,显得特别清浅可爱。读者不但仿佛看见它清澄莹澈的颜色,蜿蜒穿行的形状,甚至可以听到它潺潺流淌的声音。本是绚烂的霜叶红树,入冬天寒红叶变得稀少了。虽已经是初冬季节,但整个秦岭山中,仍是苍松翠柏,葱郁青葱,山路就穿行在无边的浓翠之中。苍翠的山色是那样的浓,浓得几乎可以溢出翠色的水分。所以尽管"山路元无雨",却自然感到"空翠湿人衣"了。这首诗由清浅的溪水,冷肃的秋意,水底粼粼可见的白石,山中逐渐凋零的红叶,再配以山岚翠色为背景,互相映衬,构成一幅远近有致、色彩鲜丽、富于实感的山水画,富于诗情画意。这是一首诗,也是一幅画,意境空蒙,如梦如幻。

四、图文并茂的语文教材

义务教育语文教材图文并茂,尤其是小学语文教材,课课篇篇都有插图,美术

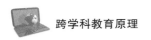

的有形有色让语文课文中的语言文字变得更生动形象。语文与美术有机的融合能使枯燥的知识变得生动,获得很好的学习效果。

第四节　历史与美术

绘画是深受人们喜爱的艺术。优秀的绘画作品由于艺术地反映了社会生活的本质,揭示了人生的真谛,展示了历史生活的真、善、美,因而具有极大的认识作用。

一、欧仁·德拉克洛瓦的《自由引导人民》

法国画家欧仁·德拉克洛瓦的《自由引导人民》取材于 1830 年法国七月革命,是为了纪念 1830 年 7 月 27 日—29 日巴黎市民为推翻波旁王朝的一次起义。1830 年 7 月,法国国王查理十世企图进一步限制人民的选举权和出版自由,宣布解散新议会。巴黎市民闻讯纷纷起义,他们走向街垒,与军队展开了激战,最后占领了王宫。在法国历史上被称作"光荣的三天"。

在这次战斗中,一位名叫克拉拉·莱辛的姑娘首先在街垒上举起了象征法兰西共和制的三色旗;少年阿莱尔把这面旗帜插到巴黎圣母院旁的一座桥头时,中弹倒下。画家德拉克洛瓦目击了这一悲壮激烈景象,义愤填膺,创作了《自由引导人民》这一画作以示永久的纪念。全画采取顶天立地的构图形式。倒在地上的尸体、战斗的勇士以及高举法兰西旗帜的女子,构成一个稳定又蕴藏动势的三角形。象征自由、平等、博爱的三色旗位于等腰三角形的顶点。他们身后都是一往无前的战士,远处的建筑是巴黎市中心的标志——巴黎圣母院。画面以一个象征自由的女神形象为主体,招呼着后方的人民,她有着希腊雕塑般的轮廓,穿着朴素古典的衣衫。她健康、有力、坚决、美丽、朴素,领导着工人、知识分子的革命队伍奋勇前进。

这幅画气势磅礴,画面结构也极其紧凑,色调丰富炽烈,用笔奔放,有着强烈的感染力,给人以巨大的鼓舞,具有很高的艺术价值。作品既充满了浪漫主义色彩,又展示出历史的真实画面,有助于我们对这段历史的了解。

二、美术与历史的交叉,产生了美术史这一学科

美术史是研究美术的历史发展及其规律的科学。美术史的研究范围包括建筑艺术、雕塑、绘画、工艺美术、书法、篆刻等美术种类的历史,涉及美术家、美术作品、美术理论、美术思潮和美术流派等各方面。

第十六章　体育的学科跨越

　　体育是指以身体练习为基本手段,以增强体质、提高运动水平、进行思想品德教育、丰富文化生活为目的而进行的一种社会活动。

　　在人类的社会实践中,体育运动对社会的发展和人类的发展具有特殊的作用和效能,是学校教育的重要组成部分,它与德育、智育、美育相结合,肩负着培养全面发展社会主义事业合格接班人的使命。

第一节　体育与生物的万般联系

　　体育与生物有着密切联系。

　　虽然从社会科学来说,人类不同于其他生物物种,人类有语言,能思维,能制造工具进行劳动,人类已经成为一个独立的种,需要把人类与其他生物区分开来。然而从自然科学的角度来说,人又是生物的一种。因为人具有生物体的所有特性。在生物分类中,人类属于脊椎动物亚门,哺乳纲,灵长目,人科,人属,智人种。

　　体育是人类的活动,而人类又是生物,所以体育与生物必然存在密切联系。

一、模仿动物的体育项目

　　大自然中的动物在漫长的进化演变过程中,逐渐掌握了一套在严酷环境中生存竞争的独特本领。模仿动物是体育中普遍存在的一种现象。人类模仿动物的运动,发明了许多体育项目。比如蛙泳、蝶泳、拳击、华佗五禽戏、太极拳等。

　　动物世界中生存捕猎,攻防格斗的千种形式,万种变化,为人类创编体育运动方式提供了取之不尽的素材。

二、体育冠军的生物学基础

　　人体的生物学特征,是决定体育运动成绩优劣的重要因素之一。

　　怎么样来打造一个体育比赛的冠军?长期以来,刻苦训练常常被认为是不二法门。但是,科学家最新研究发现,体育运动员取得骄人成绩并不仅仅是因为他们

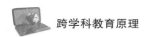

训练刻苦,另外一个重要的因素是他们出生的时候就有明显的生物学上的优势,在严格训练之前就已经处于领先位置了。冠军是练出来的,但常常也是"生出来"的。

人类学在发现未来的世界冠军方面起着至关重要的作用。如果想在体育上成为霸主,那么一名运动员需要至少有一方面的奇特天赋。

肯尼亚西北小镇埃腾,一个只有 4 000 居民的弹丸之地,却因为诞生了大批长跑世界冠军而蜚声体坛。在为数不少的体育项目中,黑人运动员都位于世界前列。拳击项目一直被视为最具男性魅力的运动之一,从 1937 年到 1964 年之间,8 位重量级拳王中有 6 位是黑人。

英国学者菲利普·拉什顿在 1997 年出版的一本名为《种族,演化及行为:生命历史的远景》的书中,对不同人种的体质差异作出了总结性的描述:相对于其他人种,黑人的臀部较窄,肩膀较宽,四肢更修长,脂肪更少,这些特征都有利于身体的散热。而相对更多的肌肉则像一匹大排量发动机,为身体提供了强大的动力保证。其他数据指出,黑人不仅动力强劲,而且肌肉中的快肌纤维比例更高,这就使得黑人在速度类项目中占据了绝对优势。成年黑人骨骼中的无机质含量更高,平均密度比白人高出一成,因此也更为坚固。

不过,黑人的这种先天特质并不在所有运动项目中占优。修长的四肢显然不是举重的最佳体型,长长的四肢需要克服重力做更多的功,虽有高比例的快肌纤维提供爆发力,却仍旧得不偿失。黑人往往难在游泳项目中获得佳绩,较少的脂肪以及较小的胸腔限制了他们在泳池中的表现,在克服浮力和屏气的问题上,他们需要花费更多的精力。

然而在乒乓球项目中,黄种人恰恰占据了绝对优势,他们也在羽毛球、射击、举重、体操等项目上占得先机。

三、生物科学与体育运动结合,产生了体育仿生学、体育生物科学

体育仿生学是体育科学的学科之一,属仿生学分支,它主要研究如何通过深入认识生物系统的结构和功能,进行模仿、模拟或从中得到启迪,并有效地应用到运动技术、运动训练、运动器械、体育建筑等方面。比如跳蚤的跳高本领令跳高运动员大为称奇,跳蚤每小时可跳 600 次,而且可以连续不断地跳跃三天三夜,跳跃的高度为其身长的 500 倍,这使运动仿生学家对跳蚤大感兴趣。

体育生物科学,又称"运动人体科学",其任务在于揭示体育运动增进健康,增强体质,以及开发人的生物潜能的内在生物机制和一般规律。随着体育科学的发展,体育竞技水平的提高,从生物学的角度研究人体运动时的变化规律,成为体育

发展的要求之一。体育生物科学便是生物科学与体育运动相结合而发展起来的新兴学科。体育生物科学研究运动对机体的影响,研究运动时物质代谢、能量代谢的特点、规律,为体育锻炼科学化、运动训练科学化服务,使运动员可在身体状态良好时取得优异的成绩。

第二节　古诗文中的体育运动

体育与语文有着天然的联系。体育运动为文学艺术创作提供了丰富的素材。在中国五千年历史长河中,描述古代体育的诗文佳作不胜枚举。

一、古诗文中的赛龙舟

赛龙舟是中国端午节重要的节日民俗体育活动项目。赛龙舟也是很多文人捕捉灵感、展示才华的大好机会。千百年来,关于端午赛龙舟的诗词不计其数,展现出端午习俗丰富的文化内涵。这些诗词从不同的侧面描写了赛龙舟的热烈场面,为后人留下了一幅幅竞渡美景。

中唐诗人张建封的《竞渡歌》写道:

两岸罗衣破晕香,银钗照日如霜刃。鼓声三下红旗开,两龙跃出浮水来。棹影斡波飞万剑,鼓声劈浪鸣千雷。鼓声渐急标将近,两龙望标目如瞬。坡上人呼霹雳惊,竿头彩挂虹蜺晕。前船抢水已得标,后船失势空挥桡。

诗中描绘了龙舟竞赛紧张、激烈的场面:"棹影斡波飞万剑,鼓声劈浪鸣千雷"。连长居深闺的妇女也纷纷出来争睹龙舟竞渡,以致"两岸罗衣破晕香,银钗照日如霜刃",其对热闹景象的描绘让人仿佛身临其境!

到了宋代,端午赛龙舟更加盛行,并且连皇帝也参与进来了。《东京梦华录》中写到皇帝坐在大龙舟上观看几十艘小龙舟敲锣打鼓地划向锦标,夺得锦标者便向皇帝"山呼拜舞"。

明清之际,《清朝野史大观》对顺治、乾隆、道光等皇帝的龙舟竞渡之举皆有详细记载。乾隆帝还赋诗《竞渡》一首,诗中写道:

此俗始荆楚,特以纪岁时,初因吊忠恒,相沿竞水嬉。夏五真夏五,风日薰且熙,况当膏雨霈,应节聊拈题。昆明闪金波,回堤灿蜀葵,中流九龙舟,谁肯相参差。黄帽双飞桨,彩缕五色丝,纷逐锦标得,悬望霓旌麾。

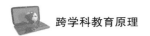

诗歌中,乾隆写了赛龙舟的由来、节日的风景、运动员的盛装。诗的后半部分还浮想联翩,对日月、江河、飞虫、走兽、人类的不息运动竞争而感慨。

二、古诗文中的拔河

拔河是传统体育活动之一,起源于古时水乡拉纤与水军操练。早在春秋战国时期,就有拔河这项活动,不过在那时不叫拔河,而称为钩强、牵钩。《墨子·鲁问》中记载,春秋时期,楚、越两国水军交战时,鲁国的工匠公输子(鲁班)设计了一种称之为"钩强"的兵器,用于阻挡和钩住敌船。而在使用时,需要战士具有强大的力量。因此,当时把钩强对拉作为军事训练的重要内容。之后又影响到民间,把这项军体运动变成一项民间的体育娱乐活动,形成一种习俗,每逢佳节就用"牵钩"之戏来进行庆贺。到了唐代,这种活动更名为拔河,其使用的器材也得到了改变,用较柔软的麻绳替代了蔑缆,大大减小了手掌的磨伤。那时的拔河与现代大体相似,但不同之处是拔河双方不是面对而拽,而是背对而拉;所用绳子不是一根而是"两头分系小索数百条"。这样,参与的人数更多,场面和规模也更大,也更加热闹而有气势。

据《唐语林》载,唐开元年间,唐玄宗多次在皇宫设拔河戏,其中一次有上千人参加,还特地邀请各国使节前来观看。这次千人拔河活动开始后,鼓声震天,喧声雷动。玄宗朝进士薛胜,曾目睹了千人拔河的盛大场面,并写下了有名的《拔河赋》:

绳暴拽而将断,犹匍匐而不回。大夫以上,停眙而忘食;将军以下,虓阚而成雷。千人抃,万人哈,呀奔走,坌尘埃。超拔山兮力不竭,信大国之壮观哉!……胜者皆曰:"予王之爪牙,承王之宠光。"将曰:"拔百城以贾勇,岂乃牵一队而为刚!"

三、古诗文中的射箭

在石器时代,弓箭就被用来狩猎了,后来又成为战争的重要武器之一。射箭同时又是一项体育活动,而作为社会生活反映的艺术形式之一的文学,对射箭也早有过描绘。比如李白在《相和歌辞·胡无人行》中写道:

流星白羽腰间插,剑花秋莲光出匣。
天兵照雪下玉关,房箭如沙射金甲。

这首诗写的是胡汉交战。将士们腰插速如流星一样的白羽箭,手持闪耀着寒光的利剑,向着战场进发。朝廷大军在玉门关与胡兵雪中交战,敌人的箭镞像沙石一样射在我军战士的盔甲上。

古代描写射箭的诗作还有许多,苏轼在《江城子·密州出猎》中写道:

会挽雕弓如满月,西北望,射天狼。

作者为自己勾勒了一个挽弓劲射的英雄形象,表达了自己渴望一展抱负,杀敌报国,建功立业的雄心壮志。全诗慷慨激愤,气象恢宏,充满阳刚之美,成为历久弥珍的名篇。

四、诗人陆游与蹴鞠比赛

中华古代诗歌源远流长,浩如烟海。而体育诗就像是诗海里一朵奇特的浪花,生动精彩,其内容多以描写球类、角力、博弈等为主。宋代诗人陆游曾在《晚春感事》中,描写了他少年时在咸阳观看蹴鞠比赛的情景。诗曰:

少年骑马入咸阳,鹘似身轻蝶似狂。
蹴鞠场边万人看,秋千旗下一春忙。

五、体育与语文的融合

在今天的体育与语文的学习中,同样也可以互相交叉,形成合力,效果一定优于单一的体育或语文学科。

① 体育课的观察。体育课的一项主要任务就是动作技能的学习,比如跑步,怎么起跑、怎么加速、怎么冲刺、手臂如何摆动、呼吸如何配合等,在这一阶段,需要同学睁大眼睛,仔细观察,细致体会。观察能力的培养对语文的学习与写作有重要意义。

② 体育课中的丰富素材。体育课活动内容丰富,活动形式多样,活动情景精彩,活动空间广阔,可以挖掘丰富的作文素材。

③ 语文让学生更有兴趣地参与运动。可以把体育活动写成文字,记录动作完成的过程,其间的失落、害怕、矛盾、忍耐、高兴、激动等,每一番体验都是成长中的一个独特的脚印。当这种体验写成文字,能让瞬间留存,让精彩不断回味,让短时的兴奋变成长久的记忆,促进学生更积极地参与体育运动。

总之,体育和语文关系非常密切,正确处理好两者关系,让学生动起来,尽情抒写课堂的精彩,既解决语文写作的素材问题,让学生有话可说,同时又提高参与体育的积极性,提高动作训练的效果,实现双赢。

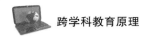

第三节　体育中的音乐

体育与音乐有着不可分割的情感和联系。

音乐艺术承载着创作者的情感与强烈的内心表达，具有独特魅力。音乐能够鼓舞人的斗志，很多时候人们在对一些乐曲进行欣赏的时候，总是情不自禁地热血沸腾起来，感觉浑身充满力量。足球队的队歌就有这种作用，当球迷们听到自己支持球队的队歌时，顿时就会激情高昂、充满力量。音乐的节奏感能使人身体协调性更高，音乐的律动与变化促进肢体运动的灵动，从而更轻松地做出一些动作。

许多现代体育运动都充满着音乐的元素，例如体育舞蹈、体操、花样滑冰等，音乐使体育项目不再是单纯的运动，而是上升到了审美的高度。音乐伴奏使运动员的想象力、创造力和表现力从中展现，并通过肢体动作及表情诠释音乐，吸引观众的眼球，让人在观赏时能够感受到这种音乐与体育相结合的美。

一、花样滑冰与音乐

花样滑冰离不开音乐。花样滑冰是在音乐的伴奏之下，集优雅舞姿和体育技巧于一身的极具观赏性的运动项目。滑冰场上，运动员脚穿冰鞋，随着音乐的旋律在冰上或迅捷、或悠扬地滑动，加上服装也作为艺术因素考虑，别致动人，熠熠生辉，整个赛场犹如超脱了地心引力的仙境一般，充满着飘逸、虚幻的气氛。运动员把思绪的寄托、情感的宣泄全都折射于其中，以实为虚，化实为虚，从而求得一个辽阔、幽远的境界。在动人的音乐旋律中，运动员优美的舞姿和令人惊叹的技巧，在高速的滑行中给观众带来惊世之美。

花样滑冰如果没有音乐相伴，它的美就要大打折扣。

二、艺术体操与音乐

艺术体操与音乐密不可分。运动员在美妙的音乐中，手持绳、圈、球、棒、带等轻器械，以各种舞步、翻转、波浪、平衡、腾跃、屈体、旋转等人体动作，组成流动、变幻的画面，如彩蝶飞舞，如流水潺潺，飞扬着一片美的神采，洋溢着一片美的气息。

因为有音乐元素的参与，艺术体操更能展示它的美。

三、体育舞蹈与音乐

体育舞蹈融合了音乐、舞蹈和体育的精华，是多种艺术形式的集合体。男女舞者身体形态差异而各自展现迥然不同的美学特征。男子健壮有力、修长、稳健的体态，和女子匀称有致、曲线优美的形体，形成了阳刚之躯与阴柔之体的和谐统一之美。舞者在运动中眼平视、直颈、展肩、立腰、收腹、松膝、收臂等，自始至终都保持良好的姿态美，一迈步、一举腿、一抬头、一挺胸都能给人以美感，舒展挺拔、优雅大方的姿态使舞者精神百倍，更使欣赏者赏心悦目。男女舞者在舞蹈中通过肢体语言和表情流露出的真挚感情也能给观众带来视觉和心灵上美的震撼。

体育舞蹈是在音乐伴奏下进行的，音乐是舞蹈的灵魂。

四、奥运会与音乐

奥运会是当代最盛大的体育盛会之一。1896年，当古老的希腊乐曲《奥林匹克颂歌》在第一届现代奥运会的现场唱响时，音乐便与奥运会结下了不解之缘。

在雅典第一届奥运会的开幕式上，国王乔治一世宣布奥运会开幕之后，合唱队唱起了一首优美、庄严而动听的古希腊歌曲《撒马拉斯颂歌》。当歌声久久回荡在帕那辛尼安体育场上空时，人们心中充满了对现代奥林匹克运动的美好憧憬。1958年，国际奥委会在东京举行的第55次全体会议上正式决定，将《撒马拉斯颂歌》定为奥运会的永久性会歌，并改名为《奥林匹克颂歌》。从此，在每届奥运会的开幕式上都能听到这首庄严悠扬的古希腊乐曲。

除《奥林匹克颂歌》，每届奥运会还有主题歌。奥运会主题歌是由每届奥运会的主办国或主办地自行创作的集中反映主办国、主办地鲜明人文特色，以及人类追求奥林匹克精神的主题歌曲，即该届奥运会的主题歌。每一届成功的奥运会都离不开一首脍炙人口的主题歌，奥运会的主题歌用美妙的音符诠释和维系着不同肤色、不同种族的各国人民的共同情感。这些经久不衰的歌曲，向全世界传送着奥运精神，传送着和平与希望。

五、柏拉图体育与音乐结合的主张

公元前一千多年，古希腊哲学家、思想家柏拉图在其著作《理想国》中提出了体育与音乐结合的主张。体育和音乐两方面并重，才能够成为完全的人格。因为体育能锻炼身体，音乐可以陶冶精神。在柏拉图看来，单一的音乐教育和单一的体育教育都是不完整的。因为只重视体育运动而忽视音乐文艺教育的人，容易变得粗暴和残酷；而只搞音乐文艺的人，容易过分软弱。只有当音乐和体育共同作用于人，人的理智和激情才能协调发展，心灵才会既温雅又勇敢，才能形成高尚的人格。

柏拉图体育与音乐相结合的观念，在今天仍有重要的借鉴意义。

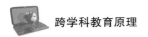

第四节 历史与体育

历史与体育交叉,产生了体育史这一学科。体育史学是一门研究、记叙体育发生发展的历史过程,探索体育文化发展的一般规律的学科。

"体育"是一个外来词,我国"体育"一词来自日文,是直接借用日文中的"体育"一词。20世纪初的清末,我国有大批留学生东渡去日本求学,其中学体育的就有很多。回国后,他们将"体育"一词引进到中国。

体育史的主要研究内容包括体育起源,体育在各社会形态中的表现形式,体育在社会发展过程中的作用及地位,体育在各个时期的内容及其与人的需要的关系,体育与生产力、经济发展的关系,各时期体育与文化的关系,体育的社会制约性及其目的、任务,各时期的体育手段、方法和内容等。

从时间上看,体育史可分为古代、近代、现代和当代体育史;从区域来看,可分为中国体育史、外国体育史和世界体育史;从内容上来看,可分为通史或专项史,如竞技体育史、学校体育史、田径运动史等。

通过对体育历史的考察和研究,可进一步认识体育发展和演变的客观规律。

第十七章　美育的学科跨越

　　美育是审美教育的简称,是一种有目的、有计划、有组织地通过各种美的事物培养学生审美能力的教育。美育通过美学知识的学习,借助于自然美、社会美、艺术美为手段,在直接体验美的过程中,培养正确的审美观念、高尚情操及感受美、鉴赏美、创造美的能力。

　　美育是促进人的全面和谐发展的教育,是我国教育的重要组成部分,与德育、智育、体育、劳动等构成我国教育的完整体系。

　　美育的特点主要有以下几点。

　　① 形象性。形象性是美育的显著特点。审美教育是一种形象教育,美育过程中所使用的工具、手段、方式,不是抽象的理论、道德的说教、概念的演绎,而是具体可感、生动鲜明的形象。整个美育的过程就是通过美的感性形象体系的展示,引导人们感受美、欣赏美、理解美,使审美主体的心灵充实、健全和完善。

　　② 愉悦性。美育的愉悦性是指审美主体在美育接受的过程中常处在一种喜悦的心理与精神状态,产生强烈的情感体验,获得极大的审美享受。美育的愉悦性是由美的本质属性所决定的。美是人的本质力量的感性显现。它既具有形象性,又因为其肯定了人的本质力量而具有巨大的感染力。人们从美的事物中看到了自身的力量,一定会使人们产生健康的、向上的、高尚的情感。这种对生命、对创造的赞叹和热爱的肯定性情感必然使审美主体感到愉悦和满足。所以,审美愉悦是人的一种高级的精神愉悦。

　　③ 自由性。美育是用自由的方式进行的,美育的愉悦性使人们乐于接受这种教育。美育不需要灌输、强迫,也不借助于意志、毅力,而是依靠美的形象本身魅力来吸引人。在美育过程中,受教育者不是被动的受支配的教育对象,而是由于自己的兴趣爱好、内心需求和对美的渴望,心甘情愿地参与全过程。在艺术中游心畅神,与先哲对话,与山川感应,达到心灵的超脱和解放,自觉自愿地接受美的洗礼。

　　④ 潜移默化性。美育不像其他的知识传授那样立竿见影,它是一个渐进的过程,对人的影响不是一蹴而就,而是日积月累、不知不觉的。审美教育对人的影响,就犹如春风化雨,入夜无声,涓涓滴滴,滋润心田。

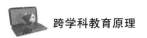

⑤ 普遍性。美无时不在、无处不在。美的普遍性,决定了美育的普遍性,使审美教育多种多样、丰富生动,可以不择时间、地点、对象、条件普遍实施。美育存在于社会的每一个时期,存在于人生的每一个阶段,贯串于生命的每一个时刻。

美育的跨学科教育,就是在各学科教学中实施美育。中小学的学科教学中蕴含着丰富的美育资源,要求教师将美育与学科教学和谐地融为一体。

第一节 发现自然之美

所谓自然美,即是指自然界中自然物与自然现象的美。诸如日月星辰、山水花木、鸟兽虫鱼、园林田野等,都属于自然美的范畴。

一、自然美的形态

自然美是人们很容易接触和感受到的,浩渺的星空,多彩的云霞,红彤彤的朝阳,皎洁的明月,辽阔深邃的海洋等,都属于这一形态的自然美。

太阳,地球生命的摇篮,它集合着光明,集合着温暖;日出,喷薄向上,给人以无穷的力量;日落,夕阳唱晚,显示了不尽的辉煌。

月亮,柔美、宁静,面对这个离地球最近的天体,从古到今的人们都想张开翅膀,飞向月球,去看看那里到底有什么。所以美丽的嫦娥,宁静的广寒宫,高大的桂花树,温柔的玉兔,就被人们用想象送进了月宫。

地球,人类的家园。她不仅养育了人类,而且献给了人类所必需的一切。当人类第一次登上航天器,离开地球回头遥望时,宇航员们被她的美惊呆了:这就是地球,这个养育了人类的大摇篮,她是那么宁静,那么素雅,那么柔美,那么使人迷恋。

繁星,像无声的摇篮曲,带人进入甜美的梦乡,似无语的哲学家,伴着孤寂的夜行人。正是因为有了这繁星,才有了女娲补天的传说;正是因为一抬头就能看到夜空中那条银河,诗人才有"坐地日行八万里,巡天遥看一千河"的诗句;还有那梦一般的彗星、那魔一般的流星雨,这些奇妙的天象,哪一样不曾深深地吸引着热爱天象的人们?

天空是一种美。晴时是蓝蓝的,给人以高远、舒展的美感;多云时是斑斓的,给人以动态变幻的美感。风是一种美,轻风柔美,"吹面不寒",是母亲的手在轻轻地抚摸着儿女的脸。雨是一种美,春雨给人以欣喜,因为她"随风潜入夜,润物细无声"。雪是一种美,她高雅、动人,而大雪过后,你能领会什么是"山舞银蛇,原驰蜡象",什么是银装素裹,江山多娇。还有雾,人们总是把她同仙境联系在一起。

山水是美的。人常说：仁者爱山，智者乐水。有一种画叫作"山水画"，有一种诗叫作"山水诗"，看来山和水是不能分离的；这就应了那句俗话：山无水不灵，水无山不秀。地球上 70% 的表面积被水覆盖着，那是海洋。陆地上的水，是数不清的江、河、湖、瀑，而这些景致又给人带来赏心悦目的美感。

可以用"辽阔"来形容的，那就是草原。草原辽阔。只要双脚一踏进草原，人们就会被那天高地阔的自然景致感染和净化，心底的天地也会顿时宽广起来。东非大草原的如烟的野生动物、内蒙古大草原的如云的马牛羊、天山草场的开不败的野花都使我们懂得了草原是鲜活的，草原是魅力无穷的，它不仅大，而且是地球的锦缎，是动物的天堂。

还有大海的壮美。当人们面对大海时，举目远眺，海天一色，白浪滔天；尤其在海上航行，放眼望去，海天茫茫，会领略到海的壮阔，清楚了自己的渺小。

自然美主要是以其自身特有的自然风貌、自然形式而取悦于人，使人得到愉悦并获得美的享受。美无处不在，要学会审美，就得善于发现美，罗丹说过："生活中并不是没有美，而是缺少发现美的眼睛。"

二、自然美的基本特征

1. 自然美侧重于形式美

自然美的基础和核心是形态美，主要是以它的空间形式给人以美感。自然美的外在形式，如颜色、光泽、声音、线条、形态、质地，总是那么生动、具体、清晰、鲜明、直观，显然是自然美形成的必要条件。

号称"天下第一奇观"的云南石林，长满了奇峰异石，或如母子相假，或如夫妻对叙，或如少女静立，或如勇士驰骋，或如长剑刺天，或如古塔入云……正是这高下错落、纵横偃仰的千姿百态，令人目不暇接，给人以无穷的想象空间。

自然美不但多姿，而且多彩，它有着各种各样的色彩。天是蓝的，云是白的，山是青的，水是碧的，花是红的，叶是绿的……自然风光斑斓的色彩美，给人们带来了愉悦的心情。如果没有色彩美，那么自然美就会大为逊色，甚至会失去自然独特的审美价值。

自然美是有形有色的，它还具有声响美，让人在获得视觉享受的同时，也获得听觉享受，在大自然中，风起松涛，雨打芭蕉，飞瀑飒飒，流溪淙淙，虫鸣啾啾，鸟啼叽叽……构成了和美的交响曲。在我国许多名山里，建有"听泉亭""松涛亭"等，就是为了便于游人欣赏大自然的音乐般的声响美。

自然美中也给人以嗅觉、味觉、触觉上的审美享受。"稻花香""鸟语花香"的

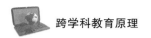

"香"是嗅觉上的,品尝甘泉、清溪、香茗是味觉上的,"山路元无雨,空翠湿人衣"是触觉上的。自然美让人得到作用于全身所有感觉的愉悦。

2. 自然美的多义性

自然美的形态、种类、特色是多种多样的。审美主体同自然对象之间的关系经常发生变化,自然物的美在一定条件下,在与人的多种多样的关系中,会从不同侧面得以展示。譬如月亮,有时展示的是皎洁如玉盘或弯曲如吴钩的形式美;有时展示的是一种柔和、朦胧的境界美,有时展示的又是一种冰冷、凄凉的情调……这是因为月亮存在着美的多面性,故而欣赏者带着不同的心态,从不同侧面去观赏,就会获取到不同的感受。

3. 自然美的易变性

自然美是流动的美,它所体现的自然美的易变性,更增加了迷人的魅力,给人以勃勃生机的感觉。在自然风光中,形体在流动,"林无静树,川无停流";色彩在流动,"日落江湖白,潮来天地青";声响也在流动,"泉声咽危石""隔窗风惊竹"。自然界光、色、声、形的变幻,以其特有的生命运动显示了活力,造成美妙的和谐、统一。

由于人们观赏自然物处在不同的时空条件,有远近、方位、四季、朝暮、明暗的变化,所以对同一个审美对象就会产生不同的审美感受。苏轼登庐山时的体验是"横看成岭侧成峰,远近高低各不同",这正说明欣赏自然美选择角度和确定最佳视点的重要性。我国古代画家从不同季节观察山、水、云、木的变化,总结出不同的美感。例如,山景四时是春山淡怡而如笑,夏山苍翠而如滴,秋山明镜而如妆,冬山惨淡而如睡。水色是春绿、夏碧、秋清、冬黑。林木四时是春英,夏荫,秋毛,冬骨。春英是指叶细而花繁,有一种萌芽之美;夏荫是指叶密而茂盛,有一种浓郁之美;秋毛是指叶疏而飘零,有一种萧疏之美;冬骨是指叶落而树枯,有一种枝杆如骨的苍劲之美。同一对象选择不同时间对其进行观照就能产生不同的审美感受。

三、自然美与学科的跨越

自然美是指自然界中自然物与自然现象的美。自然界中自然物与自然现象又是不同学科的研究对象。大自然的花草树木、山川河流向来是文学家讴歌的对象;大自然的各类事物都有其数量关系与空间形式,数学会加以研究;自然界中的声、光、色等特性,又是物理学的研究内容;大自然有各类动物、植物,这是生物学的研究对象;我们人类就生活在大自然中,大自然的田野、草原、高山、河流、湖泊等是地理学的研究内容……人类为了深刻研究大自然,因而诞生了门类众多的各种学科;而这门类众多的各种学科都有着共同的研究对象——大自然。这就使得各种学科都有着天然的内在联系。因而,我们要实现不同学科与美育的跨越,就必须善于发掘各门学科关于自然美的内容,培养人的审美欣赏能力和审美创造能力。

第二节　发现社会之美

社会美是指社会生活中诸事物的美。

社会生活是以人的实践活动和人构成的,所以,社会美既体现在人类的社会实践过程中,又体现在人类社会实践的成果上。社会实践的过程,是人的本质力量作用于对象世界的过程,美就体现在这流动的过程中。社会实践的成果凝结了人的本质力量,美就在这感性成果中显现出来。

一、社会美的特征

社会美是相对自然美而言的,相对自然美,社会美具有以下特征。

1. 社会美重在内容

一般来说,事物的美是内容与形式的统一,但是各种美的形态的侧重点不同。自然美与它们的内容也有联系,但自然美是偏重于形式的一种美。社会美是偏重于内容的,即人对社会实践的需要、目的和尺度,社会美侧重体现进步的目的性和倾向性,往往体现为一种精神力量、思想风貌、道德风范,诉诸人的思想和心灵。比如陆游至死不忘收复故土,"但悲不见九州同",以其荡气回肠的精神力量和崇高的思想品质,引发人内心情感的激荡,给人以美感与教育。

2. 社会美具有实践性

社会美具有鲜明的社会实践性,社会美与社会实践的关系是直接的,它是人类社会实践更为直接的产物,是社会生活、社会实践本身显现的美。而不像自然美那样与社会实践的关系是间接的,包含的社会内容较为隐晦曲折。

3. 社会美具有功利性

所谓功利性就是善,凡是符合人类的目的要求,对人有利、有益、有用就是善,就有审美价值。社会美的本质和基础是善,人们感受和评价社会事物和社会现象是否美,主要是考虑其内容是否有生命力,是否符合善,是否对社会有益、有利、有用,是否体现了历史的发展规律。

4. 社会美具有历史性、具体性

社会美总是同一定的社会历史条件相联系,受社会历史时代的影响和制约,对社会历史条件、科技水平、时代风尚、生活习俗有较强的依赖性。社会生活并

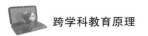

不是静止的、凝固的,它永远处于发展演变的运动进程中,因而社会美具有历史时代性。时代不同,社会美的内容与形式也就不同。有时某种社会事物,相对于它所隶属的时代来说是美的,但是,相对于另一时代来说,就可能是不美的。

5. **社会美具有民族性和地域性**

在中国封建社会时期,不惜摧残妇女的肢体,以裹小脚为美。在西方,特别是法国,女性以腰细为美。在缅甸北部一个部族,女性以脖子长为美。在汤加,女性肥胖而且脖子短才算标致。尼日利亚东北部伊博族的少女还必须"催肥待嫁",自愿关在茅屋里一年,填鸭似的大量进餐,不胖就找不到好伴侣。在大洋洲有个岛屿,女性以耳朵拉得长为美。在非洲本戈部落的女性,以在鼻子、耳朵、嘴唇上穿孔带金属圆环为美。从我国56个民族各具特色的服饰打扮上,也可看出社会美的民族性和地域性。这是各民族不同的经济文化生活、地理环境、传统习惯、心理素质以及道德宗教观念等在审美意识中的必然反映。

6. **社会美的核心是人的美**

社会美是一种重在内容的美,而社会美的内容是由人和人的活动构成的,所以社会美归根结底是人的美。人的美包括心灵美、语言美、行为美、风度美、交际美和形体美等方面,其中心灵美是最重要的,语言美、行为美和形体美等是心灵美的外在体现。

二、社会美的美育功能

社会美以善为基础,内容重于形式,这就使得社会美能更直接地作用于人和社会生活,具有自然美和艺术美等美的形态不可替代的美育功能。具体表现在以下几点。

① 促进人全面发展的功能。美育的根本目的是以人的需要和能力得到全面发展为归宿的。社会美育关注的是人的生存发展与完善,具有陶冶性情或规范心灵的功能,使人生品格获得提升。在这个意义上我们可以说,社会美的教育对于实现人的全面发展理想是一条行之有效的途径。

② 促进社会文明进步的功能。社会美的教育以人的心灵美、语言美、行为美、风度美等基本内容,渗透到生活领域的各个方面。这种教育的方式是全方位的、全社会的,深入到人的潜意识层面,使人渐入一种超凡脱俗的精神境界,人与人之间的心理因爱心和文明而联结在一起,从而达到高度的精神文明。

③ 促进人与自然和谐关系的建立。审美的最高理想是人与自然的和谐。社会美育促进人们通过自己的本质力量为人类提供舒适优美的具体生活环境,如优

美雅致的田园村落和城市小区,它们本身就是对自然的"人化",是社会美的体现。同时,通过对社会美的教育与鉴赏,又懂得怎样爱护自然,美化自然,与自然保持一种亲和关系。

三、怎样进行社会美育

各门学科都蕴含有丰富的社会美的内容,教师应充分运用各门学科中的社会美,对学生实施美育。

① 培养学生健康高尚的审美观。审美观是人们对美的基本观点与看法。一个人有了正确的审美观,才能更好地认识美、创造美。

② 培养学生真挚纯朴的审美情感。在社会美育中,教师应该善于运用高昂澎湃的激情,调动学生的情感。教师的情感可以感染学生,起到潜移默化的作用,不断叩击学生的心灵,使学生产生感情的共鸣,进而获得情感的升华。

③ 培养学生独特新颖的审美创造力。审美教育不只是培养人静观美、欣赏美的能力,更重要的是提高人创造美的能力,这是教育最终的落脚点。审美教育,归根到底,就是为了把人类社会创造得更加美好。所以,在社会美育中,要通过教学让学生将社会美的因素内化成自身的品格,进而创造出更美的东西。

第三节　发现科学之美

科学美是指存在于人类创造性的科学发明和发现活动中的美。

科学活动是一种精神性的创造活动。几千年来,人类创造性的科学活动不断地揭示出物质世界的内在奥秘及其发展规律,为人类从必然王国向自由王国的过渡开辟越来越广阔的前景。因此,科学创造本身就是一种美的创造。科学美客观地存在于人类创造性的科学发明和发现之中。许多人之所以爱好科学,献身科学,也往往因为科学给他们以巨大的创造科学美的愉悦和乐趣。

一、科学美的特征

科学美作为一种特殊的美的形态,它不同于艺术美,也不同于自然美。

1. 理性之美

科学揭示的世界是一个理性的世界。科学家惯于对客观事物做理性的思考,通过概念、定理和逻辑论证寻找事物的规律和彼此之间的内在联系,科学美作为真理的形式,是一种理性的美。艺术美主要呈现为感性形式或具象性形式,科学美则

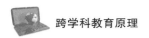

主要呈现为理性的净化形式或理性的抽象形式。科学美是在理性的抽象形式中，包含着丰富的感性内容，是抽象形式之美。艺术中也有抽象的形式，但艺术的抽象不能离开具象，是在具象中的抽象。

2. 简洁之美

科学家发现，整个宇宙自然界的发展是按最优化的系统进行的。科学家以最规整、最简洁的形式，概括最丰富、最大量的自然现象，去揭示最普遍、最深刻的自然规律。科学公式及理论的规整性和简洁性就是其深广内涵的最佳形式。例如，牛顿第二定律 $F = ma$ 和质能方程 $E = mc^2$，以简单的数学形式概括了极其深刻而丰富的内容。当人们的理解愈深刻时，就愈能深刻感到它们的美，这种美既在内容上具有多样性的统一美，又在形式上具有简洁性的美。科学家们从自己提出的简洁的理论或公式中，可以直观到普遍自然现象和规律，从而获得特殊的审美愉悦。这些美妙的公式也印证了老子的名言：大道至简。

3. 和谐之美

科学研究的对象是千姿百态的，但千姿百态的事物又不是孤立而是普遍联系的，通过这种联系使我们能将各种各样的科学知识统一起来，进而形成既千变万化又和谐统一的图景。貌似杂乱无章的事物现象背后，隐藏着有序的规律。电子总是绕原子核运转，卫星总是绕行星运转，行星总是绕恒星运转、恒星总是绕星系中心运转。质量小的绕质量大的运转，这是铁一般的秩序和规律。以运动定律和万有引力定律的简洁形式所表示的牛顿力学，把地上的力学与天上的力学统一起来；麦克斯韦方程把电、磁、光统一为电磁场理论；而作为近代物理支柱的爱因斯坦相对论，又把牛顿力学与麦克斯韦电磁场理论统一了起来。而三大守恒定律（物质、能量、动量）乃是物质世界和谐性的完美体现。

4. 应用之美

科学知识在日常生活、社会生产中的广泛应用，对社会发展产生了极大的影响。计算机科学、生物工程、纳米科技、激光技术、核能利用等，极大地丰富了现代人民的生活，已使当今社会发生了翻天覆地的变化。科学的应用之美无疑会引起学生内心的愉悦，激起情感的共鸣，引出发自内心的强烈兴趣。

二、科学与美育

现代科技的发展，科学美的发现和创造，必然会推动科学研究事业的发展，也促使传统美学扩大自己的研究范围，为美育提供新的手段。

在教学中要引导学生发现科学美。在各门学科中，都蕴含着科学美。在教学中教师要引导学生发现学科中的科学美。事实表明,凡对自然美和艺术美有追求的学生,一旦剖析了科学中的美,往往会在对科学美的赞叹中,提高学习科学的热情,逐渐领悟到科学有如同诗一般的简洁、对称与和谐之美。他们对学好科学的兴致会更浓,学习潜能被挖掘得更深。要达此目的,关键在于教师在教学活动中怎样创造美的氛围,怎样诱发学生的审美激情,让审美主体的学生能最大限度地发现美、欣赏美、享受美。

在学生发现美、欣赏美的同时更要培养学生创造美的能力。在教学中,仅停留在发现美、感知美和鉴赏美的阶段是不够的,还要引导和鼓励学生创造美,要培养学生创造美的能力、发展智力。对科学美的认知,可以激发科学家破译宇宙密码的强烈激情与灵感,同样也完全可以使学生产生探索科学的激情与创造的动机,令学生在感知审美对象的基础上引起情感反应,产生积极联想和深刻理解,从而迸发出创造性思维的火花。

第四节　发现艺术之美

艺术美是指艺术作品的美,是艺术家本质力量的对象化。

艺术家在对客观现实生活的细致观察、体验和感受的基础上,经过对现实生活丰富素材的加工、改造,融入自己的审美理想,并借助一定的物质材料,从而创造出可供欣赏的艺术形象。艺术美是艺术家创造性劳动的产物,是观念形态性的美。

一、艺术美的分类

以审美感官为根据,可将艺术分为三大类。

① 视觉艺术。视觉艺术包括绘画、雕塑、建筑、工艺美术、书法、摄影等。人类艺术长河中留下的艺术品,大部分是视觉艺术。视觉艺术具有可视性、空间性、凝固性。它以静面把对象凝固在瞬间,借凝固达到永恒。

② 听觉艺术。听觉艺术主要指音乐。音乐是用声音构建的艺术,以旋律、节奏、节拍、速度、力度、和声等各种要素的有机配合来表现出千变万化的情绪,创造出丰富多彩的音乐形象。音乐饱含着人类情思的喜怒哀乐,具有一种神奇的、难以言说的力量,来抚慰、感召、激发甚至震撼人的心灵。人们用心、用情去倾听,去品味,寻求其美的感悟,就形成了音乐的审美。

③ 视听艺术。包括舞蹈、戏剧、电影和文学等。

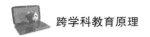

二、艺术美的特征

艺术美具有自己独特的审美特征表现在形象性、情感性、典型性、民族性。

1. 形象性

形象性是艺术美的首要特征。艺术总是通过塑造具体可感、生动优美而又有某种欣赏价值的形象来反映社会生活、表达艺家的思想情感的,不会纯粹只是一种抽象的概念,因而,艺术美具有形象性。

2. 情感性

情感性是艺术美的最重要的特征之一。艺术是艺术家对现实美的主观反映,任何艺术形象无不体现着艺术家的心灵,倾注着艺术家的情感,无论是艺术创造还是艺术鉴赏,没有强烈的情感介入,就无法进行。

3. 典型性

所谓典型性,就是艺术作品中的形象既具有鲜明独特的个性又能反映一定社会本质的某些方面,并寄托着艺术家的审美理想和审美情感。一切艺术作品都是现实生活在艺术家头脑里的反映的产物,因此,艺术作品所反映出来的社会生活,已经不是自然形态的社会生活,而是经过艺术家提炼、加工过的社会生活。客观存在的现实生活,经过作家的分析、选择、集中、概括,塑造成艺术的形象,往往具有更鲜明、更广泛、更深远的意义。

但是,要指出的是,艺术的典型性应该是通过具体可感的个性表现出来的,而不是抽象的公式、干巴巴的说教和生活中的简单"类型"。它也应该是独立自主的自然再现,而不是艺术家主观硬性的强加。

4. 民族性

所谓民族性,就是各民族在长期的共同生活过程中形成的各自的审美理想和艺术形式的特点。任何一件艺术作品中的美都必然具有产生这种美的各个民族的不同特色。这是由于任何一位艺术家都从属于一定的民族,他的作品中的美必然不能超脱他所在民族的整个历史。杜甫、李白的诗绝不同于普希金的诗,不仅在于语言形式不同;关汉卿的剧本也绝不同于莎士比亚的剧本,同样也不仅在于剧本的结构形式不同,更重要的在于它们所反映出的不同的民族精神。

三、艺术美育的功能

艺术美育,指通过艺术教育的手段所实施的美育,是实施美育的主要途径。

艺术美育所凭借的手段是不同于自然美与社会美的艺术美。这种艺术美具体地表现在艺术品上,是艺术家通过独到的眼光,把现实中朦胧含混、不甚显露的美发掘出来,帮助人认清什么是真正的美和丑。可以说,艺术美是人类高尚情感的结晶,它比自然美与社会美具有更高的美的层次。

艺术美育的特点是寓教于乐,具有娱耳悦目,怡情养性的功能。它能使人们在艺术的欣赏和创造过程中既得到理智的满足和情感的陶冶,又得到创造的愉悦,从而在自愿的审美活动中不知不觉地受到教育。

因为艺术的形象性、情感性、典型性的特征,因而艺术美育具有一种动人心魄的神奇魅力和巨大的感情力量。

四、艺术美育的途径与方法

① 学会欣赏是艺术审美的基础。通过听觉聆听音乐作品,从中获取音乐美的享受,满足精神的愉悦和理性的提升。音乐的旋律在起伏变化、抑扬顿挫、迂回曲折中,在动与静、高与低、快与慢、紧与松的对比组合中,无一不蕴含美的因素,显现出它独有的魅力,从而唤起人们对美的追求和向往,激起人们感情的波澜。

在对美术作品进行全方位的观察时,要认真观察画面中运用的不同粗细的线条、不同风格的笔触、不同感觉的色块、不同质感的物体,研究它们会给作品带来什么效果。例如欣赏米勒的作品《拾穗》,首先观察分析画面所反映的季节,以及在这特定环境中的人物形象塑造:她们的动作,她们的穿戴,她们的劳动内容等。通过仔细观察,体会到艺术形象是作者心灵的结晶,感情的凝聚,这样才能使观察走向深入,为审美的提高奠定基础。

② 想象是艺术审美的法宝。需要通过对作品的欣赏再进行想象。例如欣赏达·芬奇代表作《蒙娜丽莎》时,蒙娜丽莎那具有无穷含义的微笑,可以引起欣赏者无尽的联想与深思,想象她的笑是对生活的幸福微笑,或许是慈母般的温柔微笑,或许是对美好未来充满憧憬的微笑……无限的想象,使审美活动热烈而充满生机。

③ 艺术审美还要准确表达。也就是说还需用准确生动的语言表达出对美的感受。只会讲"我喜欢""我觉得它非常美"这些句子是远远不够的,还需要讲出自己独特的认识和情感。要做到用词恰当、语言丰富、评述准确生动。评述一件作品时,要从构图、人物形象塑造,从色彩、线条或者主题上来评述,对作品认真地进行理性分析后,作出自己的判断。

艺术审美是一个复杂的综合性活动,坚持正确的方向,掌握艺术欣赏的方法,走近艺术欣赏,提高审美感知水平,从而能够感受艺术之美、体味生活之美。

第十八章　劳动的学科跨越

劳动是人类伟大的实践活动。

人类起源于劳动。是劳动促进了手与脚的分工,使人学会了制造和使用工具,促进了语言的产生,促进了大脑和机体的进化,劳动完成了从猿到人的转变,因而恩格斯说:"劳动创造了人本身。"[①]

劳动课程教育是发挥劳动的育人功能,对学生进行热爱劳动、热爱劳动人民的教育活动。劳动教育是新时代党对教育的新要求,是中国特色社会主义教育制度的重要内容,是全面发展教育体系的重要组成部分。

《中华人民共和国教育法》规定:"教育必须为社会主义现代化建设服务,必须与生产劳动相结合,培养德、智、体等方面全面发展的社会主义事业的建设者和接班人。"

劳动是人类改造自然与社会的实践活动,而各门科学,比如数学、物理、化学、生物等,正是来源于人类的劳动,是人类改造自然与社会的知识与经验的总结;同时,各门科学又可以反过来指导人类改造自然与社会的实践。因而劳动与各门科学必然存在密切联系,这是劳动与各门学科跨学科研究的客观基础。

劳动是创造物质财富和精神财富的过程,是人类特有的基本社会实践活动。人类劳动可分体力劳动和脑力劳动两大类型。不过在本章中,我们主要讨论的是体力劳动与各门学科之间的跨越。

第一节　德育与劳动

劳动是人类生存和发展的第一需要。劳动能创造物质财富和精神财富,保证人类的延续和发展。人类与动物的根本区别在于人类能制造工具进行劳动,人的伟大其实就在于会劳动、能劳动和爱劳动。没有劳动的人生是毫无意义的,能体现劳动的生活是充满幸福的。

[①]　[德]马克思,恩格斯.马克思恩格斯选集:第3卷[M].北京:人民出版社,1972:508.

一、劳动教育刻不容缓

然而现在的学生离劳动越来越远了，他们不仅不喜欢劳动，轻视劳动，甚至看不起劳动，更看不起劳动者。

生活中有许多父母也只重视孩子的智力发展，轻视劳动观念的培养。孩子在家必要的劳动常常被家长包办，过着饭来张口、衣来伸手的寄生虫式生活，甚至连生活都不能自理，不会做饭，不会洗衣，不会拿扫帚扫地，不会铺床，不会剥煮熟的鸡蛋，乃至连系鞋带都不会。这样的人离开家长连生存都是大问题。

社会需要的是德智体美劳全面发展的人，需要的是懂得奋斗，依靠自己的努力，能够自食其力、养家糊口、造福于社会的劳动者。他可以靠勤劳的双手去打拼，去创造财富，从而让自己拥有一个堂堂正正的人生。而那些考高分、读名校的学生，如果既不会劳动，又鄙视劳动，甚至连生活都不能自理，这样的教育又有什么意义呢？这样的学生又有什么作为呢？

对孩子进行早期劳动训练，让孩子做力所能及的事情，让孩子拥有一双勤劳的手，能使其终身受益。

二、在劳动教育中实施德育

劳动教育是最好的德育。用劳动教育培养学生劳动观念、磨炼意志品质、学会自强自立、树立艰苦创业的精神以及促进学生综合素质的发展；用劳动教育来构建学生正确的世界观、人生观和价值观；用劳动教育来浇灌与培育学生健康茁壮成长，应该成为我们的不懈追求。

1. 树立"劳动无上光荣，不劳而获可耻"观念

劳动是人类生存和发展的最基本条件。中华民族是热爱劳动的民族，正是劳动创造了我们上下五千年的灿烂历史文化，创造了中华民族的传统美德。通过实施劳动教育，不仅能够让学生掌握劳动知识，学会劳动技能，而且能够帮助他们树立劳动观念，端正劳动态度，养成良好的劳动习惯。

现在，社会上有这么一类人，他们长大成人，从学校毕业已经有了谋生能力，却赋闲在家，靠父母供养，不仅衣食住行全靠父母，而且花销往往不菲。他们并非找不到工作，而是主动放弃了就业的机会。人们给这样的人起了一个名字——"啃老族"。我国相关法律规定，父母对子女有抚养教育的义务，但这是对未成年或不能独立生活的子女。而这些人完全有劳动和独立生活的能力，长期在家"啃老"是可耻的。

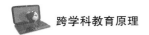

2. 学会自强自立

所谓独立性，是指一个人独立地分析和解决问题的能力，它是在社会中生存以及进行创造性活动必备的品质。

温室里长不出参天大树，要培养孩子坚韧不拔、百折不挠的品格和勇于克服困难、迎接挑战的素质，从小就应加强劳动教育、创造磨炼的机会。

请看日本电影《狐狸的故事》。

老狐狸担负着抚养五个孩子的重任。它严厉地教育孩子们，教给它们捕捉食物的方法，逃避危险的智慧，带着它们去做实习旅行。当小狐狸已经能独自捕食的时候，老狐狸便决定把它们赶走。在一个风雪交加的夜晚，刚学会觅食的小狐狸全部被赶到洞外。小狐狸站在风雪中凄厉地哀叫着，一次又一次试图回到洞里，可是每一次都被堵在洞口的老狐狸咬出去了。那些被咬伤并被赶走的小狐狸眼中充满着忧伤和委屈，然而老狐狸则是义无反顾的坚决和果断。因为它知道，没有谁能养它们一辈子。

小狐狸们从这一天起便长大了。当狐狸爸爸再一次看到自己孩子的时候，虽然五个孩子中只剩下了两个，但它们已经变得更加健康强壮。

狐狸十分重视培育后代的独立生存能力。狐狸世界的法则是：成年后就不能与父母住在一起，不能靠父母养活，如果你不知道如何生存，那么你就将被大自然无情地淘汰。

尽管有些残酷，但这就是动物为了族类持续生存的天然法则。人类当然超越动物，社会比自然也更为复杂。所以我们更应教育学生学会劳动，学会自立，学会生存。

3. 培养勤俭节约的优良品质

劳动课可以使学生体会到劳动的辛苦，从而感受到父母的艰辛和自己幸福生活的来之不易，让学生在思想上认识劳动的可贵，养成勤俭节约的好习惯。

4. 劳动是实现人生价值的途径

劳动是谋生的手段。劳动创造价值，创造财富，满足人的生活需求，承载人生意义，实现人生理想。人生价值，人的成就大小，人的贡献大小，人的价值大小，人生意义大小，都是劳动决定的。所以，人生的意义在事业中也即劳动中，人生的价值在事业中也即劳动中，人生的快乐和幸福也都在劳动中。

有远大理想、想成就事业的人，必须全心全意投入到劳动中，劳动是理想变为现实的唯一途径。

5. 劳动是培养全面发展人才的手段

劳动使人全面发展，人的全面发展也需要劳动。

劳动在青少年成长中有重要的作用。劳动有助于孩子形成良好的思想和道德品质。实践证明，人的许多优秀品质是在劳动中形成的。只有在劳动实践中，才能让孩子养成珍惜劳动成果、艰苦朴素的好作风。劳动能锻炼孩子吃苦耐劳、克服困难的坚强意志，有助于培养孩子良好的社会适应力，促进身心健康。劳动能培养孩子勤快、主动的工作态度，有利于形成对集体、对国家的义务感和责任心。劳动能培养孩子自立、自强的独立生活能力和进取精神。

劳动还能促进孩子的智力发展。劳动可以改善呼吸、血液循环，促进生理的新陈代谢过程，调节大脑疲劳，有利于大脑发育。在劳动中，孩子双手的活动有益于左右脑的开发，促进逻辑思维和形象思维的发展，有助于提高学习能力。劳动还可以培养孩子的观察、分析、判断、创造能力和动手能力。

三、怎样实施劳动与德育的结合

学校应根据学生的身体发育情况，根据不同年龄段学生的特点和需要，开设家政、烹饪、园艺、农业、营养、非物质文化遗产、卫生服务等方面的实践课程，培养学生自觉工作、诚实劳动的能力。

学生在家也应该学习家庭工作的常规，做拖地、擦桌子、整理自己的衣橱、洗衣服、洗菜、做饭等家务劳动。

孩子爱不爱劳动，会不会干活，不是一件小事。通过劳动，能培养孩子关心他人、热爱集体、尊老助老的优秀品质，加深对父母的感情；还能培养孩子珍惜劳动成果、热爱劳动人民的思想感情；能体会到劳动能创造财富、创造世界的真实含义。

第二节　语文与劳动

马克思主义认为，文学艺术起源于劳动，最初的文学艺术是原始人在生产劳动中创造的，因而，文学艺术与劳动之间必然存在密切的联系。

一、古诗词中的劳动场面

在我国最早的诗歌总集《诗经》中，就有大量关于劳动的诗篇。诗意的田野、河洲、水边，有雎鸠、荇菜、桑林……质朴的文字为我们描绘先人劳作的场面，劳作的身影，劳作的欢快愉悦，充满着生活的情味。让我们走进《诗经》，一起去领略并感悟古诗歌中的劳动美。

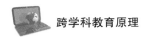

> 参差荇菜,左右采之。窈窕淑女,琴瑟友之。

这是《国风·周南·关雎》中的诗句。参差不齐的荇菜,左边右边不停采摘。贤良美好的女子,弹琴鼓瑟来亲近她。女子正是因采荇这一透露勤劳品质和展现美好身姿的身影深深地打动了年轻的贵族男子。再请看《魏风·十亩之间》:

> 十亩之间兮,桑者闲闲兮。行与子还兮!
> 十亩之外兮,桑者泄泄兮。行与子逝兮!

这是一首情调优美的描写采桑的劳动之歌,展现的一幅桑园晚归图:暮色欲上,炊烟渐起,夕阳斜晖,透过碧绿的桑叶照进一片宽大的桑园。忙碌了一天的采桑女准备回家了。顿时,桑园里响起一片呼伴唤友的声音。人渐渐走远了,她们的说笑声和歌声却仿佛仍袅袅不绝地在桑园里回旋。诗篇勾画出一派清新恬淡的田园风光,抒写了采桑女轻松愉快的劳动心情。

阅读千年古韵,感悟劳动之美。文学起源于劳动,诗歌也是从劳动中产生的。劳动是世界上一切欢乐和美好事情的源泉。

古诗里的劳动是丰富多彩的,古人的诗韵中,勤劳质朴的人们充满着对劳动的热爱,充满着对美好明天的憧憬和向往。古诗中的劳动,让我们感受着劳动的快乐,收获着劳动的幸福,劳动创造了人类的智慧,劳动创造了美。

二、对不劳而食的寄生虫的痛斥

诗歌一方面歌颂劳动之美,同时也有表达对不劳而食的寄生虫的极端憎恶之情的。请看《诗经·魏风·伐檀》:

坎坎伐檀兮,寘之河之干兮,河水清且涟猗。

不稼不穑,胡取禾三百廛兮? 不狩不猎,胡瞻尔庭有县貆兮? 彼君子兮,不素餐兮!

这是一首关于劳动的诗篇,写出了奴隶伐檀造车的劳动场景,同时也痛斥了奴隶主是不劳而获的寄生虫、吸血鬼。又如:

> 陶尽门前土,屋上无片瓦。
> 十指不沾泥,鳞鳞居大厦。

这是北宋诗人梅尧臣的《陶者》。诗歌运用质朴的语言讽刺时事,控诉社会中不平等现象,只用事实对照,不加评论,发人深省。又如北宋张俞的《蚕妇》:

昨日入城市,归来泪满巾。

遍身罗绮者,不是养蚕人。

诗歌充分表现出作者对当时社会不劳而获者的不满,表达了对劳动人民的深切同情。

第三节　音乐与劳动

先民们为了生存,学会了狩猎游牧、刀耕火种等各种劳作。还学会了吹响兽骨牛角,模仿兽叫鹿鸣,以达到诱捕围猎之目的。人们还学会呼喊号子协调行动来抬重物……正是在先民的劳作中,诞生了音乐这一艺术形式。

一、音乐起源于劳动

音乐起源于劳动,劳动起源说是关于音乐起源问题的最具代表性的学说。音乐起源于原始社会的集体劳动中,他们为了求得统一及效率所产生的节奏。正如《淮南子》中之所述:

今夫举大木者,前呼"邪许",后亦应之。此举重劝力之歌也。

古时候抬木头,一个人抬不起,得大家协作。为了协调动作,减轻劳累,人们便一齐喊劳动号子,这可以说是原始劳动中所使用的"号子",这劳动号子便是最原始的音乐。

自远古先民在劳作中喊出的铿锵有力的号子,便在漫长的人类历史中回荡,回荡在无数的热火朝天的劳动场面。

1. 当年的川江号子

江河中的船只逆流而上常需用绳拉纤,纤夫要唱劳动号子协调动作,减轻劳累,比如,《川江号子》就是川江船工们为统一动作和节奏,由号工领唱,众船工帮腔、合唱的一种民间歌唱形式。如今,川江上有了雄伟的三峡大坝,便没有了急流险滩,没有了纤夫,更听不到那曾经悲凉、激昂、打动人心的川江号子了。川江号子仅仅留存在音乐中,在人们的记忆里……

2. 渐渐远去的打夯歌

20 世纪 80 年代以前,人力打夯是建房盖屋、修路筑坝等劳动场所的一种常见场面。打夯是体力活,是一种简单的集体劳动,将石磙或其他重物连同木棍或绳索连在一起就组成了一个夯,几个人把夯高高举起,然后再让它自由落下,反反复复

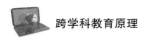

把地基夯实的过程就是打夯。打夯歌就是在这种劳动过程中产生的,一来排遣劳动中的寂寞,消除疲劳;二来提高凝聚力,使众人的动作更加协调一致;三来增加欢乐和喜庆气氛。打夯歌一般由一人领唱,众人附和,歌词浅显,曲调简单。一边劳动,一边歌唱,气氛热烈,韵味悠扬。

随着社会的进步与发展,如今打夯一般都是机械操作,人力打夯日渐稀少,打夯歌即将成为一种历史现象储存在人们的记忆中。

3. 台湾高山族妇女的《杵歌》

台湾民歌《杵歌》是台湾中部日月潭附近高山族妇女在舂米时所唱的一种民歌,也称舂米歌。当地每逢收获季节的夜晚,男女青年常到各家去帮助舂米、磨谷。他们边劳动、边歌唱,并趁机挑选对象、倾诉恋情。其音乐节奏鲜明,旋律流畅,起伏比较大,既有劳动节律,又优美动人。《杵歌》最初产生于劳动,后逐渐发展为一种独立的歌舞形式,称"杵舞",体现了高山族同胞勤奋豪放、能歌善舞的特点。

像这样的例子真是举不胜举。

二、由劳动工具演变成的乐器

在劳动过程中,劳动工具也可以是最原始的乐器。劳动工具随劳动节奏而发响,与劳动呼声相谐和,实际上起着乐器伴奏的作用。从而也就启发人们把某些能发声响的劳动工具以及生活用具转化成为乐器。

1. 由石制的劳动工具演变成的磬

磬是一种石制的乐器,可能源于某种片状石制的劳动工具。磬在远古时代称作"石"和"鸣球",在山西夏县夏代文化遗址,发现了一石磬,形状像耕田用的石犁,其斜上方,有一圆孔用于悬挂,整体打得非常粗糙,有的棱角还十分锐利,敲击时仍能发出清脆的声音。

磬最早用于中国古代的乐舞活动,后来用于历代帝王、上层统治者的殿堂宴享、宗庙祭祀、朝聘礼仪活动中的乐队演奏,成为象征其身份地位的"礼器"。

商代的磬有石制、玉制和青铜制等,分为两种,一种为单个的大磬,还有一种就是编磬,把若干只磬编排成一组,每磬发出不同的音色,可以演奏旋律。

湖北随县曾侯乙墓出土的全套编磬共四十一枚,石制,分上下两层悬挂,上层十六枚,下层十六枚,另有九枚可随时调用,这套编磬与编钟密切配合,其音响效应"近之则钟声亮,远之则磬音彰"。

2. 由弓弦演变而来的竖琴

竖琴是世界上最古老的拨弦乐器之一,起源于古波斯(今伊朗),据埃及古图记载,此种乐器出现于公元前三四千年。当时的形状犹如一个有弦之弓,传说这是受射箭时箭发弦鸣的启发而发明的。经过若干年的逐次改良,才形成现代竖琴。

3. 我国古代的箜篌

箜篌是中国古代传统弹弦乐器,又称拨弦乐器。最初称"坎侯"或"空侯",箜篌也是由远古狩猎者的弓演变而来,它也是伴随着人类最早文明的诞生而诞生的最古老的弦鸣乐器,至少有着两千年以上的历史。在古代有卧箜篌、竖箜篌、凤首箜篌三种形制。在《孔雀东南飞》中曾写道:

十三能织素,十四学裁衣,十五弹箜篌,十六诵诗书。

第四节　体育与劳动

劳动与体育,很多人认为这两者之间存在不可逾越的鸿沟。

在一些人看来,劳动就是劳动,体育就是体育,两者风马牛不相及。为什么?原因就在于以下几点。

① 两者的目的不同。劳动是以获取物质资料,以满足人类生存、生活需要而进行的身体活动,它是人类基本存在方式之一。而体育则是为增强体质,增进健康,娱乐身心,提高运动技能等为主要目的。

② 两者作用的对象不同。作为人类获取物质生活资料的基本手段,劳动过程中的身体活动是以生产资料为作用对象。体育则以自身为作用对象。

③ 两种活动运动机理不同。劳动过程中的身体活动是以人体的某一特定部分,或者某几个部分重复、机械运动而实现的。而在体育活动中,参与者往往调动全身大部分器官、系统的共同参与,机体的锻炼则是科学的、全面的,身体组织得以协调发展。

然而,劳动与体育固然有区别,同时两者又有着千丝万缕的联系。

一、劳动与体育的联系

1. 体育起源于劳动

体育是从生产劳动中产生的,是人类伴随着劳动在社会发展到一定阶段的产物。在距今百万年前的石器时代,原始人类为了获取猎物,就要有快跑的能力;为了抵御和擒获猛兽,就要有使用器械和投掷的力量;为了捕取水中的鱼虾作食物,就要会游泳技术;为了采摘高树上的果实充饥,就要掌握攀登的技巧。奔跑、跳

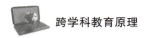

跃、投掷、游泳、攀登这些技能成为远古先民们日常生活中最常见的肢体活动。

当人类在劳动中认识这些能力和技术的重要,并有意识地去学习去锻炼这些技能时,就开始有了体育。因而,体育最初起源于劳动。

2. 体育对劳动技能教育有促进作用

体育能提高劳动者从事生产劳动的基本能力,促进劳动技能的发展。因为生产活动需要劳动者具有动作的协调性、体能的耐性和一定的生产技能。这些条件都能在体育锻炼中得到培养和训练。同时,有些体育竞技上的技术和技巧应用到生产劳动中时能够提高劳动效率。

另外,体育活动能使人精神得以放松,保证劳动个体积极、热情的工作状态,激发人最大的劳动力与创造力,大幅度提高其工作效率。

正因为劳动与体育之间的密切联系,才为我们实现劳动与体育之间的跨学科研究提供了可能。

二、劳动不都是为了经济利益

体育理论中,劳动似乎都是为了经济利益、为了金钱。而现实生活中却有不少不是为了金钱而劳动的人。

1987年,74岁的白礼芳老人决定靠自己蹬三轮的收入帮助贫困的孩子实现上学的梦想。这一做就是十多年,直到他92岁逝世。他自己生活常常"一个馒头、一碗白水",可是他却捐了35万,帮助了300多名贫困学子。他用无私奉献精神诠释了什么是无私奉献。

社会上像这样不是为了金钱而劳动的人并不少,比如义工、志愿者。他们利用自己业余时间无偿向社会提供劳动,为困难群体服务,在公共场所劳动,从而营造良好的社会环境,促使社会福利服务工作更加完善。这是一种利人的崇高行为,是和谐社会建设中不可或缺的重要力量。在他们那里,劳动不是为了金钱,而是为了奉献,劳动是最大的快乐。

三、为了金钱而不是健康从事体育运动的也大有人在

随着体育比赛的商业化,为了金钱而进行体育运动的人比比皆是。

拳击是全世界最为残酷的体育运动,由于击打部位主要是头部,而且只能以击打的方式取胜,很多人都是站着走上场,躺着被人抬下场,即便没有死亡,所受的伤也是十分严重的。

拳击场上,有些被打得眼角开裂、口中流血、鼻青脸肿、倒地不起,甚至丢掉性

命的拳击运动员,他们为的是什么? 是为了健康吗? 不! 是为了夺冠,为了奖金,为了金钱。

社会生活中还有一类以从事体育活动为职业的人,叫体育工作者,比如体育教师、教练员、裁判员、运动员等。国家体育产业"十三五"规划提出,到 2020 年中国体育产业的从业人口要达到 600 万。体育就是他们的劳动内容,他们靠体育领薪水养家糊口。

四、劳动与体育的学科综合

体育理论强调劳动与体育的区别。体育可以使全身各个部位平衡、协调地得到锻炼和发展。体力劳动往往不是全身协调运动,而是某些部位的肌肉、关节过度活动,甚至造成劳损,而其他一些部位则得不到锻炼。因此,虽然体力劳动一样可以消耗掉很多热量,但却不可以用体力劳动代替体育锻炼。

其实,劳动与体育并不是互相排斥、天然对立的,而是有着复杂的、密切的相关,因而我们可以实现劳动与体育学科的综合,实现劳动与体育的学科跨越。

1. 学生通过体育锻炼身体,增强体质,以有利于掌握生活和劳动技能

体育能提高青少年从事生产劳动的基本能力,训练提高人的灵敏性、协调性、准确性等,改善学生的身体素质、心理素质,有利于学生其他基本活动能力的培养,并为学生今后掌握生活技能和劳动技能有着积极的作用。

2. 让学生体会到劳动的快乐

劳动类型并不是只有苦力搬运工,劳动的内容不计其数。学生劳动课主要有自我服务劳动、家务劳动、公益劳动和较简单的生产劳动,比如栽花、植树、种菜、浇水、施肥、锄草、扫地、擦玻璃、洗衣服、烹饪、洗碗筷、喂养小动物、摄影、插花、剪纸、陶艺、木工、编织、刺绣、服装设计、维修小家电……应根据少年儿童的身体特征选择合适的劳动内容。当小朋友们看见亲手栽种的花卉开出缤纷的花朵时,当看见亲手种植的小树苗壮成长时,当吃到自亲手栽培的绿色蔬菜时,当看见自己喂养小鸡长大下了鸡蛋时……他们喜悦之情难以言表。他们的劳动既活动了身体,消除了读书的疲劳,具有体育的功能,还能享受劳动的欢乐。

3. 兼有体育与劳动功能的活动

有些活动兼有体育与劳动的功能,比如踏青、秋游、远足、越野、野炊、野营、采摘、野外生存等。这些野外活动都具有体育功能。学生自己动手砌灶、煮饭、烧水、炒菜、烧烤、挂帐篷,可以拾贝壳、捉蟹、抓虾、捉鱼、捕蝉、捕螺、捉虫、采摘野菜……这些活动具有劳动的性质。学生置身于大自然的怀抱,尽情欣赏大自然的美丽风

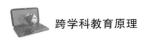

光,心情自然变得开阔起来,使人有一种和大自然融为一体的感觉。

因而,劳动与体育完全可以实现学科的跨越,和谐地融合在一起。

劳动与体育都是我国教育的重要组成部分,实现劳动与体育的学科综合,使体育帮助学生对劳动技能的掌握,使劳动达到增强学生身体素质的目的,这是完全有可能的,也是有重要意义的。

第五节　美育与劳动

美不仅存在于自然界和艺术中,而且存在于人们的创造性劳动中。劳动创造了世界,创造了人类自身,也创造了美。

农民生产了美的食物,清洁工营造了美的环境,艺术家创造了美的艺术,文学家创作了美的文学,科学家迸发了美的智慧,工人发明了美的技术……社会生活中缤纷的美,都是劳动创造的。

劳动教育与美育都是党的教育方针的组成部分,有着密不可分的内在联系,二者的有机结合对青少年价值观、人生观和世界观的塑造产生着重要作用,能够帮助青少年获得全面、整体、可持续的发展。

一、认识劳动之美

劳动美是指人们在有意识地运用自己的体力和智力改造自然界和人类社会的过程中所体现的美。劳动美可分为劳动场面美、劳动产品美和劳动者的美等方面。

1. 劳动场面的美

劳动最光荣、劳动最崇高、劳动最伟大、劳动最美丽。当人的劳动成为一种自由创造的活动时,这种劳动过程必然孕育着美的创造。

凌晨四点左右,城市的清洁工就开始忙碌了,他们在微亮的晨光中,为我们清扫着城市的每一个角落,他们要趁着大家还没有起床把城市打扫得干干净净,他们挥动扫帚的工作场面是美的。建筑工人挥汗如雨,一幢幢高楼拔地而起,那场面是美的。桥梁工人辛勤劳动,一座座打破世界纪录的桥梁在他们手下诞生,天堑从此变为通途,那场面是美的。年过花甲的科学家们为了祖国的繁荣富强,潜心研究新的科学技术和探索人类尚未了解的领域,这种情景是美的……当我们看到这种种情景,都会情不自禁地感到,这是一种创造,是一种劳动美。

2. 劳动产品的美

劳动产品是人们生产劳动的产物。劳动产品的美,是劳动产品所呈现的美。

粮仓中金灿灿的稻谷,是农民的劳动奉献的美;时装店里色彩缤纷的服饰,是缝纫工人的巧手带来的美;高耸屹立富丽堂皇的楼房,是建筑工人的汗水浇筑的美;川流不息风驰电掣的车辆,是机械工人劳动展示的美;治病救人悬壶济世妙手回春,是医生的智慧呈现的美;包裹外卖一键到手,是快递员的辛勤劳动带来的美;音乐大厅乐音环绕,是音乐家的劳动创造的美……这一切都是劳动创造的,是人的本质力量的对象化,劳动创造财富,也创造美。

劳动产品是美的,还因为产品美大都要求外观美与功能美统一。人们使用产品时,产品功能给人的愉悦感受以及对产品使用的得心应手,最能充分地体现出产品的美。如一套裁剪合体、款式入时、大方的服装,穿在身上能与人体活动的韵律和谐统一,从而表现出服装产品的功能及外观之美。

3. 劳动者的美

生产劳动是人类社会赖以生存和发展的基础,是产生美的根源。劳动的美,最根本体现在劳动主体的美,劳动者的美。

个体经营户、建筑工人、外卖小哥……这些平凡的劳动者,用双手诠释职责,用汗水描绘人生,为社会的发展贡献着自己的力量。每一个忙碌的身影都值得感激,每一份劳动都值得被尊重,这些尽职尽责的普通劳动者,是最美的风景。

二、劳动美的美育功能

1. 劳动美育对社会物质文明的建设具有积极的推动作用

如果没有劳动人民世世代代的辛勤劳动,就不会有今天这样丰富多彩的社会物质文明。如果我们充分认识到劳动创造了人,劳动创造了人类社会,如果我们了解了人类自由自觉的劳动产生了美,我们就会在现实生活中努力地去发现美、创造美,用自己的智慧和双手,为人类的幸福,为社会的文明与进步创造出更多光彩夺目的财富,创造出更多的美。

2. 劳动美育有助于人们树立正确的劳动观

感悟劳动之美,能够帮助人们树立正确的劳动观念,防止滋长好逸恶劳的思想。青少年要成为一个德、智、体、美、劳全面发展的新人,就要满腔热忱地努力完成本职工作,在劳动中尽力而为,任劳任怨,充分发挥自己的主观能动性,不计较个人得失,积极参加各项义务劳动。同时,还要养成良好的劳动习惯,把劳动当作生活的需要,树立正确的劳动观。

3. 劳动美育对社会主义精神文明建设具有积极的促进作用

劳动美渗透在社会生活的方方面面。我们要建立一种和谐、文明、友爱、互助

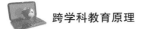

的社会主义新型的人际关系·就必须通过劳动、并在劳动中真诚地关心人、帮助人。我们要使自己的生活环境、学习环境、工作环境变得舒适优美，就必须通过自己的劳动来创造。我们必须以自己的辛勤劳动来创造美好的生活，来促进社会主义精神文明建设。

跨学科研究性学习

第十九章　跨学科研究性学习概述

教育部公布的普通高中课程方案(2017 年版 2020 年修订)中,要求开展以跨学科研究为主的研究性学习(占 6 学分)。本章要讨论的正是关于跨学科研究性学习的有关内容。

第一节　跨学科研究性学习的概念

跨学科研究性学习,是在当前学科广泛交叉跨越的时代背景下,开展的以学生的自主性、探索性学习为基础,通过学生亲自实践获取直接经验,养成科学精神和科学态度,掌握基本的科学方法,提高综合运用所学知识解决实际问题能力的学习活动。

"跨学科研究性学习"具有以下三层含义。

一、"跨学科研究性学习"是一种学习活动

"跨学科研究性学习"活动的目的是为了获取知识,是学生的一种学习活动。这种活动虽然也要求具有创新性、价值性,具有研究的性质,但又与专业科学家的研究有区别,并不要求通过研究活动制成原子弹与氢弹,不是要求把人造卫星送上天,不是要建成北斗卫星导航系统造福全人类,不是要送嫦娥五号飞船登月,也不是要制造"天眼"去探索宇宙的奥秘……"跨学科研究性学习"活动的目的是为了养成科学精神和科学态度,掌握基本的科学方法,提高综合运用所学知识解决实际问题的能力。

二、"跨学科研究性学习"是一种具有研究性质的活动

"跨学科研究性学习"是一种学习活动,但又不同于传统的接受性学习,不是靠死记硬背记住前人知识的学习,是一种研究性的学习,具有科学研究的性质,目的是为了学会科学研究的方法,提升自己科学创造的本领,进而提升我们国家整体的创新能力与竞争力。

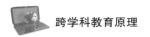

三、"跨学科研究性学习"有着鲜明的学科跨越特色

"跨学科研究性学习"不同于以往的不同学科之间"鸡犬之声相闻,老死不相往来"的分科教学,而是强调学科之间的跨越,用不同学科的知识、方法、理论来解决我们遇到的问题,因而有着鲜明的学科跨越特色。

实际上,当我们在实践口遇到的自然现象、实际问题,往往会自觉或不自觉地运用到不同学科的理论与知识,用到跨学科的方法,因为我们面对的客观世界本来就是不分科的。比如对于中学生父母陪读现象的分析与思考。

中学生父母陪读,是一种常见的社会现象,属社会学范畴。古有"孟母三迁",今有学生家长"弃家陪读",我们也可从历史的角度来剖析;父母陪读是为了子女的教育,涉及教育学;陪读是因为父母倾注了对子女的爱,可怜天下父母心,涉及伦理学;父母陪读是担心孩子沾染抽烟、酗酒、上网、逃学、旷课等恶习而荒废学业,涉及心理健康;父母停下工作,租房、购房陪读,付出巨大的代价,又是经济学的问题;是培养衣来伸手、饭来张口的考试机器,还是培养学生的独立人格,这又是人才学的问题……如果能综合运用社会学、历史学、教育学、伦理学、心理学、经济学、人才学等不同学科的理论、知识、方法来进行讨论、研究,这样对陪读现象的研究就必然更为全面、系统而深刻。

依据研究内容的不向,跨学科研究性学习主要可以分为课题研究类、项目(活动)设计两大类。课题研究类,以认识和解决某一问题为主要目的;项目(活动)设计类以解决一个比较复杂的操作问题为主要目的,如一次环境保护活动的策划,设计一个雕塑方案,某一设备、设施的制作、建设或改造的设计等。

第二节　跨学科研究性学习的特征

与传统的分科教学课程相比较,跨学科研究性学习具有综合性、开放性、研究性、实践性、自主性等特点。

一、综合性

综合性是相对分科性而言的,是指研究课题需学生综合运用已学的多学科知识,其价值就在于打破了以往教师分科教学、学生分科学习,人为割裂课程的弊端。由于在复杂的社会系统中,学生必须运用多学科的知识解决实践中的问题,所以跨学科研究性学习需要将分科教学的成果综合在需要解决的问题中,提供并扩展学生多元学习的机会和体验,这就使得跨学科研究性学习的课程具有综合性。

二、开放性

开放性是相对学科课程完整、封闭性而言的。跨学科研究性学习的内容具有开放性,它不是特定的知识体系,而是来源于学生的学习生活和社会生活,立足于研究、解决学生关注的一些社会问题或其他问题,涉及的范围很广泛;学习的时间具有开放性,不局限于课堂45分钟,而是可以让学生利用课余时间,或者节假日,走出书本和课堂,走向社会,把课内与课外、学校与社会有机地联系起来;组织形式具有开放性,学生可以独立研究,也可以小组研究;研究结果具有开放性,成果可以是论文、调查报告,也可以是模型、图片、声像、多媒体课件等多种形式。跨学科研究性学习尊重每个学生独特的兴趣、爱好,适应每一个学生个性化发展的特殊需要,为学生自主性的充分发挥开辟了广阔的空间,从而形成一个开放的学习过程。

三、研究性

跨学科研究性学习强调学习方式的研究性。学习的内容是在教师的指导下,学生自主确定的研究课题;学习的方式不是被动地记忆、理解教师传授的知识,而是敏锐地发现问题、主动地提出问题、积极地寻求解决问题的方法、探求问题结论的自主学习的过程。因此,跨学科研究性学习的课题,不宜由教师指定某个材料让学生理解、记忆,而应引导、归纳、呈现一些需要学习、探究的问题。这个问题可以由展示一个案例、介绍某些背景或创设一种情景引出,也可以直接提出;可以由教师提出,也可以引导学生自己发现和提出。要鼓励学生自主探究解决问题的方法并自己得出结论。

四、实践性

实践性是相对于理论性而言的,是指跨学科研究性学习注重学生对生活的感受和体验,强调学生的亲身经历,让学生在实践中去发现和探究问题,通过动手、动脑解决具体问题,体验和感受生活,发展实践能力和创新能力。

五、自主性

跨学科研究性学习课程改变了以往教师讲、学生听,学生被动接受的学习方式,使学生能积极主动地去探索、去尝试,去谋求个体创造潜能的充分发挥,使学生

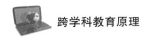

能主动接触社会生活实际,关心社会、关心他人,培养对社会的责任感。学生可以根据自己的兴趣、爱好、特长自主选择研究课题,从选题、收集资料开始到撰写报告、答辩、展示成果的全过程,都是学生自己的自主决断过程,教师往往只起到指导者和协助者的作用。在整个学习过程中,学生可以真正展示自信、自立、自强的精神风貌,充分体现学生自主性的原则。

第三节　跨学科研究性学习的一般过程

跨学科研究性学习的实施一般可分三个阶段:准备阶段、实施阶段、总结阶段。在学习过程中这三个阶段并不是截然分开的,而是相互交叉和交互推进的。

一、准备阶段

在准备阶段首先必须确定研究课题,即你所要研究的问题。

本阶段要求师生共同创设一定的问题情境,一般可以开设讲座、组织参观访问等,目的在于做好背景知识的铺垫,调动学生原有的知识和经验,然后经过讨论,提出核心问题,诱发学生探究的动机,在此基础上确定研究范围或研究题目。

同时,教师应帮助学生通过搜集相关资料,了解有关研究题目的知识水平,该题目中隐含的争议性的问题,使学生从多个角度认识、分析问题。在此基础上,学生可以建立研究小组,共同讨论和确定具体的研究方案,包括确定研究方法、如何收集可能获得的信息、准备调查研究所要求的技能、可能采取的行动和可能得到的结果。在此过程中,学生要反思所确定的研究问题是否合适,是否需要改变问题。

二、实施阶段

在确定需要研究解决的问题以后,学生要进入具体解决问题的过程,确定研究课题,制定计划,准备研究材料,收集资料,进行实验并获取数据,处理信息资料和数据,制作图表,提出观点或对假设进行证实或证伪,通过实践、体验,形成一定的观念、态度,掌握一定的方法。

三、总结阶段

最后一个阶段是总结阶段。无论是采取哪一种方法进行研究性学习,最后都有一个相似的总结阶段。这一阶段包括两个任务:一是研究者撰写研究报告并向教师、聘请的有关专家和自己的同学们汇报研究过程和成果,并谈谈自己的研究体会;二是由教师和自己对该研究给予评价,这种评价不仅包括过程和成果,更应包括各种能力的提高与否。

第四节 跨学科研究性学习的意义

跨学科研究性学习具有重要的意义。

一、培养学生的学科综合能力

学生通过学科学习,具备了多门学科的知识积累。但是以往的学科教学,这些知识长期处在互不相干的分割状态之中,失去可能发挥的效用。跨学科研究性学习则可破除这种分割状态,碰到问题时,能综合运用不同学科的理论、知识、方法去解决。这是因为客观世界本身是不分科的;面对客观世界纷繁复杂的事物现象,我们自然而然可以综合运用各科知识去加以研究。

比如从天上的太阳说起,人们可以将她和生物科学联系,因为有太阳,地球万类生命才能生存,太阳给了地球勃勃的生机;和地球科学联系在一起,地球年复一年绕太阳旋转,才有地球的四季更替;和气象科学联系在一起,太阳驱动着地球的水循环,才有天空的风云变幻、风霜雨雪;和能源科学相联系,人们学会了利用太阳能,人类正在研究核聚变反应,制造自己的太阳,从而获得用之不尽、取之不绝的能源……

还有宁静柔美的月亮,和文学联系在一起,月亮给了作家诗人无数的灵感,有月亮才有李白诗中的白玉盘,才有苏轼诗中的阴晴圆缺、悲欢离合的惆怅;和民俗学相联系,才有中秋节的月饼、嫦娥仙子奔月的传说……

只要运用跨学科的思考,世间的花草树木、鸟兽虫鱼,万事万物都能给人提供无限的施展才华的研究天地,哪怕是肉眼难以看见的微尘。

医学家说,微尘是人类健康的大敌,它可能携带致命的病毒、细菌到处飞扬;环境科学家说,小于 2.5 微米的细颗粒物(PM2.5),更可穿透肺泡直达血液,危害人类健康。气象学家会说,微尘是吸湿性微粒,空中的水汽会凝结,就形成天上的云,使从太阳直射到地球的光线得到吸收、反射、散射和折射,并产生风雪雨露、霞光彩虹。地球科学家说,空中的云能阻挡宇宙中的许多有害射线闯进地球表面,还能调节地表的气温,使之适合于生命的生存和繁衍。

跨学科研究型学习能极大地拓展人们的视界,活跃人类的思维。当我们遇到难题时,可以多角度、全方位地探寻到解决的方案。

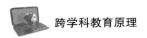

二、极大地提升学生创新素质

传统的人才培养模式强调"灌输""识记",对创新精神和实践能力、应用能力重视不够,这种封闭性的人才培养模式经由应试教育的推波助澜愈演愈烈,严重扼杀学生的创新能力,使学生成为应试的机器。跨学科研究性学习一扫"填鸭式"的传统教育模式,使学生通过课题研究的实践,解决实际问题,逐步养成学生主动探究的态度,能极大地提升学生的创新能力。

跨学科研究的实质是不断产生创新。在当代社会,如果一个人的智慧与思维只局限于单一学科的范围内,他很难获得创新成果;而如果能打破学科之间的藩篱,实现不同学科之间的跨越,无穷无尽的创新设想便会喷涌而出。因而要全面培养国民的创新能力,整体提升国家未来的竞争力,就必须在青少年学生中开展跨学科研究性学习的活动。

三、有利于师资队伍的建设

跨学科研究性学习中课题研究的内容往往是不同学科知识的综合运用,教师要指导学生开展课题研究,这就对教师提出了更高的要求,迫使教师为扩大知识面,提高综合运用知识的能力和指导能力而继续进修,有利于提高整个师资队伍的水平。

第二十章　课题的选择

选题,顾名思义,是指经过选择来确定所要研究的中心问题。

跨学科研究性学习,首先要正确而恰当地选好研究的课题。选题就是对所研究问题和所研究方向的选择与确定。只有选好了题,确定了研究范围和方向,才能有的放矢,不会迷失方向。选题直接关系着研究工作进展速度的快慢、取得成果的大小,甚至整个研究的成败,具有举足轻重的意义。

第一节　课题的来源

跨学科研究性学习课题的搜集途径非常多,大致有以下方面。

一、从日常生活的观察发现中选题

我们平常注意观察,日常生活中看似细枝末节的平凡小事,可发现生活中许多有趣的现象,形成许多有价值的研究课题。

1. 研究肥皂泡的科学家们

不少人小时候玩过吹肥皂泡。一个个滚圆的球,飘浮在空中,还呈现出绚丽的颜色,煞是好看。然而就是这么一个普普通通的肥皂泡,却吸引了不同学科许许多多的科学家孜孜不倦的研究。

牛顿对肥皂泡在阳光下会变得花花绿绿很感兴趣。牛顿认为:肥皂泡,只不过相当于一个个空心玻璃球而已,既然肥皂泡在阳光的照射下能呈现多种颜色,那么,受光照的玻璃片上,不也应该看到那些颜色吗?牛顿找来许多玻璃片,在窗前一边吹肥皂泡,一边拿着玻璃片到窗前细心观察起来,可是,他一连换了数块玻璃片,也没有看到上面出现五彩缤纷的颜色。牛顿无意地拿到了一块三棱形的玻璃,当把它对着阳光晃动时,那块三棱形玻璃上,呈现出类似肥皂泡上的景观。比起肥皂泡在阳光下闪烁不定的色彩来,三棱形玻璃上的色彩更稳定,而且分层分条呈现。牛顿发现有红、橙、黄、绿、青、蓝、紫七种颜色,就是说阳光里包含着七种颜色。他马上又进一步想到,白光既然可以色散成七色,那么把那七色的光汇聚在一起,

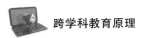

不也一样可以得到白光吗？于是，牛顿又将这条"人造彩虹"通过反向放置的第二个棱镜重新结合，又变成了白色的光。就这样，牛顿从极普通的肥皂泡上，发现了光学物理中的一个十分重要的原理——光的色散和聚合原理。

这些单色光按不同波长（或频率）大小依次排列形成的图案，就是光谱，全称为光学频谱。由此诞生的光谱学，是人类借助光认知世界的重要方式。地球上不同的元素及其化合物都有自己独特的光谱特征，光谱因此被视为辨别物质的"指纹"。通过光谱仪分析不同物质的光谱，可以探查出许多重要信息，比如钢材和宝石的品质、爆炸物特性等。天体光谱学可以用来推出遥远距离恒星和星系的许多性质，例如它们的温度、化学组成、金属丰度……

物理学家对肥皂泡有兴趣，通过它可以研究表面张力、研究光在薄膜上的干涉作用、研究物质的吸附作用等。数学家对肥皂泡有兴趣，通过它研究最小曲面，研究泛函的极值；生物学家对肥皂泡有兴趣，通过它研究生物体内的薄膜、研究薄膜的生化机理；力学家受肥皂泡的启发研究薄膜充气结构，可以支起一座容纳上万人的会场。在材料的生产中，要研究肥皂泡有关的问题，如泡沫塑料、泡沫水泥；有时候还要避免泡沫的形成，因为废水中过多的泡沫会对环境造成污染。一百多年来，无数的学术论文探讨了与肥皂泡有关的课题，有成百的学术专著出版论及肥皂泡。英国著名的物理学家开尔文说过："吹一个肥皂泡并且观察它，你会用毕生之力研究它，并且由它引出一堂又一堂的物理课程。"

2. 浴缸漩涡与天际风云变幻

洗澡，这是普通之至的事情；洗完澡，把浴缸的塞子一拔，水汩汩地流去，人们也都不会注意它。但是美国麻省理工学院机械工程系主任谢皮罗教授却敏锐地注意到：每次放洗澡水时，水的漩涡总是向左旋，即是逆时针方向转的。这是他所用的浴缸里的特殊现象吗？谢皮罗决心研究到底。他设计了一个碟形容器，将水灌满。每当拔掉碟底的塞子时，碟里的水也总是形成逆时针的小漩涡。于是，他推想，放水时的漩涡朝左，其中必然包含着某种规律。

1962 年，谢皮罗发表论文，认为这种现象与地球自转有关。如果地球停止自转的话，拔掉浴缸或其他容器的塞子，水不会产生漩涡。由于地球是自西向东不停地旋转，而美国又处于北半球，所以漩涡总是朝逆时针方向旋转。谢皮罗还认为，北半球的台风，同样是朝逆时针方向旋转的，其道理和洗澡水的漩涡一样。他还断言，如果在南半球，则恰好相反，洗澡水是按顺时针方向形成漩涡的；而在赤道，则不会形成漩涡，也没有台风。

谢皮罗教授的论文引起了世界各国科学家莫大的兴趣，他们纷纷进行观察或实验,其结果完全与谢皮罗的论断相符。

3. 猫晒太阳与诺贝尔奖

猫躺在地上晒太阳,是再常见不过的事了。然而,丹麦的一位医生尼里斯·劳津研究猫晒太阳却获得了诺贝尔奖。

一天,劳津医生在屋里看书,看久了,眼睛有些疲倦,就走到窗前去放松一下。正巧,院子里有只猫躺在地上晒太阳。真有趣,太阳一分一秒地向西移动,那树影儿也跟着一点点朝东移动,眼看就要遮住猫的身体了,那猫立刻挪动一下身子,树荫每移动一步,猫也跟着挪动一步,始终不让树荫遮住自己。这是为什么呢?这会儿天气还不算太冷,难道猫就这么喜欢晒太阳?劳津决定弄个明白。他索性走到院子里,蹲在猫的身边,仔细地观察起来。这一下他完全弄明白了:原来这只猫身上有个流脓的伤口。有好几天,它都爱躺在院子里晒太阳。不出几天,这伤口就全好了。劳津是个医生,他立刻从猫想到了人。太阳光能促使猫的伤口尽早愈合,会不会也能帮助人治疗伤病呢?带着这个问题,劳津做了一系列的实验,写出了《光对人体的生理作用》等研究论文,并获得 1930 年的诺贝尔奖。

4. 喝啤酒喝出的诺贝尔奖

1952 年的一天,26 岁的物理学家格拉塞在紧张工作之余,打开了一瓶啤酒。啤酒冒出一串串气泡,他还在想刚才的实验,竟忘记了喝啤酒。过一会儿,气泡渐渐不冒了。格拉塞沉思起来,难道再也不能产生气泡吗?他将一粒沙子投进啤酒杯,只见沙子在下沉的过程中,沙子周围不断地产生着气泡。他又扔下一小撮沙子,这时啤酒就像沸腾了似的,产生出大量气泡。格拉塞从这小小的实验得到了启发,竟做出了一项了不起的发明,这就是能清楚地看到电子径迹的气泡室,从而导致其他科学家对介子和超子等未知粒子的发现。气泡室的发明,为原子核物理学的研究提供了极大的方便,格拉塞因此获得了 1960 年诺贝尔物理学奖。

日常生活中看似平凡的小事,却能为我们的科学研究提供不竭源泉。

我们平常要抱着一颗好奇心。人们有了强烈的好奇心,就容易产生求知欲。在好奇心的驱使下,人们会自觉自愿地去寻求各种自然事物或现象的奥秘,能从习以为常的事物或现象中,发现不寻常之处,从而产生对其进行探索的欲望,并将其选定为研究课题。研究的结果,不但可以做出科学发现和技术发明,而且还可能开辟新的研究领域。

二、在学科的跨越中选题

学科跨越中选题,就是将研究对象与不同的学科交叉来选题。学科跨越,是跨

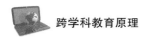

学科研究性学习的构成要素,同时更能体现我们研究课题学科跨越的鲜明特色。

学科跨越是研究选题的重要、高效、神奇的方法。

1. 将考察事物与历史科学交叉

将有关事物与历史科学的交叉来选题,就是考察事物的历史,是事物的历史溯源,这是一片广阔的选题领域,能极大丰富我们的知识储备。

考察植物可以有水稻的历史、茶的历史、小麦的历史、石榴的历史、棉花的历史、烟草的历史、梨的历史、李的历史、苹果的历史、牡丹的历史、玫瑰的历史、葡萄的历史等选题。

将兰花和历史人物相联系可以有孔子对兰花"王者之香"的赞颂,屈原的兰花情结、郑板桥画笔下的兰花等选题。

考察动物可以有猪的历史、牛的历史、马的历史、羊的历史、骆驼的历史、鸭的历史、鹅的历史、天鹅是不是鹅的祖先、狗与狼的历史渊源等选题。

考察建筑物可以有民居的历史、桥梁的历史、客家围屋的历史、干栏式竹楼的历史、北方窑洞的历史、树屋的历史、庙宇的历史、祠堂的历史等选题。

万事万物都有其历史,这为我们提供了研究选题的广阔天地。

2. 将考察事物与美学交叉

将考察事物与美学交叉,就是研究考察对象的美学特征。比如,苏轼诗词的豪放美,李清照诗词的婉约美、朱自清作品的繁丰藻饰之美、杜甫诗作的沉郁顿挫之美、孙犁作品的朴实自然之美、江南山水的秀丽之美、黄山的雄奇之美、数学的简洁之美、历史的真实美、北京的故宫的对称之美、黄河的豪壮之美……

3. 将考察对象与心理学交叉

将考察对象与心理学交叉,就是研究人的心理学特征,或者事物对象能对人产生的心理影响等。比如情绪心理、恋爱心理、儿童心理、老年心理、教育心理、写作心理、体育心理、绘画心理、犯罪心理、嫉妒心理……

4. 将考察对象与文化交叉

广义的文化,是指人类有意识地作用于自然界和社会的一切活动及其结果,包括物态文化、制度文化、行为文化、心态文化等。人类创制的各种器物、建立的各种社会规范、约定俗成的各种行为习惯、价值观念、审美情趣、思维方式等都属于文化,文化的涵盖面非常广泛。将考察对象从文化的角度来审视,又是一片广阔的研究天地。比如兰花文化、桃花文化、梅花文化、茶文化、瓷器文化、居室文化、建筑文化、宗教文化、道教文化、佛教文化、儒家文化、墨家文化、节令文化、礼仪文化、山水文化、田园文化、苏州园林文化、古代服饰文化、中国桥梁文化……

5. 将考察事物与哲学交叉

如果对日常生活观察到的事物从哲学辩证法的角度来审视,获得的研究课题又更具特色。

苍蝇令人厌恶,我们观察发现,它停下后总是不停搓脚。这是因为苍蝇的味觉器官在脚上,只要它飞到了食物上,就先用脚上的味觉器官去品一品食物的味道如何,然后再用嘴去吃。苍蝇的脚上会沾有很多食物,这样既不利于苍蝇飞行,又阻碍了它的味觉。所以苍蝇把脚搓来搓去,是为了把脚上沾的食物搓掉。我们探索后可有"苍蝇味觉感受系统的独特性"等课题;苍蝇的眼睛和人眼不一样,是类似蜂窝一样的半球形,是由几千只小眼组成的复眼,蝇眼中的每只小眼都相当于一台独立的照相机,能单独成不同的像,苍蝇的眼睛几乎能看到 360 度的范围。人们根据苍蝇眼睛的结构发明了"蝇眼照相机"——光场相机,这种相机在低光及影像高速移动的情况下,仍能准确对焦拍出清晰照片。科学家从苍蝇给人类带来病菌而它自己反倒不生病这一现象的研究中,发现苍蝇体内含有一种特殊的抗菌蛋白,能够抵抗疾病侵袭,如果能大量从苍蝇身上提取这种抗菌基因,人类便可进入一个抗菌世界。另外,还有人指出,苍蝇能闻到 50 千米以外的气味,如果揭开这种特殊的嗅觉功能之谜,苍蝇对人类的有益作用将更大。

6. 将不同的学科交叉

世上的事物千千万万,世上的学科不计其数,我们可以将考察事物与不同学科交叉,便可得到无限多的新颖独特的课题。

例如笛卡尔就是在代数和几何的交叉中,创立了解析几何学,在数学史上做出了划时代的重大成就。

在学科的跨越中,往往能够发现新的科学问题,从中发现创造性的课题,开拓出崭新的研究领域。当代无数新的学科,就是在学科的跨越中涌现的,数学与物理学交叉,诞生了数学物理学;将生物与化学交叉,诞生了生物化学……

三、从关系民生的问题中选择课题

从关系民生的问题中选择课题,着眼于解决人民的生活困难,这种课题极具价值。

例如,在一百多年前,有种叫"脚气病"的疾病危害严重。得了这种病的人,全身浮肿,肌肉疼痛,四肢无力,到后来,脚会肿得像酒瓮一样,走路时就像万箭穿心,疼得头上直冒冷汗。医生对这种病束手无策,只能眼巴巴地看着病人死去。

1893 年,35 岁的艾克曼医生被紧急派往当时"荷属东印度"(即现在的印度尼

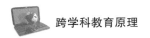

西亚)的爪哇岛。在那里,脚气病已肆虐了许久,每年有不少人被它夺去生命。为了寻找适当的治疗方法,艾克曼根据巴斯德关于细菌致病的学说,认为脚气病很可能是由某种细菌引起的。于是他到处取样,用显微镜反复进行观察。不幸的是,艾克曼不但没有找到"脚气病病菌",自己也竟然患上了脚气病!

1896 年,艾克曼发现,这里不仅人会生脚气病,就是家养的鸡也有生脚气病的。经过调查后,艾克曼明白了其中的奥秘。用白米饭喂养的鸡,很快就得了脚气病;而用米糠喂养的,却一直很健康。艾克曼断定,米糠中一定有一种物质可以治愈可怕的脚气病。他喝了一些用米糠浸泡出来的水,自己的脚气病竟好了,给其他患者喝,也药到病除。人们将它称为"维生素",艾克曼最先发现的那种被称作维生素 B_1。由于艾克曼最先发现了维生素,他获得了 1929 年度的诺贝尔生理学或医学奖。

在我们的生活中,从关系民生的问题中选择课题,可供研究的问题也有许多,比如猪肉价格变化的原因、餐桌浪费现象调查、宠物狗伤人问题的对策研究、广场舞噪音扰民现象的调查报告、城市环境与光污染、食用油中过氧化值的分析……

四、从读书发现的科学问题中选题

从读书发现的科学问题中也能够发现许多有意义课题。

古书上有则记载说:有一种叫蜾蠃的小蜂,自己不会生孩子,于是它用泥土在树上做了一个酒壶状的巢后,自己并不钻进去住,却把一条一条的青虫弄到自己的巢里,每天对着青虫说:"像我!像我!"七天以后,泥巢里就会飞出一些小蜾蠃来,青虫便变成了蜾蠃的孩子。青虫在古代又叫"螟蛉",人们根据这种情况,便把领来抚养的孩子叫作"螟蛉子"。

多少年来,人们一直对青虫能变成蜾蠃的说法深信不疑。直到 1 500 多年前的梁代,才有一位叫陶弘景的科学家,对古书的这种记载提出了怀疑。陶弘景是梁代的著名药学家,出生于丹阳秣陵。他是一位刻苦学习、博览群书的人,碰到疑难的问题,总要弄清真相才肯罢休。为了弄清螟蛉子之谜,他作了一番研究。陶弘景找了些蜾蠃的巢,掰开来看个究竟。他发现被蜾蠃弄进去的青虫,都不死不活地躺在那里。还有一些白色的小肉虫在蠕动,有的小青虫被这些小肉虫咬得七孔八洞的。这种小虫子长大后,就变成蜾蠃飞出来了。在有的青虫身上,他还找到了一些很小的虫卵。陶弘景终于明白:变成蜾蠃的不是小青虫,而是这些小肉虫;这些小肉虫,正是蜾蠃自己的卵孵出来的。原来蜾蠃把青虫弄进巢去,并不是把它们当作养子,而是在它们身上产卵。卵孵化出来的小虫就把青虫当作食粮。

陶弘景的研究是正确的。现在我们已经知道,蜾蠃是一种寄生蜂。寄生蜂的种类有许多,但有一点是共同的,就是把卵产在其他昆虫的身体里,让自己的幼虫孵化出来后,在其他昆虫体内吸取营养,使自己长大,而被寄生的昆虫最后得到死亡的下场。陶弘景的观察是人类有记载以来第一次认识到寄生蜂的。

我们平时读书,多留意思考,便能发现许多有价值的课题。

五、从学科学习中发现课题

从不同学科的学习中,再运用跨学科的视角,可发现许许多多可供研究的有价值的课题。比如,在我们的语文课文《耳闻不如目见?》里出现的蔡文姬,她也和昭君一样外嫁匈奴;蔡文姬的父亲蔡邕,一代大儒竟然会为残暴的董卓痛哭……在了解这些人物的历史后,会产生一些问题,把这些问题留住,就能产生很好的课题,如"昭君隆嫁与文姬迫嫁的比较""蔡邕的悲剧"等。

课题选择的范围无限宽广,只要多加观察与留意,便能找到合适的、有意义的课题。

第二节　选题的基本原则

运用发散思维,关于跨学科研究性学习的课题可以提出无数的设想,但真正用来研究的却只是几个而已。这就必须从中作出选择。课题的选择必须遵循以下基本原则。

一、科学性原则

选题的科学性原则,是指所选研究课题必须符合科学理论及规律,必须具有明确的科学根据。任何课题都不能凭空臆想,胡编乱造,必须找到一定的根据,而根据又必须是科学的,毫无事实和科学依据的研究选择,常常是盲目的,难以达到预期效果,也难得出正确的结论。

二、价值性原则

价值性原则,即所选择的课题必须有意义,值得去研究。既无理论意义也无任何实践意义的课题是毫无价值的,不能选择。

三、创新性原则

课题应该有创造、有新意,不能人云亦云。选择前人没有研究或研究极少的课题是创新,但老生常谈的问题也可以做出创新性的成果。新视角、新方法、新途径一样体现创新性，许多有创新性的新思想和新观点，往往是来源于研究设计、研究方法或研究技术等方面的创新。科学研究总是在前人已得出的科学发现的基础上进行探索，站在前人已有高度向更高的科学高峰攀登。为了获得具有创新性成果，可从多方面考虑。

① 重视选题的创新性。要从新问题、新事物、新理论、新思想、新经验中选题；要把握时代的脉搏，从热点上选题；从独特的角度来看问题，在未开垦的处女地上进行挖掘。

② 在研究方法上创新。采用新的研究方法、手段或技术，改进、完善某些已有的研究方法。

③ 在应用上创新。将一种已有的理论方法首次应用到新的领域。

需要说明的是，关于创新，根据考不考虑成果是否属于全世界范围内实现的首创，创新可分为绝对创新、相对创新。

绝对创新是在全世界范围内实现首创的创新。比如，我国的四大发明、爱因斯坦的相对论等，便是在全世界范围内实现的首创，属于绝对创新。

相对创新是不考虑其成果是否属于全世界范围内实现的首创的创新。在创新活动的范围里，占相当比例的内容是既无必要、又不可能去考核它们是否属于全世界范围内实现的首创的问题。比如一个学生用一种新的方法解答了一道数学题，这算不算是全世界范围内实现的首创？因为人类社会时间之久远和空间之广大的原因，一时很难考察清楚，有时也没有必要考察清楚，因而我们称之为相对创新。承认相对创新有着重要意义。如果只承认绝对创新，那就会抑制广大青少年这些异常活跃、无处不在的各种形式创新活动，这是一个巨大的损失。

中小学生研究性学习中的创新，大多就属于相对创新的范畴。

四、可行性原则

可行性也就是研究具体实施的可能性，现有的主、客观条件能保障课题的完成，且可能获得成功。这一原则的贯彻，是实现课题目标的切实的条件，如果所选课题根本没有实现的可能性，即使这个课题有非常重要的理论价值和应用价值也等于零。

研究问题的可行性可以从以下几个方面来考虑。

① 主观条件。为了保证课题研究的顺利进行，研究者应具备的主观条件主要包括知识经验、专长和兴趣、研究能力和经验以及能够利用的时间等。

② 客观条件。制约某一课题研究是否成功的客观条件主要包括资料、设备、

仪器、资金、时间等方面。

如果选了一个不可行或可行性很低的研究问题,在研究过程中可能会遇到许多无法攻克的难关,而不得不中止课题的研究,造成人力、物力、时间的浪费。所以选择课题时应考虑到研究者的各种主客观条件,只有与现有的主客观条件相适应、相符合的课题,才有可能获得成功。

第三节　课题的类型

了解课题的基本类型,可以帮助我们判断选题性质,确立选题策略,提高选题价值,有助于提高选题能力。

一、理论性课题、应用性课题、综合性课题

根据课题研究的目的和所要解决的问题,可把研究课题分为理论性课题、应用性课题、综合性课题。

1. 理论性课题

理论性课题是指概括程度高、思辨程度高、涉及面广、影响面大的研究课题,如"民俗文化研究"。理论性课题不以实际应用为目标,但其研究成果,往往能扩大一些新的或已有知识的领域,对社会实践有着重要的指导意义。

理论性课题的来源,主要是通过查阅理论文献资料,综合已有知识、信息,从中发现和提出问题而形成的。一般在下面几种情况都可形成研究课题。

已有研究中被忽略而成为空白的问题;前人研究中有不足之处,需在广度或深度上进一步探讨的问题;理论观点上有争论,需要通过研究探明的问题;已有的各研究中有相互矛盾之处的问题;对现有理论观点有质疑的问题;前人研究方法上存在错误或缺陷的问题等。

2. 应用性课题

应用性课题,就是期望研究的过程或结果能解决实际问题所提出的课题,比如"城市环境与光污染""对化妆品成分的研究"。此类课题一般来自现实生活,与解决实际问题关系密切,具有定向性。可以是应用基础理论研究的成果,探索、开辟应用的新途径,也可以是为了解决具体和实际的问题的课题。

3. 综合性课题

所谓综合性课题,指研究既要涉及理论形成规律,又要对解决实际问题有促进作用的课题。在科学研究中,这类课题是采用最多的课题,如"和谐社会视野下的

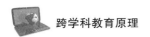

教育公平"。综合性课题实际上汇集了理论性课题和应用性课题的特点，并将二者联系起来，加大研究的力度。

二、论说性选题、实验性选题、调查性选题、观察性选题

按选题研究主要采用的方法分类，可分为论说式选题、实验性选题、调查性选题、观察性选题等。

1. 论说性选题

论说性选题为纯理论探讨和推论的选题。例如"论经济发展对教育的影响"。这类选题在研究中必须要有个人独到见解或创新性的理论框架，否则，对别人观点的照搬与东拼西凑，就有损选题价值。

2. 实验性选题

实验性选题主要采用实验法进行研究。例如"叶绿体色素提取与分离""水果中维生素 C 还原性的测定"。

3. 调查性选题

广义的调查法是指一切收集资料的方法；狭义调查是指向被调查者提出口头或书面的问题，通过被调查者回答问题来收集资料。调查性选题的例子如"中学生服饰调查""居住环境与吸毒率关系的调查研究"。

4. 观察性选题

观察法是指有目的、有步骤地对正在发生的可感觉到的尤其视觉可看见的行为现象的收集，并据此推论出规律的方法，主要运用此方法进行研究的选题称为观察性选题。这种选题的例子如"学生非文明就餐行为的观察研究"。

第四节　选题的技巧

科学研究选题需要研究者具有相当的知识水平、分析能力、敏锐的洞察力，同时也需要技巧。选题是需要技巧的，也是有技巧的。就如同写文章，缺乏相关技巧的人，冥思苦想，搜索枯肠半天也不知如何下笔；而技巧娴熟的高手，下笔千言，洋洋洒洒，一挥而就。

下面介绍一些跨学科研究性学习的选题的方法与技巧。

一、学科交叉法

学科交叉法是在不同学科的交叉中选题，如数学与物理的交叉，物理与生物的

交叉等。学科交叉法是神奇高效的选题技巧。

二、现状分析法

这是一种从对特定事物现象、社会问题的思考中确定选题的方法，如"中学生考试焦虑问题研究"。生活中，常常会遇到一些理论和实践问题。面对大量的事物现象、社会问题，只要善于多问几个为什么，就能发现许多值得研究的课题。

三、质疑法

质疑法就是对已有的结论、常规习惯、行为方式等的合理性提出质疑。古今中外有见地的科学家、哲学家都认为，科学研究始于"问题"，而问题源自质疑。质疑对课题之所以重要，一是由于"疑"需要深思熟虑，二是由于"疑"是追求新知所进行的创造性思维的开始，三是由于质疑是冲破传统观念束缚的动力。不敢质疑，认为凡是传统的都是正确的，凡是写在教科书的都是正确的，凡是名人阐述的都是对的，这样就不可能推动科学的发展。大胆质疑，这是发现问题、选定课题的基础方法。

四、变化法

所谓变化就是转化思考问题的角度，从不同的角度、不同的层次上来认识人们已经研究过的内容，进而形成关于这些内容的新认识。变化法不是否定原来的结论，而是摆脱原有的思维定式，独辟蹊径，发现新问题或者发现解决问题的新办法。

五、选题的注意点

① 选择感兴趣的课题。任何题目，如果没有兴趣的话是无法探讨深入的，也不会把人的内在潜能激发出来，所以要求在读书和学习过程中必须不断地发现自己的兴趣。如果不是自己感兴趣的，硬着头皮去做很难做得深入做得好。

② 选择力所能及的课题。选择力所能及的课题，是指在选择课题一定要考虑到自己的时间、精力甚至金钱及知识背景的局限，争取能够在有限的资源的情况下做好自己要解决的问题。

③ 题目宜小不宜大。宁要小题大做，不要大题小做。小题不仅素材容易集中，层次结构简单，容易写作，而且易于深究，易于写实，易于提出新的见解。研究成果体现在文字上，贵在短小精辟。小题易于集中笔墨，直触主题。能够把小题做

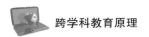
大，从小题中挖掘出、透析出常人不易觉察的问题，这是研究的功夫。

④ 见地宜新不宜旧。创新是科研的灵魂。要确定易于创新、能够创新的课题，以便在写作研究成果时能向读者提供新知识，阐述新见解。

⑤ 内容宜熟不宜生。即选题要避免生疏的内容，以及缺乏知识基础与体会不深的内容。如果选定自己熟悉的题材，由于熟悉前人的研究结果，了解存在的问题，或者了解课题的发展前景，就能够得心应手，容易收到好的研究成果。

第五节　课题的论证与评价

课题论证是指对所选课题及课题研究的初步设想进行评价性研究的过程。对研究课题的论证和评价，是选题过程的最后关键环节，通过论证和评价，将对研究课题是否实施作最终决策。

对课题的论证和评价，实际上就是对课题或方案进行可行性研究。可行性研究的范围，包括三项内容。

① 立题依据。主要从研究目标适应客观需要的程度和研究课题的科学根据、可靠程度等，来评价课题方案的必要性、科学性、先进性、可靠性。

② 实施条件。主要从承担课题单位的人员、设备、组织、进度、经费概算等计划，评价课题的可能性、经济性、时间性。

③ 社会效果。主要是从课题预期达到目标的科学意义、经济效果以及对生产、社会、环境、心理等方面的影响，评价课题的价值性、适用性、安全性。

当然，对不同类型的课题和不同内容的课题，可行性评价的准则和范围应有所差别。如基础性研究课题应侧重理论水平，应用性课题应强调经济实用，国家的项目则尤其要估价其社会综合效果。但是，不论什么课题，对于立题依据、实施条件和社会效果这三个项目的论证和评价都是必不可少的。

第二十一章　研究的设计

研究设计是对研究活动开展的全过程的设计,研究设计是整个研究工作中的重要一步。科研课题确定之后,就要进行课题研究设计。研究设计是否合理完善直接影响研究的预定目标能否实现,影响研究工作的效率,而且影响研究结果的可靠性、科学性。因此要想使研究达到预想的结果,就必须在着手进行研究之前缜密地做好计划。

第一节　明确研究课题

研究者选择确定了具有意义的、可行的、有创新性的研究课题,那么他就需要将这个课题以一种恰当的方式表达出来。

一、研究课题的陈述

研究课题的陈述,就是课题的题目。研究题目对研究问题高度概括、简洁明了,能够使读者通过阅读题目来了解研究内容、研究对象、研究方法等。

研究课题的陈述一般使用正式的、适合研究设计的资料分析的术语,以一定的逻辑顺序出现,能够展示研究题目所包括的内容。可以采用叙述或描述的形式,也可采用问题的形式。

研究课题的陈述要注意以下几点。

① 研究题目简明扼要、高度概括,不可冗长。研究题目应该准确地表达研究的内容,恰当地反映研究的范围和深度,让读者一看标题就知道你要研究的是什么内容,研究对象或研究方法是什么。比如:"中学生网络成瘾典型心理治疗法的实证比较研究","中学生"是研究的对象,"网络成瘾典型心理治疗法"是研究内容,"实证比较研究"是研究方法。

② 使用规范的通用的科学的专有术语。用于科学研究的概念和术语,必须具有科学的内涵和明确的外延,并能为学术界认可。

③ 不可使用夸张、比喻等修辞手法。有的人喜欢使用类似于口号一样的对

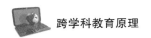

仗的、押韵的语句来作为题目,这样虽然使得题目更加吸引人,但是这显然是与科学研究的严谨性相背离的。比如,"问渠那得清如许"就不适合作为科研课题的题目。

二、明确研究目的

明确研究的目的,即明确研究的具体目标。要说明研究的是什么现象,是什么样的行为,是要描述这些现象的现状,还是要找出影响这些现象的原因;是要揭示规律,还是要预测发展的趋势,要将研究目的很具体地显现出来。让他人一眼就明了研究目的。

明确研究目的,还有一个很重要的作用就是要根据研究目的选择相应的研究路线和方法。不同的目的可以用不同的研究方法。

三、揭示课题的意义

认真细致地归纳和表述研究的理论意义和应用价值,将有助于人们正确判断研究价值,使研究项目得到必要的支持。课题的意义主要表现在研究问题的科学价值上,所以应该在陈述科学性上下功夫,而不应该在表面上做文章、花精力。

第二节 形成研究假设

研究假设是研究者根据经验事实和科学理论对所研究的问题的规律或原因作出的一种推测性论断和假定性解释,是在进行研究之前预先设想的、暂定的理论。简单地说,即研究问题的暂时答案。

一、研究假设的作用

研究假设在科学研究中具有重要作用,具体表现在三个方面。

① 假设是科学研究的必经阶段,是建立和发展科学理论、认识科学规律的正确途径。

② 假设是科学理论的先导,起着纲领性的作用。假设能帮助研究者明确研究的内容和方向,避免研究的盲目性。一旦有了假设,研究者就能根据所确定目标的要求,在限定的范围内有计划地设计和进行一系列的观察研究、实验研究;而假设得到观察、实验的支持,就会发展成为科学理论构建的基础。

③ 不同理论假设之间的争论和争鸣,有助于科学的百花齐放,促进研究的深

化和精确化。理论假设之间的交流与争鸣,能使研究者拓宽视野、开阔思路、活跃思想,从中得到启发,有助于产生新思想、新观点,提出科学假设和创见。

二、研究假设的基本特点

一般说来,一个科学的理论假设应具备以下几个特点。

① 科学性。假设必须建立在事实和已有科学知识的基础之上。假设不是无根据的主观臆测,不是缺乏科学论证的简单猜测、随意幻想,它是在已有事实和科学知识基础上,经正确思维而得到的科学推断。

② 推测性。假设的基本思想和主题是根据科学知识或大量事实推测出来的,它是可以产生出一定的结果的,只是这个结果还需要通过严密的研究程序加以肯定或否定;因而和确实可靠的理论不同。

③ 简明性。理论假设的表述概念要简单,表述要清晰、简明、准确,条理分明,结构完美,假设命题本身在逻辑上是无矛盾的。

④ 可检验性。科学的假设应当是可检验的。如果一个假设无法接受实验或一般实践的检验,在原则上也不可能被检验,那就不能称之为科学假设。

三、提出假设时应注意的问题

在运用各种方法提出假设的过程中要注意以下几个问题。

① 要充分发挥研究者的想象力和创造力。假设一部分是基于已有的资料或事实,一部分还基于研究者的想象。所以研究者既要学会运用知识触类旁通和科学推理,又要发挥自己的想象力和创造力。

② 提出假设既要大胆又要合理。所谓大胆,就是要破除迷信,摆脱习惯性思维的束缚,敢于标新立异,敢于提出别人不敢提出的新见解、新方案、新设想。光大胆不行,还要合理。不能与该领域已证实其正确性的理论相违背,必须使假设同已知的和验证过的事实不产生矛盾。

③ 应把所形成的各种假设用文字确切地表达出来。这样做既可以使我们更加深思熟虑,又便于别人理解我们提出的假设以及对假设进行批判性分析。

第三节　选择研究对象

选择研究对象即选择研究的样本。

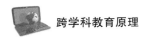

一、总体、样本、取样的基本概念

总体,即研究对象的全体。总体是一定时空范围内研究对象的全部总和。

样本,是从总体中抽取的、对总体有一定代表性的一部分个体,也称为样组。样本中所包含的个体数量称为样本容量。

取样,是遵循一定的规则,从一个总体中抽取有代表性的一定数量的个体进行研究的过程。目的在于从样本的特征推断总体,从而对相应的研究做出结论。

二、选择样本应遵循的要求

① 明确规定总体。要从内涵和外延两方面明确总体界限。

② 取样的随机性。尽可能使样本保持与总体相同的结构。

③ 取样的代表性。要尽可能使抽取的样本能代表总体。

④ 合理的样本容量。既要满足统计学上的要求,又要考虑实际收集资料的可能性,并使误差降低到最低限度。

三、取样的基本方法

取样的基本方法包括简单随机取样、系统随机取样、分层随机取样、整群随机取样以及有目的的抽样。

① 简单随机取样。简单随机取样是以随机原则为依据的最基本的抽样方法。简单随机取样的优点是可以促证全部标识的代表性;能够确定抽样误差的理论值;简便易行。它适用于总体异质性不是很大的情况。简单随机取样的局限在于当样本规模小时,样本的代表性差。

② 系统随机取样。系统随机取样也称为等距抽样、机械抽样。其操作方法是先将总体各个观测单位按某一标志顺序排列编号并分成数量相等的组,使组数与取样数相同,然后从每组中依事先规定的机械次序抽取对象。

系统随机取样的优点是相比简单随机取样,抽样误差小一些;与分层随机抽样相比,更简单、更易操作;适用范围广,在抽样调查中常被采用。

系统随机取样的局限在于当总体的排列顺序与抽样间隔具有对应的周期性特点时,系统抽样会导致严重的抽样误差。

③ 分层随机抽样。分层随机取样是指按某些特征,先将总体分成若干层次或类别(即子总体),然后根据事先确定的样本大小及其各层在总体中所占的比例,从

每个子总体中独立地抽取子样本的方法。

合适的分层抽样能有效地降低抽样误差。但分层随机抽样要求对总体中各层的情况有较多的了解,否则就难以进行科学分析。

④ 整体随机抽样。整体随机抽样是指将总体划分成许多组或层,按照随机原则在组或层(整群)中抽样,抽取的整群全体成员均为样本的方法。

整体随机抽样的优点是抽取方法简单,对抽取到的样本可以进行集中处理,节省人力、物力和时间。但整体随机抽样相对来说是一种粗糙的抽样方法,抽样误差较大。

⑤ 有目的的抽样。有目的的抽样是指当不能运用随机抽样时,为了达到研究目的而选择一个样本的方法。

第四节　选择研究方法

科学研究的具体方法有很多,在本书的第二十二章我们将具体介绍。在选择具体的研究方法时要注意以下几点。

一、根据研究课题的目的要求选择方法

研究方法的选择取决于研究目的。哪一种或哪几种研究方法对实现研究目的最有效,就选择哪一种或哪几种。这就像对交通工具的选择,若要出国考察,乘飞机最快;但若要上街购物,则是乘汽车或骑自行车最方便。

二、要注意各种方法的独立性及相互联系

科学研究的每类方法,有各自的特点及不同的适用条件和范围,不能相互代替。在注意每种方法的独立性的同时,要注意它们之间的联系,尤其是在难度较大的研究课题中,往往需要几种方法的互相结合,配合使用。

第五节　制订研究计划

研究计划是在进行研究设计基础上对整个研究过程的全面规划,对研究的各项主要工作进行安排。研究工作计划的完成,标志研究的构思阶段基本结束。

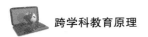

　　研究计划应回答的问题是：研究的目的、意义是什么；如何安排每一阶段的工作任务；用什么样的方法研究；如何搜集所需的资料；研究成果的形式以及如何对研究成果进行评价鉴定；研究人员的组织与分工及所需的研究经费等。

　　课题研究计划的基本结构和《课题申报书》的内容大致相同，但研究计划比申报书相比来说要详细得多，具体得多。

一、课题名称

　　课题名称要简明、确切地反映出研究的内容、范围、方法，能基本上概括整个研究的实质。课题名称要直截了当、简单明了，字数尽量不超过 20 个字。

二、研究目的、意义及背景分析

　　这部分主要是对课题的提出和当前研究概况的分析，即对研究的目的、意义，研究的实践背景和理论背景进行较为详细的分析。其内容一般包括以下几点。

　　① 背景意义。选题的思路和课题的现实意义。首先要阐述该课题研究的根据是什么，受到什么启发；其次是为何要研究，研究是为了解决什么问题，该课题的研究对当前或以后一段时间有什么影响或推动作用。

　　② 研究现状。国内外在本课题方面的研究水平，研究的进展情况，存在着的尚未解决或值得探讨的问题。

　　③ 文献综述。对已搜集、积累的与该课题相关书籍、论文等文献的主要特点和主要观点进行分析。

　　④ 价值分析。主要从是否以解决实际问题为目的、研究的成果是否有利于理论的发展等角度加以分析。

三、课题研究的内容

　　课题研究的内容是课题研究方案的主体部分，是阐明所要研究的范围、研究的对象和研究的具体内容。

　　① 研究范围的限定。对研究对象的范围进行界定。对一项研究课题来说，如果研究对象不同，得到的结论不一定相同。在研究课题中必须对一些重要概念下明确的定义。

　　② 研究的具体内容。方案中的研究内容往往以假设的形式出现。人们可以根据具体的假设确定具体的研究目标，选择适当的研究方法。在研究方案中假设

要尽量提得具体,这样研究目标清楚,研究的范围也容易限定。

四、课题的研究方法

必须根据研究目标选择最适合课题研究进展、最容易取得准确的研究成果的研究方法。对一些较为复杂的研究课题,常常要综合地运用多种研究方法。

五、课题的研究进度计划与步骤

课题研究方案设计时要描述研究将是如何进行的,要交代清楚第一步做什么,第二步做什么,每步有什么要求,预期达到什么目标,需要多少时间等,使研究人员做到心中有数。从而保证课题研究能按时保质完成。

六、研究成果形式

这里要阐述的是课题结束后,研究的成果是以什么形式表现。一般说来,分为理论性研究成果和应用性研究成果两大类。理论性研究成果的主要表述方式是专著和学术论文。应用性研究成果的主要表述方式有科研报告,包括调查报告、实验报告、经验总结报告,也可以是模型、图片、声像、多媒体课件等。

七、课题研究的基础和条件

课题研究的基础主要是指课题研究者在本课题相关领域的研究中所获得的前期研究成果。这些研究成果既是新课题研究的重要基础,也表明研究者在该研究领域具备充分的研究能力和研究水平。

课题研究的条件主要是指课题研究者及其所在部门能为该项课题研究的进行提供什么样的人员、设备、资料、时间及研究经费上的支持和保证。

八、课题组成员及其分工

课题组成员是课题研究的组织者和实施者,每个课题组成员必须承担课题研究的某一方面,并给予明确的分工,这样既有利于增强课题研究成员的责任感,又有利于研究方案的落实。

九、经费预算及所需购置的仪器设备

在课题研究计划中,还必须对该课题研究的所需经费进行初步预算。如图书

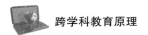

资料费、文印费、仪器设备购置费、人员劳务费等。

十、课题研究的保障与管理

为了确保课题研究的成功进行，还应明确规定有关课题研究的支持、指导、咨询、保障与管理的有关办法。如设立课题领导小组、研究指导顾问组以及制定有关课题研究的管理办法等。

第二十二章 研究的方法

研究方法,是指在研究活动中发现新现象、新事物,或提出新理论、新观点,揭示事物内在规律的工具和手段。

本书第六章介绍了"跨学科的方法",强调的是方法的跨学科活动中运用的属性;这里介绍的"研究的方法",强调的是研究活动中运用的属性,各自的侧重点有所不同。但在"跨学科研究性学习"中,既会用到跨学科的方法,也会用到研究的方法。

研究的方法种类很多,这里主要介绍科学观察法、科学实验法、文献研究法、田野研究法、调查研究法、个案研究法、历史研究法和比较研究法。

第一节 科学观察

科学观察法是指有目的、有计划地通过感官和辅助工具,对处于自然状态下的事物现象进行系统考察,获取经验事实,以揭示事物现象的本质及其规律的一种研究方法。

所谓"自然状态下",是指对观察对象不加控制、不加干预、不影响其常态;由于人的感觉器官具有一定的局限性,观察者往往要借助各种仪器和手段。

法国昆虫学家法布尔对昆虫的研究使用的就是观察法。

法布尔于 1823 年出生在法国南部的一个小村庄里。他从小就喜爱虫子。法布尔对昆虫的观察研究,常常达到了忘我的境地。一次,小法布尔在屋檐下仰着头一站就是三四个小时,弄得爷爷以为他走火入魔得了怪症。其实他是在看屋檐下的蜘蛛在如何捕食蚊子。一天夜里,法布尔提着灯笼,蹲在田野里,观察蜈蚣怎样产卵。看着看着,他觉得周围越来越亮了,一抬头,才知道太阳已经从东方升起来了! 有一天,他正扑在地上专心致志地用放大镜仔细地观察蚂蚁怎么样搬走死苍蝇,观察得如痴如醉,可是全然没有注意到,周围却挤满了一大群把自己当作奇物而围观的人。他还曾被人当贼捉拿过,那是当法布尔在醉心于观察蜣螂,即屎壳郎的活动时,不知不觉进入了人家的田地。直到有人大喊"抓住这个小偷"时,他才大

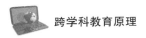
吃一惊。

法布尔对收集到的各种各样的昆虫,都进行过长期细致的观察。从它们的出生、蜕变、成长到死亡,包括它们的猎食、恋爱、打架、造房、生儿育女等。

法布尔在一座山村里买了一块荒地,为自己建立了"实验室"——一个杂草丛生、昆虫众多的园子。也就是在这个园子里,法布尔用平均三年一卷的速度,花了30年时间,写成了一部十卷的巨著《昆虫记》,为人类留下了一笔宝贵的学术财富。

科学观察法是科研活动中收集第一手材料的最基本、最常用的方法。在科学研究上,第一手原始材料具有极其重要的价值,它是一切科学研究的起点。科研往往从问题开始,进而进行观察、调查和实验。从这个意义上讲,科学始于观察。

一、观察法的优点

① 观察所得材料客观、真实。观察人员根据研究的需要对现场情景进行直接、客观的感知,因而所得材料比较符合实际,具有较高的真实性。

② 观察具有及时性的优点,它能捕捉到正在发生的现象。

③ 观察适用范围较大,简便易行。

二、观察法的局限性

① 受时间的限制。某些事件的发生是有一定时间限制的,过了这段时间就不会再发生。

② 受观察对象限制。如研究青少年犯罪问题,有些秘密团伙是不会让别人观察的。

③ 受观察者本身限制。一方面人的感官都有生理限制,超出这个限度就很难直接观察。另一方面,观察结果也会受到主观意识的影响。

④ 观察者只能观察外表现象和某些物质结构,不能直接观察到事物的本质和人们的思想意识。

⑤ 观察法不适应于大面积调查。

三、观察法的类型

观察法的类型,根据不同的划分角度可以有不同的分类。这里着重介绍几种实际运用较多的观察方法。

① 抽样观察法。包括时间抽样观察法、场合抽样观察法和阶段抽样观察法。时间抽样观察法。专门观察和记录特定的时间内观察对象的现象和过程。

场合抽样观察法。是有意识地选择某个自然场合,观察研究对象行为表现。例如,进行学校卫生面貌的观察,可以把厕所作为抽样场所进行观察。

阶段抽样观察法。观察者选择某一阶段,对观察对象的状态进行观察。

运用以上方法,必须注意抽样的科学性,以保证观察结果能符合总体情况。

② 追踪观察法。这是一种长期、系统、全面的观察研究对象发展过程的方法,目的在于获得对象发展变化过程的材料,以便研究发展变化的规律性。这种方法常常用在对特殊的个案研究上,是一种实验观察类型。

③ 隐蔽观察法。为了使观察对象自然、放松,往往采用通过单向透光玻璃、电视、纱幕或潜视系统等进行观察,让观察对象不知不觉,这就是隐蔽观察法。优点是获得的材料一般比较真实可靠,但缺陷就是违背了研究伦理中的自愿原则。

四、观察法的一般步骤

① 观察准备。制订出观察计划,使观察有计划、有步骤、全面系统地进行。观察计划一般应包括如下内容:观察目的;观察重点和范围;观察提纲,列出需要通过观察获得材料的要目;观察过程,包括选择观察的途径、安排观察的时间,次数和位置、选择观察的方法和掌握观察的密度等;观察的注意事项,根据观察的特点,列出为保持观察对象常态的有关规定;观察的记录表格、速记符号、规定有关的统一的参照标准;观察仪器;观察人员的组织分工;观察的应变措施。

② 进行实际观察。进行实际观察应尽量按计划进行,不要轻易更换观察的重点、超出原定的范围,致使离开了原定的观察目的。进行观察时必须注意:选择最佳观察位置,一方面要力争处在观察的最佳视野,另一方面要保证不影响被观察者的常态。善于辨别重要的和无关的因素,不为无关的、次要的因素所纠缠,提高观察效率。善于抓住引起各种现象的原因。每一种现象的出现,都要能找到引起现象出现的原因,使获得的观察材料具有科研的价值。

③ 观察材料的记录和整理。做观察记录,应符合准确性、完整性和有序性的要求,为此,必须及时进行记录。及时整理材料,对大量分散材料利用统计技术进行汇总加工,删去一切错误材料,然后对典型材料进行分析。如有遗漏,及时纠正,对反映特殊情况的材料另作处理。

④ 撰写研究报告。研究人员根据课题的研究目的,依据观察获得的全面、翔实、可靠、丰富的材料,撰写课题研究报告,对一定现象的本质及发展变化规律进行初步探索。

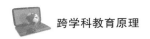

五、运用观察法应注意的问题

要确保观察在自然存在条件下进行。绝对不能影响被观察者的常态,否则所得到的事实材料反映反常的情况,就会导致错误的结论。

观察要如实地反映现实情况。观察者不能带有任何感情色彩,不允许掺杂个人的偏见,否则就会掩盖了对观察对象情况的真实反映。

第二节 科学实验

科学实验,是研究者按照研究目的,合理地控制或创设一定条件,控制某些环境因素的变化,使得环境比现实相对简单,通过对可重复的研究现象进行观察,从中发现规律的研究方法。

一、科学实验的作用

科学实验是科学认识中的一个重要环节,具有以下作用。

1. 可以纯化研究对象

自然界的事物和自然现象种类繁多,变化万千,它们之间相互联系,相互作用,互相影响,常常是各种因素混杂在一起,往往把事物的本质掩盖起来,单凭观察难于分辨和认识它们的规律性。通过科学试验,可以借助科学仪器、设备所提供的条件,排除自然过程中各种偶然的、次要的因素的干扰,人为地控制研究对象,使需要认识的对象以比较纯粹的形态呈现出来,能比较容易和精确地发现支配自然现象的规律。

2. 可以强化实验对象

通过科学试验,人们凭借各种物质手段,能够设计和创造出在当今地球上的自然条件下所不存在的各种极端状态和特殊的环境条件,例如,超高压、超高温、超低温、超真空和超强磁场等的极端条件或环境,使研究对象处于这种极端状态下,以便于人们对之进行定向试验、研究,揭示它的运动规律和特性。

3. 实验方法具有加速或延缓研究对象变化过程的作用

有些自然事物或现象发生、发展和转化的过程较短,有的甚至转瞬即逝,使得人们无法进行研究;有些自然事物或现象发展变化的过程漫长,使研究工作的周期旷日持久。运用实验方法,人们就可以主动地控制研究对象的发展变化过程,使它加速、变快或延缓、放慢,也可以在不改变事物原来发展变化过程的情况下,通过人为控制而使显示的过程缩短或延长,从而便于对其进行研究。

4. 实验可以再现和重复自然过程

在自然条件下发生的现象,往往是一去不复返的,因此无法对其反复地观察。在科学实验中,人们可以通过一定的实验手段,使被观察对象重复出现。这样,既有利于人们长期进行观察研究,又有利于人们进行反复比较观察,对以往的实验结果加以核对。

5. 实验方法可以作为中介环节,为生产实践和科学技术作出重大贡献

科学发展史表明,近代自然科学的重大突破,一般不是直接来自生产实践,往往要通过实验这个环节。例如电磁感应定律的确立、放射性化学元素的发现、基因学说的形成等,都不是直接来源于生产,而是实验研究的结果。运用实验方法还可以解决生产中无法解决的理论和技术问题。因此,实验方法可以为生产实践提供新理论、新技术、新方法、新工艺、新材料和新产品。现代化大规模生产的发展,要求自然科学技术研究工作必须走在生产的前面,在这样的情况下,实验方法就显得格外重要。

二、科学实验的分类

随着科技的发展,实验的种类也越来越多,人们根据不同的分类标准,可将实验划分为不同的种类。

① 定性实验。是指判定自然事物或现象的性质、外部联系、某物质的成分、结构等因素是否存在及其作用的实验。一般说来,定性实验是判定"有"或"没有"、"是"或"不是"的问题,给出研究对象一般的性质及与其他方面联系的初步知识。

② 定量实验。是为了测定研究对象某些方面或因素的数值,或发现某些因素之间的数量关系,如测定光速、热功当量、万有引力的大小与质量和距离之间的关系,以及在温度不变的情况下气体的压强和体积之间的关系等。这种实验,侧重于研究事物的数值,求出某些因素之间量的关系。

③ 验证性的实验。为了掌握或检验前人或他人的已有成果,而重复做以往已经做过的实验,以及人们对研究对象有了一定的认识之后,创立了科学假说或提出一定的理论,为了检验它们正确与否而设计的实验。这种实验也是把研究的具体问题向更深层次或更广泛的方面发展的重要探索环节。

④ 结构分析实验。是测定化合物的原子或原子团的空间结构的一种试验。自然界物质中存在着同分异构现象,仅仅靠定性分析试验和定量分析试验测出物质构成成分的含量,也还不能充分认识物质的本质。如,石墨和金刚石,它们的化

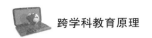
学成分完全相同,但物理性质却大不相同,这要通过结构分析实验才能解决。

⑤ 对照比较实验。是指把所要研究的对象分成两个或两个以上的相似组群,其中一个组群是已经确定其结果的事物,作为对照比较的标准,称为"对照组",让其自然发展。另一组群是未知其奥秘的事物,作为试验研究对象,称为试验组,通过一定的试验步骤,判定研究对象是否具有某种性质。这类实验在生物学和医学研究中是经常采用的,如实验某种新的医疗方案或药物及营养品的作用等。

⑥ 模型试验。是指人们根据已有的经验材料和已知的事实,以及一定的科学理论和技术方法的指导,构思出尚待创造的事物的大致轮廓和结构,结果便是研制出一个未来将创造的新物品(原型)的"模型",它在一定程度上反映了研究对象"原型"的主要特征。人们所构思和研制出的"模型"是否科学,要设计一定的试验去鉴定、修改,使之完善和科学化。这种试验,就叫作模型试验。

⑦ 析因试验。是指为了由已知的结果去寻求其产生的原因而设计和进行的试验。析因试验的特点在于结果是已知的,而产生这种结果的原因是未知的。这种实验的目的是由果索因,若果可能是多因的,一般用排除法处理,一个一个因素去排除或确定。若果可能是双因的,则可以用比较实验去确定。

⑧ 中间试验。是指把试验室的技术研究成果推广到生产过程中的一种过渡性试验。又称生产性试验或称放大试验。通过中间试验,检验新产品的设计方案在技术上是否先进,在质量上是否合乎标准,在样式上是否美观,在经济上有无浪费,在成本上是否适当等。一旦发现问题,及时纠正。

⑨ 生产试验。是指技术产品在正式批量投产前所进行的试验。在生产试验中,要注意把产品生产过程中所涉及的因素都综合进去,试验中一旦发现生产设备、工艺和仪器等技术问题、环境条件对生产的干扰及协调控制问题、设计的工艺条件和操作规范不正确和不完备等问题,要及时研究和采取相应的方法解决。

⑩ 工艺试验。是指评价和鉴定新技术产品研制和生产过程中的工艺方案的试验。工艺试验的目的和作用是确定和检验试制和生产中产品达到的质量标准;产品的生产组织形式和工艺路线安排原则及工艺装备;生产周期和投料方式是否科学;工艺规程编制后的原则和繁简程度;对原材料加工的要求和利用的指标等。最终达到为选取最优化的生产工艺方案提供科学、技术上和经济上的依据。

三、科学实验的一般程序

科学实验是科学研究中不可缺少的基本方法之一,它起着确定事实、验证假说、获取有待探索的新信息的作用,能使人们获得丰富的感性知识和规律性知识。

实验的一般程序大体上可分为以下几部分。

① 实验课题的选择。必须明确实验的目的是什么,要解决什么问题,并且要充分地估计到这一问题在科学发展中的地位以及它的解决所起的作用,同时还要了解研究这一问题的进展情况以及解决这一问题的条件。

② 实验的设计和实施。在实验课题确定之后,还必须进行实验设计。应该预先考虑到在实验中如何排除干扰因素,撇开哪些次要因素,实验过程的每一步可能出现哪些意外情况,假如某些条件突然改变了,将对结果产生什么影响等。其次要确定实验步骤,也就是要确定达到实验目的的具体途径,以此作为完成实验任务的处理过程,实验步骤的确定是一个实验成败的关键。另外,还要完成实验仪器、设备、材料的配备,这些作为实验的物质手段,是完成一个实验过程的物质保证。

③ 对实验结果的处理。在这一阶段上,人们对实验结果进行分析。因为尽管人们在实验设计中做了周密考虑,但在实验的实施过程,仍会有一些事前没有估计到的因素影响到实验结果。比如,实验仪器设备的偶然变化,实验初始条件,环境条件的偶然改变,实验材料在品种规格上的某些差异,在实验设计时,遗漏对一些可能产生的系统误差的考虑,在读取数据时,感官上造成的偏差等,这些都有可能对实验结果产生影响。因此,实验者必须对实验最初所呈现出来的结果作出分析,以区分什么是应该消除的误差,什么是实验应有的结果。

第三节　文　献　研　究

文献是记录知识的一切载体,是把人类的知识用文字、图形、符号、音像等手段记录下来的有价值的典籍,包括各种手稿、书籍、报刊、文物、影片、录音录像、磁带、幻灯片及缩微胶片等。文献是记载人类知识的最重要的手段,是传递交流研究成果的重要渠道和形式。

文献研究法是根据一定的研究目的或课题要求,通过调查文献来获得资料,从而全面地、正确地了解、掌握所要研究问题的一种方法。它是一种既古老、又富有生命力的科学研究的方法。

文献是进行科学研究的基础,它贯穿科学研究的全过程,从选题、初步调查以及论证课题、制订计划、搜集整理和分析研究资料到形成研究报告,都离不开有关课题文献的检查和利用。科学研究必须充分地占有资料,必须进行文献调研,以便掌握有关的科研动态,了解前人已取得的成果、今人进行研究的现状等,这是任何科学工作者进行科研的必经阶段。

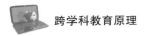

一、文献研究的作用

文献研究是一项站在巨人肩膀上的工作,是研究过程中基础性的工作。文献研究工作的深度将决定研究问题的深度。

① 有助于研究者选择和确定研究课题。

② 使研究结论建立在可靠的材料基础上。

③ 避免重复劳动,提高科学研究的效益。文献资料提供科学研究的有关信息,从而避免重新解决前人已经解决了的问题,避免重复前人已经提出的正确观点,甚至避免重犯前人已经犯过的错误。

④ 提供科学研究的证据。科学研究要提出新的设想和理论,需要一定的证据为支撑。现有文献中的理论、结论、事实、数据都可以作为证据使用。

二、文献研究法的优缺点

1. 文献研究法的优点

① 文献研究法能用以研究不可能接近的研究对象。文献研究是以文献为研究对象,它可以突破时间和空间的限制,能使研究人员对那些无法或不容易亲自接近的研究对象进行研究。文献法超越了时间、空间限制,通过对古今中外文献进行调查可以研究极其广泛的社会情况。这一优点是其他调查方法不可能具有的。

② 文献法省时、省钱、效率高。文献调查是在前人和他人劳动成果基础上进行的调查,是获取知识的捷径。它不需要大量研究人员,不需要特殊设备,可以用比较少的人力、经费和时间,获得比其他调查方法更多的信息,因而它是一种高效率的调查方法。

2. 文献研究法的缺点

文献本身不完善。文献本身不完善表现在以下两点。

① 有偏见。编写文献的各种各样的目的和意图,可能以各种方式使文献带有偏见,如扬善隐恶、报喜不报忧,甚至夸大其词、歪曲客观事实等。

② 抽样缺乏代表性。文献资料主要是以文字记载的方式保存的,并非人人都能留下描述生活、思想、感情的文字资料。受教育程度低的人们比受教育程度高的人们写文献的可能性要小得多,在他们的一生中可能都不曾留下只言片语。若仅仅依据现存文献来了解和分析人们所处生活状况或生活情形、思想观念等,则可能只了解了社会中某一阶层的情况,未必具有代表性。

三、文献的分布

文献资料的分布极为广泛且形式多样,主要有以下几种形式。

① 图书。包括名著要籍、专著、教科书、资料性工具书及科普通俗读物。它是文献中品种最多、数量最大、历史最长的一种资料、信息源。

② 报刊。报纸和期刊均属连续出版物。报纸主要有综合性报纸和专业性报纸两类。较之期刊,它时效性更强,传播信息的速度更快,但不足的是资料分散不系统,且不易保存。期刊是定期或不定期的连续出版物,可分为学术理论性期刊、情报性期刊、技术事业性期刊和普及性期刊。期刊由于出版周期短、内容新颖、论述深入、反映学术界当前最新研究成果,所以是科学研究的主要参考资料。

③ 档案类。档案资料是人类在各种社会实践活动中直接形成的、并且具有保存价值的原始文献材料。包括年鉴、法令集、调查报告、学术会议文件、资料汇编名录以及地方志、墓志、碑刻等。

④ 非文字资料。包括遗迹、绘画、出土文物、歌谣等。

⑤ 现代信息技术载体中的文献。当前,信息产业发展迅速,计算机网络的普及速度加快,所以利用计算机存储与交流信息资料越来越显示出其重要性,由于它的容量大,检索速度快且覆盖面广,已经成为重要的资料信息来源。

四、寻找文献的渠道

图书馆。图书馆是搜集文献的最主要的、最重要的渠道之一,也是最早出现的文献集中形式。

档案馆。档案馆收集国家需要长期保管的档案和有关的资料,并对其进行整理、编目、保管和研究。新中国成立后,档案馆成为党和国家集中保管档案材料的基地,是国家法定的专门永久保管档案的科学文化事业机构。

博物馆。博物馆作为一种社会文化事业,是科学研究部门、文化教育机构、物质文化和精神文化遗产或自然标本等的主要收集场所。

计算机互联网。计算机互联网的网上资源极其丰富,几乎一切人类的信息资源都可以在这里找得到,查找有关的研究资料更为方便快捷。

五、寻找文献的方式

文献寻找方式可以分为传统的手工查询和现代的计算机查询。

手工查询。简称手检,即利用各种目录、索引、文摘等检索工具书和辞典、百科

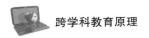

全书等参考工具书,通过采用手工方式来查找文献线索和文献资料,以获取所需要的文献资料的方式。

计算机查询。简称机检,就是利用计算机对存储的文献资料进行检索。在现在的科研中,计算机已日益厂泛地应用于文献检索工作。

六、积累文献的方式

文献集聚到一定程度,就需分门别类地保存起来,使之系统化。可以通过做卡片、写读书摘要、做笔记等方式,有重点地采集文献中与自己研究课题相关的部分。

七、文献的整理

面对搜索来的杂乱文章的文献,我们必须整理,必须对文献做一番去粗取精、去伪存真、由表及里的加工工作。主要包括剔除假材料,去掉相互重复、陈旧的过时的资料;以研究任务的观点,评价资料的适用性,保留那些全面、完整、深刻和正确地阐明所要研究问题的一切有关资料,认知研究含有新观点、新材料的资料,对孤证材料要特别慎重。在资料数量和类型很多的情况下,应对这些资料进行分类编排,并编制题录索引或目录索引。对准备利用的文献资料,必须对其可靠性进行鉴别和评价,对那些不完全可靠的或有待进一步明确的资料,则不予采用。

八、文献综述

文献综述是文献综合评述的简称,指在全面搜集有关文献资料的基础上,经过归纳整理、分析鉴别,对一定时期内某个学科或专题的研究成果和进展进行系统、全面的叙述和评论。

文献综述的特征是依据对过去和现在研究成果的深入分析,指出目前的水平、动态、应当解决的问题和未来的发展方向,提出自己的观点、意见和建议。并依据有关理论,研究条件和实际需要等,对各种研究成果进行评述,为当前的研究提供基础或条件。对于具体科研工作而言,一个成功的文献综述,能够以其严密的分析评价和有根据的趋势预测,为新课题的确立提供强有力的支持和论证,在某种意义上,它起着总结过去、指导提出新课题和推动理论与实践新发展的作用。

文献综述的形式和结构一般可粗略分五个部分:绪言、历史发展、现状分析、趋向预测和建议、参考文献目录。

第四节　田　野　研　究

田野研究又称现场研究、田野调查,是指所有实地参与现场的研究工作。

田野研究属于人类学范畴的概念,是由英国学者马林诺夫斯基奠定的,田野研究方法的成熟被认为是现代社会人类学、文化人类学成熟的标志。田野研究的范围不断扩展,如今涉猎的范畴和领域相当广阔,如人类学、民族学、民俗学、考古学、生物学、生态学、环境科学、民族音乐学、地理学、地质学、地球物理学、古生物学、语言学、社会学等。

田野研究要注重真实感,不粉饰,也不躲避,从"田野"中获取第一手的资料信息,据实记录、据实研究。现在的"田野"已经不仅仅是"野外"的意思,实际上已经成了"现场"的代名词。称其为"田野",其真正的含义是指真实的、本来的、甚至是原始的;是开放的、丰富的,甚至是完全敞开的。只有在"田野"里,才能呼吸到新鲜的"空气",产生研究的激情,获取原始而真实的信息。一种新的理论的生成点,不是在书本、书房里,而是在"田野"。

一、田野研究与跨学科研究性学习

田野研究也是跨学科研究性学习的重要方法。

我们研究学习的地方,不仅在教室里,也可以是我们的家乡,可以是乡村、田野、森林、河流、城镇、集市……研究那里的环境、生态、地质、气象、生物、民俗、礼仪、语言、方音、土语、音乐、民歌……可以获得无数的研究灵感,取得新颖独特的研究成果。

我们的学生分布在全国各地,不同的地区、民族、环境有其独特的风俗习惯、风味小吃、方言土语、自然风貌、独特建筑、名胜古迹……经过一番田野研究,出研究成果并不难。田野研究并不专属哪一学科,讲究的是深入民间,以参与式观察获得实证材料。

二、田野研究工作程序

田野研究可分为准备阶段、开始阶段、调查阶段、撰写研究报告阶段。

1. 准备阶段

田野研究必须做好充分的准备,准备阶段通常包括如下几方面。

① 选择调查点。选好调查点对成功地进行调查具有关键性的意义。选择调

查点的基本要求：一是要选择有特色的地区，所谓"有特色"，就是该地的社会或文化较为特殊，与其他民族或其他地区差异很大。如果所研究的对象很一般，没有什么特色，写出来的研究报告也就不会引起重视。二是要选择有代表性的地区，所谓"有代表性"，就是说该地在该民族中具有代表性，比较典型。三是要选择有特殊关系的地区，所谓"有特殊关系"的地区，也就是有自己的亲戚或好朋友居住的村庄，亲戚或朋友对你准确了解情况大有帮助。

② 熟悉调查点情况。调查点选定之后，必须作好充分准备，熟悉当地情况，熟悉民族成分、人口、历史、地理、特产、部落或民族支系等各方面的情况，收集有关的文献资料和地方志资料。

③ 撰写详细的调查提纲和设计调查表格。有调查提纲和调查表格，收集的资料较为系统、全面。否则收集的资料将是残缺不全，许多问题将会漏掉。

2. 开始阶段

开始阶段也就是进入田野之后，但未正式进行田野调查阶段。

① 要到当地政府报到，取得当地政府的支持。

② 到达调查点所属县、乡后，进一步了解当地情况。

③ 选好居住地。选择居住地，要考虑几方面的因素：一是有利于调查，有助于参与观察和深度访谈。二是考虑安全因素，要考虑人身安全。

3. 调查阶段

居住地选定之后，便开始正式调查，也就是"参与观察"与"深度访谈"阶段。应注意如下几方面。

① 首先了解当地的一般社交礼仪和禁忌等。

② 入乡随俗，尊重当地人。拜访当地人要遵从礼俗，通常都要带礼物。注意个人形象，服饰应整洁、大方，不要留当地不喜欢的发型。言谈举止要文雅，既要有风度，又要彬彬有礼，不说粗话、脏话。不要做有损人格之事，不去占小便宜。

③ 观察要细。只有观察仔细，才能透过现象看本质，写出较成功的研究报告。

④ 访谈既要有深度，而且要有技巧。

⑤ 资料收集。着重收集新材料，收集过去没有人了解过的新材料或没有人了解过的新内容。了解该地区与同一民族其他地区的文化差异。注意资料的准确性，反复核实收集的材料。注意收集计划外的有价值的资料，每天做田野笔记。

4. 撰写研究报告

研究报告一般由标题和正文两部分组成。标题比如"关于××××的研究报告"。正文一般分前言、主体、结尾三部分。前言写明研究的起因或目的、时间和地点、对象或范围、经过与方法,以及人员组成等本身的情况,从中引出中心问题或基本结论。前言起到画龙点睛的作用,要精练概括,直切主题。主体是研究报告最主要的部分,这部分详述研究的基本情况、做法、经验,以及分析材料中得出的各种具体认识、观点和基本结论。结尾可以总结全文的主要观点,进一步深化主题。

第五节　调　查　研　究

调查研究是指有目的、有计划、有系统地搜集有关研究对象的材料,以探求客观事物的真相、性质和发展规律的一种方法。

调查研究能为科学研究人员提供既定研究课题的第一手材料和数据,能为行政部门制定政策、法令法规和制订发展计划提供依据,通过调查研究,还能为论证某一种假说提供事实根据,具有重要的意义。

一、调查研究的步骤

调查研究有众多不同方法,但在实施中一般可以分为以下几个步骤。

① 确定调查项目。确定调查项目就是将调查目标具体化为可以实施调查活动的项目。调查项目要全面、具体,对影响被调查对象某些特征的直接或间接因素,都要予以考虑。

② 设计调查问题。依据调查目标和调查项目,进一步制定出一系列能够实现目标的具体问题。

③ 选择调查对象。这是至为重要的一个步骤。对象的选择直接决定了调查研究的信度,对象选取是否合适,是结果是否科学、正确的关键。

④ 确定调查方法和手段。

⑤ 制订调查计划。一般的调查计划包括以下几个方面:用文字准确地表述出要研究的问题;将课题分为几个子课题,便于操作;对人员、经费、资料、仪器等进行配置;确定研究进度,规定几个时间点,保证课题按时完成;保证各个子课题之间的信息沟通和相互合作。

⑥ 实施调查。运用事先确定的研究方法了解研究对象的情况,占有资料。

⑦ 整理、总结调查结果。运用科学方法鉴别、筛选原始资料,进行初步统计分析和撰写调查报告并提出研究结论。

⑧ 撰写调查报告。这是调查过程的终结环节,在对资料进行统计分析的基础

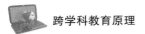

上,形成研究结论并撰写调查报告。发现内在问题,结合相应的理论进行分析,对所研究的问题作出解释,提出相应的意见和建议。调查报告的撰写应遵循有关的技术性要求。

二、问卷调查

问卷调查是指研究者使用统一、严格设计的问卷来收集资料、数据的一种研究方法。问卷的设计、实施和结果处理都是严格按照一定的原则和要求进行,以保证问卷法的有效性。

1. 问卷的结构

一张问卷调查表,通常包括下面几个部分。

① 标题。

② 指导语。指导语对于问卷调查至关重要,因为它的主要目的是向调查对象说明所进行的研究是科学的、合法的,使得调查对象愿意合作。具体包括以下内容与要求:应说明进行该调查的组织或个人的身份,一般地说,出自有名望的、权威的专家学者或研究单位的问卷容易得到被调查者的支持;尤其要说明本问卷调查的目的、意义、用途及与被调查者切身利益相关的价值、意义;交代清楚回答问卷中问题的要求和回答规则,以避免由于被调查者不清楚回答方式而带来的差错;应说明问卷仅为科研所用,或答卷者不必署名,调查者负责对答案保密等。文字表达上应简明扼要、措辞恰当、笔调亲切。

③ 问卷题。这是问卷的主要部分。研究者要选择那些最能确切地反映课题要求的问题,选择最有利于获得真实、全面、可靠信息的表达方式。另外,问题的数量一定要适度。问题数量太多,花费被调查者太多的时间和精力,可能会使他们厌倦甚至拒绝答完所有问题;但问题太少,也不能保证我们获得研究所需的足够信息。在设计问卷题的过程中,最基本的要求就是问卷的贴切性。

问卷设计的最后一个环节是试测,试测的目的是要发现原来问卷中的缺点与不足,然后进行修改与完善,这样就大大增加了问卷调查的弹性。

2. 问卷发放与回收

问卷发放有集中发放和邮寄发放两种形式,这里主要介绍一下邮寄发放。

邮寄调查问卷是调查中比较常用的办法,其优点主要体现在以下几个方面:可以节省大量的经费、人力和时间;邮寄调查问卷的方法只要一笔邮寄费,就可以完成问卷调查的填写部分;并且邮寄调查问卷可以同时发放问卷,然后在规定的时间内回收,有利于提高研究的效率;结果容易处理;调查对象在回答时比较自由,且因为没有调查员在现场，他们对于一些比较敏感的问题也可以安心作答。

邮寄调查问卷最大的缺陷就是不够灵活，因为无调查员在场，对于出现的一些问题无法及时处理。另外邮寄调查问卷使得调查对象有了较大的随意性，问卷回答的质量就使人产生了怀疑；并且会大大降低问卷的回收效率。

三、访谈调查

访谈实际上是一种研究性的交谈，是指调查者通过与调查对象面对面的谈话来了解情况、搜集资料的方法。访谈调查法的一般程序是由访谈员采访调查对象，把要调查了解的问题逐一讲给调查对象听，由调查对象作答；与此同时，访谈员必须将访谈对象的意见和表现详细记录下来，然后由调查者对这些访谈记录进行汇总分析，从而得出调查结论。

1. 访谈调查的优缺点

访谈调查的优点：灵活性强，便于深入调查。调查员可以根据需要调整访谈提纲和表达方式，适当的时候还可以针对调查对象的回答进行追问，了解到更多的信息；不受书面语言文字的限制，可以获得多层次、多方面的信息、资料，既可了解行为方面的信息，又可了解主观动机、情感、观念方面的信息；搜集到的材料比较真实可靠，访谈员可与访谈对象单独交谈，从而比较容易判定访谈对象的回答是否真实可信；可以克服邮寄问卷回收率低的问题。

但访谈调查法也有其缺点：访谈调查法最主要的缺点就是费时费力，调查进行之前必须对访谈员进行培训，且访谈多是一对一的，进度比较缓慢，不适合做大规模的调查。其次，访谈调查的结果比较难统计，所以访谈调查法一般在调查对象较少的情况下与问卷法、测验等结合使用。

2. 访谈调查的类型

个别访谈和集体访谈。这是根据访谈对象的多寡进行的分类。

① 集体访谈。由一名或几名访谈员召集一些调查对象就调查者需要了解的主题征求意见的一种调查方法，也称为"座谈会"或"调查会"。这种方式比较适宜于调查某个事件，可以使我们从不同的角度或方面了解事件的真实情况。集体访谈对访谈员的要求比较高，它要求访谈员对此次调查比较熟悉，掌握主题，还要善于表达，善于倾听，善于总结，能比较快速地进行记录。但由于集体访谈时访谈对象比较多，因此无法做到完全匿名，这就使得访谈对象在发表自己的看法的时候会有所顾忌，影响到调查的真实性、全面性。

② 个别访谈。是指调查员对每一个被调查者逐一进行的单独访谈的一种调查方法。其优点主要表现为：方式灵活，伸缩性强，因人而异，随机应变；访谈员与调查对象之间比较容易沟通，得到的材料比较真实可靠。个别访谈大多用在一些规模比较小及一些敏感性的调查中，也常用于一些个案的研究。

3. 制订访谈计划

访谈计划应包括以下具体内容：选择访谈方式、确定访谈问题、拟定提问的措辞及其说明、准备必要的备用方案、明确对回答所采用的记录方法。

第六节 个 案 研 究

假如我们想知道麻雀的生理解剖特点，是否需要把所有的麻雀都抓来，一个一个来进行解剖呢？显而易见，这样太复杂，太费时费力了。如果我们只是从众多的麻雀中选一两个为代表加以解剖，同样可以了解到这一类鸟的生理结构特点。这是人们解决问题的一种思路，也是一种方法。

个案研究就是对单一的研究对象进行深入而具体研究的方法。通常也被称为个案法、案例研究法。个案研究法就是一种由小见大，以点及面的研究方法，运用此法进行研究，便可通过个别案例获得整体的规律性的认识。

"个案"通常又被称为"案例"，是指具有某种代表意义及特定范围的具体对象。个案研究的对象可以是个人，也可以是个别团体或机构。通过广泛搜集个例的资料，彻底了解个例现状及发展历程，对单一研究对象的典型特征进行深入而缜密的全面研究分析，确定问题症结，进而提出矫正建议。

一、个案研究的特点

个案研究法的特点可概括为以下方面。

① 研究对象的个别性。个案研究的对象是个别的人或由个人组成的团体，这种对象一般具有单一性、具体性。个案研究主要是对单一对象的某一方面的研究，如对某学生创造能力发展的研究，学习困难的研究等。虽然个案研究的研究对象是个别的，但不是孤立的，因而对这些个别对象的研究必然在一定程度上反映其他个体和整体的某些特征和规律。个案研究的目的固然是了解把握某个个体的具体情况，但也要通过一个个案的研究，揭示出问题的普遍性。

② 研究内容的深入性。个案研究的对象数量相对较少，所以研究者就有较

为充裕的时间对研究对象进行透彻深入、全面系统的精细分析与研究。既可以研究个案的现在,也可以研究个案的过去,还可以追踪个案的未来发展,既可以做静态的分析诊断,又可以做动态的调查或跟踪。对有关该研究对象的尽可能多的变量及诸变量在较长一段时间内的互动进行透彻深入、全面系统的分析与研究。

③ 研究过程的跟踪性。由于个案研究的对象集中,所以研究时就有较为充裕的时间,对有关该研究对象的尽可能多的变量及诸变量在较长一段时间内的互动进行透彻深入、全面系统的分析与研究,因而个案研究往往具有跟踪性质。

三、个案研究的意义

个案研究法能借助典型现象揭示一般的规律。唯物辩证法认为,特殊与一般,个性与共性是辩证统一的,个别事物必然在一定程度上反映该类事物的普遍性。个案研究的对象虽然是个别的,但它揭示的规律可能是具有普遍意义的。因此,对典型对象进行个案分析,明确其特质,有助于推知该类事物的本质和规律。值得注意的是,个别虽然可以反映普遍,但两者毕竟不能等同,不能机械地以个别代替一般,要具体问题具体分析。

个案研究法最显著的特征是描述客观世界的真实故事,其中包括收集有关个案的背景、具体材料、调查访问结果及有关人员作出的评定和反映。如实地描述这一过程中发生的故事,这本身所具有的文献价值就很大,而众多的个案汇集在一起便构成了进行科学研究的取之不尽的宝贵源泉。所以说,个案法所得的材料具有较高的文献价值。

三、个案研究的一般步骤

个案研究是一种有组织、有目的、有步骤的活动。一般来讲,具体步骤包括以下几方面。

① 形成研究问题。无论什么研究,确定所要研究的问题是进行研究的起点。研究者在一开始就要准确地确定所要研究问题的本质是什么。

② 确定研究对象。科学地选择研究对象十分必要,它直接关系着所得出的结论是否有价值。认识对象、确立个案,关键在于研究者要注意去观察和思考。可以根据课题的要求或自己研究的目的,选定在某一方面具有典型特征的人或事作为研究对象。

③ 资料收集。研究对象确定下来以后,为了更好地对确立的对象进行全面深

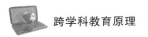

人的研究,就要对个案资料全面收集。全面系统的个案资料有助于研究者对个案的完整认识。

收集资料的方式是多样的,可采用书面调查、口头访问的方式,也可采用观察、测验、评定的方式,还可以通过查阅个案的个人资料的方式获得信息。内容包括个人发展的历史、健康的历史、智慧的历史、个人的学习历史等。

④ 诊断与因果分析。以个案研究前期阶段收集的材料为依据,对材料进行精细的整理与分析,揭示某一特殊行为的原因。只有通过科学的诊断,找到导致个体特殊行为的原因,方能对症下药,药到病除。

⑤ 个案发展指导。个案发展指导是在诊断与分析的基础上,提出发展指导的具体方案。

⑥ 追踪研究。所谓追踪研究,是对接受发展指导的对象进行长时间的追踪与研究,了解其发展变化,测定和评价其发展指导措施的实践效果的过程。

⑦ 撰写个案研究报告。个案研究者在对收集资料的分析整理的过程中,经过理论分析与逻辑思考,已形成了对解决该问题一定的观点,并根据分析诊断的结果制定出指导方案,不断总结经验,然后把整个过程用文字表达出来,撰写成个案研究的报告。

一份完整的个案研究报告,其主要内容包括以下几个部分。

① 背景介绍。包括问题的提出、研究的目的和意义。这一部分应简洁明快,使读者一目了然。

② 研究方法的选择和运用。包括抽样标准,即个案是如何选定的;进入现场以及与被研究者建立和保持关系的方式;采用什么方法收集资料和分析资料;关于研究伦理的考虑;研究实施过程,即研究持续时间的长短,访谈、观察的时间表及频率等。此部分的叙述要足够详细,使读者能通过文章透彻地了解研究过程。

③ 个案研究结果分析。主要针对个案的研究结果,包括对观察资料、访谈资料、实物资料的描述与概括分析。此部分是研究报告的主干部分,必须详细具体。

④ 结论及建议。通过分析,指出个案研究成果,得出一般性的结论,然后就问题的结论及问题的改善提出一些建议。

⑤ 列出参考文献及附录。列举参考文献须参照标准的格式。附录位于文章的最后,主要是包括一些无法全部呈现于文章主体部分的资料。

总体来说,个案研究报告应秉承叙事风格,其成文形式应尽可能真实地再现当事人看问题的观点,尽可能使用他们的语言来描述研究结果,介绍研究者使用的方法和在研究过程中所作的反省思考,再现访谈情景和对话片段,详细描写事件发生时的情景和当事人的反应及表情动态,从社会文化的大背景对研究对象的情况进行更深入的探讨。

第七节 历史研究

所谓历史,是指一切事物以往运动、变化、发展的过程。

万事万物都有其发展演变的历史。从我们的衣食住行、风俗习惯、语言文化、社会制度,到花草树木、飞禽走兽、山川河流、日月星辰、茫茫宇宙……一切的一切,都有其演变的历史,都可以成为我们的研究对象。要研究他们,就要用到历史研究法。

历史研究法是借助于对相关事物历史过程的史料进行分析、破译和整理,以认识研究对象的过去,研究现在和预测未来的一种研究方法。

一、历史研究的跨学科意义

对有关事物的历史研究,就是针对不同学科的事物的研究与历史学科的跨越,能使我们获得对相关事物更深刻的认识,丰富人类知识的宝库,也能为我们跨学科研究性学习开辟出无限广阔的研究天地。

比如,"上海民居的演变史",从新中国成立前的滚地龙,到今天的高楼大厦,对上海民居做一番详尽的考察研究,能反映我国翻天覆地的巨变,具有重要的历史意义与现实意义。

"上海话人称代词的演变",上海话的人称代词"阿拉"很具有地方特色,研究这一人称代词的来龙去脉,也能从一个方面反映上海的演变历史。

"客家围屋的历史",不仅能向世人展示客家围屋的独特风格,也能反映客家人的一段颠沛流离辛酸史。

从一定意义上说,没有科学的历史研究,就不会产生真正的科学。任何一门学科要想成为真正的科学,就必须运用历史研究法来认识它的过去,研究现在和预测未来。

社会科学研究者认为考察历史不仅有助于人们把握当代社会与旧时代的关系,有助于人们为未来作出更明智的计划,而且有助于人们在他们的努力和成绩中懂得连续性的重要意义,通过考察历史可以找到当代社会问题的答案。

二、历史研究的特点

历史研究法具有以下基本特点。

① 历史性。历史性特点首先表现在其研究客体上。客体不是作为现实世界的客体，而是已经凝结、稳定了的过去，是已经发生了的、不可逆转的。历史研究法主要是通过对事件的历史发展实际过程及具体内容的考察，借以探求其发生、发展、演变的历史规律，并对它未来发展的基本趋势提出科学预言。

② 具体性。历史研究是在丰富而具体的文献资料基础上，揭示研究对象发展过程中的一切历史形式、全部丰富的内容以及各种相关因素，从中探寻基本规律，所以必须把握最能说明问题的史料。

③ 以逻辑分析方法为主。逻辑分析法，是从纯粹的抽象理论这一形态上来揭示对象的本质，通过概念、判断、推理等思维形式研究事物发展过程的矛盾运动，揭示历史规律并形成科学的理论体系。用逻辑分析方法对历史事实进行理论概括，能更深刻地认识事物演变的历史规律性，更深刻地认识那些还只是处在萌芽状态、常常表现得模糊不清的东西。

三、历史研究的基本原则

历史研究要遵照历史唯物主义的一般原则，唯物地、发展地、具体全面地考察研究对象，以求作出科学的结论和评价。

必须从事实出发。历史研究必须凭借反映事实总和及其内部联系的材料，以揭示其本质和规律性。客观事物的表象是多种多样的，但每一种表象都与本质相联系，现象材料掌握得越多越全面，我们对事物的认识就越深刻。

要以发展的观点看待研究对象。一切事物都是在不断变化发展的，研究者必须把事实材料放在历史的客观联系中进行考察。所以要注意做到要把握研究对象的运动性，避免以形而上学的静止观点看问题；要把握研究对象纵横两方面的联系，即其本身前后的联系、它与非它的联系，由此发现事物发展的规律性；要把握研究对象在发展过程中的阶段性，从而了解其量变的程度和质变的始点。

要具体全面地考察研究对象。具体性原则既指研究对象的概念要确定，不能模棱两可，含糊不清，又指要把对象提到一定的历史范围之内，进行具体的分析。全面性原则是说，要把握、研究事物的一切方面、一切联系。

四、历史研究的一般步骤

历史研究一般分为三个步骤。

① 确定研究问题。任何研究的开始都必须完成这一任务。应该指出的是，不是任何问题都可以使用历史研究法，所以必须权衡研究的可能性。

② 搜集和鉴别史料。在历史研究法中要尽可能多地搜集史料,并鉴别其真伪,以真实再现事物发展的本来面目。

③ 分析和运用资料。要用历史唯物主义观点对史料进行分析探讨,以深入考察事物演进的内在成因和机理,从而发现和揭示事物演变的规律。

五、史料的搜集与运用

史料是指能反映科学研究对象发生、发展过程及其规律性的一切文字和非文字的材料。

1. 史料的类型

史料大致分为三类。

① 文字记载。包括经典、档案、报纸杂志、书信笔记等。这部分材料最多,是史料的主要源泉。

② 史迹遗存。包括历史遗迹、道路、沟渠、建筑工事(如万里长城)、变成废墟的或完整的建筑物、家具、人类遗骸、衣物、食品、器皿、陶器、工具、兵器、机械、工业制造品和美术与多种博物馆中的展品等。这部分材料,数量比前一种少,但十分珍贵,很有说服力。

③ 口传习俗。口述流传的材料,如民间传说、传奇、民谣、故事等,往往可以反映出重要的风俗、习惯、典礼、社会制度和语言等历史沿革和变化。口传材料,虽然误传机会较大,但可作为辅助、旁证材料使用。

2. 史料的收集

在历史研究过程中,史料的收集是十分关键而又非常烦琐的一步,要尽可能大量、全面地把握与研究课题有关的史料,以科学的方法、多途径地搜集史料。

要通过广泛博览,认真发掘史料。

要学会使用辑佚、校勘、训诂等方法。辑佚,是将散见于其他书籍中的有关内容搜集编排以反映遗失典籍的梗概;校勘,是对同一部书的不同版本或同一版本的不同卷次之间存在的文字差误进行对照并判定是非;训诂,是通过广征博考精确了解典籍原意。

要坚持严谨求实的态度和历史的观点。史料搜集不仅要力求全面、准确地反映研究对象的真实情况,而且要尊重历史的本来面目,用历史发展观点对待史料,不随意涂改史料,不把后人的思想观点强加于前人留下的史料中。要注意搜集不同观点及有争论的史料,证据不足时不轻易做出判断。

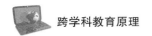
3. 史料的鉴别

史料是历史研究的重要基础,但只有真实可靠的史料才能成为客观结论的依据。由于各种原因,不少史料是伪造的、错误的或与史实不完全相符的。因此对所搜集的史料必须加以鉴别。鉴别的目的,不是为了摈弃它,而是为了分清事实,更好地运用。

目前鉴别史料的方法主要有辨别版本真伪,从书的编排体例与同时代的同类出版物比较,看成书的内容与当时的时代是否相符;分析该书的语言与该作者其他确定作品的语言风格是否相同或相近;分析史料的体例是否一贯;分析史料中的基本观点、思想,前后是否一致。文字性史料的互证,有否同一个事实的发生时间、过程、有关人物记载不一等;用真品实物来验证文字性史料;把史料描述的内容与产生的历史背景对照,看它是否与当时的政治、文化背景相悖,如是,则史料内容有伪;研究作者的生平、立场与基本思想,以此来判断;用精校细勘的善本和其他资料校对同一书籍,以恢复史料的本来面目。

鉴别史料时应注意,有时同一个名词在不同的社会、不同的历史时代会有不同的含义,它往往同我们今天的含义有相当大的距离。用今天的含义去理解,就会产生误解,失去史料的本来意义。

4. 史料的分析

史料分析的方法主要有历史的分析方法和逻辑的分析方法。

历史的分析方法,是通过整理、排比史料中错综复杂的历史分析和清理出发展线索,明确其内在的相互关系或因果关系,论定是非。

逻辑的分析方法,基本的逻辑方法包括形成概念,分析与综合,抽象与概括,归纳与演绎,从具体到抽象、再从抽象上升到思维的具体等。逻辑分析是基于历史分析基础上更高一个层次的认识方法,其特点是概括性、抽象性和本质性。

历史分析与逻辑分析不能截然分开,是历史分析与逻辑分析两种方法的结合。

六、历史研究要注意的问题

① 全面分析,不脱离基本的历史联系。

② 要善于抓住主要事实材料。各种史料浩如烟海,要善于抓住典型,把握主体。只有抓住反映事实的主要材料,抓住反映事实各主要关节的材料和带有普遍意义的材料,才能把握对象的本质和必然性。

③ 不能掺杂个人的主观色彩。不能按照主观的意图先提出结论,把结论强加上具体的史实;也不要做主观的臆想或推论,更不要牵强附会,每一个论点都要有

充分的论据。

④ 要认识到前人的历史局限性。不要拿今天的意识形态强加于前人，也不要以为凡是现在能够认识的事实，古人都能认识，因而按照自己的认识水平去衡量古人。要以历史唯物主义的观点立场来看待，分析史料。

⑤ 依据充分的事实得出结论。科学的结论是建立在充分的事实基础之上的，不能单纯依据孤证武断地下结论。

第八节　比　较　研　究

比较法是根据一定的标准，把彼此有某些联系的事物放在一起进行考察，寻找其异同，以把握研究对象所特有的质的规定性的一种研究方法。

通过比较研究来揭示事物和现象之间的本质联系，能够帮助人们获得新的发现，从而促进理论研究，这已为许多学科的发展所证实。自然科学领域，运用比较研究法导致了 19 世纪地质渐变论和生物进化论的创立，为地质学和生物学带来了划时代的变革；在社会科学研究中，比较研究法的运用导致了社会科学研究的长足进步。

比较学科就是以比较方法作为主要研究方法，对具有可比性的两个或两个以上的不同系统进行研究，探索各系统运动发展的特殊规律及其共同一般规律的科学。比较学科的交叉性是通过跨时代、跨地域、跨民族、跨学科、跨领域的比较研究体现的。如古今比较、东西方比较、不同民族比较、不同学科不同领域比较等。

一、比较法的类型

根据不同的标准，我们可以把比较法分成如下几类。

1. 按属性的数量，可分为单项比较和综合比较

单项比较，是按事物的一种属性所作的比较。

综合比较，是按事物的所有（或多种）属性进行的比较。

单项比较是综合比较的基础。但只有综合比较才能达到真正把握事物本质的目的。因为在科学研究中，需要对事物的多种属性加以考察，只有通过这样的比较，尤其是将外部属性与内部属性一起比较才能把握事物的本质和规律。

2. 按时空的区别，可分为横向比较与纵向比较

横向比较，是对同时并存的事物进行比较，即把同类事物中的不同对象在同一的、共同的标准下进行的比较研究。

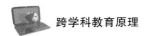

纵向比较,即时间上的比较,就是比较同一事物在不同时期的形态,从而认识事物的发展变化过程,揭示事物的发展规律。

跨学科研究中,一般使用横向比较。

3. 按对象的类别情况,可分为同类比较与异类比较

同类比较,是对两种或两种以上性质相同的事物所具有的特征进行比较,探索其相同之点和不同之点,以揭示事物发生发展的特殊性和共同的本质规律的方法。其目的在于"同中求同""同中求异"。"同中求同"即同类的相同点比较,可以揭示事物发生发展的共同的本质规律,而"同中求异"即同类的不同点比较,则可揭示事物发生发展的特殊性。

异类比较,是对两种或两种以上性质相反的事物或一个事物的正反两个方面加以比较,寻找事物的相同之点,揭示其共同规律的方法。这种比较,可以使我们认识到相异的对象之间,有其共同的地方,就是说异中有同。这种异中求同,其结果鲜明,有利于鉴别和分析。如孔子和亚里士多德的教育思想比较,中西文化对教育的影响,我国经济文化发展水平不同地区的基础教育发展水平的比较等都属于异类比较研究。

4. 按目标的指向,可分成求同比较和求异比较

求同比较是寻求不同事物的共同点以寻求事物发展的共同规律。

求异比较,是比较两个事物的不同属性,从而说明两个事物的不同,以发现事物发生发展的特殊性。

通过对事物的"求同""求异"分析比较,可以使我们更好地认识事物发展的多样性与统一性。

5. 按比较的性质,可分成定性比较与定量比较

定性比较就是通过事物间的本质属性的比较来确定事物的性质。

定量比较是对事物属性进行量的分析以准确地把握事物的变化。

任何事物都是质与量的统一,所以在科学研究过程中既要把握事物的质,也要把握事物的量。

6. 按比较的范围,可分为宏观比较和微观比较

认识一个事物,既可以从宏观上认识,也可以从微观上认识。

从宏观上把握事物本质,对事物的异同点或基本规律进行比较,是宏观比较。从微观上把握事物本质,对事物的异同点或基本规律进步比较,是微观比较。

二、比较法的实施程序

运用比较法虽然没有固定的模式,但一般来说,总是要明确比较什么、如何比

较、比较的目的等。

1. 明确比较的主题

明确比较的主题,就是说要知道比较什么问题。即根据研究课题,确定比较的内容,限定比较的范围,从而使比较的目的明确而具体。这是进行比较研究的前提和基础。

2. 提出比较的标准

提出比较的标准,就是把比较对象的材料按可能比较的形式排列起来。研究者根据比较的标准,不但能使抽象的概念具体化,而且能利用各方比较的材料。不确定比较标准的比较是不科学的,甚至是错误的。

3. 收集、整理比较材料

搜集的材料是否完整、全面、客观,对材料如何整理和加工,都会影响比较研究结果的科学性和准确性。因此,在比较研究中,要通过查阅文献、调查、实验等多种方法,尽可能客观地搜集所要研究的现象的有关资料,并按一定的要求进行分类整理和加工,避免研究者的主观偏见和感情色彩的消极影响。

4. 解释比较的内容

解释比较的内容就是对所比较的事实、数据进行充分的研究,说明为什么是这样而不是那样,分析形成这一事实的原因、理由和因素。

5. 作出比较的结论

作出比较结论,就是在对材料进行全面分析研究的基础上,对所揭示现象的本质和规律,作出研究结论。它是比较研究的目的。

这是运用比较法的大致步骤,而这几个步骤又是相互联系,不可分割的。明确比较的主题,是运用比较法的前提;提出比较的标准,是运用比较法的根据;解释比较的内容,是运用比较法的基础;作出比较的结论,从中得到借鉴或启示,是运用比较法的目的。在比较的每个阶段都要围绕一个明确的目的。

三、运用比较法的要求

1. 注意事物之间的可比性

有些事物之间有可比性,有些事物之间没有可比性。所谓可比性,指的是比较的对象之间具有一定的内在联系,具有某些本质上的而不是表面上的共性。如果不是同一范畴、同一标准的材料就不能比较。

《墨子》中说:"木与夜孰长?智与粟孰多?"

墨子认为"异类不比",在质上根本不同的事物(异类),无法用同一标准加以衡

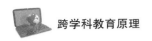

量和比较。木头与夜晚，智与粟，两者是毫不相干的事物，怎能比较？

如果违反可比性原则，其结论必然是虚假的。因此，坚持可比性原则，这是运用比较法的基本要求。

2. 比较的资料准确可靠

在对资料的分析比较中，首先必须考虑可供比较的资料是否可靠、准确。资料不准确，就不可能得出客观正确的研究结论，甚至会得出相反或错误的结论。因此，比较研究必须对资料的真实性、准确性进行考证，使研究材料准确、真实。

3. 注意比较的广泛性

因为客观事物的条件是多种多样的，其中有的是主要的、决定事物性质的，有的是次要的，不决定事物性质的。同时，任何事物也不是孤立存在的，而是和其他事物密切联系的。因此，比较要从多方面进行。在同与异的关系上，有时可以同类比较，有时可以异类比较，同时也可以对两个既定对象的异同做全面的比较。在质与量的关系上，有时可以定性比较，有时可以定量比较，但必须看到这二者又是相互补充、相互联系的。定性是定量的基础，定量是定性的精确化。

比较的广泛性，还包括制定几种不同的方案反复进行比较。例如，军事上总是充分估计各种情况，制定多种作战方案，反复比较，从中选出一个最有利的方案。在工程建设上，每一个重大建设项目的施工，都要同时设计几种方案，反复进行比较，从中选出最佳方案。

4. 不仅要比较事物的现象，更重要的是要比较事物的本质

因为事物之间不仅有现象的异同，而且存在着本质上的异同。科学研究的重要任务，不仅要认识事物的现象，更重要的还要深入到事物的本质。要做到比较事物的本质，必须对比较的双方或几方有一定的研究。如果对比较的双方或几方情况不明、事实不清就随意进行比较，势必会谬误百出。

第二十三章　研究成果的表述

一项科研课题的研究工作按计划完成后,需要对整个过程及其结果进行分析、总结,用文字记载下来,即形成一份课题研究的书面材料,以供他人评价和借鉴,从而实现研究的价值。将研究过程和结果形成文字就是对研究成果的表述。

第一节　研究成果表述的意义

科学表述研究成果有着重要的意义。

一、有利于客观评价这一成果的质量

科学系统地总结研究工作,便于成果的评价,同时,研究成果表述是科研工作全过程的缩影,是研究结果的文字记载,是显示研究水平和价值标志。

二、深化知识,表明研究的结论及其价值

研究过程是人们获得直接经验的过程,研究工作结束后,通过研究成果的表述,可以对整个课题研究过程进行高度概括和科学总结,揭示某种规律,实现理论升华,显示其理论价值,也有利于不同场合,以不同的形式进行交流,并有针对性地指导实践,进而达到推广的目的。

三、有助于培养、提高研究者的思维能力和表述能力

写作研究成果是提高研究水平的重要途径。研究成果的表述,是一个严密的思维过程,需要一定的分析、综合、抽象、概括的能力,要求有准确运用语言的能力和技巧。缺乏一定的思维能力和表述能力,总结、表述不好,课题研究只能是一种无效或低效的劳动。研究成果的表述,有助于培养、提高研究者的思维能力和表述能力,进行有效的研究活动。

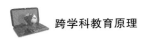

第二节　研究成果表述的要求

一项研究成果是否有意义，一定程度上取决于成果表述的质量。研究者只有遵守一定的表述要求，才能确保研究成果表述的质量。一般说来，研究成果的表述必须满足下列要求。

一、科学性

研究报告的价值是以方法的科学性和研究结果的可靠性为前提的，只有研究方法是科学的，才是有价值的。同时还要注意研究成果的表述必须观点正确，材料可靠，论证要以事实为依据，无论是阐述因果关系、结论的利弊和价值，还是结论的实用性和可行性，都必须有科学的依据和合乎逻辑的推理，才能保证研究结果是可靠的，才能用来指导实践。

二、创造性

创造性是衡量研究成果质量水平高低的重要依据。有些文章重复别人谈过的东西，没有个人见解，没有新角度和新材料，这就是缺乏创造性的表现。科学研究就是要不断开拓新的领域和途径，有所发现，有所创造，从而推动科学、文化的不断发展。因此，作为反映研究成果的报告与论文，也必须有新颖性和创造性。

三、规范性

研究成果的表述要按照一定的格式，不能忽视最基本的规范要求。写作之前要有明确的计划和提纲，要根据研究的结构特点和逻辑顺序，研究课题的任务和内容来考虑表达的形式和表述的方式。规范性还包括遣词造句符合语法要求；全文上下体例统一，格式、风格一致；标点符号及文中数字使用符合国家标准。

四、语言准确、简练

首先，语言要精确。研究成果的表述要正确运用相关概念，所用概念的含义要符合科学的要求；所列举的数据和显示的图表应正确无误；要在确凿可靠的事实基础上，合乎逻辑地阐述研究成果。语言的阐述必须精确，不可把日常概念当作科学概念，不允许夸大、缩小、拔高、贬低，更不允许含糊其辞，不得运用"大概""估计""可能"之类不确定的词语。成果表达中的一切引述、引用与推论都必须恰如其分,用词力求准确,以免产生歧义。研究成果的语言表述要在不损害规范性的前提下,尽可能地使用简洁的语言。要尽量写得简单通顺,避免拖泥带水。不要运用比喻、拟人、夸张等修辞手法。

第三节　研究成果的表述规范

各种研究报告或论文,既有相对独立的表述格式,又有相对统一的规范要求。理解与掌握通行规范,对于宏观把握研究成果的表述很有帮助。

研究成果的表述一般具有前置部分、主体部分、后置部分组成。前置部分包括标题、署名、摘要、关键词等。主体部分包括引言、正文、结论。后置部分包括致谢、注释、参考文献等。

一、标题

标题一般应符合三个方面要求:一是准确概括文章的内容,反映研究的方向、范围和深度;二是文字简练,具有新颖性;三是便于分类,也就是说,不仅使人从题目上能判断研究属于什么学科范畴,而且能抓住该研究课题在这一领域有关问题研究发展过程中的位置及特点。把课题的研究放在一定的背景上,纳入一个系统,以便显示出研究课题的重要性。

文章标题既可以是单一标题,也可以是正题和副题。使用副标题一般是对正题加以说明和阐释。标题的位置在稿纸上居中排列,上下应留出空格。

中文题目的字数不宜超过20个字,外文题目最好不要超过10个单词,尽量少用标点符号。

二、署名

署名是文章归属性标记。写在标题下正中位置。如果是合作完成的,主要合作者按实际贡献大小依次排序列出。

如果是单个人的研究,署名就极为简单;如果是多个人的共同研究,就牵涉到署名的先后问题。一般而言,排列第一的作者将得到较多的注意,拥有较大的权利,当然也负有较大的义务和责任。为了减少纠纷,明确责任,署名应由所涉及的人员协商决定。

文章署名应包括如下内容:姓名、所在单位、所在地区、邮政编码。

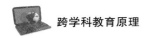

三、摘要

摘要又称提要,放在标题和署名之下,在一篇文章的前面。一般来说,应在全文写完以后再撰写摘要,字数一般在 200 字左右。用来说明该文的主要内容,如研究目的、方法、结果等。

摘要有助于图书管理人员进行书刊索引和文摘工作,能将文章不失原意地介绍给读者,也方便研究工作者查阅,对计算机检索而言,摘要起着导向的作用。

摘要很重要,许多读者都是先看摘要然后决定是否读全文。用心写好摘要,有助于提高文章的阅读率和引用率,而引用率是衡量一篇文章价值的重要指标。

四、关键词

关键词属于主题词,一篇论文一般标写 3—7 个关键词,置于摘要下方。

五、正文

正文是文章的主体。各科类型的研究报告或论文正文各有侧重。调查研究报告的正文部分着重叙述所调查问题的现状和实质,产生问题的原因及其发展规律;经验总结报告主要指出所总结的具体经验是什么,并对经验进行分析、归纳、提升,指出经验的意义;实验研究报告的正文部分应包括实验对象、实验假设、实验经过、实验结果、结果分析和讨论等。

在论文写作中,正文包括引论、本论和结论。

引论是文章的开头部分,其内容主要是提出问题、明确中心论点,阐明研究的原因、目的、方法,介绍研究的背景、范围、意义;解释概念等。其作用是使读者对论述内容先有个概括的了解,以引起读者的注意。

本论是文章的主体部分,它是展开论题,对论点进行分析论证,以表达作者的见解和研究成果的中心部分。写作本论时要注意以下几个问题:第一,分析问题要围绕中心,紧扣主体;第二,分析问题要揭示问题各方面的内在联系;第三,分析问题要条理清楚,层层深入。

论文写作应注意体现研究论文的三个要素:论点、论据、论证。

论点是作者的思想观点、见解或主张,也是论文的核心思想。有时为了阐述方便,也可以把论点分为中心论点和分论点。

中心论点是作者的主要观点,一般只有一个,它可以以论文标题的形式出现,也可以在论文的开头部分提出,甚至在论文结束部分再呈现出来。

分论点是为了从各个方面、不同的角度来支持中心论点,使提出的理论更具有说服力。分论点常常在论文中以一级标题的形式出现。

论据是作者用来证明自己提出的观点和理论的理由和依据。论据是论点的基础,它必须真实,具有普遍性和典型性,而且与论点有直接和本质的联系。因此,寻找论据要谨慎。一般来说,可以从三个方面考虑:第一,从事实方面寻找论据;第二,从数据方面寻找论据,即通过调查研究的方法取得有关数据;第三,从理论方面寻找论据。从理论方面寻找论据的范围很广,例如,名人的权威理论、国家有关政策和文件、人们广泛公认的理论等。值得注意的是,在引用专家和名人名言作为论据时,不可断章取义,一定要按原作的本义来引用。如果是引用的原文必须加引号,如果是原义只要加冒号。

论证是用论据通过一定的方式和方法证明论点的过程。论证是文章的重要环节。论证有立论和驳论两种。立论是正面阐述自己的观点,并用事实和道理来证明它是正确的。驳论是用事实和道理将对方的错误论点驳倒。文章的写作在于恰当的论证,使论据有力地证明论点。

结论是对全文的概括与总结,是对研究结果做出的推论。结论的写法可以是总结式的,综合归纳全文得出结论;可以是评论式的,对某项成果、作品作出总评价;可以是问题式的,用概括性的语言把问题集中提出来,引起人们重新研究、重新认识;可以是建议式的,提供有关部门作重大决策的参考。但需要注意的是,结论应尽可能不要简单重复文中的观点,应有新意,为全文精髓的升华。

六、致谢

对指导、参与、帮助了研究工作的人员,对那些为研究工作提过有益建议或提供了便利条件的人员或机构,可以在文章的后面或前面用简短的文字表示感谢。

七、注释和参考文献

文章中有些内容需要解释。有的注释可在页末注(脚注),有的可在文末(段落末)注,有的可在文内(行内夹)注,有的可在书末注等。引文出处的注释与参考文献著录的内容相同。

作者在文章中如果参考了别人的论著,则应在文章后面写出参考文献篇目,以表示对别人劳动成果的尊重。参考文献要注明文献名称、作者姓名、出版发表的单位和时间。

第四节　研究报告

　　研究报告是对研究过程和结果进行总结和概括的理论文献,是报告情况、新发现和新成果的文献,其突出特点是用事实和数据来说明和解释问题。根据研究的内容与方法不同,有观察报告、调查研究报告、实验研究报告等多种形式。

　　下面主要介绍调查研究报告。

　　调查研究报告是反映调查过程和结果的一种研究报告,它着重把调查研究取得的结果、观点或某种理论,用一定的形式表达出来。通过对调查材料的整理、分析而写成的有事实、有分析、有理论观点的文章。

　　一般来说,调查报告撰写的基本结构从提出问题、分析问题到解决问题,大体上由标题、前言、正文、结论及附录五部分组成。

一、标题

　　调查报告的标题应明确具体地表明调查的对象和内容,反映出主要的研究问题,如"关于学生消费状况的调查报告"。也可加副标题,完善对主标题的补充,用以说明在什么范围内,基于什么问题的调查。标题要求简明、概括、确切、中肯、恰当、醒目。

二、前言

　　调查报告的前言要简明扼要地交代清楚调查的目的、意义、任务和方法,使人对调查内容获得总体认识,或引起人们对调查的问题的关注,对整篇文章起提纲挈领的作用。前言部分要写得简洁明了,紧扣主题,既要突出中心,又要适合正文的要求,为展开正文提供基础和方便。

三、正文

　　正文部分是调查报告的主体部分。它的任务是要对调查的内容、事实、数据、经过或问题等进行整理归纳,用纲目、项或篇、章、节的形式把主体内容有条理地、准确地揭示出来。

　　正文部分的写法灵活多样,一般有两种不同写法。一种是纵式结构的写法,即按照事物的发展顺序和脉络来叙述事实,阐明观点,把调查的基本情况分成互相衔接的几个部分,逐步深入地来写。另一种是横式结构的写法,即把调查的基本情况按性质和种类分成并列的几个部分或方面来写,从不同方面共同说明主题。

此外,正文的撰写要注意数据确凿,事例典型,材料真实,观点明确,主次分明,详略得当,联系紧密,层层深入,对一些数据尽可能用图表表示出来。

四、结论和建议

调查报告的结论部分是作者通过对整个调查内容的研究分析的基础上,概括出事物内在的联系和规律,形成的总体观点。或是概括主题,深化主题;或是提出新的见解和理论;或是展开讨论后提出参考意见;或是展望未来,说明意义。

不管以何种方式结尾总结,调查报告的结论都必须客观、真实,提出的观点要从事实中引出。同时要考虑其他社会影响因素,全面衡量理论或建议的合理性和可行性,不可草率下结论或提建议。

五、附录

附录的内容包括用于收集和分析资料的调查表(或问卷)、部分原始资料、少数典型个案资料、研究记录等。加附录的目的是让别人分析、鉴定作者收集和分析资料的方法是否科学,材料是否可靠。

附录的编制要防止杂乱无章和过于简单。

第五节 研 究 论 文

研究论文是研究者运用一定的研究方法对于特定的问题现象、文献或理论进行系统专门的研究和探讨,得出新结论、提出新观点、作出新解释、进行新推断的一种理论性文章。

撰写研究论文的主要目的在于展示研究结果及其价值,接受社会的鉴定和评价,有利于学术交流,丰富学术文献,也有利于提高研究者的分析综合能力、逻辑思维能力和表达能力。

研究报告和论文在内容要求和表述形式上是有一定区别的。一般说来,论文比较简洁精练,它仅仅突出表达一项研究工作中最主要、最精彩和具有创造性的内容,有创新的见解,形成某种新解释、新论点或新理论。不包括同行一般都知道的东西和一般的研究过程的叙述,也不包括过多的具体材料。研究报告则不限于新的或创造性的内容,整个研究工作的重要过程、方法和环节都可以包括进去。论文的内容中包含着较多的推理成分,而研究报告则要凭数据说话。

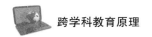

当然,研究报告与论文之间并不存在截然划分的界线。

一、论文的特点

一般来说,论文具有学术性、创新性、理论性、指导性的特点。

① 学术性。论文中所阐述的观点和展示的成果,对本学科的发展有启发和促进作用;能把实践中的经验、现象和问题,上升到理论的高度进行研究。

② 创新性。创新性是对新知识的探索和对新发现的表述,创新性是科研论文的灵魂。论文的创新性可以从三个方面来理解:提出了新颖的观点;采用了新的研究方法;运用了新发现的材料。

③ 理论性。理论性是指文章必须具有理论色彩和理论深度。论文不能仅仅只停留在罗列现象、阐释一般原理、介绍实践经验的层面上,而是一种高度的概括和升华。高水平论文的理论性表现为:建构理论框架、使用专门理论术语、进行理论阐述。

二、怎样撰写稿件

① 选题。选题就是确定论文内容范围,这是写作中首先碰到的,也是最主要的部分。选题必须从实际出发。平时自己对某一问题留心思考,并认真研究,有所收获,取得了研究成果的,才有可能考虑写作;选题要有新意;素材和论据要充足;选题不宜过大过宽,最好是取某一个小问题或某一个问题的侧面来写,把道理说清楚,使人们看后得到启发,受到教益。

② 拟定写作提纲。确定了题目,并有了充足的素材和论据,可以在深思熟虑的基础上先拟写论文的详细提纲,提纲是帮助作者整理思路,是将要写成的文章的骨架,它起着安排材料形成文章基本结构的作用。

③ 写作初稿。提纲拟定以后,就要抓紧时间写作初稿。初稿要紧紧围绕提纲尽快地写,最好一次就完成。初稿写成后,先把它搁置几天,然后再很快地重读一遍,看表达是否清楚,计算是否准确,推理是否严谨,更正明显的错误,改正字迹模糊的地方,等三五天以后再全面修改定稿。

④ 修改润色。文章的修改润色,主要从以下四个方面进行:一是结构修改;二是词句修改;三是审定图表和数字符号及字母的大小写;四是重新写题目。

第二十四章　成果的评价与推广

　　跨学科研究性学习研究成果的评价,即依据一定的标准,运用科学的方法,通过规定的程序对研究成果进行价值判断的过程。

　　跨学科研究性学习课程的评价应以课程的性质和特征为依据,树立重参与、重过程和重发展的整体评价观,强调评价主体与方式的多元化、评价内容的综合性与全面性、评价标准的合理性与科学性,以及评价方法、手段的多样性。

第一节　评价的原则

　　跨学科研究性学习活动评价应遵循以下原则。

一、科学性原则

　　对跨学科研究性学习的评价,要遵循科学规律,采取实事求是的科学态度,讲究科学的评价方法和手段,从客观实际出发,从促进学生发展出发,对学习的每个环节,每次内容进行科学的分析,得到切合学生实际的评价。

二、注重过程原则

　　跨学科研究性学习的价值主要在于学习的研究过程,参加的态度,收集、整理、加工和利用信息的能力,动手能力,进行社会调查和社会交往的能力,合作精神和团结协作能力,对知识的分析综合能力,运用知识和研究方法的能力,文字表述能力以及创新精神等。因此,不必过分注重学生的研究报告、研究成果等。

三、激励性原则

　　跨学科研究性学习活动激发了学习兴趣,改变了学习方式,扩展了教学空间,有效地促进了学生的发展,跨学科研究性学习活动的评价反过来又可推动活动的开展,间接促进了学生的发展。因而,对学生的评价要以表扬和激励为主。学生在

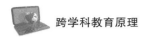

学习的过程中,不可避免会遇到困难,受到挫折甚至经历失败,这时候指导者对学生的评价更应该注意激励性。用欣赏的话语鼓励学生在活动中的进步,用激励的方式促使学生积极实践。这种激励可能就是学生今后继续从事研究并获得成功的巨大动力。

四、实践性原则

跨学科研究性学习评价强调的是学生把学到的基础知识、掌握的基本技能应用到实践中去,关注在问题解决或对科学研究一般方法、过程、原理的体验。学生在实践中获取大量的感性知识和情感体验,也培养了观察、思维、表达和操作的能力,因此,跨学科研究性学习评价应注重实践性。

五、评价主体多元化原则

传统教学中教师通常是对学生进行评价的唯一主体,学生是评价的被动受体。这种单一主体的被动评价方式无法对学生跨学科研究性学习活动做出客观、全面、有利于学生发展的评价。因此,在跨学科研究性学习活动评价过程中要实现评价主体的多元化。评价中,首先由活动者本人、家长或活动的合作者进行评价,然后由班级或教师进行总体评价。实施评价的主体由单一的教师扩展到同学、家长和学生本人,甚至可以是校外与活动有关的单位或部门,形成多元化的、立体的跨学科研究性学习活动评价网络。

第二节　评价的内容

跨学科研究性学习评价的内容通常涉及以下几个方面。

一、研究精神

在跨学科研究性学习中"不唯书,不唯师,只唯实"的求实精神;刻苦钻研,追求真理,勇于尝试,独立思考的探索精神;善于与他人合作,共同完成任务的合作精神。

二、研究态度

对科学知识有兴趣,对新事物有好奇心;有强烈的从事科学实践活动的愿望和内在动力,喜爱科学试验与创造发明;积极参与每一次课题组活动;认真努力地完成自己所承担的任务;主动提出研究和工作设想、建议,能与他人合作,采纳他人的意见等。

三、研究能力

搜集资料的能力,具有较强的科技信息意识,能对所获得的材料进行筛选,从中发现对自己的研究有价值的信息;能掌握资料收集的一般方法,做好信息资料的积累工作;有较强的观察能力,能经常捕捉到有价值的信息,并且观察具有一定的准确性和可靠性;推理想象思维能力,思维具有一定的创新性,研究中能够运用类比、归纳、演绎分析、综合等方法;操作表达能力,能提出和设计研究方案,并完成方案中的各项实验;有较强的成果意识,能写出成果报告,有较强的文字处理能力,文笔流畅,叙述清晰,并且善于与他人交流研究成果。

四、研究习惯

思维活跃,想象力丰富,对周围的一切事物感兴趣;有强烈的求知欲,喜欢看书,爱提问题和钻研问题;有较强的意志和自控能力,在研究中有不达目的誓不罢休的意志品质。研究习惯可以从侧面反映学生的整体的科学素养水平。

五、研究结果

跨学科研究性学习结果的形式多样,它可以是一篇研究论文、一份调查报告、一件模型、一块展板、一场主题演讲、一次口头报告、一本研究笔记,也可以是一项活动设计的方案。研究结果的评价要立足于培养学生的成果意识,促进学生科学素养的提高。

第三节　评价的方式

对学生跨学科研究性学习评价可以有多种方法。

一、档案袋评价法

档案袋评价法,是建立学生的档案记录,实事求是地汇集学生在跨学科研究性学习的全过程和成果的档案材料,并进行合理的分析与解释,以反映学生的努力、进步状况或成就的评价方法。档案袋评价法具有较强的操作性和真实性。档案袋

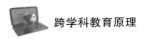

的内容,可以记录学生参与跨学科研究性学习的时间、次数、内容和行为结果,它包括观察日记、访谈记录、开题报告、活动记录、社会调查表、实验记录、各种原始数据、学习体会、结题报告等与课题研究有关的各种信息资料。

二、学生自我评价

在跨学科研究性学习过程中,由学生在学习活动中的具体表现,提出自己评定的等级与特长认定,以使学生自己对跨学科研究性学习活动不断地反思,看到自己优势,发现自己的不足,激发学生自觉、积极发展。

三、小组评价法

跨学科研究性学习课程学习方式主要是以小组合作方式进行。评价应以课题组为单位,兼顾个人的表现。通过课题组每个成员的积极参与,组织总结会、讨论会、分析会、交流会、评审会等,让学生开展个人研究成绩的自评与互评,给出每个学生的参考分,最后由课题评定组或班主任认定,评定出等级。学生在互评中实际上也提高了自我评价能力。

四、家长评价

家长评价是家长纳入评价主体范畴的一种评价方法。通过家长评价,不但能增进家长与子女之间的沟通,还能让家长更多地发现学生的闪光点。当学生得到家长的肯定时,学习的主动性将更强,可更大强度地激发学生发挥自身的潜能。

五、作品与技艺展示法

学生在完成作品的基础上,自评能代表自己水平的作品和文章,要求学生在其他观众面前进行直观演示或生动表演,相互交流与学习,获得启示和成功感。

六、评审答辩法

在评审答辩中,通过教师或有关专家直接与学生质疑和追问、肯定或指导,提出改进意见,写出成果综合评价,记载答辩成绩。

七、线上评价法

利用当代网络技术,由学生将跨学科研究性课题要点、照片、视频等上传到相关平台,预约接受平台聘请的认证专家在线视频答辩,整个答辩过程会被平台实时记录。专家着重突出对学习过程的记录以及真实性的分析,考察学生的探究能力、独立思考能力、语言组织能力、应变能力与心理素质,并给予个性化评语。

第四节　成果的推广

学生跨学科研究性学习的成果,是学生用心血和汗水浇灌出来的智慧之花。研究成果评价后,应不失时机地做好推广应用工作。成果的推广,就是把研究成果推广扩大到适合的时间、空间范围,使更多的人了解、接受,使其所具有的潜在价值得到进一步体现。

学生跨学科研究性学习成果的推广途径有许多。

一、出板报

选出优秀作品,以出板报的形式,在全校师生中推广。

二、办展览

举办展览的形式,将优秀作品展出,供各界参观。

三、报告会

通过报告会形式,宣传推广优秀的研究成果。

四、提供给有关机构、政府部门供决策参考

就是将学生的研究成果推荐给有关机构、政府部门,作为决策的参考和改革的依据,并将其转化为方针、政策、方案措施、制度,指导和改进工作。

五、论文发表

将学生优秀的、能产生社会效益的研究成果向报刊投稿,一旦发表,对学生未来的研究活动将产生巨大的激励作用。

六、结集出版

选择学生优秀的跨学科研究性学习成果结集出版,当学生第一篇文章的发表

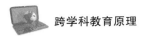

或出版,将成为学生人生中的里程碑。

七、网络传播

在信息化社会中,网络是科研成果推广、转化的重要桥梁。科研成果在网上传播是一种便捷的、经济的、范围广泛的推广形式。把学生的科研成果发布到网上,通过介绍研究过程和成果评价,使广大网民都能够学习、应用、转化、迁移。

参考文献

［1］刘仲林：《跨学科教育论》，郑州：河南教育出版社，1991.

［2］解恩泽：《跨学科研究思想方法》，济南：山东教育出版社，1994.

［3］金吾伦：《跨学科研究引论》，北京：中央编译出版社，1997.

［4］赵传栋：《跨学科学习》，上海：上海远东出版社，2020.

［5］刘昌明、赵传栋：《创新学教程》，上海：复旦大学出版社，2006.

［6］赵火根、赵传栋：《教师美育概论》，南昌：江西高校出版社，2006.

［7］苏宜：《天文学新概论》，北京：科学出版社，2009.

［8］孙锦龙：《大学天文学》，郑州：河南大学出版社，2005.

［9］高之栋：《自然科学史讲话》，西安：陕西科学技术出版社，1986.

［10］王义炯、周满章：《动物的语言》，西安：河南科学技术出版社，1983.

［11］赵传栋：《通向科学家之路——科技创新例话》，上海：复旦大学出版社，2000.

［12］程倩春、崔伟奇：《二十世纪大发明》，北京：北京出版社，1998.

［13］杨先碧、徐娜：《趣味化学》，上海：上海辞书出版社，2011.

［14］天津人民广播电台科技组：《科学创造的艺术》，北京：中国广播电视出版社，1987.

［15］李国春：《大学美育教程》，长沙：湖南教育出版社，2004.

［16］万福成、李戎：《语文教育美学论》，青岛：青岛海洋大学出版社，2001.

［17］吴振奎、吴旻：《数学中的美》，上海：上海教育出版社，2002.

［18］徐希茅等：《音乐美育》，上海：上海教育出版社，2001.

［19］金大陆：《体育美学》，北京：中国青年出版社，1990.